张謇研究中心·张謇研究文集系列

学习与探索
——张謇研究文稿

张廷栖 著

Soochow University Press

图书在版编目（CIP）数据

学习与探索：张謇研究文稿 / 张廷栖著. -- 苏州：苏州大学出版社，2015.9
（张謇研究中心·张謇研究文集系列）
ISBN 978-7-5672-1449-1

Ⅰ.①学… Ⅱ.①张… Ⅲ.①张謇（1853～1926）—人物研究—文集 Ⅳ.①K825.38-53

中国版本图书馆CIP数据核字(2015)第215921号

书　　名	学习与探索——张謇研究文稿
著　　者	张廷栖
责任编辑	王　亮
出版发行	苏州大学出版社
	（苏州市十梓街1号　215006）
印　　刷	南通华民彩印有限公司
开　　本	700mm×1000mm　　1/16
印　　张	28.5
字　　数	498千
版　　次	2015年9月第1版
印　　次	2015年9月第1次印刷
书　　号	ISBN978-7-5672-1449-1
定　　价	58.00元

苏州大学版图书若有印装错误，本社负责调换
苏州大学出版社营销部　电话：0512-65225020
苏州大学出版社网址　http://www.sudapress.com

我与张謇研究(自序)

我知道张謇这位历史人物是1962年从上海调来南通工作以后的事。其实我的童年生活在黄海之滨,与张謇所创办的全国第一个农业股份制企业——通海垦牧公司的垦区,仅一河之隔,一岸之遥,并且当年我的父亲每到冬天,都要参加公司加固海岸的工程,打工挑泥,以土方计量,获取养家糊口之费,以至双肩长出如馒头状的肌肉,但我却不知道这是清末状元张謇创办的企业;我从小就知道有一所垦牧学校,却还不知道是状元张謇为东疆农民子弟所创办的。高中以后在上海上学,已离开家乡,况且在以阶级斗争为纲的年代,历史的尘埃将张謇这个历史人物覆盖得严严实实,很少有人去谈论张謇。所以我从上海调来南通工作之前,对张謇是毫无所知的。在"文革"中,有人批判张謇十大罪状,这才知道南通有张謇这位历史人物。十一届三中全会以后,我与穆烜前辈一起编《南通惨案史料》,查阅地方党史资料时,这才对张謇有所知。真正接触到张謇的有关史料是在1982年夏天,我在江苏省社会科学院历史研究所短暂工作时,由南京大学严学熙教授带领,与倪友春、唐文起等前往大丰,在姚恩荣、邹迎曦两位先生接待下,参与查阅大丰盐垦公司的档案。但我因家庭原因又很快被调回南通工作。在南通与南京酝酿和筹建张謇研究中心时,我正忙于落实在南通市委党校工作,这段时间正是在新单位熟悉环境和新的工作。

1986年初夏,严学熙教授一行3人为筹备第一届张謇国际学术研讨会来到南通,我在家中招待他们时,席间严学熙先生鼓励我写文章,争取出席学术会议。我抱着试试看的心态草拟了一篇关于张謇职业教育的文章,草稿送张謇研究中心评审时引起我的老领导曹从坡会长的重视。他最初给我的深刻印象是因为研究张謇而在"文革"初期被打成南通的"三家村"之一,受到非人待遇。十一届三中全会后,拨乱反正,落实政策,他被安排担任我所工作的单位南通医学院的党委书记。后来我的工作变动,他仍然对我十分关心。那次审阅我的文章后,他亲自写信给我工作的单位原南通纺织工学院领导,为我文章的打印和出席国际会议经费打招呼。1987年8月,南京张謇国际学术研讨会后,他又以研究中心的名义,聘用我和周月思老师为首批张謇研究中心特约研究员,颁发了聘书。不久,又引荐我们两人进入研究中心的干事会。所以,是首任会长曹从坡和严学熙教授将我领进了张謇研究队伍,至今快30年了。我要感谢远在天国的这两位前辈!

1993年7月,为纪念张謇140周年诞辰,南通举办学术研讨会。当时曹从坡会长因身体原因,已被张謇研究中心聘为名誉会长,会长早由市人大李明勋副主任接任。李会长安排周月思和我担任学术组组长。会议期间,李会长召开了一次干事会议,南京大学茅家琦教授(时任张謇研究中心干事会副会长)、严学熙教授等出席,会上明确研究中心干事会日后以南通为主。同时,干事会宣布时任南通市委宣传部副部长的尤世玮同志为干事会副会长,南通市人大办公室主任施巨澜为秘书长,我为副秘书长,负责日常工作。后来施主任生病退休,我任秘书长。当时,我正处于十分困难的时期。爱妻突然惨遭车祸身亡不久,家中有九旬老母,小儿生病住院;在学校主持党委宣传部工作,又有教学任务在身,担负着"双肩挑"任务;同时还在准备申报教授技术职称,正在与贾涛根社长同班复习外语,攻克外语关。我在这样的处境中之所以没有推辞秘书处的工作,是因为研究中心有我崇敬的好领导,有张謇的人格魅力吸引着我。就这样,李会长将我推上了研究中心的管理工作岗位。在张謇研究中心干事会,我先后任正副秘书长、副会长兼秘书长达20多年。

2000年,第三届张謇国际学术研讨会以后,在原南通工学院已经退居二线的我,受命组建院张謇研究所。9月12日,研究所正式成立,我出任常务副所长主持日常工作。学院领导十分重视张謇研究,除了在教务处开设张謇的公共选修课,安排党委副书记担任研究所所长,拨款日常经费外,每年还设置一笔课题经费供校内外张謇研究者申报课题之用。由此研究所团结了一部分学者开展专题性的调查研究,加上我在张謇研究中心的兼职,加强了与校内外学者的联系,同时,也有精力作些研究。我主持的江苏省哲学社会科学和教育科学"十五"规划项目均是在这几年申报和结题的。2002年退休后,我接受返聘留所工作至2004年南通大学组建。南通大学成立后,原南通工学院和南通师范学院张謇研究所合并成立南通大学张謇研究所,我被聘为顾问。2004年年初,张謇研究中心启动新编《张謇全集》,我被聘为驻会副会长兼秘书长,负责日常工作。2013年年底,戴致君接替了我的秘书长工作。在李明勋、尤世玮两位会长的领导下,我的秘书长工作干了整整20年,这是我晚年生活丰富多彩的20年,也是学术上有所成就的20年。

我长期在高校担任政治理论课的教学和一些党务行政工作,历史学并非是我的专业。可是张謇这位历史人物,他的事功和人格魅力深深地吸引了我,使我愿意将我的后半生为张謇研究事业服务,为张謇研究作些探索。尽管我的史学基础薄弱,文字工作也不是我的强项,可是张謇的精神激励着我,驱使我写了一点文章,还自以为有一些观点是前人所未论及。

张謇留下的文字,到目前为止能收集到的多达600多万字,有思想,有理论,可谓博大精深,但总体上说,他并非只是一位思想家,更是一位实践家。他的思想和观念除了在文字中表达出来以外,还蕴含在他的实践之中,要从他的实践中去探索和挖掘,这方面更为重要。例如我在探索中发现,他办的企业,往往一个企业的废物成为另一个企业的原料,用今天的话来说,有循环经济的趋向,但这在他的著作中是找不到的。再联系到他的植树爱好等情趣,对环境的保护,可见到他的生态观,这为他在城市建设方面奠定了思想基础。再如在教育与实业和科研的关系上,他把它们联系起来考察,又有产学研结合的端倪。如此等等,在实践中反映出他的思想是十分前卫的。我在这些方面写了一些相当肤浅的小文,为了便于进一步得到专家学者的指教,同时也有可能对后人有所启示,还有一点参考价值,加上人已到了耄耋之年,故将它们编印成册。该集子或许对自己和后人也算是一个交代吧!

2015 年 3 月 15 日于业勤斋

目 录

思想篇

张謇爱国主义思想的特点 …………………………………………… (3)
张謇从士大夫到实业家的思想转变 ………………………………… (11)
试论张謇的人文精神 ………………………………………………… (19)
张謇的勤政廉政思想与实践 ………………………………………… (28)
张謇的生态观研究 …………………………………………………… (34)
张謇关于实业与教育相结合的思想 ………………………………… (48)
试论张謇精神 ………………………………………………………… (56)

企业篇

张謇是中国近代杰出的民营企业家 ………………………………… (67)
张謇是近代民营企业家的杰出代表 ………………………………… (72)
张謇是民营企业家的先驱领袖 ……………………………………… (81)
民营企业家的楷模——张謇
　　——纪念张謇150周年诞辰 ……………………………………… (89)
张謇与大生集团产业结构的生态化 ………………………………… (101)
近现代民营企业家比较研究
　　——以张謇为例 ………………………………………………… (108)

论日军对大生企业的掠夺和破坏 …………………………………… (118)

教育篇

张謇工科教育的办学实践和思想 …………………………………… (127)
张謇与南通纺织专门学校 …………………………………………… (133)
张謇与南通大学 ……………………………………………………… (139)
张謇创办南通纺织专门学校的历史贡献 …………………………… (148)
张謇与南通的职业教育 ……………………………………………… (157)
张謇的职业教育思想及其特点 ……………………………………… (162)
张謇对中国近代职业教育的历史贡献 ……………………………… (169)
张謇职业教育思想比较研究综述 …………………………………… (181)
张謇对产学研相结合的宝贵探索 …………………………………… (193)
从张謇的农业职业教育看其产学研结合的思想 …………………… (202)
张謇关于中西医结合的教育思想 …………………………………… (209)
张謇与唐家闸的工人夜校 …………………………………………… (212)
张謇与张之洞教育思想之比较 ……………………………………… (216)
张謇教育思想与近代教育家比较研究综述 ………………………… (225)

城建篇

南通"中国近代第一城"及其宏图
　　——读吴良镛《张謇与南通"中国近代第一城"》 ……………… (233)
"中国近代第一城"内涵解读 ………………………………………… (238)

"中国近代第一城"的继续探索
　　——《南通近代城市规划建设》读后感 ·············· (242)

张謇城建思想与实践概述 ····························· (245)

张謇建城思想探源 ··································· (271)

人才篇

张謇的用人之道
　　——以荷兰工程师特来克为例 ···················· (283)

张謇慧眼识英才　重用工人郁芑生 ·················· (289)

张謇与爱国华商吴锦堂的交往 ························ (296)

张謇与韩国诗人金沧江的抗日情结 ···················· (302)

张謇与王康寿 ······································· (309)

张謇与大生集团的用人之道和育才之路 ················ (319)

社会篇

张謇推动南通社会的转型 ···························· (331)

张謇所创全国之最考 ································ (343)

张謇所创全国之最考补 ······························ (357)

张謇慈善事业概况 ·································· (362)

从张謇创办南通博物苑到近代世博会 ·················· (372)

张謇与通海垦牧公司及其海复镇 ······················ (386)

创建张謇盐垦博物馆　弘扬张謇沿海开拓精神 ·········· (394)

张謇与南通濠河 ……………………………………………………（400）

研究篇

改革开放30年的南通张謇研究 …………………………………（417）
浅论张謇研究与"张謇学" …………………………………………（425）
我对"张謇学"基础工程的一点认识 ……………………………（432）
申报国家清史文献项目的回顾 …………………………………（438）

后记 ………………………………………………………………（446）

思想篇

思慰篇

张謇爱国主义思想的特点

在中华民族几千年的历史长河中,爱国主义始终如一地陶冶着一代又一代中华儿女的情操,成为中华民族生存、壮大和发展不可缺少的精神支柱。爱国主义犹如一艘巨轮,载着炎黄子孙,劈波斩浪,建功立业。近代张謇就是这方面杰出的代表人物之一。张謇在事业上的抱负和追求,就是以爱国主义为动力的。爱国主义既有其深刻的历史连续性和继承性,又具有其鲜明的阶段性和时代性。这位近代伟大的爱国主义者和所有的爱国主义者一样,其一生行为举止总是和当时的历史使命紧紧地结合在一起。张謇生活的时代正处在中国封建社会向半殖民地半封建社会急剧变化的过程之中,反抗帝国主义侵略、奋发自强成为这一时代的主旋律。在此环境下形成的张謇爱国思想,具有如下特点:

一、张謇的民族忧患意识以救亡图存为特征

张謇的一生可分为三个阶段。在16岁之前,他是一个朴实、单纯、倔强而又不谙世故的农家读书子弟,这是第一阶段。16岁以后至中日甲午战争爆发前夕是第二阶段。

他16岁冒籍如皋张氏,应县、州、院试皆中,取得生员资格,在这以后,他一方面继续学习、应试、写作,另一方面则进入仕途,先担任江宁发审局书记,后长期在广东水师提督吴长庆军中当幕僚,参赞军机,与此同时他参与了更为广泛的社会活动。这个阶段是他的成长时期。一方面他受到传统文化的熏陶,如"卧薪尝胆,自强不息"的奋发进取精神、"天下兴亡,匹夫有责"的民族气节情操;另一方面他出身低微,更贴近平民百姓,面对外界战事不息、列强继续侵

略并企图瓜分中国的民族危机不断加深,使他在16岁以后,便"无时不在忧患之中"。①

随着阅历的加深,交往范围的扩展,张謇的这种忧患意识也不断增强。19世纪70年代,西方列强不仅把中国的一些邻国掠夺为殖民地,同时还大举向中国的边疆地区扩张。19世纪80年代,西南边疆和东南沿海燃起了中法战争的烽火……一个个不平等条约强加在中国人民头上。面对列强的这种疯狂侵略和掠夺,张謇深感中国濒临亡国灭种的危险。他忧国又忧民。尤其是在1887年他协助开封知府孙云锦治黄导淮救灾,深入灾区察看灾情,目睹民众的悲惨生活景象,心情十分沉重和忧伤。他向孙报告灾情时不禁泪如雨下。这种忧国忧民的强烈情感激励他为救国救民奋斗拼搏,促进他逐步认识到救亡图存是近代中国最紧迫的任务,因而他的爱国思想没有停留在眷恋家乡故土、痛惜祖国河山惨遭蹂躏的爱国情愫上,而是升华为寻求强国富民的早期现代化道路。所以这个时期忧患意识激发了他的危机感和救国紧迫感。由此进一步引发了他"舍我其谁"的社会使命感和责任感,因而产生了改良农业、采用机器和筹建公司的愿望。

中日甲午战争的爆发,对张謇更是一个极大的震撼,促成他一生中最重要的转折,从此开始他人生的第三个阶段。当时的张謇同其他中国人一样,认为日本不过是东瀛弹丸之地。然而就是这个被中国瞧不起的东邻蕞尔小国,竟敢进攻堂堂的中华帝国,使中国人蒙受了空前的奇耻大辱。对此,张謇更有切肤之痛,那年他刚金榜题名,成为新科状元,便不顾个人安危,大胆地单独上《呈翰林院掌院代奏劾大学士李鸿章疏》,从四个方面指责李鸿章一贯主和卖国,而且还一贯败坏和局。他愤然谴责:"试问:以四朝之元老,筹三省之海防,统胜兵精卒五十营,设机厂、学堂六七处,历时二十年之久,用财数千万之多,一旦有事但能漫为大言……曾无一端立于之地,以善可和之局,稍有人理,能无痛心!"②将李

---

① 曹从坡,杨桐:《张謇全集》(第4卷),南京:江苏古籍出版社,1994年,第216页。
② 曹从坡,杨桐:《张謇全集》(第1卷),南京:江苏古籍出版社,1994年,第28页。

鸿章的谬误与罪行揭露无余。这一爱国行动反映了张謇本人对侵略者和卖国贼的义愤,对民族和国家命运与前途的忧虑。中日甲午战争期间,尽管张謇循例丁忧回乡尽孝,但他仍以十分焦急的心情密切关注着北方战局的发展:"一闻海上风鹤之惊、北方挫衄之频、良友愤时又叹嗟之书、深宫痛哭罪己之诏,当食辄辍,中夜忽起,糜心碎胆,不知所云。"①得悉《马关条约》签订的消息后,张謇深受刺激,不仅在日记上一条一条记下《和约》十款的主要内容,并指出:"几罄中国之膏血,国体之得失无论矣。"②针对《马关条约》准许外商在中国内地办厂,张謇更加忧虑地指出:今更以我切肤之痛,益彼富强之资,逐步吞噬,计日可待。直至1903年出访日本参观春帆楼看到李鸿章"海岳烟霞"的题词时,仍满腔悲愤写下了"是谁亟续贵和篇,遗恨长留乙未年。第一游人须记取,春帆楼上马关前"③的爱国诗句。张謇的这种忧患意识越强,承受的现实压力就越大,救亡图存、发奋图强的主张就越强烈。张謇在这种思想情感的指引下,逐渐走上了实业救国、教育救国的道路,或者说张謇后来事业上的成就是他救亡图存的忧患意识这一爱国思想进一步发扬光大结出的硕果。

张謇与康有为、梁启超、孙中山等近代著名的历史人物有一个共同的地方,就是甲午战争强化了他们的忧患意识,从而将忧国忧民之情转化为爱国爱民之心、报国报民之志和救国救民之行,但他们不同的地方则是救国图存的具体道路各异。以康、梁为代表的"公车上书"运动,促使维新思潮走向高潮,他们认为挽救民族危机的办法就是维新改革,这对于唤起民众的爱国热情起到了难以估量的作用;在维新思想迅速传播发展形成一个群众性的爱国救亡运动的同时,又促成了以孙中山为代表的民主革命思潮的兴起,主张和宣传用革命的暴力推翻旧的统治者,建立资产阶级的共和国。维新与革命是通过改革生产关系来达到发展生产力的目的,而张謇与康、梁和孙中山所不同的地方是,他更多地想通

---

① 曹从坡,杨桐:《张謇全集》(第1卷),南京:江苏古籍出版社,1994年,第42页。
② 曹从坡,杨桐:《张謇全集》(第6卷),南京:江苏古籍出版社,1994年,第371页。
③ 曹从坡,杨桐:《张謇全集》(第5卷下),南京:江苏古籍出版社,1994年,第129页。

过直接发展生产力来达到救亡图存、强国富民的目的,因而表现为具体道路的不同。

二、张謇的危机意识与自强精神高度统一

近代中国受列强的侵略,由原来的独立国家逐步沦为半殖民地半封建的社会,由原来走在世界前列的文明古国变成了落后的弱国。在这一国家衰落、社会滑坡的时代需要有自强不息的毅力振兴民族。然而这个时代存在着两种错误的文化心态:虚骄与自卑,这是套在中国人身上的两副沉重的精神枷锁。中华儿女一贯发奋自强,张謇在民族优良传统的影响下,超越了虚骄与自卑。他面对现实,认识到在中华民族的危机中孕育的忧患意识不是在悲愤中绝望,与遁入寂寥佛门和老庄世界的出世之人不同,与坐而论道抒发愤世嫉俗之感慨的文人也截然不同,他做到了忧愤而不妄自尊大,忧愤而不自暴自弃,忧愤而不悲观绝望。

他在总结两次鸦片战争失败的历史教训以后,认识到落后就要挨打的规律,确立了反对外来侵略、挽救祖国危亡,必须首先自强的观念。早在1879年由他起草的《代夏学政沥陈时事疏》中就认为"中国大患不在外侮之纷乘,而在自强之无实。即如今日诸夷逼处,环伺眈眈,恫喝要求,累岁相望。其宜战而不宜和"①。也就是说,他在吴长庆军幕生涯中已认识到受列强宰割的根本原因是国家衰弱,救国之道就是自强。他的自强与当时喧闹甚烈的洋务运动口号中的"自强"有本质上的不同。他谴责洋务派:"日日议自强,而有事曾不能一战,且捐数百万于仇敌,缓词而乞和,耗于无用。过此以往,虽更十余年,其又奚从而自强也?"②如何自强?李鸿章认为,泰西以商立国,商务之盛衰,即国势强弱所由判……近年来日本步趋泰西,亦四出通商,以为利国之本。张謇针锋相对地批驳:"世人皆言外洋以商务立国,此皮毛之论也。不知外洋富民强国之本在于工,讲格致,通化学,用机器,精制造,化粗为精,化少为多,化贱为贵,而

---

①②曹从坡,杨桐:《张謇全集》(第1卷),南京:江苏古籍出版社,1994年,第1页。

后商贾有懋迁之资,有倍蓰之利。"①他认为,"商务救国"不足取,而把发展工业提到救国的首要位置,"非兴办实业不足以自强"。他认为空口说白话的爱国是没有多大用处的,"爱国救国之挚,注意提倡国货,振工商而挽权利,尤佩远谋,……若徒空言抵制抵制,则彼一物而我无物,抵且不能,制于何有?"②面对国家和民族的严重危机,向来有两种不同的态度,一种是自卑而丧失信心,最终堕入民族虚无主义,有的甚至蜕化变质成为民族的败类;另一种态度是树立强烈的危机意识,并将爱国的热忱升华,激发自己对社会的责任感和历史的使命感,当现实的压力越大时,发奋的使命感也越强烈。张謇所采取的态度就是后者。中日甲午战争以后,他一方面主张革新政治,积极参与《变法平议》和立宪运动,另一方面从兴办实业入手,孜孜不倦地努力建造一个新世界,直至他生命的最后一息。他的危机意识就这样与自强毅力高度地统一起来。

三、张謇的爱国思想具有开拓与创新的双重特征

　　封建社会长期的崇古法祖,因循守旧,闭关自守,故步自封,闭目失聪,使我们伟大的文明古国到了近代远远地落在世界潮流的后面。中华民族在失败中觉醒,在苦难中奋起。民族的生存、国家的兴旺,除了与列强抗争之外,更需要民族的开拓创新精神。张謇顺应时代的要求,在同列强的抗争中逐步形成了这种精神。张謇作为已经取得功名的士大夫,完全可以享受高官厚禄,无所事事,终此一生,然而,在爱国思想的驱使下,他冲破封建社会长期以来"重农抑商"的传统观念,毅然兴办实业。他开辟并走上状元办厂道路以后,大批的官僚、绅士和商贾纷纷投身于创办近代工业,形成了一个近代企业家的群体,他本人也就成了中国近代工业开拓者之一和新式教育的先行者。

　　张謇的开拓创新精神,不仅在同列强的抗争中产生,也在同列强的抗争中巩固和发展。他走上实业救国道路是为了反对侵略,这在大生纱厂的《厂约》中

---

① 曹从坡,杨桐:《张謇全集》(第1卷),南京:江苏古籍出版社,1994年,第37页。
② 曹从坡,杨桐:《张謇全集》(第3卷),南京:江苏古籍出版社,1994年,第799-800页。

表达得很清楚,为了不至"通产之棉"为日厂"花往纱来,……捐我之产以资人,人即用资于我之货售我"而"沥血肥虎"①,所以自己办纱厂。大生纱厂创办成功有了经济效益,这对他的开拓创新精神更是一个很好的激励。在"父教育、母实业,实业与教育迭相为用"的思想指导下,他又从事教育等事业的开拓。张謇认为"欲雪其耻而不讲求学则无资,欲求学问而不求国民之教育则无与,欲求教育普及国民而不求师则无导",办教育"尤须先从师范始","师范为教育之母"②,因而于1902年5月,不畏艰难,冲破重重阻力兴办了全国第一所民办本科制师范学校,推动了中国近代教育的发展。自此之后,张謇认为凡是社会发展和反对列强侵略所需要的都应该大胆尝试,在这种精神支配下,南通一县出现了许多全国第一的文化教育事业。如第一个中国人办的博物苑,第一所独立设置的纺织高等学校,第一所以正规教育培养京剧人才的学校——伶工学社,等等,甚至气象、公路、铁路都是开了全国风气之先。张謇的开拓创新精神,是他的爱国主义思想的重要特征,也是他留给我们的宝贵精神财富。

四、张謇的务实性是他责任意识和实干精神的融合

19世纪末20世纪初的中国,为了摆脱帝国主义的掠夺、欺凌,为了冲破阻碍社会进步的封建的生产关系,需要扎扎实实地发展社会生产力,需要实实在在地办好一批又一批事业。张謇的军营生涯、试场的挫折等实际锻炼,使他早年就注重务实、进取。张謇的爱国不是停留在朴实的思想感情上,或者豪言壮语上,而是将忧国忧民之情转化为救国救民之行。他认为"图存救亡,舍教育无由,而非广兴实业,何所取资以为挹注。是尤士大夫所当兢兢者矣"③。因此,他以"愿成一分一毫有用之事,不愿居八命九命可耻之官"④为信条。他重视实践,他的人生追求便是不知疲倦地把自己的信念逐步付诸实践变成现实的事业。这是使他

---

① 曹从坡、杨桐:《张謇全集》(第3卷),南京:江苏古籍出版社,1994年,第17页。
②④ 曹从坡、杨桐:《张謇全集》(第4卷),南京:江苏古籍出版社,1994年,第24、526页。
③ 曹从坡、杨桐:《张謇全集》(第6卷),南京:江苏古籍出版社,1994年,第515页。

成就许多事业的重要特性。

张謇的务实性还反映在从实际出发,因时因地制宜。张謇说:"顾学必期于用,用必适于地。"①他又指出:"有所法。法古法今,……亦不必古,不必今,不必中国,不必外国。察地方之宜,度吾兄弟思虑之所及,财力之所能,以达我行义之所安。"②可见,张謇在发展事业上,既不盲目地排斥外来的成功经验,又不生搬硬套这些做法,既不全盘否定传统,又不一味泥古,而是从实情出发,视其条件如何而定。如他在办大生纱厂时,就分析了南通得天独厚的区域优势:在原料方面,南通棉花质好量多,棉质"力韧丝长,冠绝亚洲",棉产则"供大于求";在销路方面,南通关庄土布畅销国内外市场,对机纱的需求量将日益增大;在劳动力方面,通海民众劳动力价廉,妇女皆天足,上工能步行,做工能久站。因而首先创办和发展纺织工业。正因如此,他所创办的许多企事业才有较好的生存率和生命力。

张謇的务实性反映在教育思想方面,就是十分重视实践和实践教育。他主张在"寻常师范学校中,亦必立一小学校,为师范生实践教授之地,是小学与师范,其体用相受相成"③。1906年在通州师范校内创设附属小学校,1909年在南通女子师范校内设立初高两等附属小学,1921年为推广农林教育,便利师范生实习起见,又在垦牧乡海复镇设立第二附属小学。不仅如此,张謇还在农校附设农场,在医校附设医院,作为学习实验的基地。这些实习实验基地作用的发挥大大有助于学生基本技能的提高。张謇所特有的务实求实精神,为他一系列实业活动提供了极为重要的条件。他后半生的30多个年头里,仅在南通一地就成功地创办了40多个企事业。

张謇与谭嗣同一样,都是由维新到革命的过渡时期的过渡性人物。谭嗣同是一位坚定的维新改革思想家,其主张不仅要求维新变法,而且明显带有资产阶级民主革命的思想倾向,实为其他维新思想家所不及。他的思想和牺牲精神影响了一代革命党人。而张謇在政治和思想上的主张没有谭嗣同那样急进,然

---

①②③曹从坡,杨桐:《张謇全集》(第4卷),南京:江苏古籍出版社,1994年,第99、468、8—9页。

而在救亡图存的忧患意识激励下,自强不息的毅力、务实求实的态度、开拓创新的精神则是时代的产物和时代的需要,由此所闯出的状元办厂道路,影响了一代士大夫群体,推动了中国资本主义经济的发展。社会需要疾风暴雨式的革命去冲刷污泥浊水,建立崭新的制度,同时也需要扎扎实实的渐变,不断的积累,发展社会生产力。这种渐变和积累为革命创造了阶级基础和物质条件,所以张謇与近代的先进历史人物一起,从不同的侧面,共同推动了近代社会的发展。

张謇爱国主义思想是中华民族优秀文化的组成部分,是我们实现富民强国的精神力量,是我们宝贵的精神财富,值得在新的历史条件下传承和弘扬!

(原载于《近代改革家张謇》,江苏古籍出版社,1996年)

张謇从士大夫到实业家的思想转变

1885年考取举人后的张謇,曾四次赴京参加会试,因未中选而颇为懊恼。1894年,已过不惑之年的张謇再次赴京会试,终得状元及第,如愿以偿。当盖有皇印的黄缎捷报送到老家时,合家欢庆,地方官员和众多乡亲纷至祝贺,他被授为翰林院修撰,终于获得了令世人羡慕不已的官员身份。然而,当官不到一年,张謇即告假南归,创办纱厂,投身实业。尽管19世纪60年代以后以"自强""求实"为口号的洋务运动着实喧腾了一阵子,但作为士大夫的张謇下海经商这种"离经叛道"之举,在当时仍不啻为一种情操上的牺牲。张謇为什么能从封建士大夫"学而优则仕"的精神枷锁中挣脱出来,思想上有这样突破性的转变?这种转变的思想基础是什么,转变的过程又是如何?探索这些问题,对理解他事业的成就,进而了解张謇这位历史人物,是一个关键。

张謇的思想转变是由诸多因素导致的。其中,青少年时期所受的教育和经历,为其后来的转变打下了一定的基础。孩提时,张謇接受的是传统教育。他聪明好学,酷爱读书,深受中国传统文化的熏陶,希望通过科举制度获取功名后能为社会干一番事业。1868年考取秀才后更是乐此不疲,"骈二短竹于枕,寝一转侧即醒,醒即起读,晨方辨色,夜必尽油二盏"[①]。正因如此,他熟读典籍。可是张謇出身寒微,在十二三岁时就由"先君命各荷锄,导之田间削草。日暴背膊如炙,面赤而痛。晚归"[②]。到16岁时中了秀才,即因"冒籍"涉讼,先后五年,负债千金,受尽人间拨弄。这些对他一生影响甚大。他在日记中写到,"未尝一日高兴,……

---

① 曹从坡,杨桐:《张謇全集》(第6卷),南京:江苏古籍出版社,1994年,第832页。
② 曹从坡,杨桐:《张謇全集》(第5卷上),南京:江苏古籍出版社,1994年,第3页。

以是遂寡少年之过"①。尽管张謇受到封建思想的影响,然而,重视农事经营的家庭教养,"冒籍"风波的折磨,促使他更多地继承了中国古代文化中自强不息的优良传统,"天下兴亡,匹夫有责"的传统文化观念,坚持民族气节的爱国精神,宣扬以人为本的人文思想等等,为其一生的转变奠定了一定的思想基础。

在青年时代,张謇于1876年通过孙云锦结识了在浦口的淮军统领提督吴长庆,并在吴的幕中任职,后又随吴去山东登州。1882年,朝鲜发生"壬午兵变",又随军赴朝。其间,他曾代吴长庆草拟《关于时局的条陈》,受到朝野一些人的推崇。两年后张謇回国,又在开封府为孙云锦幕宾。后又受聘于江苏赣榆选青书院及崇明瀛州书院,参与纂辑赣榆、东台两部县志,得到进一步的学习和励志。这些经历,尤其十多年幕僚生涯,对张謇的思想形成影响极大。在和军界、政界、学界及商界名流的交往中,他有更多机会思考整个国家的大事、国家的利益。张謇作为一个热血青年,同其他封建士大夫一样,试图再次中兴清王朝,一洗以往国家之耻辱。然而1884年中法战争爆发,他目睹清王朝统治者不是积极筹谋御侮方略,而是殚精竭虑于内部倾轧,"风气日坏,朝政益不可问"②。由此开始对封建王朝统治产生怀疑和抱怨,对科名之心也日趋淡漠。他是一名爱国的士大夫,不同于一般单纯醉心于功名利禄的庸俗士人。加上十年游幕生涯的实际锻炼,使张謇成为一个务实、进取、事业心很强的人才。这个基本素质,对他后来的思想转变和事业的成就起了奠基的作用。

张謇一生中最大的转变就是从封建士大夫的牢笼中冲出来成为实业家、教育家。这一转变似乎很突然,但在历史现象的背后隐藏着一个复杂的过程。

张謇由士大夫到实业家的转变,开始于19世纪90年代初。他因多次会试不中而畏于试场,淡泊功名利禄,热心于社会实践,力图施展爱国才能。1892年张謇会试落榜后就开始对自己过去二十余年所走的科举仕途进行了反思,他说过:"计余乡试六度,会试四度,凡九十日;县州考、岁科试、优行、考到、录科等试

---

① 曹从坡,杨桐:《张謇全集》(第4卷),南京:江苏古籍出版社,1994年,第658页。
② 曹从坡,杨桐:《张謇全集》(第6卷),南京:江苏古籍出版社,1994年,第845页。

十余度,几三十日;综凡四月,不可谓不久。年又四十矣,父母必怜之,其不可已乎?"①为了科举考试,他耗费了那么多的大好时光,然而功未成、名未就,他由惘然到自我反省、自我否定。这次会试不中回到家里后就向年迈的父亲表示了与此决绝:"试事愿四十为断。"同时,他开始寻找其他的出路,尤其他一贯的务实求实品格使他选择了一条新的道路,"愿为小民尽稍有知见之心,不愿厕贵人受不值计较之气;愿成一分一毫有用之事,不愿居八命九命可耻之官,……辄欲以区区之愿力,与二三同志播种九幽之下,策效百岁而遥,以为士生今日固宜如此"②。后来,"天之生人也,与草木无异。若遗留一二有用事业,与草木同生,即不与草木同腐"③就成了他的座右铭。张謇对家乡的社会活动逐步发生兴趣,想为故乡多办几桩事业以弥补试场蹉跎带来的某种失落。然而历史现象总是充满偶然性,1894年,张謇碰上了慈禧太后六十大寿举行恩科会试的机缘。已是76岁高龄的张彭年,盼能亲见儿子金榜题名,光耀祖宗,要张謇再度前往应试。他恳求说:"儿试诚苦,但儿年未老,我老而不耄,可更试一回。"④张謇已怯于上场,但父命难违,迟迟启程,心绪懒散。可是经过会试、复试、殿试,中了一甲一名,获最高荣誉——状元及第,他既喜悦、兴奋,又有着复杂的矛盾心情。他在当天的日记上写道:"栖门海鸟,本无钟鼓之心;伏枥辕驹,久倦风尘之想。一旦予以非分,事类无端矣。"⑤

  张謇被授以翰林院修撰,获得官员身份后,其志趣不在于功名利禄。他怀着炽热的爱国之情,以十多年前在朝鲜与日本侵略者直接抗争的政治经验,为帝党出谋划策。特别是凭借其与位居军机大臣的翁同龢的特殊师生关系,向翁不断陈述自己的主张,成为帝党中重要的人物之一。其时,他志在做出一番事业,爱国的政治热情甚高。翁、张之间书信往来极为频繁,主要内容是抵御外侮、维护主权的种种主张。九月初,当翰林院有35人联名上《请罪李鸿章公折》时,张謇单独上《推原祸始防患未来请去北洋折》,指责李鸿章不仅一贯主和卖国,而

①④⑤ 曹从坡,杨桐:《张謇全集》(第6卷),南京:江苏古籍出版社,1994年,第851、852、362页。
②③ 曹从坡,杨桐:《张謇全集》(第4卷),南京:江苏古籍出版社,1994年,第526、359页。

且还一贯败坏和局。他甚至愤怒谴责:

> 试问以四朝之元老,筹三省之海防,统胜兵精卒五十营,设机厂、学堂六七处,历时二十年之久,用财数千万之多,一旦有事,但能漫为大言,胁制朝野;曾无一端立于可战之地,以善可和之局,稍有人理,能无痛心!①

可见他对求和卖国之臣的痛恨,爱国之心,情深意切。正在帝后两党、主战主和两派斗争的关键时刻,张謇突然接到父亲病故的消息,只得循例离职回籍守制,匆匆离开政争纷纭的京都。

张謇由士大夫到实业家的转变,实现于《马关条约》以后。 民族危亡的刺激,对封建王朝的失望,实业救国思想的形成,使他开始走上新的救国救民的道路——办厂。

1895年4月《马关条约》的正式签订,对张謇的震动极大,成为其思想发展的一个转折点。他不仅将卖国条约主要内容十款一一记录在册,并且特地注明"几罄中国之膏血,国体之得失无论矣"②。他对中国如此丧权辱国,尤其外国人在中国设厂,十分愤懑。他指出:"今更以我剥肤之痛,益彼富强之资;逐渐吞噬,计日可待。"③面对着国家民族被侵略、被奴役、被凌辱的悲惨现实,在国家和民族危急的严重关头,他产生出一种强烈的社会责任感与历史使命感。因此,甲午战争的失败,卖国条约的签订,成为张謇思想根本转变的一个关键。他在祭奠父亲时的那种自我谴责——"不孝謇徒为口舌之争,不能死敌,不能锄奸,负父之命而窃君禄,罪尤无可逭也"④反映了他沉重的忧国忧民之心。正是这

张謇有关《马关条约》的日记

---

①③曹从坡,杨桐:《张謇全集》(第1卷),南京:江苏古籍出版社,1994年,第28、30页。
②曹从坡,杨桐:《张謇全集》(第6卷),南京:江苏古籍出版社,1994年,第371页。
④曹从坡,杨桐:《张謇全集》(第5卷上),南京:江苏古籍出版社,1994年,第472页。

种心情激发了他摆脱世俗之勇气,使他冲破封建思想的禁锢,思想上产生了飞跃。他不像传统的儒生仅在口头上以牢骚怪话来发泄,而是以积极的态度对待人生。他不再作口舌之争,而开始走脚踏实地做实事、办实业的道路。后来在大生纱厂的《厂约》中,他进一步表述出办厂的目的:不致"通产之棉"为日厂"花往纱来,……捐我之产以资人,人即用资于我之货售我"而"沥血肥虎"。因此甲午战争后的张謇,在家乡一方面兴办团练,保卫江防重地的家乡,随时准备抵御日本海军入侵长江,又为布商议办"认捐",经营义庄、社仓,修筑石路、石桥,筹划书院经费,等等;另一方面,他不断地思考着如何救亡。实业救国的思想也就在此时逐步形成。这年夏天,他为张之洞起草的《条陈立国自强疏》中,比较系统地阐明了自己的救亡主张。他提出了加强国防、广开新学、提倡商务、讲求工艺等建议。他已看到世界之竞争逐步由"商战"发展为"工战"和"学战"。所以他非常强调发展近代实业和近代教育。他将近代工业放到首要的地位。他认为:说外国是"以商务立国",乃"皮毛之论也"。他指出,"富民强国之本实在于工"①。他不仅这样认识,而且为此而奋斗。

为了发展近代民族工业,他认为还要学习西方的近代科学知识,努力培养新式人才,"应请各省广设学堂,自各国语言文字,以及种植、制造、商务、水师、陆军、开矿、修路、律例,各项专门名家之学,博延外洋各师教习"②。他从沉溺古代典籍、留意八股制艺到迫切要求学习西方科技知识,这是他思想上的巨大进步。更可贵的是,张謇不仅这样认识,而且以自己的行动为此奋斗终生。我们可以这样说,他的实业救国、教育救国思想的形成,是他由爱国的士大夫转变为实业家、教育家这一关键性转折在道义上的依据,或者说是他转变的理论基础。在这个思想指导下,1895年秋天,张謇开始奔波于通沪两地,商议和筹集资金,创办通州纱厂。1896年年初,奏请政府立案办厂,开始走上办实业的道路。

张謇由士大夫向实业家的转变,完成于第二次离职南归之后。当时正在为

---

① 曹从坡,杨桐:《张謇全集》(第5卷上),南京:江苏古籍出版社,1994年,第472页。
②③曹从坡,杨桐:《张謇全集》(第1卷),南京:江苏古籍出版社,1994年,第37、36页。

大生纱厂艰苦创业,已经走上实业道路的他,为什么又在1898年5月离家赴京,

大生纱厂外景

到翰林院销假复职呢?这一历史现象,也可以说是他思想转变过程中的一个小插曲。张謇是一名爱国志士,他曾一度参与变法的有关活动。1898年5月,帝党和维新派政治联姻,百日维新已到呼之欲出的时刻。这个政治形势他不会不知道。作为"翁门六子"之一的他,这次赴京,明显地出于扶助恩师翁同龢并进而扶助光绪变法的政治原因。他是想参与帝党支持维新变法,一展其救国宏图。张謇一到京师,即与翁同龢频频接触,一次又一次地长谈,以至达到与"虞山谈至苦"的程度。他的主张多次得到翁同龢称誉,说他是"霸才"、"奇才"。然而维新派好景不长,在光绪帝"明定国是谕"宣布变法的第五天,慈禧手谕令翁同龢开缺回常熟原籍。张謇感慨万千,"见虞山开缺回籍之旨,补授文武一品及满汉侍郎,均具折谢皇太后之旨,亲选王公贝勒游历之旨,所系甚重,忧心京京,朝局至自是将大变,外患亦将日亟矣"[①]。张謇对帝后两党宫廷斗争的内情知之较多,所以对翁开缺回籍后的政治形势分析是正确的。时隔不久就发生了戊戌政变。在这样的情况下,作为在青年时代就十分慎于今人的出处进退的张謇,离京出走就是理所当然的了。正如他在《乍雨》诗中所云:"未测天情性,朝来乍雨晴。稍当被尘土,一笑看风霆。"[②]农历六月三日,张謇以"通州纱厂系奏办,经手未完"为借口,再度向翰林院请假,同时也辞谢了孙家鼐打算奏派他充当京师大学堂教习的挽留盛意,通过塘沽,乘船南返。从此,结束了他在清廷的官衙生涯,全身心地投入创办纱厂的纷繁、复杂的事务,完成了他从士大夫向实业家转变的历程。从此一

①②曹从坡、杨桐:《张謇全集》(第6卷),南京:江苏古籍出版社,1994年,第410、411页。

往无前,不改初衷。以后他即使参与政治活动,也都是为了独立地发展中国的民族工业,为实业救国服务。民国以后,张謇曾在名义上"做官",但实际上是为新兴的资产阶级办事。他在农商总长任内,为促进农、工、商、林、牧、渔等企业的发展而制订了一系列法律、法规和条例,这与他的初衷是完全一致的。后来袁世凯称帝阴谋日益暴露,张謇感到再也不能以"官"的身份去办实事时,他就辞官回到南通故地,脚踏实地地从事地方自治,发展实业、教育、慈善等事业,从而在南通早期现代化过程中发挥了巨大的作用。

人们的行为是受自己的思想支配的。张謇本来已经是士大夫,由于他冲破士大夫的精神牢笼,实现了思想观念的转变,才有辞去京城职务、回到家乡办实业的行动,才有后来事业上的创举。

张謇由士大夫向实业家的转变,对当时社会的前进和中国历史的发展有着直接的和间接的深远影响。

第一,张謇的这一转变就他个人来说,是他一生中最大最关键性的转变。由于以爱国主义为动力,他在时代的边沿上不断地前进。无论是他后来在政治上由立宪派向共和派的转变,还是在经济上由企业家向事业家、教育家的转变,都是以这一转变为前提和基础,并由此发展而来的。张謇的这一转变,使他成为中国早期现代化的开拓者,新式教育的先行者,杰出的实业家和教育家。他是清代114名状元中对社会、国家贡献最大的一位。

第二,张謇的这一转变对当时的社会来说,震动是很大的,影响了一批士绅。自此以后,大批官僚绅士和商贾纷纷投身于近代工业。状元办厂的社会效应不仅影响同张謇有交往的官绅,如沈云沛、许鼎霖等人投资建设二十多家工矿企业,为改变苏北落后面貌做出贡献,而且如苏州布商刘国钧、无锡荣氏家族等,在大生纱厂以后,也纷纷办厂。以张謇为首,在20世纪初的中国出现了一个近代企业家群体,加速了民族资产阶级的最后形成。但在此值得一提的是,张謇这位企业家、实业家,与一般的资本家还有一个重要的区别,那就是:张謇办工厂、获得利润是为了办更多的企事业,以达到强国富民的目的,从而实现早期现代化;而一般的资本家则很少能具有这种远见卓识。

第三,张謇的这一转变,直接推动了南通早期现代化的进程,创造了早期现代化的一个崭新模式。南通昔称崇川福地,处于偏僻的东南一隅,甚为封闭和落后。自从张謇实施实业救国,开办大生纱厂之后,仅二三十年间,创办各类企事业40余个之多。南通"一跃而为实业教育发达之区,再进而得全国模范县之名"[①],形成了长江三角洲的另一个经济中心,成为以上海为中心的长江三角洲经济区域的一个重要组成部分,大大促进了江苏经济的繁荣。

第四,张謇的这一转变,促进了中国资本主义经济的发展。首先是在中国东部沿海出现了大生资本集团,实力雄厚,一度成为全国最大的经济实体。几年后,中国民族资本就增长了近5倍。其次,大生资本集团不断向内地各省扩散资金、技术、信息,又促进全国工业,尤其是轻工业的发展。所以毛泽东说:讲到民族轻工业时,不能忘记张謇。他的转变,推动了中国早期现代化的进程。

第五,张謇的这一转变还为我们留下许多深刻的启示。张謇之所以能抛弃高官厚禄,偏要去"腐心下气为人牛马",最深层的动机是出自对祖国和民族命运的担忧。求和卖国的《马关条约》的签订,使他抛弃了对清王朝的种种幻想,激励他另辟救亡的新路。爱国的热忱滋养他不甘沉沦,勇于与命运抗争,不断跟上时代的步伐前进。有人概括张謇的思想核心为爱国主义,是十分正确的。爱国主义是张謇的精神支柱。在今天,特别是爱国主义、民族精神,仍然是我们成就一切事业的精神动力。进行爱国主义教育,发扬爱国主义的优良传统,是我们思想政治教育战线的根本任务。因此,研究张謇,宣传张謇的精神,就成了我们时代的一个重任。

(原载于《再论张謇》,上海:上海社会科学院出版社,1995年)

---

① 陈翰珍:《二十年来之南通》(上编),南通:南通县自治会,1938年,第1页。

试论张謇的人文精神

所谓人文精神,它的核心就是以人为本的精神。它所强调的是一切从人出发,一切以人为归宿。目前尚未见有张謇研究者以此来考量张謇在早期现代化实践中的人文精神以及它的历史价值和现实意义。笔者试图以张謇所创办的实业、教育、慈善等事业为切入点,探讨张謇如何对待人类普遍的自我关怀,如何以人为本、重视人、关心人、爱护人、尊重人、培养人、理解人,体现他的人本观念。

一、创办实业,解决民众生计问题

以人为本的人文精神,首先是要以人的生命为本。延续人的生命要有基本的物质条件,"盖人生日用所需,衣食为大"①。衣食之源有赖于生计。生计是生存的前提。由此张謇非常欣赏《易经》中的一句名言:"天下之大德曰生",为人们的生存所做的努力是最大的好事。他创办实业是为了民生,故他将所创办的第一个企业命名为"大生纱厂"。以后办的纱厂等也以"大生"为名,如大生二厂、大生三厂、大生六厂、大生八厂,以及其他企业,如大生淞厂、大生第一纺织公司电厂、大生沪事务所、大生织物公司、大生公司、大生轮船公司、大生码头等。以大生之名,行为民之实。

张謇认为人的生存是头等大事。他的企业大都以"大"字或"生"字命名,如大兴机器磨面厂、大隆皂厂、大昌纸厂、大达公电机碾米公司、大达内河轮船股份公司、大储堆栈、大储打包公司、大达外轮公司、大达跫步公司、大有晋盐垦公

---
① 曹从坡,杨桐:《张謇全集》(第4卷),南京:江苏古籍出版社,1994年,第144页。

司、大赉盐垦公司、大豫盐垦公司、大丰盐垦公司、大纲盐垦公司、大中公行、大聪电话公司等;又如阜生蚕桑染织公司、广生榨油股份有限公司、颐生酿造公司、资生铁冶厂、颐生罐诘公司、懋生房地产公司、泽生水利公司等。这些无不说明张謇创办实业的意图。这个意图在张謇为大生纱厂所起草的《厂约》中也开宗明义:"为通州民生计,亦即为中国利源计"①,即对外争利权,对内为民生。事实上大生纱厂解决了成千上万人的生计。在封建制度统治下的农耕社会,在生活条件极度贫乏的环境里,农民进纱厂做工,扩大就业,在一定程度上改善了民生。当地民众对这位爱国实业家由衷地崇敬,称"张四(张謇排行第四)先生改变了我们的日子"。

张謇在创办与纱厂所配套的一系列企业的同时,还进行滩涂开发,创办盐垦事业,也是这一宗旨的延续。例如,在创办通海垦牧公司进行滩涂围垦的问题上,张謇"以为凡滨海荒废之滩,宜尽堤而辟之为田,增长人民生计",并且说他自己"蓄此志久矣"。②滩涂围垦历经10年艰辛,张謇又一次创业获得成功。他非常得意地描述垦区"栖人有屋,待客有堂,储物有仓,种疏有圃,佃有庐舍,商有廛市,行

通海垦牧公司第一次股东大会与会股东于表门前合影

有涂梁,若成一小世界矣"③。他为此而感到兴奋和欣慰,在通海垦牧公司的望稼楼上亲题对联:"多把芳菲汛春酒,已见沧海为桑田。"

---

① 肖正德:大生集团档案资料选编(纺织编Ⅲ),北京:方志出版社,2004年,第11页。
② 曹从坡、杨桐:《张謇全集》(第4卷),南京:江苏古籍出版社,1994年,第174页。
③ 曹从坡、杨桐:《张謇全集》(第3卷),南京:江苏古籍出版社,1994年,第386页。

在张謇的示范和组织下,"1914—1922 年的 9 年间,在江苏北部范公堤以东,南起吕四(应为川流港),北抵陈家港,纵约 700 里,宽逾 100 里,原淮南盐场地区濒临黄海的 1.2 万平方公里的海涂滩地上,农垦(有的称'盐垦',有的称'垦殖')公司如雨后春笋纷纷建立"①,为几十万农民提供了生产资料,即增加了土地资源。

在对待妇女的就业方面,他也有专门的阐述:

  鄙人之以农工业与学,谋我南通一般妇女之生计,既有纺织,复有火柴,足容数千人矣。然仅唐家闸与天生港二处受其益,……是以设蚕桑讲习于南山闸桥,又拟设发网传习于军山奥子圩。诚欲使妇女习勤于农耕之外,兼事工以广生计也。②

张謇竭尽全力创造各种条件解决民生,改善民生。正如胡适在《南通张季直先生传记》序言中所说的那样:"他独力开辟了无数新路,做了三十年的开路先锋,养活了几百万人,造福于一方,而影响及于全国。"③

二、创办教育,开发民智培养人格

以人为本要以人的发展为本。国民素质的高低、人格的好坏、涵养的深浅、知识的多寡关系到民族的存亡、国家的强弱、社会的进退。而国民素质的提升要靠教育。张謇认为"非人民有知识,必不足以自强。知识之本,基于教育"④。

张謇的教育观是普及平民教育。他认为:"教育以普及为本,普及以生计为先"⑤,教育的目的是"开民智,明公理",并进一步指出"舍教育何由"⑥,"学校主义在开通多数之民智"⑦。他还说:"开民智,惟有力行普及教育,广设初等

---

① 姚谦:张謇盐垦事业调查,南京:江苏人民出版社,2000 年,第 2 页。
② 曹从坡,杨桐:《张謇全集》(第 4 卷),南京:江苏古籍出版社,1994 年,第 177 页。
③ 张孝若:《南通张季直先生传记》,上海:中华书局,1930 年,第 3 页。
④ 曹从坡,杨桐:《张謇全集》(第 3 卷),南京:江苏古籍出版社,1994 年,第 384 页。
⑤⑥⑦ 曹从坡,杨桐:《张謇全集》(第 4 卷),南京:江苏古籍出版社,1994 年,第 247、29、53 页。

小学"①,所以"教育之普及,当程效于小学,而初等小学,又为全国人民所应同受之教育。其程度至浅,而其关系至巨"②。他要"广教育于穷乡之子弟也"。可是教育是耗资之事,所以张謇是先实业后教育,在创办实业取得效益,有了经济实力后才去创办教育。

张謇认为,学必有师,古今中外通义也,"师范乃教育之母","故立学校须从小学始,尤须先从师范始"。③所以张謇于 1902 年在通州首先创办了民立师范学校。"创立师范学校,以为普及教育之基础",以后他在南通陆续创办各类各级学校 340 多所,形成了一个地方性的教育体系,不仅有精英教育,培养专门人才,更多的是普通国民教育、职业教育、社会教育和特种教育。即使是他创办的文化事业,也从教育出发,着眼于提升市民的素质。他所创办的中华第一馆——南通博物苑,其宗旨体现在南馆的一副对联"设为庠序学校以教;多识鸟兽草木之名",强调了博物馆的教育职能,在体制上也划归学校管理,先是通师,后为农校。他所建造的更俗剧

通州师范学校

场,是为了移风易俗,"改良社会措手之处,以戏剧为近"。他热衷于教育,甚至说"死后求活,惟恃教育"。他寄希望于学校教育,"夫教育在此国家政治紊乱之秋,而稍有一线希者,在造就独立人格,实非奴隶之人才"④,"将来毕业后,为农者必蕲为良农,为工者必蕲为良工,为商者必蕲为良商"⑤。为此,张謇奋斗了一生,用张謇自己的话来说,"惟见社会不平,必求所以改革,故办种种实业教育,为穷人打算,不使有冻馁之忧……"⑥。张謇的教育思想和实践,充分体现了他的以人为

---

①②③④⑤⑥曹从坡、杨桐:《张謇全集》(第 4 卷),南京:江苏古籍出版社,1994 年,第 82、85、24、221、201、216 页。

本的人文关怀。

三、创办慈善,关怀弱势群体生存发展

如何对待人类中的老幼病残群体,是衡量一个社会进步的重要尺度,也是衡量一个人的人文精神的重要标志。作为爱国的民族企业家、教育家的张謇是如何对待弱势群体的呢?

(1)为弃婴建育婴堂。弃婴是当时普遍存在的社会现象。原通州在州治西北有育婴堂,可卫生条件极差,不适宜婴儿的成长发育。1906年,张謇在唐家闸的鱼池巷口(又称裕稚巷西)建立新的育婴堂,占地24亩,建楼房112间、平房51间,收养婴儿最多时达1300多名,为全国最大的育婴堂之一。张謇使这些弃婴重获了生存的权利。

(2)为鳏寡老人建养老院。当时鳏寡孤独老人往往被社会所遗弃。张謇对他们的关心和同情体现在行动上就是建养老院。1913年,张謇60寿辰时,将所得亲朋好友的贺礼馈赠,变成货币,捐

养老院老人

资建养老院。购地17.5亩,建房设院,收容孤寡老人,分设男女两院,各有寝室、食堂、洗衣室和工场等。1920年,他的三兄张詧70岁生日,也将礼金捐给长乐镇建一所养老院,名为老老院,或称第二养老院。1922年张謇70寿辰时又将礼金捐赠而建第三养老院,建筑耗资3万余元。这些老人饮食有靠,生活有序,生病有医,轻微劳动,量力而行。由此,使他们足以安度晚年。

(3)为盲哑儿童建盲哑学校。盲哑儿童无处能接受教育,贫者乞食,富者逸居,不能自立。鉴于这种情况,张謇亲自专程去山东烟台参观教会办的盲哑学

23

校,又在狼山北麓购地6亩兴建校舍。南通盲哑学校于1916年招生开学,张謇亲任校长,以造就盲哑儿童使其有独立自存之能力。

(4)为流浪乞丐建栖流所。乞丐在当时是普遍存在的社会问题。张謇出于对哀怜无依之乞丐的同情和爱心,在南通城西门外将清代的养济院改建成"南通栖流所",1916年完工。内部订有较为完善的管理制度,食息起居都有定时,使其"习有小艺",有做工谋生、自食其力的能力。

(5)为不良妇女建济良所。随着地方工商业的日渐发达,妓女人数亦因之而增。1914年张謇经过县署批准,将通州城内南大街原有的税务署旧址改建为"南通济良所",性质为收容和教育相结合的一个机构。学习科目除国文、算学知识外,还有人生行为之价值等伦理学和缝纫、洗濯、烹饪等工艺技术课,学制6个月,使不良妇女改邪归正,成为自食其力的劳动者,培育良好的社会风气。

(6)为残疾人群建残废院。残疾人的生存尤为困苦。张謇对此甚为同情,于1916年在狼山北麓购地6亩许建残废院。残废者不分年龄,不计地域,皆可入院,衣食住行全由院中供给。院中辟有男女工场,尽其所能每日工作4小时,工种为加工草鞋、烛心、火柴箱等,尽力而为,使这些残疾人群有了稳定的生活。

(7)为孤苦贫民子弟建贫民工场。无所依靠的贫民子弟也是弱势群体。张謇于1914年8月在南通县西门外大码头购地40余亩,建房六七十间,创办贫民工场,专门教授各种手工工艺,为的是使他们有一技之长,能独立谋生。

这些慈善事业依靠厂企和私人捐赠,地方补贴,张氏兄弟资助,有时张謇不得不以卖字填补缺口。当他70高龄时还登报鬻字一月,称"任何人能助吾慈善公益事者,皆可以金钱使用吾之精力,不论所得多寡"①。张謇对弱势群体的爱心体现在实实在在的行动之中,力所能及地为他们做了许多有益的事情。

四、经营企业,实行人性化管理

当年的民族工业企业经营管理中,为谋取利润,不可避免地普遍存在着工

---

① 曹从坡,杨桐:《张謇全集》(第4卷),南京:江苏古籍出版社,1994年,第360页。

人工作时间长、工资低、劳动条件差，甚至雇佣不少童工等现象，尤其在创业之初，这种状况更为严重。大生企业也不例外。但随着事业的发展，各

大生二厂职工宿舍远眺

种条件逐步得到改善。尤其是由于张謇作为总理，受传统的民本思想的深刻影响，在管理中体现出众多的以人为本的举措。

首先，在唐家闸工业区内为工人建造工房。大生纱厂的工人，尤其是纺织女工，均来自于周边的农村，步行来上班，放工后走回家，十分辛苦。还有的妇女带着婴儿上班，根据秦领姑娘回忆，"伢儿带到厂里，放在纱挽子里……有一次四大人来到车间，问工头：'这是哪些人家的？放在这儿像话吗！'……回答是'他们的娘都在这里做工，家里没有人带'。四大人眉毛一皱就走了"[1]。后来车间里安排女工专门照顾这些婴儿，这大概是厂里最早托儿所的雏形了。做工时间长了，工人开始在工厂周边建起临时住所，主要集中在西洋桥堍和大闸之北的高岸街两处，尤其高岸街的工房区建筑最密集、最简陋，几乎全是竹木结构的单墙草房。1917年冬，工房区大火延烧数十家，损失惨重。1918年，张謇以大生纺织公司垫款，收买高岸区整片土地，建造瓦平房420间，出租给各工厂的职员与工人居住，称为东工房，又称贞字工房。以后又不断地建造西工房和南工房，尤其西工房的规模更大。东工房、南工房以及老工房，这些历史建筑至今还完整地保存着，这是全国少有的工业文化遗产，成为张謇和大生企业管理阶层实行人性化管理的有效佐证。

其次，在唐家闸工业区内为工人建造公园。张謇认为："实业教育，劳苦事

[1] 穆烜，严学熙：《大生纱厂工人生活的调查》，南京：江苏人民出版社，1994年，第2页。

公园

也,公园则逸而乐。偿劳以逸,偿苦以乐者,人之情。得逸以劳,得乐以苦者,人之理。以少少人之劳苦,成多多人之逸乐,不私而公者,人之天。"①他就是为了工人在工余时间有一公共场所的逸且乐,于1913年在唐家闸工业区大兴土木建造公园,以免工人终日之劳工消遣无所,不得已置身于花柳街巷。公园建成后,工人工余时间,在公园内"有溪可钓,有亭可憩,有石可坐,有藤可攀,有茗可品,有栏可依,有径可游……靡不应有尽有"②。因之各厂工人毫无轨外之行动,公园所在不见狎妓之类风,熙来攘往,各得其所。

此外,在唐家闸还建有医疗文教事业。大生企业鉴于职工难免有生病的现象,因而临时在公园内创办职工医疗所,解决职工看病难的问题。后来在此基础上建职工医院,又称劳工医院,为工人防病治病。为了发展事业所需要的技术工人,于1905筹办唐闸实业公立艺徒预教学校,1906年开学,张謇亲自任校长。其性质为职业学校,是张謇所办的最早的职业教育,是提高工人素质的重要举措。他甚至还举办免费的工人夜课,即工人夜校,让青年工人学习先进的科技文化知识。

以上种种,足以说明张謇为首的大生集团的管理层有较强的以人为本的人文精神。更为令人欣赏的是1920年夏天,南通地区"时疫发生,大生纱厂以爱惜劳工生命,故忍痛停车一星期"③。企业家一向是以效益至上的,能顾及劳工

---

① 曹从坡、杨桐:《张謇全集》(第4卷),南京:江苏古籍出版社,1994年,第413页。
② 陈瀚珍:《二十年来之南通》,南通:南通县自治会,1938年,第146页。
③ 曹从坡、杨桐:《张謇全集》(第3卷),南京:江苏古籍出版社,1994年,第807页。

的生命安危而停产,体现了人本观念,即"人本位"的人文关怀。

五、结语

张謇具有这种浓厚的人文精神绝非偶然。首先是传统文化的熏陶。"以民为本"是一个深深植根于中华文化悠久传统的理念。张謇长期受中国传统文化的熏陶,在儒家经典中,不断地重复"天地之性人为贵"的命题,主张"人是万物之灵长",更懂得孟子的"民为贵,社稷次之,君为轻"名言,民众是立国的根本,老子是要"以百姓之心为心",不仅要重民,还要爱民、保民、养民、信民等。历史的智慧,深深影响着他。这是张謇人文精神的思想基础。其次是低微的出身。张謇是农家子弟,长期在农村生活,了解民众的疾苦,同情贫苦大众,希望改变现状,这是他人文精神的社会基础。第三是张謇的忧患意识。生活在落后而又动荡的半殖民地半封建社会的张謇,具有对民族对祖国的深厚情怀和对民众的关心之情,他自己说,"鄙人自十六岁后,无时不在忧患中"[①]。这种忧患意识激励着他以民为本的情感。

张謇的人文精神所包蕴的思想作为一种历史的智慧有着宝贵的启示意义,在文化大发展大繁荣的今天,在新一轮解放思想的今天,张謇的人文精神是滋润、养育新时代先进思想的丰厚资源。建设小康社会,应坚持以人为本全面建设小康社会;坚持科学发展观,应是以人为中心的科学发展观,把人的发展看作是社会发展的核心和最高目标。坚持以人为本,应把满足人的需要、提升人的素质、维护和保障人的切身利益、提高人的生活质量作为衡量社会进步的根本价值标准,并以此作为做好一切工作的出发点和落脚点。

(原载于《南通纺织职业技术学院学报》,2008 年,第 3 期)

[①] 曹从坡,杨桐:《张謇全集》(第 4 卷),南京:江苏古籍出版社,1994 年,第 216 页。

张謇的勤政廉政思想与实践

中国古代的政治家、思想家和社会大众的创造与实践,形成了关于廉政文化的丰富内容。关于廉政的信仰、规范和与之相适应的生活方式、社会评价等,成为传统文化精华的一个重要组成部分。近代著名的爱国实业家、教育家张謇,生活在新旧交替的时代,受中国儒家传统文化的熏陶,传承中国古代廉政文化,在他所处的时代做出了显著的业绩。

一、张謇勤政廉政的思想

张謇认为"天下之美德,以勤俭为基"。中华民族以勤俭著称,崇尚勤俭为美德,流传为千古之箴言。关于勤俭的内涵,张謇有明确的解释:"唯俭也,故嗜欲简而啬其精神,唯勤也,故摩练习而坚其骨筋。以是为富之本,寿之门。"①他又说:"夫勤者乾德也,乾之德在健,健则自强不息。俭者坤道也,坤之德在啬,啬则俭之本。"②张謇秉承古训,极力倡导勤俭,将政治昌明的希望寄托在青年一代人身上,对青年学生一再教诲,并将勤俭列为多所学校之校训,如民国元年为盲哑学校题写的校训为"勤俭",民国二年

南通女子师范学校校训

---

① 曹从坡、杨桐:《张謇全集》(第5卷下),南京:江苏古籍出版社,1994年,第642页。
② 曹从坡、杨桐:《张謇全集》(第4卷),南京:江苏古籍出版社,1994年,第138页。

(1913)为女子师范学校题写的校训是"学习家政　勤俭温和",民国三年(1914)为南通农科大学题写的校训为"勤苦俭朴",民国六年(1917)为商业中学题写的校训为"忠信持之以诚　勤俭行之以恕"等。

张謇认为廉政以勤俭为基础。"勤"的反面是懒,是惰,"廉"的反面是奢,是侈。总之,廉勤的对立面是腐败。懒惰与奢侈是腐败的重要根源。他说"士大夫有财力则侈,益上则益侈,乃至无度,乃至以为市"①。若要抵制和克服种种腐败现象,就应提倡勤俭,使之成为一种品质。张謇认为:"凡致力学问,致力公益,致力品行,皆勤之事也;省钱去侈,慎事养誉,知足惜福,皆俭之事也。"②相反,缺乏勤俭之美德,就会走向反面。他进一步分析:"俭之反对曰奢。奢则用不节,用不节则必求多于人;求多于人则人必不愿。至于人不愿,则信用失而己亦病。是奢之病,妨人而亦妨己。故俭为美德。"③腐败之风的结果是害人害己。他还进一步讲,"乃知勤勉节俭任劳耐苦诸美德,为成功之不二法门"④,甚至认为"坚苦奋励,则虽败可成;侈怠任私,则虽成可败"。小至一个人,大至一个单位、一个国家,无不是如此。古训说得好:"俭节则昌,淫佚则亡。"他给予勤俭高度的评价是很有道理的。

张謇认为勤俭的作用可以营养廉政。张謇对俭朴作用有较深刻的分析:"俭可以养高尚之节,可以立实业之本,可以广教育之施"⑤,又说"苟能俭,则无多求

家诫

---

① 曹从坡,杨桐:《张謇全集》(第4卷),南京:江苏古籍出版社,1994年,第568、672页。
②③④⑤ 曹从坡,杨桐:《张謇全集》(第4卷),南京:江苏古籍出版社,1994年,第81、112、81页。

于世界，并无求于国家，即使适然做官，亦可我行我意，无所贪恋，而高尚之风成矣"①。也就是说，有勤俭之风，没有多少有求于人、有求于世界，对物欲权欲无所贪恋，就会廉洁奉公，秉公执法，施政为民。因为只有"节约自励攻苦食淡"才能"免于求人"，即便大权在握，不至于以权谋私，可保持自身的廉洁。所以他倡导生活平民化，但理想要高远。他说："吾人之享用，不可较最普通之今人增一毫；吾人之志趣，不可较最高等之古人减一毫也。"②具有远大理想，思想境界高尚的官员，为国为民有崇高的追求，视权力为实现理想的途径，不至于把权利当成谋私的资本和实现私欲的手段。

张謇重视法制，认为："法律的作用，以积极言，则有诱掖指导之功。以消极言，则有纠正制裁之力。"③所以法律有规范施政行为的功能。遵纪守法，依法行政是廉政的重要内容和重要保障之一。

二、张謇的勤政廉政实践

辛亥革命后不久，袁世凯窃取革命果实，就任临时大总统，在北京组织"临时共和政府"，让清廷大小文武官署人员照旧供职。民国时期的中国各地，仍然是兵匪劫掠，官吏敲诈，相习成风。张謇力图变革旧习，欲以实业和教育救国强国。他在中华民国北洋政府担任农商总长和水利局总裁的短暂两年多时间里，对部属机关的机构进行了大刀阔斧的精简。

1. 精简机构，裁减冗员

张謇是1913年9月11日由临时大总统令"特任为工商总长兼农林总长"。张謇到任在1913年10月21日，"謇遵于十月二十一日就任工商农林总长之职"④。他到任不到两个月，于是年12月18日向国务院报告：

查农林工商原设两部，今并为一部，其中各司职掌，一一变更，即部之名称，也宜重定。今以林属农，工又不能离商而独立，故名农商部。至各司组织，则原农

---

①②曹从坡，杨桐：《张謇全集》（第4卷），南京：江苏古籍出版社，1994年，第82、114页。
③④沈家五：《张謇农商总长任期经济资料选编》，南京：南京大学出版社，1987年，第11、1页。

林工商各设四司,两部共八司。今改农商部,则设三司,而为注重矿政起见,专设一局,共设三司一局,此必须修改之理由也。①

可见张謇到职以后,首先对机构进行改革,将两部机构精简了一半。原机构由两部八个司合并为一个农商部,下设农林司、工商司、渔政司和矿政局的三司一局。精简的力度不谓不大。至于裁减冗员,张謇主张因事设人,反对因人设事,采取断然措施,裁汰冗员。他于是年12月26日有一通告说得非常清楚:

国家设官分职,有职然后有官,用人者为事务求人才,非为个人谋位置,此古今政治之常轨,无论如何,政治无变通之余地者也。乃现查工商农林两部员司至四百余人之多,其学有专门或熟娴部务者,固不乏人,而但有职名无所事事者,亦殊不少。②

他根据两部的实际情况,在此通告的第二天公布部令,原两部各调用62名,即录用124名。400多名官员裁减到124名,削减了2/3以上。这样力度的人员裁减,不要说在当时,就是今天也不能不说是一个惊人之举。张謇此举冲破遗老遗少、亲朋故旧以及裙带关系的障碍,没有强烈的廉政意识和思想,不会有如此大的决心和如此大的力度。可以说,此举为廉政史上的一个范例。由于机构精干,又选用具有真才实学的专门人才,文牍主义与相互扯皮现象减少,工作效率大为提高。张謇就任农商总长的两年多时间里,在整体政治腐败的大环境下能够取得不错的政绩,与他组成和领导的这个强有力的机构是分不开的。

2.制订法规,规范施政

张謇认为"必有法律而后有准绳。……故拟首订法律"③,也就是说,法律有规范施政的功能,使部务官员有法可依,有章可循。在任两年多的时间,他努力为农林、工商、渔业、矿业等行业,制订各种法规。据不完全的统计,他主持制订的工商法、保息法、商会法、森林法、狩猎法、公司条例、商人通例、承垦条例等各种法律和条例达二三十项之多,至于大大小小的细则、章程等更是数不胜数,以

---

①②③沈家五:《张謇农商总长任期经济资料选编》,南京:南京大学出版社,1987年,第1—2、10、407页。

此来规范官员的施政,达到廉洁高效的目的,是行之有效的举措。法律是要有人去执行的,张謇认为执行中要有监督机制,"非有完全之法令,则事业无资保障,非有监督之机关,则法令无由以行使"①。为此,他主张设立监督署官制。

3. 咨文各地,惩治腐败

张謇执掌农商部期间,发现地方官员乘公司注册之机,加以刁难勒索之事,时有发生。对此现象,张謇深恶痛绝。他利用职权加以制止和惩办,于1915年2月27日,发出了《关于制止各级政府对商人注册刁难勒索致各省区咨文》,文中明确规定:

公司禀请注册,应依公司种类并资本或股本之总额,照所定数目,缴纳册费,县知事署注册所需办公费,即由应缴册费内扣留五元,以资应用。

明文规定了标准,遏制了借机敲诈勒索现象。继而又对注册时间作了规定:"复恐县知事因事延搁或置不理,故特明定日期,限于五日内必须详转。"②对于"故意耽延,不遵照法定日期详转,或在投票领照时,于法定应缴册费之外,另加勒索情事……一经查实,尽法惩办,借警官邪"③。

4. 停办官企,堵塞腐败

张謇就任农林、工商两部总长后,在就职通告中,明确宣布除保留丝、茶等研究改良制造企业外,其余"自今为始,凡隶属本部之官业,概行停罢,或予招商顶办"。提出该申明的原因是这些官营企业"排调恢张,员司充斥,视为大众分利之薮,全无专勤负责之人,卒之糜费不赀,考成不及,于财政上有徒然增豫计溢出之嫌,于实业上不能收商贾同等之利,名为提倡,实为沮之"④。

张謇这一堵塞官府腐败漏洞之举具有廉政意义的主张,除了他主持的农商部停办7家,改为商办5家,共12家外,其他直属北洋政府中央的69家企业根本未动。以袁世凯为总统的北洋临时政府根本不可能实行廉政,张謇的改革,只能局限在自己的权力范围内小心行事而已。

---

①②③④沈家五:《张謇农商总长任期经济资料选编》,南京:南京大学出版社,1987年,第79、73、74、8页。

张謇勤俭的理念和实践,是基于他的爱国爱民思想。作为一个出身农家,通过自己艰苦努力而跻身士绅阶层的知识分子,他目睹晚清和民初吏治的腐败,深感忧虑;他关心民瘼,了解处于社会底层民众的愿望和要求。他本来一心于家乡的"自治",对宦途已十分淡薄,但为了实现自己的理想,他还是"出山"了。张謇为民国政治廉洁作出过许多努力,然而在当时环境下,是注定不可能有多少结果的,他的一些做法往往受到来自各方面的掣制,曲高和寡,得不到应有的理解和积极支持,加上其他原因,他不得不于1915年9月提出辞呈,辞去农商总长之职。然而,他在任期内所作出的努力,特别是在提倡勤俭、整肃部务方面所做的一系列工作还是有意义的,他揭开了近代廉政史的重要一页,给后人许多有益的启示。一是要注重道德品质的教育,提倡勤俭之风,建立健全有效的教育自律机制,使为官者依靠主体的内在觉醒而不愿做腐败之事。二是建立严格的制度体系,不断地完善补充,令腐败者无漏洞可钻,不能做腐败之事。三是建立严格的内外结合的监督机构,营造不易腐败的他律环境,完善专门监督机构,强化和保障其独立监督职能。四是强化法制建设,在深化改革中不断完善有关的法律法规,严格规章制度,惩处腐败分子,加强威慑力度,谁胆敢以身试法,将身败名裂。同时,将以上的教育、制度、监督三者有机地结合起来,建立廉政机制,以利于廉政建设,遏制腐败现象。所以,张謇的廉政思想和实践经验是一笔无形的资产,他的这些理念和做法,对于今天仍有可资借鉴的意义。

(原载于《南通大学学报(社会科学版)》,2009年,第1期)

张謇的生态观研究

所谓生态,就是"存在于生物和环境之间的各种因素相互联系和相互作用的关系"[①]。我们研究张謇的生态观,即是研究张謇在人与自然环境方面的态度。张謇处于农业社会向工业社会转化的时代,那种只求单纯的经济增长,抛弃了自然循环法则的传统工业增长方式,在生产过程中带来了自然资源的大量消耗,工业废弃物的大量涌现,自然环境的严重污染,自然生态平衡因此受到破坏。作为近代著名实业家的张謇,他是如何面对不可回避的严重的环境污染问题的呢?我们可喜地看到他对环境的态度是接受了中华传统文化人与自然和谐相处的理念,即以"追求人与自然的和谐,相信道法自然,遵循自然法则,寻求天人合一,信奉众生平等,关注生命安全和文明延续为基础"[②]的基本精神,在寻求污染最小化、废物资源化和无害化方面作了不少的努力。因而他在我国早期现代化的实践中,作出了与传统工业有所不同的为数不少的超越和创新。探讨一个世纪前张謇在环境方面的生态观,对于今天保护生态环境、开发绿色技术、实现经济持续增长、走生态文明发展之路有着独特的借鉴意义。张謇对生态环境有着相当明显的超前意识和先进理念,我们可以从如下几个方面来探讨。

一、城市空间布局的城乡相间,体现他田园城市的先进理念

张謇从新办实业一开始,就有保护生态环境的意识。

首先,反映在厂址的选择上。1895年,张謇接受张之洞"总理通州一带商

[①] 钱俊生,佘谋昌:《生态哲学》,北京:中央党校出版社,2004年,第2页。
[②] 潘岳:《环境文化与民族复兴》,载《光明日报》(北京),2003年10月29日。

务"的邀请后开始筹办大生纱厂,就注意到工业生产会给环境带来的影响,这可以从他选择厂址的事实得到印证。一是选择距离人口集中的通州城六公里之遥的农村——唐家闸作为工厂厂址。张謇曾讲到,之所以选择唐家闸建厂是因为它"地介外江内河之间",交通方便。这可能是一个主要原因。然而南通人都知道,在当时州城之西北侧的大码头,在通扬运河之侧,也是处于外江内河之间,离沿江的任家港不到2公里,是水陆交通的枢纽,甚至交通情况更好,为什么不就近选址呢?应该说还有其他原因。这个原因可能就是他考虑到工业对城市的环境会带来污染,不然为什么要舍近求远呢?二是厂址的方位,放在城之西北方向,这也绝非偶然。因为南通处于江海之滨,属海洋性气候,夏季多东南风,由此可避免工业气体对城市空气的污染。张謇出生在海门常乐镇,海门、启东农村的粪坑和厕所一般都建在正屋下风方向的东北角或西北角。我们可以从传统的习惯中隐约寻得内在的联系。

其次,体现在一城三镇的城市布局上。唐家闸开办大生纱厂的成功,带动了一批辅助及相关产业的兴起,陆续建立了十多个企业,形成了一片新兴工业区,成为近代民族工业的重要基地。陈翰珍所撰的《二十年来之南通》是这样描述的:"唐家闸工厂林立,盖犹中国之有汉阳也。其街道全为新式,朴素坚实,颇有德国式之风。居住者为大工厂、堆栈、运输所、工人居住所、发买商、原料供应商等,盖完全为工商区也。"[1]

从1900年开始,因大生纱厂购销原棉、成品、机器和其他物资的需要,创办交通运输事业,投资通沪航运。1902年,在州城西七公里的天生港,创办大生轮船公司,1904年,又成立大达轮步公司,着手筹建天生港"通源""通靖"两个码头,称为天生港大达码头,标志着张謇把天生港逐步建成为通州货物进出的一个港口城镇,后又规划建电厂,成为能源动力的基地。

1905年,张謇又成立了泽生外港水利公司,浚深、拓宽、改直了天生港与唐家闸之间的河道,并将开河之土筑成2.4丈宽的马路,建成了我国早期公路之

---

[1] 陈翰珍:《二十年来之南通》,南通:南通自治会,1938年,第87页。

一的港闸公路。后又于1910年,建造了城闸公路,州城区与唐家闸工业区相连;1912年又建城山公路,州城区与狼山风景区相连;1913年又建城港公路,州城区与天生港的港口相连,形成了一城三镇、城乡相间的城市空间布局。

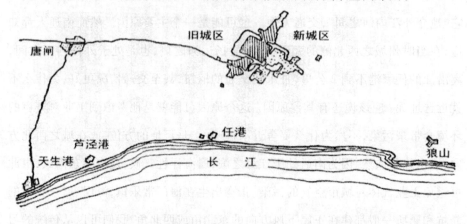

20世纪初南通一城三镇的城市布局

张謇的这一建城格局,由于城乡相间,城镇之间有农村的绿洲地带,可以通过自然界自身的净化功能,净化工业生产带来的废弃物,达到保护生态环境的目的。这与英国城市理论家霍华德先生的田园城市理论不谋而合,而且比他还早三年,并在南通州开始了实践。实践的结果,这个地方没有因工业化而带来贫民聚居、环境污染、生态破坏的严重后果,而是形成了一个繁华的近代工业城镇。

再次,体现在城市功能的建设上。张謇在城市建设过程中,城镇区域有明确的功能定位:唐家闸是近代的工业基地,是有着十多家企业的工厂区;天生港是水陆交通的枢纽;狼山是休闲风景区;州城是政治、文化、金融、教育的中心,并且政治、经济、文化、慈善、绿化等公益事业协调发展,社会整体联动,成为近代城市建设的一个典范。这与"田园城市"的先进城市建设理念完全一致。

从以上三方面可见,张謇当年经营南通,将生态环境的保护和建设有机融入城市的总体规划之中,追求生态环境与经济建设协调发展。所以,我国建筑学规划学界的泰斗吴良镛院士认为:"张謇先生经营之南通,'堪称中国近代第一城'。"①

二、城市产业结构生态化的趋势,体现他循环经济的思想意念

循环经济是以提高资源利用率为基础,以资源再生、循环使用和无公害为手段,以保护生态环境为目标,推进经济的可持续发展。当前的循环经济仍然处于发展的初级阶段,随着全球人口和经济的不断增长,生态环境越来越成为经济发展的制约因素,循环经济必将成为未来人类社会一种新的经济形态。

在一个世纪之前,当强权主义者导演的种族歧视、民族仇恨、武装侵略、环境破坏等反人类反文明的丑剧在历史舞台上愈演愈烈时,当人性和理性在物欲横流的世道中日益泯灭时,当我们赖以生存的星球不堪重负时,有一位睿智者在人与自然、产业发展与生态环境的关系上,注意和谐与协调的发展。他就是清末状元,近代著名的实业家、教育家张謇。我们在考察他在南通所创办的企业相互之间的关系时,就发现一个现象,一个企业的产品或废弃物往往成为另一个企业的资源,形成了一个又一个的产业链。

南通原为南通州,处于滨江临海的优越的自然环境,成为长江口富饶的江海平原,盛产优质棉花、稻麦和蚕茧。张謇充分利用当地资源发展产业。

1895年,张謇抱着实业救国、教育救国的宏伟理想及建一"新世界雏形"之志时,就利用棉花资源,首先通过股份制进行融资,创办大生纱厂。历经千辛万苦,1899年开车生产,获得成功。生产的棉纱产品供应通州城乡织布,生产闻名于世的通州土布,远销海内外。1915年,又进口织布机,办起织布工场。棉花加工后除皮棉被纱厂用作原料以外,还有棉籽。棉籽除了留作种子外,还有为数不小的存积,它是一种油料资源。为此,张謇等人又在1902年招股创建广生油厂,次年开车生产,生产食用油供应城乡百姓,棉花资源得到充分利用。广生油厂除了生产食用油以外,还有食用油下脚废弃物产生。这种油脚又可成为制造

---

① 吴良镛:《张謇与"中国近代第一城"》,载《文史知识》,2003(8)。

肥皂的原料。1902年,张謇集股2万元,又在唐家闸办起了以下脚油脂为原料的大隆皂厂,生产皂、烛,供应百姓生活所需。另外,纺纱工场和织布工场都有一种"飞花"的废弃物产生,对空气和环境产生污染。然而,它又是工业造纸的重要原料。张謇十分重视回收和利用。1908年,在工业基地唐家闸,又集资2万元,盘下通州竹园纸坊的旧式造纸设备并以其为基础,办起了以纺织厂的"飞花"下脚为原料的大昌造纸厂。①纸厂生产的纸张,为1902年创办的翰墨林编译印书局提供了原料,为企业印制账册,为学校编印出版教材,为新闻媒体和社会文明建设所需要而印制报刊和各类书籍。虽然大昌纸厂因为原料价格上扬,经营中亏损严重,存在时间不长,但它在产业结构上重视资源的合理配制和充分利用,形成生态化的产业链是值得肯定的。张謇利用棉花资源形成的产业链示意如下:

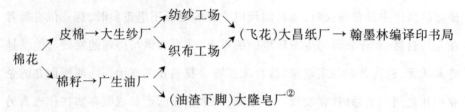

南通州的其他资源也是如此。当地盛产小麦,以此为原料,于1901年开始筹建大兴机器磨面厂,1904年投入生产。除了生产面粉产品以外,还有麸子。麸子又可以提炼面筋和淀粉,面筋可食用,淀粉为浆纱的原料,提供给织布厂;南通州又产蚕茧,又以此为原料,于1903年在唐家闸河岸购地20亩,创办阜生蚕桑染织公司,经营缫丝、丝织、漂染等业务,产品除供应女工传习所用作刺绣面料和丝线之外,还供应市场。也形成了产业链:小麦→大兴机器磨面厂→大生纱厂织布工场;蚕茧→阜新蚕桑织染公司→女工传习所。

从这些产业链中,我们可以看到唐家闸的工业企业,一个产业的产品或废弃物,往往成为另一产业的资源,进行延续生产或回收再生产。这些产业链使南通

---

① 江谦:《南通自治十九年之成绩》,南通:翰墨林印书局,1915年,第31页。
② 张廷栖:《张謇与大生集团产业结构的生态化》,载《江南大学学报(人文社会科学版)》,2005(4)。

州的工业生产具有节约和综合利用自然资源的能力,从而减少环境的污染,沿着与生物圈相互协调的方向进化。这些产业链与循环经济相一致,要求企业纵向延长生产链,从生产产品延伸到废旧产品的回收处理和再生产。这些产业链突破了传统工业只追求单纯的经济增长、抛弃自然循环法则的增长方式,已经超出传统经济活动"资源消费→产品→废弃物排放"的开放型物质流动模式,而是符合循环经济活动:"资源消费→产品→再生资源"[1]的闭环型物质流动模式。

张謇在利用自然资源方面,曾经设想用潮汐发电。据宋希尚在纪念张謇逝世40周年时写的《五十年来的回忆》文章中提到,张謇当年在他出国前嘱咐他考察的内容时说:"能否设法一天两次之浪潮冲击力利用发电,使长江以北、旧黄河以南,运河以东沿海一大平原之盐垦区,籍此大量廉价水电以发展工商业,使此盐垦区之经济繁荣,为一极大跃进,造福何可限量。"作者对此发出了感叹:"时至今日,偶见欧美杂志上报道英伦某处有潮水发电之初步试办成功消息,但在半个世纪以前,此老头脑即酝酿此种伟大理想,超人目光,能不令人惊佩无已!"[2]

张謇在当年,虽然未采用生态技术和生态工艺去改造传统产业,但在资源利用、产业结构方面的努力,形成节约型的产业链,减少了因工业的发展对生态环境带来的负面影响,与当代循环经济的理论不谋而合。他的这种努力有利于促进自然生态系统和社会经济系统的良性循环,为走出一条生态环境与社会经济协调发展的路子提供了思想基础。

三、城市人居环境的优化,体现他的人与自然和谐相处与发展的思想

张謇在近代城市建设的内涵中,有一个重要内容,那就是突出了以人为本,优化人居环境,保护自然生态。城市"适宜人居"一直是他所追求的价值目标。

---

[1] 周跃龙:《自然资源利用和生态环境保护问题及其对策探讨》,载《江西农业大学学报》,2003(2)。
[2] 李通甫:《南通张季直先生逝世四十周年纪念集》,台湾:天华印刷厂,1966年,第10页。

在实业取得一定的成功以后他就开始重视改善人居环境。

首先是营造公园,美化城市。1913年在工人聚居的唐家闸,位于通扬运河之东侧,营造了唐闸公园,为工人和居民休闲提供场所。在优化环境的同时,也善待自然,与其圆融无间,共生共荣。有人描写当时该公园的情景:"有溪可钓,有亭可憩,有石可坐,有藤可攀,有花可赏,有茗可品,有栏可倚,有径可游,有岁寒后凋之柏松,有出泥不染之菱荷,更有依依之杨柳,嘤嘤之鸟鸣。举凡可以娱目可以畅怀,可以极视听之娱之资料,靡不应有尽有。"[①]由此表明了张謇所追求的是生态环境与经济建设的协调发展。

张謇认为:"公园者,人情之囿,实业之华,而教育之圭表也。"所以要建公园供人们休闲,是因为"实业教育,劳苦事也,公园则逸而乐,人之理。偿劳以逸,偿苦以乐者,人之情。得逸以劳,得乐以苦者,人之理。以少少人之劳苦,成多多人之逸乐,不私而公者,人之天。因多多人之逸乐,奋多多人之劳苦,以无量数之逸且乐,进小公而大公者,天之人"[②]。为此,张謇在1916年,又在老城区的西南濠河一带,利用自然地形和河水,先建造北公园。建好后盛况空前,有人描写当年的北公园:"有大弹子房、听鱼处及量力镫以供游人之游戏。左有茂草原约七八亩,旁植垂柳。每当春秋佳日,夕阳西下,红男绿女,联翩结队,步柳荫,听流水,人山人海,车马如织,极其乐也。草原左边,有气枪室。室后为公园第一桥,过桥即至(观)万流亭,亭为八角形,分上下二层,……四面临水,唯此一桥可通,围植垂柳数枝,颇与西湖之湖心亭相似。……(观)万流亭能望五山,……亭侧常泊一舫,名曰'苏来',盖购自苏州也。"北公园供游人观花、赏月、游览和通达中公园。

有人曾作《北公园歌》:"公园好,第一北公园。浅草平铺沙粒粒,青松夹道影圆圆,笑语水边喧;凝眼望,林屋一时添。弹子房深蕉叶瞑,网球场广柏篱宽,更上水西轩。"[③]

这些都是真实的写照。北公园建成后,又先后兴建东、西、南、中等公园,分

[①][③] 陈翰珍:《二十年来之南通》,南通:南通自治会,1938年,第146、123页。
[②] 曹从坡,杨桐:《张謇全集》(第4卷),南京:江苏古籍出版社,1994年,第413页。

别作有歌颂公园的歌。

《东公园歌》:"公园好,第二数东园。才过画桥无十步,一双仙子立云端,两两斗婵娟;风暖日丽草芊芊,一水烟香飞蛱蝶,半园树色隐秋千,争惜艳阳天。"

《南公园歌》:"公园好,渺缥望南园。一片风漪何浩浩,南山飞翠落樽前,天水荡无边;留茗坐,应记晚凉天,水满花开吟好句,酒醒月出亦茫然,欲去总留连。"

《西公园歌》:"公园好,最好是西园。游泳何妨非广汉,浴身何必定温泉,池水碧微鲜;池子外有个两宜船,倘要烟波思鼓楫,不妨便当竞漕看,夕照满河干。"

《中公园歌》:"公园好,最好是中央。漠漠四围云水里,参差几次露红墙,隔岸遥相望;齐拍手,今日喜非常,嘉会堂中宾客满,古魁楼上国旗扬,军乐听洋洋。"①

南通城区的公园情况,正如张謇所描述的那样:"南通胜哉江淮皋,公园秩秩城之濠,自北自东自南自西中央包,北何有,球场枪垛可以豪,东何有,女子小儿可以嬉且遨;南可棋饮西可池泳舟可漕,楼台亭榭中央高,林阴水色上下交,鱼游兮纵纵,鸟鸣兮调调,我父我兄与我子弟于此之逸,于此其犹思而劳。南通胜哉超乎超。"②

行道树长江岸

除了建造以上六个公园外,1904年张謇还在城南建植物园,第二年改建成南通博物苑。这个"中华第一馆",将馆藏文物和园林相结合,形成其一大特色,反映他对自然界的花草

---

①陈翰珍:《二十年来之南通》,南通:南通自治会,1938年,第124–130页。
②曹从坡,杨桐:《张謇全集》(第5卷下),南京:江苏古籍出版社,1994年,第212页。

树木情有独钟。张謇在江东的一个县城,竟创办如此多之公园,在全国1700个县中可以说没有第二个。

同时还绿化道路,建护道林。张謇所追求的是让人们在优美的生态环境中生活和工作。他在老城区南门外建新城区,新建的道路有博物苑路、公园路、模范路、南吊桥路、启秀路、桃坞路和拆了老城墙而建的环城马路等,在街道的两旁均植树绿化,成为林荫道。张謇在发展公路交通事业的同时还培植护道林。张謇自己说:"謇之于通道必植树以表之,皆令人度以相等之丈尺,曰:吾欲使南通新草木咸有秩序耳。"[①]张謇在经营南通期间,筑沙石马路约500余里,宽约3丈,南至狼山,北至唐家闸,西至天生港。道路两旁每隔3.6米栽有柳树和刺槐树等,形成护道林。又筑泥马路,用细砂黄泥或废炭所筑,宽约二三丈,纵横于南通各区,总计数百里。还延伸到如皋、海门和各垦牧公司,可以行驶汽车。路旁种植杨柳树。描写当时马路绿化情况的文字有:"两旁夹道杨柳,春夏之交,柳叶成荫,微风一起,飘飘动摇,殊觉加却许多风景也。"[②]他对城市的美化,用今天的话来说,就是追求城市园林化、生态化。当年的南通在人们面前展现着人与自然的亲和关系,无不表现着深刻睿智的生态文明,无不表现着天地人文的和谐美感。这是张謇生态观的重要内容。

四、植树造林的突出贡献,反映他热爱自然保护自然的新观念

张謇从小生长在农村,亲近自然,历来对植树造林有一种特殊的爱好。森林是大自然的调节器,是人和自然共存共荣的基础,保护森林资源就是维护和推进经济社会向前发展,就是保护人类的财富。对此,张謇是有一定的认识的,也正因此对近代的森林建设作出了一系列贡献。

一是对现有森林的保护。张謇上任农林、工商总长以后,对我国林业集中的东三省立即着手改变林政失修、采伐无节的现状,于1913年12月,草拟并颁

---

① 曹从坡,杨桐:《张謇全集》(第5卷上),南京:江苏古籍出版社,1994年,第185页。
② 陈翰珍:《二十年来之南通》(下编),南通:南通自治会,1938年,第78页。

布了《东三省林务局暂行规程》,后又拟订了《东三省林务局分科规则》,以便有专门的林业机构对尚存有限的森林资源进行有效的管理。然后,又于1914年5月1日,以农部的名义向各省区发出了训令:禁止国有森林的采伐!凡发放山林的事项,均应呈明本部。紧接着于5月3日,将规划全国山林的方案,向大总统呈文。这个全国山林规划方案的主要内容有:全国水源宏大之区设保安林,东三省测勘林区,东三省设官营伐木,以作全国林政经费之用,并对以上方案的主旨、机关、组织、经费和实施办法等作详细呈述,力图有效地保护森林资源。

在家乡南通的五山,尤其狼山和军山都有成片的树木,张謇为了保护这些树林不受人为随意砍伐,特地开辟了环山小河。1915年张謇在狼山南建棉种试验场,同时在"山北购地辟溪一百六十余丈,使与他港及山南之渠,输写相属,而划农田于溪外,昔之日樵牧旦旦践害之所到,有以限之矣……是溪之辟有利于林甚大,故名以林溪"[①]。五山之东为军山,在军山有南通师范学校栽种的大片树林,为保护此山林,张謇于1919年在《东奥山庄记》中说,"余为师范校林,买地辟河。四周山阿,因以弧形规奥一面,孱弱杀强,视与奥俾半壁圜环山为田,环田为溪为河,环河为堤,堤上为外路,皆买而得,皆治而成。……于林之卫"[②]。由此山林得到有效保护。他对古树名木更为珍惜。1917年军山顶上新建气象台,有碍一棵古银杏树。张謇得知,在外地专门写信交代办事人员,将气象台地址向前移位以保存该树。由张謇保全下来的这株高大的古银杏至今仍挺立在气象台北侧。更有传为美谈的是民国初年,东岳庙道观办南通农校,观内道士就将四百多年的一株古银杏树卖给了一木匠,正当这位木匠要动斧砍伐之时,张謇路过,予以阻止,并花70银元将树买下,使老银杏树斧口余生。事后,张謇颇感欣慰,以诗表达心情,并劝导学子:"岸类论年辈,差当子弟林。买从道士手,中有老夫心……诸生勤爱护,食休在高阴。"[③]我们从中可以见到张謇对大自然树木的情怀。

---

①②曹从坡,杨桐:《张謇全集》(第5卷上),南京:江苏古籍出版社,1994年,第170—171、175页。
③张孝若:《南通张季直先生传》,上海:中华书局,1930年,第371页。

二是为涵养水源,防止泥沙流失,建保安林。张謇对于当时我国"各地大林,采伐殆尽,童山濯濯,所在皆是"这一自然环境恶化的状况,十分担忧,主张"先于全国宏大之区,设保安林"。他例举"黄河、扬子江、珠江,实为经流大干,是三干者,淤垫激薄,岁屡为灾",原因是上游发源之地"无森林涵养水源,防止土沙。一旦洪水骤发,势若建瓴。方其急流则混挟泥沙,奔泻直下,及遇回曲,溜势稍缓,则沉积而淀,便成涉阻。筑堤防水,水益高而患益烈"。①他建议首先编栽黄河保安林、长江保安林、珠江保安林,在三干河流近水处设黄河、长江、珠江保安林的编栽局,负责原有森林的保护以及购种育苗、植树造林等事宜。当局批准了该方案。在南通,张謇为保护江滩,组织保圩会,聘请荷兰水利工程师筑楗保圩,还在江岸种桃树桑树,建防护林。

三是制订和颁布有关森林的法律。张謇认为:凡事要有一个准则,"必有法律而后有准绳。……故拟首订法律"②。植树造林也是如此。在张謇的努力之下,于1914年11月,颁布了我国最早的一部《森林法》③。该《森林法》共6章32条,涉及国有林、保安林、奖励、监督、罚款等内容。他在总结实践的基础上,又于1915年6月制订了有20条内容的《森林法施行细则》。

张謇与中外各界人士参加在紫金山麓举办的中国第一个植树节

四是支持和奖励民间的造林。张謇主张"官荒山地及不适于开垦之地,准有

---

①曹从坡,杨桐:《张謇全集》(第2卷),南京:江苏古籍出版社,1994年,第227页。
②③沈家五:《张謇农商总长任期经济资料选编》,南京:南京大学出版社,1987年,第407、348页。

个人或团体禀请造林者,概不收地价。……优加褒奖"①。政府还给予适当支持。如1915年8月,他批准义农会南京分会对紫金山造林的请求,并派人"常驻该会相助",给予林艺的指导,供应树种,除每月拨款百元补助外,还与江苏省民政长协商,获得每年万元的经费资助。张謇本人也亲自前往南京,主持这一交接植树造林仪式。紫金山绿化工程得到政府和张謇的支持,成绩可观。如今"紫金山的中山陵郁郁葱葱,占地四万五千余亩,张謇也是有一份贡献的"②。与此配套的还有《造林奖励条例》,根据造林面积、成活时间和树木的经济贸易价值,分为六种奖励,鼓励民间植树造林,绿化祖国山河。

五是试验育苗,建立苗圃。张謇认为:"奖励造林及试验育苗","必当并举"。他又说过:"必欲有之,必先试之。"所以发展林业,先要办育苗试验场。在他上任之初的1914年3月,就派林祖光前往原天坛林艺场整理,辟出隙地270余亩开展育苗,建立第一林业试验场。第一年引进德国槐树种子,天坛和西山一带,竟在干旱的条件下有80%的发芽率,育苗70万株。引进国外树种,获得成功。是年7月,"复在德国订购此项槐树种七百余磅,现已转运到京。除本场播种外,尚存三百余磅。……谨将所余德国槐树种并编附说明书,详由钧部转达各省栽植,……以兴林业"③。1915年3月,张謇又在山东青岛长清县五峰山一带,委派陈训昶为场长,购地建第二林业试验场。1915年8月,张謇还制订《林业试验场暂行规则》共十一条,规定其职责为掌管林业与造林事项,机构分设苗圃以及编制等事项。他所经营的南通,早在1912年就在五山地区建立了苗圃,供应树苗,绿化造林。另外,还建立森林事务研究所,开展林业研究工作。

六是营造垦区沿海林业。通海垦牧公司围海造田一开始,张謇就规划造林。首要的是公司在海堤两边均植树,建立海岸保护林,每年投入不少资金建林护林;其次,在通海垦牧公司招田章程中规定:"种树。楝、椿、柏、桕、桐,皆海滨相宜之树;……每田四周,隔一丈二尺一棵。桕秧、桐秧,公司发售,只收成本。培植

---

①②③沈家五:《张謇农商总长任期经济资料选编》,南京:南京大学出版社,1987年,第341、13、342页。

收采之法,公司指示,子仍公司收买。"①张謇规划垦牧乡植树二十万株,另外还规定"不得攀折树木",公布了保护树木的办法,"犯则赔修外罚做小工:最重七日,次重五六日,又次三四日,轻则二日,至轻一日。若十二岁以内童子犯者,罚其家长"。他在垦牧乡营造沿海林结果如何呢?我们可以在他1923年农历三月的一首诗中得知:"昔望撑空蒿似柏,今来夹道柏兼杨。只怜三万成林日(规计乡树二十万株,今三万五千余,裁六之一),不见嘻吁李部郎(审之)。"②

这就是黄海最早的沿海林,张謇是建造沿海林的先驱者。

七是公布植树节,发动和组织学校植树造林。张謇曾经接到青岛林务局长赫司关于植树节和民国纪念日令国民每人种树一株的建议,不仅公布清明节为全国的植树节,并对国民每人种树一株"部拟通令各省如法为之",而且第二天就写信给其三兄张詧,希望"南通各校纪念日,亦可仿行。即望与学校诸君言之",还要求"学校附近路边空地,及未经整理之荒塚,皆可种之",采用这种办法,不仅能扩大全国林源,"且可养成国民兴起森林之观念"。③说明张謇十分重视国民植树造林的生态意识之培养。南通各地在他的倡导和推动下,分别建了学校林。如军山,有南通师范校林,还在该校校河之东,建有计地23.4亩的农场,设农艺、园艺部,园艺部又分花卉园艺、果树园艺,其中除了果树和苗圃外,还专辟3亩地,设立小学模范校园,共有四个模式,四块样板,对师范生进行生态教育。这种细致的筹划令人敬佩!

张謇在森林的保护和营造方面作出了特殊的贡献,这绝不是因为他对植树造林有着特殊的爱好所能解释的,而是基于森林是陆地生态系统的主体,在维持全球生态平衡、调节气候、保持水土、减少洪涝等自然灾害方面重要作用的认识,在其生态的理念支配下所起的作用。

我们从张謇早期现代化的言论和行动中可以看到,无论是他的城市建设的

---

① 曹从坡,杨桐:《张謇全集》(第3卷),南京:江苏古籍出版社,1994年,第225页。
② 曹从坡,杨桐:《张謇全集》(第5卷下),南京:江苏古籍出版社,1994年,第319页。
③ 曹从坡,杨桐:《张謇全集》(第2卷),南京:江苏古籍出版社,1994年,第233页。

空间布局,还是产业结构的生态化趋势,千方百计地减少城市环境的污染;无论是他为保护森林资源而组建机构和制定法律,还是建造苗圃,植树造林,想方设法维护自然环境的生态平衡;无论是绿化城市,营造公园,美化生活,还是兴修水利,庭院绿化,极尽所能以人为本,优化人居环境,都展示着张謇令我们至今仍十分需要而又难能可贵的生态观。总之,他努力协调人与自然的关系,开启了近代城市园林化、森林化的道路。他既注重城市的环境保护,又注意生态的建设,追求城市"适宜人居",保护生态环境的价值目标。

　　他的这种生态观念的产生并非偶然,是传承了我国古代传统文化的精华,来自于"天人合一""万物一体""和谐用中""生生不息"的基本思想。张謇从"天人合一""万物一体"核心思想出发,认为应该尊重自然,善待自然,平等相待,共生共荣;可是并不掩盖人与自然的矛盾,而且丢弃了畏惧自然、崇拜天地、安居于被自然奴役地位的消极因素。他接受了西方文化的影响,树立了人定胜天的积极进取的精神,主张依靠科学技术的发展推动人类文明的进步。所以,张謇的生态观,既不同于古代传统的生态观,又不同于西方的生态观,既克服了畏惧自然的思想观念,又否定了野蛮掠夺自然的中西方生态观的消极方面。这就是今天我们探讨张謇生态观的价值所在。一个世纪前的张謇所倡导的生态理念,正是我们今天所要提倡和弘扬的,这说明张謇的生态观不仅有理论价值,更有深刻的现实意义。当然,不言而喻的是张謇的生态观与当代形态的生态观还有一定的距离。他所持的生态观受时代条件的限制并没有上升到现代科技的高度,特别是因生态学的迅速发展而创立的一种新的思维模式,一种新的价值观,可是这并不影响最后的结论:张謇的生态观是个重要的思想资源,是一笔可贵的精神财富。

　　(原载于《南通大学学报(社会科学版)》,2006年,第2期;本文曾以"张謇环境保护方面的贡献"为题参与"张謇与涩泽荣一比较研究国际学术研讨会"论文交流,会后收入日本经济评论社出版的日文版《近代东亚经济伦理思想与实践》)

张謇关于实业与教育相结合的思想

张謇是我国近代著名的实业家、教育家、伟大的爱国主义者。他主张实业救国、教育救国,毕其后半生的精力身体力行,创造出卓越的业绩。就教育而论,在张謇的倡导和带领下,仅南通一县就创立了从学前教育的幼稚园开始到中小学直至高等教育,从普通国民教育到职业教育、特种教育、社会教育等的各类学校,形成了一个门类齐全的完整的现代教育体系。这在近代中国1700多个县中没有第二个。由此南通成了闻名遐迩的"模范县",造就了以实业教育为主体的中国早期现代化的"南通模式"。这一突出的成就是在张謇实业救国、教育救国及其两者相结合的思想指导下取得的。当年所谓的"实业"是指农、工、商各业,即一、二、三产业。实业与教育相结合,就是如今的产学结合。张謇对产学之间关系的认识是全方位的、辩证的,从实践到理论均作出了重要贡献。实业、教育相结合的思想,是张謇在教育思想领域里的一大贡献。我们今天来研究它,是因为它仍然具有现实的指导意义。

一、实业为教育之母

张謇认为:"实业教育,富强之大本也。"所以他主张大办实业,大兴教育,尤其教育关系到国民素质的提高,具有战略意义。在张謇看来,教育是社会的事业,而并非产业。"办学须经费",那么资金又从何而来呢?发达国家可以从国家财政和地方财政中取得,可是旧中国,甲午战争惨败,"乙未马关订约,国威丧削,……国家有文告而已,不暇谋也;地方各保存固有公款之用而已,不肯顾也",只能走民间自办教育这条路。"然謇一介穷儒,空弩蹶张,于何取济","推原理端,乃不得不营实业。"①以"正义言之,其可以皇皇然谋财利者,惟实业而已。此又鄙人办实业之念所由起也"②。可见张謇大办实业的目的有二。一是为了强国。他认为"国非富不强,富非实业完不张"③。二是为了积累教育资金。他主张"其根本在先致力于农工商,必农工商兴,而后教育能普及"。因此,"非先光实业,则教育无所资以措手,故目营心计,从通海最优胜之棉产始,从事纱厂"④。大生纱厂获得成功以后,他首先将自己在大生厂五六年的薪金和利息两万多元提取,用来创办民立通州师范学校,又说服股东们从工厂的红利中提款资助师范学校常年的教育经费。张謇自己说:"自营纺厂,资教育,粗有成效。嗣营农垦,得十万亩斥卤之滩于海上。……劝由公司股东捐助田九千亩于师范;后起各公司,均有留地备充教育,慈善基本之规划。"⑤即使在企业的"困滞时间,纺厂筹应教育之需要,每年亦七八万"⑤之巨。张謇本人,26年以来"得于实业而用于教育、慈善及地方公益者,凡二百五十七八万,仍负债六十万有奇;叔兄所出亦八九十万不与焉"⑤。这就是张謇所讲的:"人民以实业辛苦所得之资,间接而供教育之用,将以成其子弟也。"⑥近代南通建立起来的完整的教育体系,是实业的硕果。正如张謇在1924年《欢迎日本青年会来通参观演说》中所总结的那样,"教育必资于经费,经费惟取诸实业;所谓实业为教育之母也"⑦。教育是离不开实业的,"兴教育必资于实业"。实业成了教育的前提和基础。我们今天的社会主义教育,又何尝不是依赖于生产的发展、经济的繁荣呢?

二、以教育改良实业

实业辅助了教育,而教育对实业并非没有意义,实业也需要教育来帮助。张謇清楚地认识到"农、工、商、兵,皆资学问",他也敏锐地洞察世界之趋势,"夫世

---

①②⑥曹从坡,杨桐:《张謇全集》(第4卷),南京:江苏古籍出版社,1994年,第107、111、192页。
③④曹从坡,杨桐:《张謇全集》(第3卷),南京:江苏古籍出版社,1994年,第761、384页。
⑤⑦曹从坡,杨桐:《张謇全集》(第1卷),南京:江苏古籍出版社,1994年,第622、599页。

界今日之竞争,农工商业之竞争也。农工商业之竞争,学问之竞争"①。学问的载体即是各类人才,而人才有赖于教育的培养。教育的目的除了开民智,明公理,提高国民素质之外,同时也为实业提供所需的各种各级技术人才。人才以其专业知识,即以学问来改良实业,促进实业的进步和发展。教育的这个目的就决定了教育必须紧密结合实业,为实业服务。教育与生产相结合也是社会发展的客观要求。社会的进步是以生产力的发展为根本动力的,生产力又以掌握生产工具的有一定技能的劳动者为主要因素,而人们的科学生产技能并不是天生的,需要依靠教育的手段来培养和提高。可是在封建社会里教育被严重地扭曲了,成了皇亲贵族的特权,奉行学而优则仕的制度,教育以与生产劳动分离为特征。张謇自己曾身受科举的摧残,虽然后来大魁天下,可也悟出了制度的腐朽,正如他说的:"日诵千言,终身不尽,人人骛此,谁与谋生?"②因此,他主张教育应紧贴实业,用他的话说就是:"实业所至即教育之所至。"张謇为了产学结合,达到教育改良实业的目的,产生了许多新理念和新举措。

一是办学与生产相结合。创办什么样的实业就设立什么样的学校。"因南通棉产著名,首先创设大生纺纱厂。二十八年创立师范学校,以为普及教育之基础。纺织须棉,须增产棉地,乃创设通海垦牧公司。有棉产之地,须讲求改良棉种及种法,又创设农业学校。……纺纱须纺织专门人才,又设立纺织学校,此校为全国所仅有。又设商业学校。……注重卫生,设立医校及医院。"③此外,还先后举办了艺徒预教学校、土木工科测绘特班、镀镍传习所、女子蚕桑讲习所、发网传习班等,形成了与实业相配套的一个教育网络。这是全新的地方性的教育体系,与旧的教育制度有根本的区别。这也是他自己所说的"鄙人办教育,素不喜随波逐浪"④的硕果,同时也是现代教育的重要特征。

二是教学内容以学习西方先进的科学文化技术为主。张謇看到西方先进国

---

① 曹从坡,杨桐:《张謇全集》(第4卷),南京:江苏古籍出版社,1994年,第157页。
②③④ 曹从坡,杨桐:《张謇全集》(第4卷),南京:江苏古籍出版社,1994年,第22、205-206、223页。

家"讲格致,通化学,用机器,精制造",能够达到"化粗为精,化少为多,化贱为贵"①的目的,他创办的各类各级学校就是以西方先进科技为教学的重点,甚至连纺织青年工人的夜校,也要学习纺织学、机械学和英语。职业教育、高等教育就更是如此了。从学校培养出来的各种层次的人才,都有程度不同的科学技术水平。学校为工厂企业的技术更新与快速发展,提供了人才资源。

三是教学方法上与实践相结合。张謇认为:"良知之学,重在知行并进。"并进一步指出:"居今之世,舍知行并进,尚安有所谓学务哉!"②死背书本,脱离实际是没有出路的,应"以科学矫科举之弊须学求致用",又说"学必期于用,用必适于地"。③所以他办的学校,十分重视从中国的实际出发,重视实践的教学环节,科学地安排实习课时,努力创设实践场所。如纺织专门学校先后兴建纺纱实习所、机织实习所、各种提花手织机实习所、金工实习所、染色试验室等实习场所等。

纺纱机实习

如农校,除阜宁的大学基地11万亩校产外,有大有晋棉作试验场100余亩,南通启秀路试验场3余亩,园艺场3余亩,畜牧场10余亩,狼山苗圃2余亩,东林稻作场10余亩。又如医校设医院等。其目的是使学生将书本上的理论知识运用到实践中去,提高实际操作的能力。

四是在办学的选址上与工厂相结合,以利于产学的联系。张謇对教育,向来"注重实地练习,以养成切实应用之知识"④。为此,对学校的选址也作了精心的考虑。根据学科的性质,学校相对应地设在实业的周边,有利于就近实践。他在

---

①曹从坡,杨桐:《张謇全集》(第1卷),南京:江苏古籍出版社,1994年,第37页。
②③④曹从坡,杨桐:《张謇全集》(第4卷),南京:江苏古籍出版社,1994年,第57、99、123页。

策划南洋大学致端江督函中讲到江苏兴学时以及在《请设工科大学公呈》中,均多次提出在江宁、上海制造局附近设立工科大学,在江苏昆山农村开设农科。然而腐朽的清王朝无心办学。救国心切的张謇乃于1912年,又说服股东,"逐以南通一隅,枝节进行",创办南通纺织专门学校。"惟南通纺织专门学校,系就大生纱厂附近建设。"①实践证明,这样的办学,在当时交通不发达的条件下,对产学的结合有重要的意义。由此而纺织专门学校成绩属优,校誉益广,生源除本省本县之外,来自于全国13个省。毕业生受到社会的器重,从此结束了我国纺织机械安装全依赖外国技术人才的历史,学校被誉为"纺织工程师的摇篮"。学校为工厂企业的技术更新、快速发展提供了人才资源。从这个意义上来说,张謇认为"教育为实业之母"。

三、父教育而母实业

张謇对教育与实业之间关系的认识是通过亲身实践而逐步加深的。1903年他在《师范学校开校演说》中也说:"数年以来,竭蹶经营,将有基础,益见实业教育两事,有至亲至密之关系。"②它们之间究竟密切到什么程度?到了公元1907年,他在一次讲话中概括:"衣食之原,父教育而母实业。"③在这里张謇作了一个生动的比喻,实业与教育,或者教育与实业的关系,好比是家庭中的父母双亲的关系,谁也离不了谁,谁也不能缺谁,可以说天下也没有比家庭中父母之间更密切的关系了。这个比喻形象、生动、通俗、易懂。人们往往用"父教育,母实业"作为张謇的名言,这也确实精辟地反映了张謇教育救国、实业救国及其教育与实业两者关系的思想。能把产学相结合的思想如此简明精当地表达出来,在我国近代史上还没有第二人。可长期以来,往往有人把张謇的科学论断改成"父实业,母教育"。笔者认为:这种说法同张謇的原意有较大出入。一是查张謇留下的文字尚未发现有此种词句;二是两种说法的含义也有所不同。张謇

---

①②③曹从坡,杨桐:《张謇全集》(第4卷),南京:江苏古籍出版社,1994年,第145、25、74页。

是把教育放在首位的。他曾指出:"非人民有知识,必不足于自强。知识之本,基于教育。"[1]教育是强国之大本。为此,张謇对教育,一再强调要在国民中实行普及教育,提高国民素质。所以,张謇按我国传统观念中对家庭成员的分工——父主外,一家之长,起领导决定的作用;母主内,处于服从地位——把教育放在首位,父教育而母实业。可以说张謇把教育放在具有深远意义的战略地位。晚年的张謇一再阐明他办企业是为了筹集教育资金。他对教育的迷恋达到了"死后求活,惟持教育"[2]的程度。所以他的原话是:"父教育而母实业。"说成"父实业,母教育"就篡改了其实业与教育两者关系和地位的本意,是一种不严肃的治学态度。三是以传统观念来理解教育是父亲的责任,所谓"子不教,父之过"。由此可见张謇的这一名句具有深刻的思想性和科学性,是他长期实践的经验和科学的总结,是对以教学与生产分离为特征的旧教育制度的彻底否定,对以产学相结合为特征的现代教育制度是一大贡献,在今天仍具有较大的指导价值。这是张謇独具特色的教育思想。

四、实践出真知

张謇通过对实业与教育之间关系的理解而产生的产学结合的思想不仅在当时达到了时代的最前沿和新高度,就是在今天看来仍不失其先进的意义。张謇为什么能了解实业与教育之间的内在联系和客规存在的规律呢?其一,张謇是著名的实业家、教育家。他既不同于单纯的"实业救国论者",也不同于单纯的"教育救国论者"。因为他们往往片面地坚持各自的观点,强调一个方面在救亡兴国中的作用,而张謇与他们不同的是,他既是实业救国论者,又是教育救国论者,集实业教育救国于一身,不存在某种偏见,而能客观、公正地探索两者之间的内在关系。这是一个很重要的原因。其二,张謇还是实业与教育救国论的实践家。他不同于一般的实业救国、教育救国论者,他们仅仅停留在思想理论

---

[1] 曹从坡,杨桐:《张謇全集》(第3卷),南京:江苏古籍出版社,1994年,第384页。
[2] 曹从坡,杨桐:《张謇全集》(第4卷),南京:江苏古籍出版社,1994年,第101页。

的认识上，往往是坐而论道罢了。然而张謇没有停留在思想观念的认识上，而是脚踏实地对这些理论进行了实践，是教育救国、实业救国主张的实践家，通过自己亲身的实践得出经验，对实业与教育两者关系加以理性的思考，对它们的认识到达了一个新高度。

张謇对实业与教育的实践过程，是他对实业与教育之间关系的认识过程。这个过程大致上分为三个阶段。

第一阶段，创办大生纱厂之前，张謇是一位实业救国、教育救国论者。我们可以从他为张之洞起草的《代鄂督条陈立国自强疏》中得知。他说："人皆知外洋之强由于兵，而不知外洋之强由于学。"因此，要清王朝"应请各省广立学堂"。在此文中又提出："世人皆言外洋以商务立国，此皮毛之论也。不知外洋富民强国之本在于工。"因而提出"今宜于各省设工政局"[①]发展工业。他的这种实业教育救国的思想在《变法平议》中被一再强调，但对其相互之间的关系未有涉及。

第二阶段，1896年以后，1906年之前，张謇认识到教育与实业有至亲至密之关系。张謇在1896年以后开始创办大生纱厂，1902年又创办民立通州师范学校。通过实业和教育的初步实践，开始悟出两者之间有密切的关系。1903年4月，张謇在他的日记中表露："甲午后，乃有以实业与教育迭相为用之思。"是年，他在通师开校演说中说："数年来，竭蹶经营，薄有基础，益见实业教育二事，有至密至亲之关系。"[②]1904年张謇又认识到"农、工、商、兵皆资学问"，实业离不开教育。但他对教育与实业之间是怎么样的至密至亲的关系，未有阐述。

第三阶段，在1907年以后，随着实践经验的不断丰富，张謇认识到实业与教育之间的关系为"父教育而母实业"。他经过十几年的辛勤创业，实业和教育均有很大的发展，工厂企业已有10多个，教育已有两所师范学校，中小学和职业学校已初形成一个教育体系。在此丰富的实践经验的基础上，经过长期的探索和理性思考，得出了脍炙人口的科学结论："父教育而母实业。"从此，张謇在

[①] 曹从坡，杨桐：《张謇全集》（第1卷），南京：江苏古籍出版社，1994年，第35–37页。
[②] 曹从坡，杨桐：《张謇全集》（第4卷），南京：江苏古籍出版社，1994年，第25页。

这一科学思想的指导下,把教育放在战略地位,优先发展,同时实业教育相资相辅,互相扶助,迭相为用,创立了中国早期现代化的"南通模式",不仅推动了南通近代社会的全面进步,也为全国树立了一个榜样,即使在今天,对我们社会主义的现代化建设也有不少的启示。

总之,一个世纪前的张謇,在实践经验中探索的实业与教育的密切关系,就是教学与生产劳动的结合。其"父教育而母实业"的产学结合的光辉思想,把教育置于战略地位的观念,是对旧的封建教育制度——科举的彻底否定,不仅为建立现代教育制度奠定了思想基础,也为当前我国实行的科技兴国战略提供了思想资源,对产学研的结合作了宝贵的早期探索。

(原载于《江苏高教》,2004年,第2期;江苏省教育科学"十五"规划基金项目,编号:D/2001/01/065)

试论张謇精神

经常有人问:"张謇的精神是什么?"虽然大家都能讲出一二三,可谁也没有较为系统地加以概括。笔者试图对此进行探讨,并将浅见提供大家讨论。

所谓精神,它的含义从哲学的角度讲是相对物质而言的,是在物质基础上形成的人的主观意识世界。一般说来"精神"是主体在社会活动中具有的认知、情感、意志、理想、信仰等因素,是主体对客观世界的主观反映和内在意识及其品质。张謇的精神就是张謇所具有的崇高的或称积极的情感、理想、品质和特点,是成就他事业的精神支柱和强劲的动力。张謇精神塑造了他人格的魅力,感化国内外的学者,使他们愿意将自己宝贵的精力花在研究他身上。其意义不仅成为研究张謇的动力,也是今天建设中国特色社会主义的精神动力。

一、救亡图强的爱国精神

张謇所处的时代是祖国内忧外患的时期,尤其甲午战争的失败,"马关条约"的签订,割地赔款,空前的丧权辱国,随后的列强各国纷纷攫取租地,划分势力范围,亡国灭种之灾迫在眉睫。张謇忧心如焚,强烈的忧患意识和爱国情愫激发了他的爱国行动。他将发展实业和教育视为爱国救亡的两大根本。1903年,他对友人说:"天下将沦,唯实业、教育有可救亡图存之理。"[①]并认为"国非富不强,富非实业完不张"[②],"非普及教育不足于救亡"。这是他毅然投身于实业,为国争权,为民谋利,兴办教育,启民智,明公理的出发点和最终目

---

① 李明勋,尤世玮:《张謇全集》⑧,上海:上海辞书出版社,2012年,第576页。
② 李明勋,尤世玮:《张謇全集》④,上海:上海辞书出版社,2012年,第69页。

的。他身体力行,融爱国之心、报国之志、效国之行于一体。爱国精神是张謇精神的核心内容,是成就张謇事业的主要动力,也是张謇的核心价值观。我们研究张謇首先要把握住这一关键,离开了他的这一精神支柱就无法解读他的行为和实践。

二、"天下之大德曰生"的仁爱精神

张謇创办实业的宗旨和出发点,并非为了自己或家族敛财,而是"通州之设纱厂,为通州民生计,亦即为中国利源计"[①]。所以他在创办第一个企业时就以《易经》中"天地之大德曰生"简称"大生"来命名,意在使大多数老百姓能生活下去,使没有饭的有饭吃,使生活困苦的能够逐步提高生活水平。张謇认为发展民族工业是养民之大经,富国之妙术。张謇以"大生"之名,行为民之实,关心民生苦乐。在创办实业取得效益,有了经济实力以后才去创办教育,提升民族和国民的素质。在唐家闸工业区内为工人建造工房和公园,还创建医疗卫生事业。尤其对待弱势群体备加关怀,如对待弃婴建育婴堂;对待鳏寡老人建养老院;对待盲哑儿童建盲哑学校;对待流浪乞丐建栖流所;对待残疾人群建残废院,使这些残疾人群有了稳定的生活;对待孤苦贫民子弟建贫民工场、平民学校,为的是使他们有一技之长,能独立谋生;对待不良妇女建济良所,使其改邪归正,成为自食其力的劳动者,培育良好的社会风气。如此种种,体现了他以人为本、关心民生疾苦的仁爱精神,彰显了仁者爱人的大义。

我们研究张謇就应弘扬他的仁爱精神,学习他的仁爱精神,以爱民亲民和对人民负责的精神去进行学术研究,要有历史的责任感和时代的使命感,使张謇精神这一人文资源充分地为家乡和民族的振兴作出贡献。

三、舍身喂虎的奉献精神

张謇的一生,尤其后半生的实践,充分反映了他的奉献和牺牲精神。张謇高

[①] 李明勋,尤世玮:《张謇全集》⑤,上海:上海辞书出版社,2012年,第6页。

中状元后被授予翰林院修撰,已有六品官衔,有望在仕途上发展。从传统的旧观念来看,他的前程如锦。然而当中日甲午战争失败时,面临民族的危亡,为了国家和民族的利益,张謇不顾自身的前途和命运,单独上书弹劾北洋大臣李鸿章。李是朝廷重臣,深得西太后的宠信,他的弹劾无疑是在老虎头上拍苍蝇,没有奉献和牺牲精神,不可能有这种重大举动。

维新变法失败后,张謇返乡丁忧期间,两江总督张之洞手谕"总理通海一带商务",命张謇在家乡办实业,走实业救国之路。中国的传统观念是"士农工商",商人是四民之末。对张謇来说,一位有状元头衔的士大夫,这样高贵身份的人要下海经商,成为四民之末的商人,这不仅要有冲破世俗的勇气,更重要的是冒着极大的风险。张謇是农家子弟出生的读书人,得了状元桂冠后才进入士大夫群体,办厂之事对他来说,一无资金,二无实践经验。张謇为了民族的前途和国家的命运愿意作出奉献与牺牲,冒着身败名裂的危险接受指令,创办大生纱厂。用他自己的话来说,愿"舍身饲虎"。张謇接受任务时就有思想准备,这种思想准备就是奉献和牺牲的精神。这种奉献和牺牲的精神,也是他事业成功的重要因素,形成了他强大的个人魅力!

四、勤苦俭朴的勤俭精神

张謇对勤苦俭朴的论述比较多。

一是在为各个学校题写的校训中有突出反映,如为南通私立农业学校题的校训:勤苦俭朴;为通州师范学校题的校训:坚苦自立　忠实不欺;为盲哑学校题的校训:勤俭;为女子师范学校题的校训:服习家政　勤俭温和;为商业中学题的校训:忠信持之以诚　勤俭行之以恕;为大生乙种农业学校题的校训:勤苦敦朴　立命於学。[①]这些校训中有一些共同的内容,那就是强调勤奋、艰苦、勤俭、朴素。

二是在家书中对子弟和家属强调勤俭朴素。如一封给吴夫人的家书:

---

① 李明勋,尤世玮:《张謇全集》④,上海:上海辞书出版社,2012年,第445页。

帐房开来家用,云须四千五百元,福食一项,即须二千,大为不合。余为按人核计,至多不过一千二百元。又他项尚有可省者数百元,大约每年用度以三千二百元为限,亦已不小。另有讯复帐房,望卿在家加意管理,加意节省,每日菜蔬一腥一素已不为薄,须是将债还清,又为徐夫人造成女子学校,又筹足几个小学经费,尊素堂之事方了,卿当明白此义。衣服不必多做,裁缝即可省。切切。早晚门户火烛千万小心,书房须带去看看,不可在房中常用煤油茶炉。①

民国元年九月又嘱吴夫人：

　　余家须一切谨慎,勤俭。①

独子成婚以后告诫夫人要做勤俭朴素的表率。民国四年的家书：

　　喜事过,家中女仆亦可酌减一二。家中今年用度之费,过于平常不止一倍,以后须加节省。凡人家用度,若但出入相当,已不足以预备非常之急。若复过度,则更不合处家之道。新妇在家,汝为之表率,俾知处乱世处穷乡居家勤俭之法。②

张謇对其爱子用《三字经》中的"勤有功,戏无益"进行训诫,藉以培养勤俭品质。还谆谆教导：

　　儿须自爱自重。自爱自重无他,在勤学立品。何以立品?不说谎,不骄,不惰,不自放纵任性而已。②

得悉怡儿和润都能生活自理,穿戴衣服"皆满余意"甚为欣慰,"一为怡可习勤之兆,一为润可崇俭之兆",并教导他们：

　　天下之美德,以勤俭为基。凡致力学问,致力公益,致力品行,皆勤之事也;省钱去侈,慎事养誉,知足惜福,皆俭之事也。汝两人勉之,可互相劝戒长进,余心慰矣。③

他对独子的教育是个成功之例。

---

①②李明勋,尤世玮:《张謇全集》③,上海,上海辞书出版社,2012年,第1518、1522页。
③李明勋,尤世玮:《张謇全集》③,上海:上海辞书出版社,2012年,第1524页。

三是演讲中对学生谆谆教导要勤俭,并详尽阐述农校之校训:

> 夫勤者,乾德也:乾之德在健,健则自强不息。俭者,坤道也:坤之德在啬,啬则俭之本。黄老之学得坤道。勤俭之广义,虽圣人之成德亦由之,所以加一苦字于勤字之下,加一朴字于俭字之下,非为凑成字句而然。盖勤有在思虑者,有在肢体者。若农之为业,则兼思虑肢体而为用,而肢体之劳动尤多,是苦为勤之所表示也。有勤而不必尽苦者,未有苦而不出于勤者也。俭之表示以朴,乃俭之在一人一家者,于俭之用为狭。而非朴则不足表示俭之实行,非徒托空言也。①

他不仅这样要求人,自己也是这样践行的。他的一生是勤俭的一生。勤苦俭朴是他成就许多事业的重要因素。

五、不断追求和探索的创新精神

张謇具有锐意进取,不断探索的精神,做了许多前人未做过的事情,胡适说他开辟了无数的新路。在大生纱厂获得成功后,张謇又向沿海滩涂进军,创办通海垦牧公司,成为全国第一个农业股份制公司。张謇在实业救国、教育救国的实践中开创了众多的全国第一,为大多数人所认可的有:中国人自己创办的第一个博物馆——南通博物苑、中国第一所民立师范学校同时也是最早设有本科的师范学校——通州师范学校、中国第一所戏曲学校——伶工学社、全国第一所纺织高等学校——南通纺织专门学校、中国最早的民营资本集团——大生企业集团、中国第一所水利高等院校——河海工程专门学校、中国第一所培养盲哑师资的学校——南通盲哑师范传习所、中国人自己创办的独立设置的第一所盲哑学校——狼山盲哑学校、中国第一所民办气象台——军山气象台、中国最早设有本科的女子师范学校——公立通州女子师范学校、中国第一家股份制影片制作公司——中国电影制造股份有限公司,等等,足以说明张謇为了救亡图存,实现中华民族复兴,在众多的领域里敢为人先,探索创新。他的

---

① 李明勋,尤世玮:《张謇全集》④,上海:上海辞书出版社,2012年,第349页。

探索创新精神是他业绩辉煌的主要因素。

六、艰苦拼搏与坚强不屈的创业精神

创业不是闯业,盲目乱闯,而要有科学的头脑,在客观地分析条件的基础上作出决策。

张謇创办大生纱厂,首先分析通海是产棉之地,而且其质为亚洲之冠,办纱厂具有丰富的原料;通州土布名扬中外,需要大量棉纱,因而产品具有广阔的市场;通州农村妇女大多为天足,能远走和久立,生产有廉价劳动力。唯一缺少的是资金,他采用西方股份制民间招股融资的办法。在解决资金问题后开机,很快获得成功。在同时期的其他纱厂纷纷亏损的局面下,大生纱厂的赢利却不断增长。

万事开头难,创业道路不可能一帆风顺,相反注定有不少的困难和曲折。张謇在创业过程中具有坚强不屈的意志,不达目的决不罢休的毅力。办厂需要大量资金。张謇是农家弟子,高中状元也不过是翰林院六品而已,无资可言。他为办厂长期奔波的车旅费不用股金一分钱。在融资过程中沪董背叛,官商失信,州官作梗,在种种困难面前,他忍辱负重,以坚强的毅力和勇气渡过难关。在创办通海垦牧公司时,天灾人祸更多,1905年的特大海潮将海堤冲为平地,人畜伤亡,经营4年多的公司前功尽弃,人们垂头丧气,然而张謇毅然决策,从头开始,终于在6年后获得成功,在通海垦牧公司的引领下掀起近代沿海开发的高潮。张謇的创业精神既有科学头脑,又有艰苦奋斗的精神,还有百折不挠、顽强拼搏的意志和坚强不屈的毅力。没有这种创业精神就不可能有张謇的成功。

七、忠实不欺的务实精神

张謇为南通纺织专门学校题写的校训就是"忠实不欺,力求精进";通州师范学校的校训中也有"忠实不欺"。所谓"忠实不欺",就是要求学生忠于事实,是就是是,非就是非,求真务实,不好高骛远,不弄虚作假,不欺世盗名,不沽名

南通纺织专门学校校训

钓誉,养成实事求是之作风。

张謇不仅这样要求师生,而且也严格要求自己,身体力行,在创业过程中事必躬亲。他在创办通州师范学校时,不仅亲自规划、筹建,而且在开学前一天晚上实地检查,甚至与事务工作人员一起给教室和办公室亲自钉上门牌。他在考察日本时,从中国的实际出发,向日方提出参观要求:

> 学校形式不请观大者,请观小者;教科书不请观新者,请观旧者;学风不请询都城者,请询市町村者;经验不请询已完全时者,请询未完全时者;经济不请询政府及地方官优给补助者,请询地方人民拮据自立者。[①]

中国知识分子的一个重要弊病是坐而论道,空发议论。然而张謇一反知识分子的常态,实实在在,一步一个脚印。他自己也说:鄙人之办事,"做一分便是一分,做一寸便是一寸"。求真务实精神正是张謇的可贵之处。

张謇的许多精神来自于民族的优良传统,或者说在他身上集中反映了中华民族许多优秀的品质。爱国情愫是他核心的精神动力。以张謇的精神研究张謇就应站在爱国主义的立场上,弘扬他的爱国精神,借此为中国特色的社会主义作出贡献。尽管不同的时代爱国主义的内涵和特点各不相同,但爱国精神是一致的。在当今时代我们研究张謇,应紧紧围绕中国特色的社会主义理论和实践,以其作为我们的出发点和最终归宿。张謇的其他优秀品质,是张謇研究的精神

[①] 李明勋,尤世玮:《张謇全集》⑧,上海:上海辞书出版社,2012年,第555页。

动力和精神支柱,唯此才不会沽名钓誉,不至于浮躁,有一个良好的学术研究氛围和学术风气。

张謇的优秀品质,铸成他强大的个人魅力,吸引人们以宝贵的时间去研究他,学习他,弘扬他。他的精神来源于他那朴实的人生观和价值观:"天之生人也,与草木无异。若遗留一二有用事业,与草木同生,即不与草木同腐。"[1]他留给我们众多的财富,其中物质财富是有限的,而这些精神财富是无法以金钱来估量的,是极其丰富而又珍贵的,是我们当今现代化建设重要的精神动力,值得大力传承和弘扬!

(以《张謇的企业家精神是什么?》为题,原载于2013年7月9日《东方早报》)

---

[1] 李明勋,尤世玮:《张謇全集》④,上海:上海辞书出版社,2012年,第508页。

企 业 篇

张謇是中国近代杰出的民营企业家

张謇是中国近代著名的实业家、教育家，这早已被国内外的学术界所认定。所谓"实业"，在近代的含义就是关于工、农、商企业的总称。创办工、农、商企业有成就者，称之为实业家，用今天的提法即是企业家。可张謇这位企业家是与张之洞一样的官僚企业家，还是民营企业家？长期以来，在有些人的思想观念中是模糊的，甚至将两者相互混淆。20世纪50年代初开始在南通进行了"谁养活谁"的讨论和破除迷信的运动，在"批判张謇思想"的运动

中，是把张謇是作为官僚资本家来进行批判的。在当时的人们看来，道理很简单，因为张謇当过翰林院的修撰，也算是个官，状元也是"官"，他办的工厂就是官办企业了。在这样简单的推理下得出结论：张謇是"官僚资本家"。于是，在大生纱厂内塑立的张謇铜像被推倒熔化。后来，在"文革"的特殊年代里，更是要将其打倒在地，还要踩上一只脚，这叫作永世不得翻身，甚至掘墓暴尸，干出亲者痛、仇者快的蠢事。张謇是官僚资本家还是民营企业家，看来即使在今天，仍然有加以论证和澄清的必要。

一、张謇不是官而是绅

张謇出身于农家子弟，他父亲张彭年，见子聪颖好学，有心栽培，祈盼他通

过仕途,光宗耀祖。1894年慈禧60大寿,特开恩科。张謇奉父命参加会试,高中状元,大魁天下,钦定翰林院的修撰,获得了俸禄。状元似官,而又非官,用今天的话来说是一个学位;修撰是一个官职,但这个官是文职,又是一个虚职,并无实权。张謇在京城受封后仅仅待了两三个月就因父病请假南归,到家时父命已归天,按封建社会的传统,要在家守孝三年,称之为丁忧。他开始创办大生纱厂就在这一期间。也就是说,离开了那个文职虚官,他的身份似官非官,但也非民,是在官民之间的一个特殊的阶层,即士大夫,绅士。所谓绅士,正如马敏教授在他的著作中所说的:包括正途考试或捐纳途径取得进士、举人、生员、贡生以及有各种虚衔、封典,但并未授实官的人或已授实官但业已退职赋闲的乡居官员。张謇就是这样的一个绅士。作为绅士的张謇,同官场有一定的联系,有声望有地位,上通官府,下通民情,在社会上有相当大的影响力和号召力。因而绅士往往通官民之邮。张謇就是这样一个绅士的代表。他下海办厂经商,称为绅商,并非官商,是在中国半殖民地半封建这样一个特殊社会里的民营经济。但有的人总以为有了官衔身份所办的工厂,就是官办的,这是一个错觉。

二、大生纱厂是商办,并非官办

张謇于1895年开始创办大生纱厂,先是两江总督张之洞要求陆润庠和张謇两位状元在长江南北办厂,所以可称张謇是奉命在通州办大生纱厂。他有状元的衔位和翰林院修撰的官职,又得到以官机折合白银25万两的官股投资,那么大生纱厂到底是官办还是民(商)办,用现在的话来说是国有企业还是民营企业,是属国有经济还是民营经济?

要分析大生纱厂的性质,划清民营企业与国有企业的界限,首先要搞清其基本概念。民营是相对官营而言的,民营就是非官方经营,政府不直接干预企业的生产经营和管理事务,企业拥有独立经营的自主权,自主决策,自负盈亏;官办企业的经营者是政府官员,他的职务任免、绩效考核及提拔加薪等都掌握在政府机关手中,因而经营者必须首先向官方负责。那么,中国近代工业就其资本来说,有外国列强输入的外国资本,又有中国的民族资本。民族资本是相对于外国资本而言的。民族资本又分官僚资本和民间资本。例如洋务运动中的许多企业就是官府投资的官营企业,管理员由清廷任命,对清廷负责;而民间资本,由投资者选拔经营管理者,经营管理者不对国家负责,以获取最大的利润为目的。张謇这个大生纱厂的总理并不代表官方,并不对清王朝负责。他作为经营者的利益与企业利益密切联系在一起。大生纱厂即将开工之际,紧缺资金,临时挪借贷款无门,张謇在上海与朋友徘徊于大马路泥城桥的电光之下,仰天俯地,一筹莫展。倘是官办企业,张謇用不着奔走于通沪之间,心力交瘁,忍辱蒙讥,历尽艰辛。所以张謇那似官办而并非官方所办的大生纱厂属"绅领商办"的民营企业。

三、大生纱厂是独立经营的企业,官股未控股

大生纱厂的资金来源,有以官机相抵投资的25万两,占总资金的56%,民间资本占44%,由此可看出,官股处于能控股的地位。有人以此为由,认为大生纱厂是官办企业。从现象来看似乎有道理,然而实际情况并非如此。早在组建工厂时,官股就明确只收取官利和红利,不参与企业管理。当年张謇与当局的约款中是这样说的:所有举董招股,以及年终账目统归张謇绅士,无庸仍照原约,请派官员等。所谓"原约"就是朝廷过去的规定和条例。可见以那部分官机作股投资虽处于可控股的地位,但投资时有约在先,既不按照旧章程行事,又不派官员前往;既不是官商合办,也非官督商办,因而官股实质上与贷款无异。也就是说,官方不论盈亏,到时仍按股金逐年提取官利和红利,其他一概不问。由此得出大生纱厂是不受官方控制而独立经营的绅领商办的企业,就是民营的企业。后来形成的大生集团,所有的其他企业,也就不存在官股了。大生集团是中国最早也是最大的一个民营企业集团。作为这个民营企业集团的创始人,张謇是民营企业家就无可非议了。

四、张謇是杰出的民营企业家

长期以来,人们往往将民族工业与民营工业等同起来,将民族资本与私人

资本等同起来,造成概念混乱,含义模糊。实际上它们之间有区别:民营工业是相对于官办工业,私人资本是相对于公营资本,民族工业是相对外国工业而言的(商办相对官办)。中国人自己办的工业,无论商办官办,无论民营或是官营,均为中国的民族工业,这是经济学的概念。但在民族工业的基础上产生的资产阶级,不能推导为民族资产阶级,这是政治学的概念。民族工业的资金来源,有部分是国家投资的官僚资本,又有私人投资的民间资本。民族工业又分官办与民办的部分。在此基础上产生的资产阶级也分成两部分,即官僚资产阶级和民族资产阶级。毛泽东把中国的资产阶级分成这两部分,是对马克思主义的重要贡献。毛泽东曾经说过,中国的民族工业,说到重工业不能忘记张之洞,轻工业不能忘记张謇,化学工业不能忘记范旭东,交通航运事业不能忘记卢作孚。毛泽东所讲的民族工业中有官办的,如张之洞,也有民(商)办的,如张謇和卢作孚。这是民营工业与民族工业的区别。讲张謇是中国民族工业的奠基人之一,还不够准确。张謇创办的工业是民营企业,属民营经济,有别于官办工业。如民营经济集中的地方唐家闸,不仅是民族工业的重要基地,更是民营经济的发源地,它和无锡都是中国最早的近代民营工业,或者称为民营经济的基地。尽管最早的民营企业不是大生纱厂,但在唐家闸的所有企业,全是非官方的中国人独立创办的民营工业基地。这是上海、广州、武汉等其他城市所不具备的。张謇是民族资本家,是民族资产阶级的一分子,这在新中国成立初期就已经定性。对大生纱厂实行了公私合营,也证明他是民族资本家,即民营企业家。

  张謇不仅是一个民营企业家,而且还是一个杰出的民营企业家。一是自己没有资金,在19世纪80年代受上海股市风波的影响,人们谈股色变的情况下,他能用西方股份制进行融资,办成大生纱厂这样的大企业,说明张謇具有很强的创业能力;二是当年环境恶劣,地方官绅刁难,民间风气未开,在南通人们不知工厂为何物的情况下,敢为人先,能筹措办厂,获得成功,说明张謇有可贵的创新精神;三是在当时全国纺织行业普遍滑坡的情况下,却独有大生纱厂能赢利,一枝独秀,说明张謇具有非凡的管理才能;四是大生纱厂成功后又兴办盐垦股份公司等一系列农工贸企业,形成了中国近代历史上第一个也是最大的一个民营企业集团——大生集团,反映张謇的开拓进取精神;五是经过20多年的努力,把一个偏僻落后的南通建设为近代民营经济的重要基地,成为中国早期现代化的一个典型,成为全国模范县,反映了张謇在历史上的重要地位,也是我们当今民营企业家学习的榜样。以上种种,说明张謇不是一般的民营企业家,而是有成就的,在国内外有影响的,因而也是杰出的和著名的民营企业家。

关于张廷栖教授参与"中国民营经济发展论坛"筹备工作的

证 明

附:

2003年6月为纪念张謇150周年诞辰而筹备"中国民营经济发展论坛"时,提出了张謇是否是民营企业家的问题。南通市将本文作为举办这次论坛的理论依据。

今年6月,为纪念张謇150周年诞辰,由全国民(私)营经济研究会、人民日报社华东分社、南通市人民政府联合举办的"中国民营经济发展论坛",是由我商会具体承办。在去年筹划之初,有关领导对张謇是否是民营企业家、大生集团是否是民营经济,要求加以论证。为此,我们请教了张謇研究中心干事会副会长兼秘书长、南通工学院张廷栖教授。他为我们提供了由他所主持的课题论文:《张謇是杰出的民营企业家》、《张謇是民营企业家的杰出代表》和有关资料,为此次"论坛"奠定了理论基础。

在后来筹备"论坛"的过程中,张廷栖教授又参与了策划和筹备工作,如草拟"纪念张謇150周年诞辰学术活动方案"和"论坛"交流论文的参考题目,发动和组织学者撰写论文,他所主持的课题组也提交了两篇论文:《民营企业家的楷模——张謇》(张廷栖)、《张謇与当代民营企业家的素质》,均发表在"中国民营经济发展论坛"的会刊上,并由他负责对"论坛"交流论文作最后审阅等等。张廷栖教授为此次"论坛"的筹备和召开作出了努力!

2003年11月20日

(原刊于《南通工学院学报》,2003年,第1期;江苏省哲学社会科学"十五"规划基金课题阶段性成果,编号:苏社I3-020)

张謇是近代民营企业家的杰出代表

随着19世纪70年代我国民办工业的出现、民族资本的产生和发展,在中国大地上诞生了第一代民营企业家。他们在半殖民地半封建社会这种恶劣的环境下,不畏艰难,学习西方,勇于开拓,悉心经营,发展企业,成为有规模有成就的经营管理者,推动了生产力的发展。他们就是由张謇、荣宗敬、祝兰舫、严信厚、周学熙、徐润、陆润庠、薛南溟等组成的民营企业家群体。有了这样的一个群体,在客观上就要求有代表他们利益的代言者或代表人物。那么,在这个群体中由谁来当他们的代表呢?如果说他们之中有民商和绅商的话,那么由绅士经商者来代表显然更为优越,因为他们不仅有办厂艰难的切身感受,下通商情,而且能上通官场。他们是官与商之间的桥梁和纽带。当年的状元资本家张謇就是这样的杰出代表。他为发展和解放我国的生产力,披荆斩棘,扫除障碍,解脱束缚,开辟道路,奋勇前进。我们说他是中国近代民营企业家的杰出代表,主要论据在于他有以下几个方面的重要建树。

一、代表民营企业发展的要求,争取安定和平的社会环境

近代工业的发展,迫切要求有一个和平稳定的社会环境。然而旧中国屡遭西方列强的野蛮侵略,可以说侵华战争连绵不断。尤其是北洋政府时期,军阀混战,战乱不止,战场遍布国中,商民无心经营,工厂历经伤害,苛捐杂税更为繁重。张謇在艰苦经历中认识到:"实业之命脉,无不系于政治。"[①]因此,他参加一系列的政治活动,目的均在实现其实业救国的宗旨,争取让民族工业的发展有一个安定和平

---

① 曹从坡,杨桐:《张謇全集》(第1卷),南京:江苏古籍出版社,1994年,第271页。

的环境。1900年义和团风起云涌,席卷京津地区。以慈禧为首的清廷顽固派官僚,出于复杂的政治目的,盲目招抚义和团,企图以此打击西方列强的在华势力,最终因情势失控,导致八国联军的侵华战争。在此期间张謇不断收到大生纱厂沈敬夫频频告急的电报:纱市暴跌,北方销路中断,棉纱积压,生产难以维持。他从切身的利害得失出发,积极投入到东南互保的宣传组织之中去。张謇联合湖广总督张之洞,亲赴南京劝说两江总督刘坤一,甘冒有违谕旨的风险,促成东南督抚与各国驻沪领事协商,签订了《东南保护约款》。东南互保的实行,使得东南各省社会稳定下来,经济未受损失,保障了新兴的民族工商业经济免受战乱的损害。

　　1903年张謇东游日本归国后,从东西方政治制度的比较中,认识到腐朽的中国封建专制制度是民族资本发展的严重障碍:"抉其病根,则有权位而昏堕者当之矣。"①欲振兴国家,必须改革。以他为骨干的资产阶级民主派发动了一场立宪运动,企图以和平的方式,将封建的专制制度改革成资产阶级民主形式之一的君主立宪政体。张謇成为这一爱国、民主、进步的政治运动领袖之一。他联合江浙立宪派人士,幕后策动地方和中央的大员,促使清廷派遣大臣出洋考察西方政治,回国后宣布实行预备立宪。其后又启发和动员人民群众参与立宪运动,率先酝酿与组织立宪团体——预备立宪公会,嗣于1906年在上海成立,张謇被选为副会长,后为会长。1908年他奉旨筹办江苏咨议局。次年秋,江苏咨议局正式成立,张謇被推选为议长。在他主持下,咨议局被纳入具有各种章法的健全轨道,成为民主监督和评议政治的机构,发挥了有益的作用。尤其是为宁属预算案向两江总督进行毫不留情的抗争,得到社会舆论的广泛关注和支持,因而享誉全国。1909年秋,在张謇的联络下,16个省咨议局的50余名代表聚集上海,推出了33人组成的"国会请愿代表团",赴京请愿,呼吁速开国会;次年春,又组织更大规模的请愿运动。张謇以预备立宪公会为阵地,集中江浙一带乃至全国有志改革的绅商及知识界的一批代表人物,以江苏咨议局为依托,联合各省咨议局,开展了国会请愿活动。目的就是代表民营企业争取有一个发展自身的合宜

---

①曹从坡、杨桐:《张謇全集》(第6卷),南京:江苏古籍出版社,1994年,第505页。

的社会政治环境。他们从爱国和保护自己的立场出发,认为暴力革命内则易成混乱割据之局面,外则易遭列强之干涉,还不如迫使清廷实行立宪,可安上全下,使国家有朝一日转弱为强。张謇在政治舞台上的一系列活动,都是代表了他们的这些愿望。然而事实并非以他们的意志为转移。

辛亥革命爆发后,起初张謇企图借此促成清廷立即施行立宪,便以自己的声望和实力周旋于

1909年秋第一次请愿代表合影

第二次请愿代表合影

各派军阀之间,试图达到解兵祸、安百姓、维系生产的目的。但四处碰壁,无奈之下回通慎思:"一月以来,焦思殚虑,广邀时彦,博采舆评","无不归纳共和为福利"①。他想通了,转变了,站到了共和的立场上来。于是,他促进南北议和,加入南京临时政府,积极筹款筹饷,解决临时政府燃眉之急,目的仍然是为消弭战乱,维护民营企业和平发展。

二、代表民营企业家摆脱西方列强束缚的愿望,要求独立自由地发展民族工业

张謇的实业救国和教育救国的思想来源于强烈的忧患意识。面临西方列

---

① 曹从坡,杨桐:《张謇全集》(第1卷),南京:江苏古籍出版社,1994年,第190页。

强不断地入侵、掠夺和瓜分,他总是义愤填膺。尤其是中日甲午战争失败后签订的丧权辱国的《马关条约》,使张謇痛心疾首。他在日记中写道:"几罄中国之膏血,国体得失无论矣!"①深感中国到了"逐渐吞噬,计日可待"的境地。他的爱国忧国之情激发了他的社会责任感和历史使命感,并变为办厂救国之行,从而走上了实业救国的道路。他在大生纱厂的《厂约》中阐明了他办厂的宗旨,是为了不至于"通产之棉"成为日厂的廉价原料,所谓"花往纱来……,捐我资产以资人,人即用资于我之货售我",这无异于"沥血肥虎"。②他是因爱国而反帝,为反帝而"舍身喂虎",下海经商办厂。兴办实业,发展实业,又必然代表新兴民营经济的需要,进一步反对帝国主义对中国的侵略和掠夺。

1. 代表民营经济不容中国路权旁落的要求,领导了争回路权的斗争

19世纪末,列强在中国展开了争夺铁路修筑权的"路权掠夺战"。1898年9月,清廷与英国签订了《苏抗甬铁路草约》。进入20世纪,中国人民掀起了争回路权的运动,江、浙两省成立了铁路公司。张謇担任江苏铁路公司的协理,筹款自建铁路,要求废除上述草约,后获批准。1907年1月,沪嘉铁路在上海开工,张謇出席开工典礼并亲自奠基。此次开工被誉为争回路权的先声。然而1907年11月,清政府又向英国借款150万英镑,用于修筑苏抗甬铁路。针对清廷的反复无常,张謇与苏路公司总理王清穆、浙路公司总理汤寿潜一起领导了争回路权的斗争。在沪集议推派代表赴京请愿,并发动了沪上各界纷纷致电邮传部、外务部、农工商部,要求拒借洋款,自主修筑铁路,路权不容旁落。

2. 主张关税独立,为废除不平等税则作了不懈的斗争

清政府被迫与列强签订的第一个协定税则——《海关税则》给西方列强对中国倾销剩余产品、掠夺廉价原料大开方便之门。列强大肆进行经济侵略,给民营经济的振兴和发展带来致命的打击。张謇投身实业后,切身体会到关税自主权丧失的严重后果,他尖锐地指出:"人之挟其工商之铁血政策,以噆我民族而

---

① 曹从坡,杨桐:《张謇全集》(第6卷),南京:江苏古籍出版社,1994年,第371页。
② 曹从坡,杨桐:《张謇全集》(第3卷),南京:江苏古籍出版社,1994年,第17页。

歼之","不知不觉中,脂膏已为吸尽,而全国将成为人脂矣"①。张謇以为出口税极宜减免,否则国际市场上没有我国商人的容足之地。至于进口税以值百抽五的税率更是极不合理。一是不问物品性质一律对待不合理。他认为,对所有进口物品,应根据其对于我国的利害关系而在征税时有轻重税之分:重税者虽值百抽五十至抽百可也;轻税者则虽不足值百抽五或竟免除税可也。二是估价问题上的严重不合理。就是固定价格作为计征的依据,而不是随市价的变动相应地调整计征的标准。他指出:十年前之价格与今市场有差五六倍乃至数十倍之多。他认为应以市价为课税之基础,以后估价期限以三年为宜。张謇的这些正确主张,代表了国家、民族的利益,也反映了民营经济的心声。

第一次世界大战结束后,欧洲将开和平会议。张謇等人认为,此次会议将革除"世间之不合理、不平等",是中国收回关税主权的大好契机。因而于1918年12月5日,张謇发起组织的主张国际税法平等会召开成立会。9日该会在上海纱业公司开会,推定张謇为会长,10日主张国际税法平等会正式举行成立大会,大会致电总统、国务院,要求中国议和专使在巴黎和平会议上争回主权,并称愿派代表赴美,参与交涉解决不平等条约。会后收到18个省区总商会、分商会、省议会表示赞同的来电来函,并有20余名各业团体领袖、代表加入该组织,②反映了他的呼声得到了广泛的响应。

张謇还于1905年至1907年间,与上海的曾铸等人一起,赞助过在人民中广泛开展的抵制美货的运动,其中也曾发展到抵制日货和英货的斗争。这对于帮助民族资本挽回市场权利也起到一定的积极作用。

三、为民营企业家示范,率先采用西方现代企业制度,结合中国实际建立了中国近代股份制企业

股份制是西方的现代企业制度,是商品经济的产物,也是融资的主要手段。

---

①张謇研究中心:《再论张謇》,上海:上海社会科学院出版社,1995年,第88页。
②夏东元:《二十世纪上海大博览》,上海:文汇出版社,1995年,第221页。

我国从19世纪70年代开始,已有股份制企业,如1872年由李鸿章奏请清廷募股建立的轮船招商局,1896年5月创办的汉冶萍公司和中国通商银行等,这些企业均属于官办或官督商办。当时的民营企业虽然在船舶修造业、缫丝业、轧花业等部门已经出现,但它们多为独资或合伙的企业,因此资金不足,规模甚小,技术落后,严重限制了民族资本的发展。张謇冲破了守旧观念的束缚,按照经济发展的规律,"仿照洋厂",采用股份制向社会广泛筹集资金。为了改变中国社会资金一般流向土地、高利贷、旧式商业和房地产业的传统习惯,张謇对所集股金,采取不管企业经营状况如何,均按年利八厘起息,称之为"官利",又称"官息"或"正息"。年终决算时先派官利,然后结算营业利益亏损还是赢利。这是为了减少投资者的风险,吸引社会资金,而对股份制所作的修改和调整。即使如此,在"风气未开"的社会筹股仍十分艰难,一度曾"仰天俯地,一筹莫展"。最终还是依靠张謇及其同仁坚韧不拔的毅力,历经"千磨百折,首尾五载,忍侮负讥",才渡过难关,办起了大生纱厂,成为民办企业实行股份制的先例。这不仅为民营企业拓展了融资渠道,也为采用现代企业制度办厂开了风气之先。从此,在他的影响下,景德镇瓷业公司、中国图书股份有限公司等股份制企业纷纷成立。

1903年清廷成立商部。1904年颁布了《公司律》。经过一段时间的筹备,1907年大生纱厂按照《公司律》的规定,召开首次股东大会。从这次大会留下来的记录和史料可知,股东大会的议程、议案和所形成的大会决议等,张謇都力求规范化,遵照不久前公布的《公司律》的规定进行。会议在平等、民主的氛围中对工厂的体制、经营、分配和人事等方面进行讨论,作出了决策。对会议中出现的分歧和争论,均按照投票表决的方法,依少数服从多数的原则作出决定。一改过去由总理张謇等人说了算的局面。更为可贵的是张謇亲自推进的这项改革,对自己作为总理的权力作出了限制。也就是说,张謇是严格仿照西方现代企业制度来建立和健全大生纱厂的运行机制的。据现有的资料来看,大生纱厂的这次股东大会,是中国近代民营经济股份制企业中最早召开的股东大会,在全国起了示范的作用。

四、代表民营企业的发展方向，率先建立中国最早最大的民营企业集团——大生资本集团

大生纱厂获得成功以后，张謇为了利用滩涂资源，开垦荒地，"广植棉产，以厚纱厂自助之力"，扩大大生纱厂的原料基地，联络了汤寿潜、李审之、郑孝胥、罗振玉等人发起招股，创办通海垦牧公司。该公司于1901年5月正式成立于通海交界之海复镇。张謇认为实业救国应突破小生产方式，兴办"大农、大工、大商"。"天下凡有大业者，皆以公司当之。"①通海垦牧公司的创设，标志着张謇所办实业开始向跨行业、跨部门的大生企业集团发展。以大生纱厂和通海垦牧公司为骨干，从1903年起，又依靠股份制向社会广泛集资，相继创办了同仁泰盐业公司、天生港大达轮步公司、上海大达轮步公司、大达内河轮船股份有限公司、阜新蚕桑染织公司、崇明大生分厂、广生榨油股份有限公司、通州资生冶厂股份有限公司、资生铁厂、罐诘公司、大生纸厂、南通大聪电话公司、通明电气公司、通燧火柴公司、淮海实业银行等40多家企业。这些企业都是相对独立的法人企业，各自独立核算，产权关系相当明晰，不会因为其中有的企业亏损、倒闭而牵动全局，影响其他企业的生存和发展；然而相互关系却十分密切，共同组成了大生资本系统的企业集团。1907年为了使这些企业在人才使用、原材料供应、产品销售、技术支持、信息传递、业务接洽等方面协调行动，成立了联合办事处。后又正式成立"南通实业总管理处"，张謇亲自任处长。另外又成立通海实业公司，统管大生系统各企业的投融资，形成了一个跨地区、跨部门、跨行业经济联合体，成为清末民初中国最大的民营企业集团，标志着我国的民营企业发展到一个新的阶段。在帝国主义和封建势力夹缝中挣扎的民营企业，本来就十分稚嫩和弱小，为了不至于被扼杀和淘汰，企业必须要发展，盘子必须要做大做强，因此也就必须要走企业集团化的道路，以增强市场竞争的实力。张謇努力

---

① 曹从坡，杨桐：《张謇全集》（第3卷），南京：江苏古籍出版社，1994年，第212页。

扩大企业规模所形成的大生系统集团模式,为民营企业树立了榜样,代表了民营企业发展的方向,为民营企业指明了前进的道路,成为民营企业的排头兵和带路人。

五、代表民营企业发展的要求,制定相关的法律和条例

民国肇始,正是百废待兴之时,亟需改弦更张,建设民主法制,以促进民族工商业的发展。而袁世凯组织的"临时共和政府"却公然布告:所有约定之军纪警章,仍为继续施行。各地军人官吏,承袭旧制,不仅不提倡和保护所辖地区之实业,反行盘剥摧残之能事。张謇对此劣病,曾大声疾呼,但未有结果。1913年熊希龄组织"名流内阁",久孚众望、为东南社会所推崇的实业家张謇进入政府机构,担任农林、工商两部总长(后合并为农商总长)和水利局总裁。这使他有机会施展才干,主持制定有关法律和条例,为中国民营企业的发展创造条件。他在国务会议上发表的《实业政见宣言书》中陈述:"謇半生精力,耗于实业,艰难辛苦,所历已多",欲有发展,"求所以扶之植之防维之,又涵濡而发育之",首当"乞灵于法律"。他指出,法律有两方面的作用:"以积极言,则有诱掖指导之功,以消极言,则有纠正之制裁之力。"张謇说,这20年来他所见倒闭的企业数不胜数,其原因在于"创立之始,……则无法律之导之故也。将败之际,无法以纠正之;既败之后,又无法以制裁之,则一蹶而不可复起","实业于是大堕"。张謇还进一步例举法律的重要性与必要性。他说,如"无公司法,则无以集厚资,而巨业为之不举。无破产法,则无以维信用,而私权于以重丧,此尤其显著者。加以自今而后,经济潮流,横溢大地,中外合资营业之事,必日益增多,我无法律为之防,其危险将视无可得资为尤甚。故农林、工商部第一计划,即在立法"[①]。于是,张謇在农商总长的两年任期内,"夙夜图维",精心筹划,努力学习和借鉴西方资本主义的经济法律制度,主持制定了《公司条例》《公司保息条例》《商人通例》《矿业条例》《公司注册条例》《矿业注册条例》《劝业银行条例》《植棉制糖

[①] 曹从坡,杨桐:《张謇全集》(第1卷),南京:江苏古籍出版社,1994年,第271—272页。

牧羊奖励条例》等共20余种经济法规,"以恤商艰"。这些保障工商企业的基本法令,对我国民族资本主义的发展起了积极的作用。

除了制订法律条文,张謇还特别强调工商行政和经济执法官府应秉公行事,不得刁难民商,敲诈勒索。1915年2月17日他向各省区发出咨文,一是明确核办工商行政事务和交纳费用的办法,不得故意延搁和另加勒索。"公司禀请注册,应禀由县知事于五日内详转核办","县知事署注册所需办公费,即由应缴册费内扣留五元"。二是工商行政事务的办理应力求高效便捷。他指出"工商行政注册事项以迅速简易为主","意在使商人就地禀请,不致有烦难之虑"。三是对民族工商业主张保育政策。要求各级政府"诚以现在工商各业,正形凋敝,自应曲意保护,以恤商艰"。四是对执法违法者严加惩处。凡"勒索分文者","一经查实,尽法惩办,藉警官邪,而维商政"。五是凡设公司者以法律维护其合法权益。如有被勒索者,得"向上级该管地方官厅或本部禀诉"。①纵观张謇在民国初年短暂的两年任期内所制定的条例法规,实行的简政、廉政、勤政,施行的减免税厘,设立各试验场,改革度量衡,引用外资,开放市场,等等,均为振兴我国实业、抚育和保护稚嫩的民族工业发挥了积极作用,充分代表了中国近代民营企业的祈求和愿望。

张謇是民营企业家,一生以主要精力从事实业活动,创办了一系列的企业。他所从事的实业活动,其中许多是具有开创性的,对中国其他民营企业家起了示范的作用;张謇也从事和参与地方的以至全国性的政治活动,可以说都是围绕着为民营企业的发展扫清道路而进行的。胡适说他"做了三十年的开路先锋",是很有见地的。综观本文所述张謇的多方面言行和所起的作用,我们完全有理由说,张謇确是中国近代民营企业家群体的开路先锋和杰出代表。

(原刊于《中国工商》,2003年,第1期;江苏省哲学社会科学"十五"规划基金课题阶段成果,编号:苏社B-020)

---

① 沈家五:《张謇农商总长任期经济资料选编》,南京大学出版社,1987年,第73-74页。

张謇是民营企业家的先驱领袖

1995年,全国工商联副主席胡德平先生在第二届张謇国际学术研讨会的致辞中指出:"张謇是我国民族工商业中杰出的代表和先驱领袖。"[①]近代中国的民族工商业,有官办和民办两个部分;在清末民初,民族工商业主要是民办的民营工商业。民营工商业者有一个重要特点:既是投资者,又是经营者;既是民族资本家,又是民营企业家,一身系二任,张謇也不例外。但仅有二千两银子作投资(其中还含有向沈敬夫所借)的张謇,主要的身份不是投资者、资本家,而是组织者、经营者和管理者,确切地说是民营企业家。张謇在我国近代民营企业家中处于什么样的地位?这是一个值得探讨的课题。因为它不仅关系到张謇的历史地位,更有其现实的意义。从民营企业家的视角来看,称张謇是民营企业家的先驱领袖,可以有两种理解:一种理解为先驱和领袖,即既是先驱者,又是其领袖人物;另一种理解为先驱的领袖、领袖的先驱,即是早期的、不够成熟的领袖。笔者认为对张謇来说第二种理解可能更贴近一些。

一、张謇是文人下海创业的领头雁

按中国的老传统,历来把工商业者看成是"士农工商"的四民之末,因而被文人所轻视。然而,在清末的世纪之交,却出现了士绅纷纷投身于工商业的现象,"文人下海"创业之风涉及全国,绅商成为中国近代民营企业家的重要组成部分。开此风气之先的是"曾经蟾宫折桂的封建最高功名获得者,长江南北两

---

① 严学熙:《近代改革家张謇》(上册),南京:江苏古籍出版社,1996年,第19页。

状元——陆润庠和张謇"[①]。1895年,张謇受甲午战败的刺激,抱着救亡图存的爱国之志,经过激烈的思想斗争,毅然冒"舍身喂虎"的风险,以状元身份"下海"创办大生纱厂。在集资阶段张謇所邀请的通、沪"六董"中,先后就有四董畏难而退,集资的重任全落在张謇一人身上。当时张謇在上海因筹措无门,"每夕相与徘徊于大马路泥城桥电光之下,仰天俯地,一筹莫展"[②]。但他办厂的意志仍坚定不移,历经种种磨难后,大生纱厂终于在1899年建成投产。这是拼搏的成功,是毅力和意志的胜利,表现了中国第一代民营企业家强烈的事业心和坚韧不拔的毅力。张謇创办大生纱厂的次年,状元陆润庠在苏州也开始兴办苏伦纱厂,但不久又到清政府就职当官。状元办厂一时传为佳话,这对传统的陈腐观念无疑是个有力的冲击。张謇正是这一潮流的领头雁。

在张謇的带领下,各地士绅纷纷仿效,江苏进士沈云沛、浙江举人余兆曾、湖南进士王先谦、上海绅士李平书等,由仕途相继走进实业界,形成一股不可逆转的时代潮流,产生了与近代中国特殊社会经济形态相适应的过渡性阶层——绅商阶层。他们有较高的文化素养,勇于吸取西方的现代文化,一般经营有道,有一定的竞争意识、创新意识和风险意识。他们不同于一般的企业主,而大多是新生的民族资本家和民营企业家,是个一身兼二任的特殊群体。作为民营企业家,他们既拥有传统的功名和职位,又从事工商实业活动,并成为一种时尚。具有经济和政治双重身份,这正是中国最早一代民营企业家群体区别于西方企业家的一个最显著的特点。张謇不仅是这个时代潮流的典型代表,率先冲破陈腐的传统观念,改变世俗成见,站到了时代的前列,而且成了这个群体的领袖人物。

二、张謇是发展民营企业的领路人

张謇不但在创办大生纱厂的艰难历程中体现了他那强烈的事业心,在大生

[①]章开沅等:《中国近代民族资产阶级研究》,武汉:华中师范大学出版社,2000年,第201页。
[②]曹从坡,杨桐:《张謇全集》(第3卷),南京:江苏古籍出版社,1994年,第86页。

企 业 篇

通崇海泰总商会

纱厂获得成功后,更是表现出勇于开拓、大胆创新的精神,他在经济领域里冲锋陷阵,带领这个新兴的群体为自身的发展而艰苦奋斗,成为民营企业发展的领路人。早在筹建大生纱厂时,他就引进了西方的现代企业制度——股份制。在以后创办的一系列企业中,也都采用股份制进行融资。先是创办近代中国第一个股份制的农垦公司——通海垦牧公司,推动淮南盐垦事业进入了一个史无前例的垦殖高潮;继而又扩展到机械冶炼、交通运输和金融贸易等众多领域,形成了一个跨地区、跨部门、跨行业的经济联合体,即中国近代最早也是最大的资本集团——大生资本集团。该集团为民营企业树立了榜样,代表民营企业发展的方向,而张謇也因此在这一代民营企业家的群体中享有崇高的声望,具有相当大的影响力和号召力。正因为如此,当时的清廷特地邀请张謇担任商部的头等顾问。可见张謇在民营企业家中的领导地位。

三、张謇是工商立法的积极组织者

张謇是十分重视立法的。他在谈到办实业的体会时说:"謇半生精力,耗于实业,艰难辛苦,所历已多。""间尝思就平日艰苦之点,求所以扶之、植之、防维之,又涵濡而发育之。"所谓扶之、植之、防维之、涵濡而发育之者,盖有四事,首要的"当乞灵于法律"。张謇认为法律"以积极言,则有诱掖指导之功。以消极

83

言,则有纠正制裁之功"。他亲目许多企业的失败,"推原其故,则由创立之始……则无法律之导之故也。将败之际,无法纠正之。既败之后,又无法以制裁之,则一蹶不可复起"。这种情况他不仅"累见不一,并尝身经其痛苦也"①。为此,张謇等组织领导的预备立宪公会,其成员中有23%为工商界人士②,首先关注到的是自订工商的法律,以此求得法律的保护。他们共同认识到:"社会经济困穷,由于商业不振;商业不振,由于法律不备。"③民营企业再也不能忍受"无法之商"的社会处境。为此而于1907年首倡民间商业立法活动,由预备立宪公会致书上海商务总会和商学公会。得到赞许后由上海商务总会出面召集全国各地80多个商会进行了商法大讨论,反映了民营企业的投资者与经营者开始争取独立的政治权利。预备立宪公会主动承担了编纂商法草案的任务,专门成立商法草案编辑所,参照各国法制,调查了解各地商情民俗,前后易稿十多次,终于在1909年上半年完成第一编公司法。该法正文和浅说长达40万字,寄往各地商会征求意见,并于是年11月在上海举行第二次大会,讨论公司法调查案和商法总则。张謇对这次拟订商法活动相当重视,以致1913年就任农商总长之初就呈文"查前清工商部奏摺内称:此案系采取上海总商会及商学会,预备立宪公会等所呈送之商法调查案修订而成"。他深知商法形成过程,因而介绍"该商会等则由专聘通晓商律之士,调查各商埠商业习惯,历时三载,然后参酌法理,编纂而成",并说"观其斟酌之不厌其详,庸冀推行之必能尽利……拟即用为工商部现行条例",要求国会议决公布。④在张謇的努力下,终于在1914年将其《商律总则》改为《商人通例》,公司律改为《公司条例》颁布实施,使多年前民间的立法活动的成果得以颁布,实现了民营经济活动能置于法律保护下进行的夙望。

张謇是1913年10月就任农林、工商总长的。到任后他面对"诸要政百端

---

① 曹从坡,杨桐:《张謇全集》(第1卷),南京:江苏古籍出版社,1994年,第271-272页。
② 马敏:《官商之间——社会剧变中的绅商》,天津:天津人民出版社,1995年,第335页。
③ 章开沅等:《中国近代民族资产阶级研究》,武汉:华中师范大学出版社,2000年,第551页。
④ 沈家五:《张謇农商总长任期经济资料选编》,南京:南京大学出版社,1987年,第24页。

待举,一切均无从措手",认识到"第一问题,即在法律不备"。"为此,夙夜图维,惟有将现在农工商各业急需应用之各种法令,督饬司员从速拟订,如法公布"①,张謇在两年任期内,为"谋农工商之发达"②,"农林、工商部第一计划,即在立法"。在他的主持下,编订颁布有关工商、矿业、农林业、渔牧业等法律,如《公司条例实施细则》《公司注册规则》《矿业条例》《商人通例实施细则》《商会法》《商会法施行细则》《权度法》《国币条例》《证券交易所法》《国有荒地承垦条例》《森林法》《造林奖励条例》《植棉制糖牧羊奖励条例》《狩猎法》《公海渔业奖励条例》等共有20余种,都属于保障农工商企业的基本法令。虽然由于客观原因未能真正付诸实施,但对民营企业的发展起了一定的积极作用,更重要的是改变了我国民营企业无法律保护的状况,民营企业的投资者和经营者可凭借法律来保护自己,显示了责任感和主体意识的增强。这在张謇身上反映得特别明显,在两年任期内制定了如此之多的法律条文,可见倾注了他多大的心血。如果说拟订商法活动是民营经济成长壮大的里程碑,标志民营企业的经营者和投资者的政治意识发展到一个新的起点,那么张謇就是民营企业家的政治代表。

四、张謇是立宪运动的领导者

中国近代民营企业家,肩负着早期现代化的历史使命。他们不仅要国家工业化,还要将政治民主化。维新变法失败后,中国的民营企业家出于自身经营和发展的需要,希望在保持社会秩序稳定的前提下,改变封建专制制度,将对外丧权辱国、对内没有民主的腐朽社会制度,进行自上而下的改革,以资产阶级民主制度之一的立宪政体取而代之,消除民族资本主义经济发展的阻力。清末的立宪运动就是这样的一次政治运动。张謇就是这场民主立宪运动的领袖人物。

1.张謇促使清廷派遣出洋政治考察团,并宣称进入预备立宪时期

从1904年开始,张謇与汤寿潜、赵凤昌等人经过一年多的努力,联合江浙

①②曹从坡,杨桐:《张謇全集》(第1卷),南京:江苏古籍出版社,1994年,第272、277页。

立宪派人士,幕后策划地方和中央大员出国考察政治,促使1906年9月1日清廷颁发仿行宪政上谕。"直接出面奏请立宪的是官僚,而其后面推动官僚的却是以张謇为首的江浙立宪派。"①

2. 张謇联络郑孝胥、汤寿潜酝酿和筹建立宪团体——预备立宪公会

1906年12月16日,在愚园成立预备立宪公会,选举郑孝胥为会长,张謇和汤寿潜为副会长,不久郑孝胥辞职,张謇改任会长。该会成立后,创办《预备立宪公会报》,欲使人民知立宪之所有事,而促其进化之思也。1908年4月,设立国会研究所,会员由各团体推荐,研究我国开设国会,拟一至简捷之办法达到速开国会的目的。是年6月,预备立宪公会发起速开国会的请愿,发函湖南、湖北、广东的立宪团体和豫、皖、直、鲁、川、黔等省的立宪派人士,约请各派代表齐集北京。8月11日,预备立宪公会赴京代表雷奋带领各地代表向都察院呈上速开国会请愿书。此次联合请愿活动虽然未有成效,但却形成了一股强劲的政治力量。1909年2月,预备立宪公会又附设学制为半年的法政讲习所,培训州、县、城、镇、乡地方自治之议员、董事,使得咨议局、资政院议员具备"应有之学识",热心为筹办咨议局服务。预备立宪公会做了许多启迪民智的工作,是国内成立最早、规模最大、影响最广的立宪团体,成为全国立宪团体的核心,张謇就是这个立宪团体的组织者和领导者。

江苏咨议局大楼

3. 张謇积极筹建江苏咨议局,塑造地方民主立法机构的典型

1908年9月,江宁、苏州两地

---

① 严学熙:《近代改革家张謇》(上册),南京:江苏古籍出版社,1996年,第74页。

成立咨议局研究会,张謇为宁属筹办处绅界代表,又被两江总督任为筹办处绅界总理。他在筹备工作中极力促使宁、苏统一,并将议员选举的一系列工作进行得井然有序,使江苏成为办理议员选举最出色的省区,因而在1909年10月江苏咨议局成立时,当选为议长。张謇对江苏咨议局的建设倾注了大量的心血,把咨议局纳入具有各种章法的健全的轨道,有一套比较完善、固定、严格、规范化的立法程序。江苏省咨议局第一届年会也理所当然地开得相当成功,为人们所赞许。在此期间,张謇为捍卫咨议局权限和独立地位,同清廷的宪政编查馆进行了不屈的斗争,尤其为宁属预算案跟两江总督进行毫不留情的抗争并获得了胜利,因此而享誉全国。

4. 张謇发动和领导为召开国会的大请愿,将立宪运动推向高潮

早在1908年的6月至7月,张謇与郑孝胥、汤寿潜两次致电清廷宪政编查馆,要求两年内召开国会。1909年11月,张謇前往杭州说服清廷地方要员支持立宪,同时还上书要求尽快召开国会,建立责任内阁,并指出各省志士准备入京请愿。12月中旬,张謇召集奉天、吉林、直隶、河南、湖北等16个省代表50多人齐聚上海,组成速开国会请愿代表团,共商请愿进行办法及其呈稿。在赴京前,张謇还亲自为代表们饯行,并告诫代表牢记"国之兴亡,匹夫有责",一次不行,"而至于三,至于四,至于无尽","即使诚终不达……亦足使天下后世知此时代人民固无负于国家,而转此意于将来,或尚有绝而复苏之一日"。①张謇的一腔爱国热忱给代表们以很大鼓舞。速开国会请愿代表团持由张謇最后修改定稿,强调内外危机严重,要求一年内召开国会的请愿书,于1910年1月16日向都察院呈递,但遭到清廷拒绝。请愿失败以后,各省代表遵循张謇"诚不已,则请亦不已"的方针,决定继续进行请愿。4月至5月间,各省代表陆续选出了第二次的请愿代表,6月16日入京请愿代表150余人,各省签名请愿的达30万人,由80余名代表前往都察院,递上10份请愿书,其中有张謇任会长的江苏教育总会的请愿书,结果同样遭到当局的严词拒绝。是年10月,代表团进行第三次

①曹从坡、杨桐:《张謇全集》(第1卷),南京:江苏古籍出版社,1994年,第129页。

请愿。除了各省代表团再次提交请愿书外,各界群众同时举行了声势浩大的游行,地方文武官员也有联名奏请,使开始于少数上层人物的立宪运动扩展为群众性的政治运动,终于迫使清廷宣布1913年召开国会。

张謇所发动和领导的立宪运动,目的是通过召开国会、实行宪政以挽救民族危机;主张厘定宪法,建立责任内阁,消除民族资本主义发展的各种阻力。张謇的这些主张适时地表达了一身兼二任的第一代民营企业家发展经济的要求和参加政治生活的愿望,得到了广泛的响应。如果说"立宪派在相当程度上已成为辛亥革命前市民社会的政治领袖"[①]的话,那么作为立宪派领袖的张謇也理所当然地成为他们的领袖人物。

综上所述,张謇冲破封建的牢笼,率先由士大夫转向商界,带领一批士绅开辟民营企业,走实业救国之路;为谋农工商之发达,积极领导民间商法的立法活动,并以两年的农商总长之职,将其成果在全国颁布实施,又主持制定了二十多种法律法规,改变了民营经济无法律保护的现状,直至为建立资产阶级民主政治制度之一的立宪政体,发起和组织了立宪团体——预备立宪公会,发动和领导了清末席卷全国的立宪运动。这一切都代表了民营企业家的意志和愿望,表明张謇确是我国近代民营企业家的领袖人物。然而,这种和平的、平稳渐进的、从上而下的改革是不可能实现的,只能是带着这个新生群体稚嫩的天真而走向失败,这就是这位先驱者的不足,或者说他就是一位早期的不够成熟的领袖。所幸张謇并没有停止前进的脚步,而是跟上了时代的步伐,适时地由立宪转向共和,走进了辛亥革命共和的队伍。

(原载于《南通师范学院学报》2003年,第2期;收录于《中国近代化先驱:状元实业家张謇》,北京:社会科学文献出版社,2004年;江苏省哲学社会科学"十五"规划基金课题阶段性成果,编号:苏社B-020)

[①]章开沅等:《中国近代民族资产阶级研究》,武汉:华中师范大学出版社,2000年,第579页。

民营企业家的楷模——张謇
——纪念张謇150周年诞辰

2013年7月1日是张謇诞辰150周年。纪念这位近代著名历史人物最好的方式就是弘扬和学习他的精神。

我国长期以来缺乏优秀的企业家，尤其是民营企业家。当今民营经济在国民经济中的地位越来越重要，而民营企业家的素质又关系到企业的兴衰成败。面对激烈的市场竞争和加入了WTO的现实，如何提升民营企业家的素质，造就一批优秀的民营企业家，成为我国民营企业发展和经济增长过程中急需要解决的重要问题。因此，研究民营企业在我国成长发展的历史，特别是剖析近代民营企业家的楷模张謇先生筚路蓝缕、竭尽心智、艰苦创业的历程，可以从中得到不少启迪和借鉴。

自从1895年筹建大生纱厂开始，张謇后半生30多年的实业生涯，使他成为我国早期现代化的开拓者之一。作为一名杰出的民营企业家，他不仅留下数以百计的企事业单位，而且留下了一笔宝贵的精神财富，为民营企业家树立了榜样。笔者认为如下几个方面对今天的民营企业家来说尤为重要。

一、强烈的爱国情愫是张謇事业成功的不竭动力，为民营企业家树立了基本品质的榜样

张謇因爱国才走上实业之路。张謇生活的时代，是民族危机日益严重、社会逐步沦入半殖民地半封建的深渊、广大民众处于水深火热的动荡年代。张謇本人经过艰难曲折由乡村农家弟子到达了状元这个科举生涯的顶峰。张謇是一个

受传统文化影响很深的人,他继承了中国士子"修身、齐家、治国、平天下"的积极一面,具有强烈的爱国情愫和忧患意识,对中国积弱积贫忧心忡忡。而与大多数士子不同的是,他放弃利禄丰厚的仕途,走上实业救国的道路。而这又是世人所鄙弃的道路。他自称:

> 年三四十以后,即愤中国之不振……欲自为之而无力,反复推究,当自兴实业始,然兴实业则必与富人为缘,而适违素守,又反复推究,乃决定捐弃所恃,舍身喂虎,认定吾为中国大计而贬……自计既决,遂无反顾。①

张謇不顾世俗之见,毅然下海经商。状元办厂成为中国历史上前所未有的创举,而爱国救亡是他办厂的直接动力。张謇实业救国的理想为什么从办纱厂开始?这一点他在大生纱厂的《厂约》中说得很清楚:

> 通产之棉,力韧丝长,冠绝亚洲,为日厂所必需;花往纱来,日盛一日,捐我之产以资人,人即用资于我之货售我,无异沥血肥虎,而袒肉以继之。利之不保,我民日贫,国于何赖?……通州设纱厂……亦即为中国利源计。②

也就是说,张謇办纱厂是为了抵制日商的巧取豪夺,维护通州的棉花优势,保护国家和民众的利益。

张謇从经营事业的一开始便有一个改变旧世界、建设一个进步文明新社会的理想。他在垦牧公司第一次股东会议上的演说中说得很清楚:

> 凡鄙人之为是不惮烦者,欲使所营有利,副各股东营业之心,而即借股东资本之力,以成鄙人建设一新世界雏型之志,以雪中国地方不能自治之耻,虽牛马于社会而不辞也。③

救亡图存,自强不息,创建新世界的远大理想,就成了他创办一切事业的出发点和归宿,也是他事业发展的不竭动力。

---

①②③ 曹从坡、杨桐:《张謇全集》(第3卷),南京:江苏古籍出版社,1994年,第114—115、17、387页。

虽然今天同当年张謇的时代有了根本的不同,但民营企业的命运与国家的前途向来是休戚相关、生死与共的。当代民营企业家应该响应江泽民同志在《张謇》画册上所题的"弘扬爱国主义精神,建设社会主义祖国"的教导,必须学习张謇的爱国精神。有这样的思想境界,目光才能变得远大,不会为这样那样的艰难和曲折所击倒,也不会为一时一地的成功而陶醉,更不会以损害民族的利益而换取个人财富,使民营经济富有活力并又健康地发展。

二、高度的社会责任感,获得民众的支持,为民营企业家树立了提升企业美誉度的榜样

作为一名杰出的民营企业家,张謇对社会负责的高尚品质在近代企业家中是十分突出的。

一是创办实业,发展社会生产力。张謇认为"国非富不强,富非实业不张"[①],而发展实业乃士大夫之责任也。因此,他抱着对国家负责的历史责任感,于1895年至1899年,历经千辛万苦,创办了大生纱厂。成功后,张謇又为"增长人民生计",看到黄海滩涂大片的土地,"官吏既罔闻知,而生斯土者,复熟视而无睹,其谁欤为天下倡?又自以为士负国家之责,必自其乡里始"。[②]于是他创办通海垦牧股份公司,开创了中国第一个农业公司。历经十年,又获成功。从此淮南盐垦进入了从未有过的高潮,使几十万农民获得了耕作的土地。

二是创办教育文化等社会公益事业。随着张謇所创实业不断发展,收入也日益丰厚。他又以自己的实力,带头举办文化、教育和公益事业。他首先利用创办大生纱厂辛勤劳动五年的薪俸和红利,于1902年创办我国第一所民办的独立设置的中等师范学校。从此开始,他与整个张氏家族及其影响下的方方面面形成重教兴学的热潮,为近代南通创建了比较完备的现代地方教育体系;其次,从1905年创办博物苑开始,又创办了更俗剧场、公共图书馆等一系列文化设施;从1912年办医院开始,又修建和兴办公园、气象台、公共汽车等公益事业。

---

①②曹从坡,杨桐:《张謇全集》(第3卷),南京:江苏古籍出版社,1994年,第761、390页。

三是举办一系列的慈善事业。从 1905 年于唐家闸建通州育婴堂开始,张謇创办了养老院、贫民工场、济良所、栖留所、残废院等一系列慈善事业。他将弱势群体的生老病死、老弱病残都想到了。这些事业的资金,主要是他实业所得,不足的部分,除了举债,还多次在上海和南通等地卖字。他最后一次卖字时已是七十余岁的高龄,仍连续两个多月不辞劳苦。张謇所经营企事业的声名鹊起,影响遍及全国。张謇在总结这方面的经验时也说:"欲效力于社会,当求为人所敬爱,毋至为人所畏忌,勉循职分,保全信用,行之以谨,持之以恒,自得社会之欢迎。"①

今天,我们并不要求民营企业家也像张謇那样背债去办教育、慈善和公益事业,而是应当自觉地履行对社会所应当承担的那份责任,将这些社会责任纳入企业的战略规划之中。民营企业家对社会负责,不仅意味着他应当有为社会服务的经营管理理念,为社会物质文明进步、经济发展做出贡献,还意味着民营企业家也应当推动社会精神文明的进一步发展。张謇当年所履行的这些社会职责,反映了他那强烈的社会责任意识指导下的高贵的社会责任品质,是当今民营企业家所要提倡和学习的精华。

三、顽强的毅力,艰苦拼搏,确保了事业的成功, 树立了创业型民营企业家的基本性格特质

刚强、果断、坚毅、开朗的性格能经受住挫折和打击,能增强决策的胆略和魄力,能保证企业家实现既定的目标。从小艰苦的生活条件,困厄的家庭环境,加上冒籍风波的磨难和十年幕府生涯的锤炼,磨炼了张謇的意志,锤铸了他立志奋发向上、顽强拼搏、百折不挠的可贵品格。为了创办大生纱厂,在重重阻挠、种种困难面前,张謇几乎受尽羞辱。为了筹集最后开车的流动资金,张謇"求助于南皮(张之洞)无效,急告新宁(刘坤一)亦委谢不顾";求助于商人严信厚,严氏极乘危打劫;连电股东,也无一作答,真是百计俱穷,一度徘徊在上海泥城桥电灯光下,仰

---

① 曹从坡、杨桐:《张謇全集》(第 4 卷),南京:江苏古籍出版社,1994 年,第 151 页。

天呼地,一筹莫展。这一连串的困厄,未能挫败他办厂的意志,他坚志赴事,终于获得成功。又如创办通海垦牧公司,也是"百事如蝟毛也"。垦牧之始,"不肖生监借端生事牟利",无赖之人"煽动无知愚民,聚众阻挠","刁习生监,不法棍徒,纠众滋事,蔑法背理,实堪痛恨","非忍气耐苦,必无着手之处"。①加上屡遭风潮之灾,有的"悉数荡尽"。特别是1902年"工未全竣,秋值六七十年未经之飓,连五昼夜,坏未竣之堤五十余处"②,几乎前功尽弃。面对如此艰难险境,张謇认为此时"譬如逆流挽舟,稍一怯懦,殆将不测。下走决无畏难之心,各执事亦无怨苦之意,合力坚持"③,"屡败屡进也"。他"率诸执事经营垦牧……非风潮雨息,即除夕、元旦,曾无负手嬉游之暇"④。在张謇的这种坚韧性格的努力下,通海垦牧公司历经10年辛苦,终获大成。张謇坚定、顽强、执着和不屈不挠的精神终获回报。张謇自己也说"鄙人则以为既任其事,必达于成,不当畏难而退缩……昼作夜思,一意进行"⑤。

张謇这种顽强的毅力,坚强的意志,全力的拼搏,艰苦的创业,是民营企业家必备的,也是重要的心理素质。当今市场经济条件下的民营经济,面对市场需求的多变,全球经济的一体化,加入WTO后众多的竞争对手,企业内部自身条件不断变化的局势,不会一帆风顺,必然面临许多困难和曲折。这就要求民营企业家具有张謇当年那样顽强的精神,不仅要有战胜困难的勇气,还要有战胜困难的才智和技能,能够在逆境中带领企业向前发展。这方面,张謇是他们学习的最好榜样。

四、严格的道德修养,发挥人格魅力,增强凝聚力和吸引力,为民营企业家树立了精神形象

张謇十分重视人的道德修养。他认为"学术不可不精,而道德尤不可不

---

① 曹从坡,杨桐:《张謇全集》(第4卷),南京:江苏古籍出版社,1994年,第23-24页。
②③④⑤ 曹从坡,杨桐:《张謇全集》(第3卷),南京:江苏古籍出版社,1994年,第231、274、274、385页。

讲。中国商人道德,素不讲求,信用堕落,弊窦丛生,破产停业,层见迭出"。因而他主张"首重道德,次则学术"。①张謇认为:"明公理、修公德之人则人重之。"欲明公理、修公德,"须先从自重起"。"自重则明公理也,修公德也,有礼法不苟简也,能成一业也。毋以为小积则大,毋以为微积则显。"并且"必有积累,乃有人格"。②企业家的人格魅力是不能通过企业的规章制度达到的。企业家的高尚人格和良好的思想品德作为一种精神力量对企业的员工和社会会产生特殊的感召力、渗透力、冲击力,并直接作用于情感心理,形成亲切感、信赖感、钦佩感。它们是企业家的威望和形象的基础。这方面,张謇为当代的民营企业家也树立了榜样。

张謇本人很注重道德的涵养,并以身作则,付诸行动。张謇多次讲到自己:"自问生平,却从无妄自菲薄之事,希慕荣进之心。"③他总是自尊自爱,有抱负而自信,积极进取,勇往直前,抱着"既任其事,必达于成,不当畏难而退缩"④的态度,他之所以能成功那么多的事业,就是因为他有这样的精神品格。如在创办大生纱厂之初,张謇作为总理,"不自取薪俸,事事均从节俭,历时四十五个月,总共开支仅一万余金。……本余创办大生纱厂之精神"⑤。他外出的旅费不足,有时在上海登报卖字来筹集。同时,张謇的道德涵养也很深。真如他所说的"下走自弱冠至今三十余年中,所受人世轻侮之事,何止千百",冒籍的这场风波,令他终生难忘,然而张謇"未尝一动色发声以修报复。惟受人轻侮一次,则努力自克一次,以是至今日"。⑥张謇容人的宽广胸怀,严于律己的自省精神,为他树立了良好的社会声望和形象,增强了他的人格魅力。

我国当前民营经济的发展还处于初级阶段,民营企业家更应该具有极强的自信心、自主性,以强烈的人格魅力,带领一批人,面对民营经济发展道路上的重重困难,像当年的张謇一样,毫无畏惧,充满信心,勇往直前。

---

①②曹从坡、杨桐:《张謇全集》(第4卷),南京:江苏古籍出版社,1994年,第110、26页。
③⑥曹从坡、杨桐:《张謇全集》(第4卷),南京:江苏古籍出版社,1994年,第265、26页。
④⑤曹从坡、杨桐:《张謇全集》(第3卷),南京:江苏古籍出版社,1994年,第385、803页。

五、努力汲取外来文化为我所用,是张謇能与时俱进的重要特点,为民营企业家树立了学习的典范

张謇主张学习西方先进的科学、文化和技术。他看到西方国家"讲格致,通化学,用机器,精制造",能够达到"化粗为精,化少为多,化贱为贵,而后商贾有懋迁之资,有倍蓰之利"。[①]他认为国家的富强有赖于学习和掌握先进的科学技术。如何学习西方?一是从书本上学。张謇主张译"各国政治、文学、史、法、经济学、伦理学、博物学、教育、农工商诸史",包括师法西洋成功的"日本法科、理科、文科、工科、农科、医科各专家学业之书,另有译书馆随时译成,送馆备课"[②],供人们广泛学习。二是出洋游历。他认为百闻不如一见。主张各省督抚、藩司"分遣多员,率领工匠赴西洋各大厂学习"。同时针对朝廷上下"拘执者狃于成见,昏庸者乐于因循;致国事阽危,凡难补救;延误至此,实可痛心"的情况,认为"今欲破此沉迷,挽此积习,惟有多派文武员弁出洋游历一策"。[③]三是学习西方先进的科学技术要结合我国当时当地的实际加以吸收、改造和利用。正如张謇所说的,"顾学必期于用,用必适于地"[④],并不能拿别人的帽子戴在自己的头上。四是在实践中不断学习。张謇说"多读多做方有进步"。

状元身份的张謇过去从未从事过实业。办工厂,面对全新的事业,张謇以顽强的精神,从头开始学习。张謇赞赏诸葛忠《诫子书》中之言:"夫才须学也,学须静也。非学无以广才,非静无以成学。"[⑤]所学的内容,当然不再是八股制艺,而是先进的西方科学与技术。张謇引进了英国全套的纺织机器设备,西方的技术人员,全新的现代企业公司制度和企业的科学管理制度等。张謇在总结了他数十年的经验后得出结论:"提倡科学,未有不发达者。"[⑥]张謇在学习西方的科学技术和先进的管理制度时,十分注意结合中国的实际进行改造和创新。如引进现代的公司制时,根据中国风气未开、投资者缺少风险意识的实际现

---

①②③ 曹从坡,杨桐:《张謇全集》(第1卷),南京:江苏古籍出版社,1994年,第37、49-50、38页。
④⑤⑥ 曹从坡,杨桐:《张謇全集》(第4卷),南京:江苏古籍出版社,1994年,第99、103、324页。

状,就另设有官利一项,并还能退股,这在西方人看来是不规范的,却是他的成功之处;他还根据中国的情况制订从班组到厂的总理一整套的规章制度,并随着实践的发展不断地修改与创新。这是他为后人树立的一个学习典范。

不同时代的经济发展方式对企业家素质有不同的要求,如果说传统工业经济时代的企业家素质偏重于经验积累、实践磨炼的话,那么随着知识经济时代的来临和全球经济一体化格局的形成,企业家的科学技术素质对于企业的发展作用越来越大,由此,民营企业家要以张謇那样的学习和追求精神,不断地学习专业经济理论、现代管理科学,提高科技素质水平,这样才能创造出一流的业绩。

六、浓厚的风险意识,不断开拓创新,促进事业发展, 为民营企业家的战略决策树立了榜样

张謇在攀登到科举生涯顶峰后,把人生的坐标从做官转移到经商办实业。这是一种"舍身喂虎"的风险。张謇在谈到办厂之初的风险时把自己比作"共命于藤与舟之人,息喘凝悸,犹若置身于风涛绝壁之间"[①]。说明张謇具有超人的胆识、过人的胆略、宏伟的气魄,勇于开拓一条几乎是前无古人、后无来者的状元办厂之路。

张謇在创办大生纱厂成功以后,在持续创新意识驱动下,1901年以高瞻的战略眼光,在规划和筹建分厂的同时,为了保障纱厂原材料供应,减少"供不应求之竞争"和"意外之变幻",又作出了向沿海滩涂进军的战略决策,开辟了新的领域,创办通海垦牧公司,有了产棉的原料基地。在当时,围垦滩涂、废灶兴垦的风险极大。1905年夏天,一场连续五昼夜的大风、暴雨和海潮,将历尽千辛万苦建成的7条挡潮海堤冲塌,毁为平地,前功尽弃。但张謇敢于承担风险,屡败屡战,经过10年的辛劳奋战,终于开创了新局面。在张謇的示范和组织下,以此为起点,在淮河以南,纵约700里,宽逾100里,面积约1.2万平方公里的海

---

① 曹从坡,杨桐:《张謇全集》(第3卷),南京:江苏古籍出版社,1994年,第43页。

滩上,掀起了垦殖的高潮!张謇在实业取得成功后又向交通运输、教育、文化、慈善等一系列的事业进发,在这些创业实践中,也处处有风险。张謇就是这样敢冒风险,向着从未涉及的领域去探索,敢当开路先锋!胡适说他当了三十年的开路先锋。他的勇气、胆识和闯劲,闯出了中国早期现代化的新路子,被称为"南通模式"。

张謇的实践告诉当代的民营企业家:有风险才有创新的机遇,也才有成功的希望。民营企业家要学习张謇的创新意识,准确地捕捉新事物的萌芽,敢冒风险,提出新颖的设想和创意,经过论证,付诸实施。害怕风险、不去创新,成不了企业家,不会有作为,更无成功可谈。尤其在世界经济一体化的今天,要使企业在瞬息万变的社会环境中得以生存,就要像张謇那样不满足于一项一次的创新,而是不断地用新的观念替代旧的观念,不断地做出开拓创新的战略决策。

七、重视教育,创办各类各级学校,提高国民素质,培养人才,为民营企业家树立了重教重才的榜样

张謇重视教育的直接目的是为了提高国民素质来救国。张謇认为:"国势蜩螗,政局日非,非群策群力不足以挽救危亡。所谓挽救者如何,不是说几句激烈的话而已。须是人人之成一种有人格人,士轨于士,农轨于农,工轨于工,商轨于商。……有礼教有学问之国,即亡亦必能复兴。"[①]用现在的话说就是提高国民的素质,达到救国的目的。他又说"非人民有知识,必不足于自强。知识之本,基于教育"[②]。国民素质的提高,要依靠教育,要依靠普及国民教育。而"师范则普及根原,教育本位"[③],为教育之母。故张謇的办学,从师范开始,有师范教育、国民教育、高等教育、职业教育、特种教育、幼儿教育、社会教育、贫民教育等,形成一个完整的现代教育体系。张謇在大生纱厂股东会宣言书中提到,"须

---

①③ 曹从坡,杨桐:《张謇全集》(第4卷),南京:江苏古籍出版社,1994年,第190、31页。
② 曹从坡,杨桐:《张謇全集》(第3卷),南京:江苏古籍出版社,1994年,第384页。

知二十余年自己所得之公费红奖,大都用于教育慈善公益"①。这种热衷于教育,几乎倾其所有,终身乐此不疲的精神,是民营企业家尊师重教的典范。

张謇重视教育的另一个目的是培养各种人才。他很早就认为:"夫世界之竞争,农工商业之竞争也。农工商业之竞争,学问之竞争。"②学问之载体即人才。"学校教育,原冀造成人才,使有益于社会。"③所以他创办普通国民教育,为培养人才打基础。一旦条件成熟就不失时机地创办各种专业的中、高等专门学校,培养各类人才。仅在南通一县内就办了农、医、纺三所正规的高等学校,这在当时全国1700多个县中,是绝无仅有的。人才又是实业发展的关键,从而张謇得出"教育为实业之母"的结论。他重视教育,也重视人才培养,满足实业发展所需。

张謇关于普及教育、提高国民素质、培养各类人才,以及教育救国的思想,同我们当今科教兴国的战略是一脉相承的。虽然时代不同,最终的结果也各异,但由爱国到救国和由爱国到兴国的精神是一致的,都是为了民族的繁荣、国家的昌盛。今天的民营企业家在贯彻和实践科教兴国的重大战略时,应该学习张謇重教重才的思想观念,坚毅顽强、"死后求活,惟持教育"的奋斗精神。

八、丰厚的人文精神,注重人居环境,为民营企业家树立了生态效益观的榜样

张謇的人文精神首先体现在以人为本的观念上,大力网罗和启用优秀人才。他认识到世界的竞争归根到底是人才的竞争,事业成功的关键在人才,没有一流的人才就难于创造一流的业绩。为此,张謇在创业之初重用沈敬夫、高立卿等能人,后来吸引王国维、朱东润、陈师曾、沈寿等来南通从事教育。在回国的留学生中寻找人才,如黄秉琪、丁士源、张文潜、熊省之、李希贤、赵铸等。并且网罗外国人才,除了特地建造专家楼安排英国技术人员安装大生纱厂的

---

① 曹从坡,杨桐:《张謇全集》(第3卷),南京:江苏古籍出版社,1994年,第116页。
②③ 曹从坡,杨桐:《张謇全集》(第4卷),南京:江苏古籍出版社,1994年,第157、213页。

机器外,还特邀水利专家荷兰特来克、医学博士夏德门、日籍教师西谷虎二和木村忠治郎等一批外国人才。

其次,张謇的人文精神还体现为以员工为本的观念。大生纱厂开工以后,张謇对唐家闸的规划和布局反映了他的人文精神。新建的这一工业城镇,除了工业生产区域外,还有商业街区、工人生活区、公园等休闲娱乐场所。张謇考虑到员工应有劳也应有逸,于1913年在唐家闸营建公园,在南通县城西南濠河陆续建东西南北中五个公园。他在《南通公园记》一文中阐明其思想:"实业教育,劳苦事也,公园则逸而乐。偿劳以逸,偿苦以乐,人之情。"①他让人们在劳动之余,能有一个休闲游乐的场所来丰富自己的生活。为了提高员工的文化程度,张謇还创办工人夜校,晚上学习2小时,对于学习成绩突出者还进行奖励。张謇从20年代开始陆续建造大片工房,使工人由安居到乐业,现在尚存的有老工房、东工房、西工房、南工房等。尤其在1920年夏天,南通地区"时疫发生,大生正厂以爱惜劳工人命,故忍痛停车一星期"②。可见张謇的人文关怀。

创办实业的过程中,张謇已注意到工业对人居环境的影响。在1903年东游日记中有这样的记载:"五月二十四日……门外临江户城塔濠,濠水不流,色黑而臭,为一都流恶之所,甚不宜卫生,此文明之累。"③因此,张謇对环境的关注与南通一城三镇的城市格局的规划也有一定的关系。张謇向有植树造林的爱好,1904年张謇在南通建公共植物园,第二年在此基础上建博物苑,馆苑结合成为中华第一馆的重要特色;1910年在军山、剑山建学校林,1913年规划狼山森林苗圃为绿化城市、发展林业提供树苗;倡导和颁布我国最早的《森林法》和植树节,也均是在他农商总长任内所为。这一系列的事实可以说明,南通城市能城乡相间,植树造林,建造公园,绿化环境,形成中国城市建设史上的一个典范,进而被称为"中国近代第一城",是他优化人居环境规划的产物。张謇从人本观念到生态观念,在今天看来都是先进的,为当代民营企业家树立了榜样!

①③曹从坡、杨桐:《张謇全集》(第4卷),南京:江苏古籍出版社,1994年,第413、500页。
②曹从坡、杨桐:《张謇全集》(第3卷),南京:江苏古籍出版社,1994年,第807页。

张謇是民营企业家的楷模,但作为先驱者,毕竟处在探索成长的过程中,从企业家的角度来审视,尚有许多不成熟的地方,甚至带有某些封建的烙印。这有时代的局限,当代人也不会苛求于他。我们应该更多地从近代民营企业家的楷模中得到启迪,汲取精神力量。

(原载于《南通工学院学报(社会科学版)》,2003年,第3期;江苏省哲学社会科学"十五"规划基金课题阶段性成果,编号:苏社B-020)

张謇与大生集团产业结构的生态化

生态环境的恶化已成为国际性的重大问题,也已成为制约我国经济持续发展的重要难题。当前积极推进的循环经济就是以提高资源利用率为基础,以资源再生、循环使用和无公害为手段,实现生态环境保护的目标,推进经济的可持续发展。目前的循环经济仍然处于发展的初级阶段,随着全球人口和经济的不断增长,生态环境越来越成为经济发展的制约因素,循环经济必将成为未来人类社会一种新的经济形态。

可是,在一个世纪之前,当强权主义者导演的种族歧视、民族仇恨、武装侵略、环境破坏等反人类反文明的丑剧在历史舞台上愈演愈烈时,当人性在物欲横流的世道中日益泯灭时,当我们赖以生存的星球不堪重负时,有位睿智者在人与自然的关系上就已注意到了和谐发展的重要性。他就是清末状元、近代著名的实业家、教育家——张謇。我们考察他的实业实践,可以看到他所创办的产业,注意协调平衡地发展;他所创办的工业企业,还有一个十分有趣的现象,一个企业的产品或废弃物往往成为另一个企业的资源,注意资源的循环和再利用,形成了一个又一个产业链。从中我们可以见到他的经济活动有许多方面遵循了生态规律,合理利用自然资源和环境,在物质循环利用的基础上发展经济,将产业系统较为和谐地纳入到自然生态的物质循环系统。这对我们当今实现全国生态环境保护纲要,达到全国生态环境保护的目标,通过生态环境保护遏制生态环境破坏,减轻自然灾害的危害;促进自然资源的合理、科学利用,实现自然生态系统良性循环;维护国家生态环境安全,确保国民经济和社会的可持续发展有许多有益的启迪。

一、科学利用资源，促进区域经济协调发展

1895年，张謇受甲午战争失败和丧权辱国的《马关条约》的刺激，毅然走上实业救国的道路。实业从何入手？"故目营心计，从通海最优胜之棉产始，从事纱厂。"①南通原为南通州，滨江临海，位于长江口富饶的江海平原，盛产优质棉花、稻麦和蚕桑。他利用当地的资源，通过股份制进行融资，创办以棉花为原料的大生纱厂。张謇在大生纱厂的《厂约》中阐明办厂的宗旨："通州之设纱厂，为通州民生计，亦即为中国利源计。"同时，张謇也看中了"通产之棉，力韧丝长，冠绝亚洲"。②以他为首创办纱厂，历经了千辛万苦，终于1899年开车生产，获得成功。在实业上取得良好开端后，张謇并没有因此而满足，从此止步，而是向更远的目标拓展。"嗣因纱厂必需棉花，棉花必待农业；于是设垦牧公司。"1901年，为扩大纱厂的原料基地，他又在沿黄海滩涂围垦造田，创办我国最早的农业股份制企业——通海垦牧公司。他带领一批创业者，通过十来年的艰难曲折，不断地与海潮和飓风搏斗，又一次获得成功。从此，在他的带领和影响下，"在江苏北部范公堤以东，南起吕四（实际上南起是吕四之南约15公里的川流港——笔者注），北抵陈家港，纵约700里，宽逾100里，原淮南盐场地区濒临黄海的1.2万平方公里的海涂滩地上，农垦公司如雨后春笋纷纷建立"③，大小垦牧公司多达70余家。开垦之地"广植棉产，以厚纱厂自助之力"，并开始实施在广大棉产区建8个大型纱厂的宏伟蓝图，着手改变农村的部分产业结构，由此，不仅促进了城乡经济、工农业生产的同步增长，使其协调发展，而且避免了工厂的高度集中，以减少城市的工业污染，发挥农村净化工业三废的作用，保护自然生态环境。

张謇不仅注意工业与农业、城市与乡村区域经济的协调发展，积极推动跨行业的大生集团的形成，而且合理、科学地利用滩涂，生产新的资源——棉花，更令

---

①②曹从坡，杨桐：《张謇全集》（第3卷），南京：江苏古籍出版社，1994年，第384、17页。
③姚谦：《张謇农垦事业调查》，南京：江苏人民出版社，2000年，第2页。

人敬佩的是他还进一步优化资源。从民国初年开始,尤其在他担任农商总长期间,大力引进国外的优良棉种,进行驯化和改良。他认为"世界之棉,美与埃及为优。必欲有之,必先试之"[①],于是创办了第一、第二棉种试验场。经10余年之努力,美棉才在通海垦牧公司以及其后在淮南滨海地区相继建立的45个盐垦公司,首先是大生企业系统所属16个大公司的新垦棉区推广开来,从而改变了华棉一般只能纺8~12支粗纱(即使质量最优的通州棉也只能纺12~14支纱)的局面,使中国棉纺工业有了纺制32~42支细纱的原料。远期的经济效益就更为显著了。

张謇为发挥区域优势,充分利用当地资源,曾设想利用潮汐自然资源发电。宋希尚在纪念张謇逝世四十周年时写的《五十年来的回忆》文章中提到,张謇当年对他出国前嘱咐考察的内容时说:"能否设法利用一天两次之浪潮冲击力发电,使长江以北、旧黄河以南、运河以东沿海一大平原之盐垦区,藉此大量廉价水电以发展工商业,使此盐垦区之经济繁荣,为一极大跃进,造福何可限量。"作者对此发出了感叹:"时至今日,偶见欧美杂志上报道英伦某处有潮水发电之初步试办成功消息,但在半个世纪以前,此老头脑即酝酿此种伟大理想,超人目光,能不令人惊佩无已!"[②]

总之,张謇经营近代南通,从当地资源出发,利用资源,优化资源,开发资源,创办新兴工业;就区域经济而言,他以工业经济的发展促进农村产业结构的变化,农村经济的发展又为工业生产进一步提供资源;就城乡经济而言,他能使二者相互推动,从而协调、同步地发展;就环境保护而言,他努力减少工业对城市的污染,保护自然生态环境。这是张謇所创办的大生集团重要的特点之一。

二、企业相互联系,形成生态化的产业链

张謇在利用江海平原以出产优良棉花为资源,发展纺织工业的同时,进一

[①] 曹从坡,杨桐:《张謇全集》(第2卷),南京:江苏古籍出版社,1994年,第322页。
[②] 宋希尚:《五十年来的回忆——张啬公逝世四十周年而作》,载李通甫编《南通张季直先生逝世四十周年纪念集》,台湾:天华印刷厂,1966年,第10页。

步利用再生资源发展相应的一系列企业。棉花加工后除皮棉被纱厂用作原料以外,还有棉籽。棉籽除了留作种子外,还有为数不少的存积。它是一种油料资源,但用土法榨制不良,油既混浊,饼也粗杂。张謇"为大生轧花厂所出棉子至多,每年出售操纵于沪客之手,故建设油厂制油自用,以期大生利不外溢"①。他是既从经济效益出发,可以获得利润,又可科学地利用资源,达到资源再利用的目的。1902年,他发起招股建油厂的动议。次年,广生榨油股份有限公司(又称广生油厂)开车生产,专以棉花籽用机器剥去浮棉及外壳,纯取净仁,制造棉油、棉饼。当时的生产能力,日夜24小时可榨棉籽80000斤。生产的棉油大部分运往上海立德油厂加工,售南洋及欧美,还有一部分用石灰中和法炼成清油(又称烧白油)进行销售;棉籽饼售给上海日商三井洋行和吉田洋行,它们再转售给台湾作甘蔗肥料,返回农村,投入自然界的大循环;棉籽壳销本地作燃料和牛饲料,棉花的资源得到充分利用。广生榨油股份有限公司在生产食用油过程中,还有食用油下脚废弃物产生。这种油料下脚又可以作为制造肥皂的原料。1902年,张謇将其再利用,集股2万元,在唐家闸办起了以下脚油脂为原料的大隆皂厂,生产皂烛,供应百姓生活所需。张謇利用棉花资源,产生的第一个产业链:

　　棉花→棉籽→广生油厂→大隆皂厂

　　棉花加工后的皮棉,用作大生纱厂的原材料生产棉纱产品,供应通州城乡织布,生产闻名于世的通州土布,远销海内外。1915年,张謇又进口织布机,办起织布工场,生产人们衣被所需的原料。纺纱工场和织布工场都有一种"飞花"的废弃物产生,对空气和环境产生污染,然而,它却是工业造纸的重要原料。张謇十分重视回收和利用。1908年,在工业基地唐家闸,他又集资2万元,盘下通州竹园纸坊的旧式造纸设备为基础,办起了以纺织厂的飞花下脚为原料的大昌造纸厂。加上稻草、芦苇等当地资源,生产多种类型的纸张,为1902年创办的翰墨林编译印书局提供了原料,为众多的企业印制账册,为新建的学校编印出版教材,为新闻媒体和社会文明建设所需而印制报刊和各类书籍。虽然大昌纸厂

---

① 曹从坡,杨桐:《张謇全集》(第3卷),南京:江苏古籍出版社,1994年,第782页。

因为原料价格上扬,经营中亏损严重,存在时间不长,但它反映在产业结构上是重视资源的合理配置和充分利用,形成又一个生态化的产业链:

皮棉→大生纱厂→织布工场→大昌纸厂→翰墨林编译印书局

由此,大生集团由棉花资源而形成了一个较大的产业链:

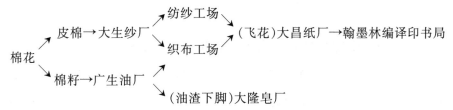

南通州的其他资源也是如此。当地盛产小麦,张謇以此为原料,于1909年在大兴机器磨面厂的基础上,创建复兴面粉厂,投入生产。除了生产面粉产品提供食用以外,还有麸皮。麸皮又可以提炼面筋、淀粉和麸子,面筋可食用,淀粉为浆纱的原料,提供给织布厂,麸子又是一种饲料,投入自然界的大循环。南通州又产蚕茧,他又以此为原料,于1903年在唐家闸河岸购地20亩,创办阜生蚕桑染织公司,经营缫丝、丝织、漂染等业务。生产产品供应女工传习所,用作刺绣面料和丝线之外,还供应市场。也都形成了产业链:

小麦→复兴面粉厂→大生纱厂织布工场

蚕茧→阜新蚕桑织染公司→女工传习所

从以上产业链中,我们可以看到大生集团的工业企业,一个产业的产品或废弃物,往往成为另一企业的资源,进行延续生产或回收再生产。它使南通的工业生产减少污染,节约和综合利用自然资源,起到保护生态环境的作用,初步沿着与生物圈相互协调的方向进化。它与循环经济要求企业向纵向延长生产链,从生产产品延伸到废旧产品的回收处理和再生产相一致。它突破了传统工业只追求单纯的经济增长,而抛弃自然循环法则的增长方式。它已经超出传统经济活动"资源消费→产品→废弃物排放"的开放型物质流动模式,而是基本符合我们今天所称的循环经济活动"资源消费→产品→再生资源"这样一个闭环型物质流动模式。虽然当年张謇没有明确的理论指导,虽然因时代的局限,未采用生态技术和生态工艺去改造传统产业,但在实践中对资源的利用,产业结构方面的探索,所形成的产业链,与当代循环经济的理论不谋而合。他的这种经济活动,能起到保护自然生态环境的作用。这些实践所体现出的许多先进理念,存在于一个世纪之前,真令人敬佩与感叹!

三、生态化的产业结构,来自于张謇的生态意识

大生集团具有生态化的产业结构,这绝不是偶然的巧合,而是来源于张謇的生态意识。作为大生资本集团的创始人,张謇对投资方向的决策起到关键性的作用。投资的方向关系到有什么样的产业结构。大生集团生态化的产业结构是张謇生态意识的产物。张謇的生态意识又来源于中华民族的传统文化观念。张謇是由传统文化培育出来的民族精英,继承了"天人关系"理论的思想传统,即吸纳了"天人合一""万物一体""和谐用中""生生不息"的基本精神,将其核心"万物一体"论作为指导思想在他的实业实践中运用。张謇对古代的《周易》是很有研究的。他1891年所撰的《周易音训句读卷上》《周易音训句读卷下》长达7万多字。他也认为"天地皆始于一"[①],人类对待天地万物,应"取之有度,用之有节"。张謇的生态意识又来源于中华民族传统的道德观。我国自古就有将废弃物循环再生和修补再用的优良传统,对饭菜、纸张和衣物的挥霍浪费与随意扔弃,被认为是不道德行为。张謇从小在农村长大,亲近自然,热爱自然,从自然生态的本体意识出发,很容易萌生对自然界及其存在的爱惜观念。在这样的文化背景下形成的生态观既有尊重自然、爱惜资源的一面,又有弱化在自然界面前主体意识、抗争意识的一面。而张謇克服了消极被动的一面,确立了自强不息的精神风貌,并且在新的时代条件和环境下进行发展、创新,形成新的生态理念,所以在自身的实践中,既能注意对资源的节约和充分利用,在大生集团的产业中,形成循环使用资源的几个生态化的产业链,注意保持人和自然恰到好处的和谐统一,又能积极向大自然索取大量的财富,改善民生,实现社会的转

---
① 曹从坡,杨桐:《张謇全集》(第5卷上),南京:江苏古籍出版社,1994年,第20页。

型——南通早期的现代化。他所经营的近代南通,基本保持了整个生态环境的平衡发展,既有经济效益、社会效益,又有生态效益。这是张謇为我们后代留下的又一份宝贵的精神财富,值得我们认真汲取和借鉴。

(原载于《江南大学学报(人文社会科学版)》,2005年,第4期)

近现代民营企业家比较研究

——以张謇为例

民营企业家在中国现代化的进程中是极为重要的力量。他们是先进生产力的组织者、决策者、指挥者和实践者,是利用现代科技兴办实业、发展经济、推动社会进步的中坚力量。研究他们具有重要的现实指导意义。在中国这块大地上,先后出现过两代民营企业家。19世纪70年代开始,随着民用工业的发展,出现了一个新型的社会阶层——民营企业家的群体。经历了艰难成长、发展的过程,直至20世纪50年代中国社会主义改造后,近代企业家离开管理岗位,在后来的劳动岗位上逐步成为自食其力的劳动者。这就是近代民营企业家90来年的历史。20世纪80年代的中国进入改革和开放的时代,随着个私经济的诞生和发展,出现了一个新的群体,那就是新时代条件下的民营企业家。这两代民营企业家,尽管在不同的时代条件下产生和发展,但他们也有许多共同的地方。

一

他们都产生于社会的转型时期。产生于19世纪70年代的中国近代民营企业家,正处于由独立的封建社会向半殖民地社会转型时期。我国近代社会的转型以鸦片战争为起点。社会转型的力量不是来自于社会内部,而是外部资本主义侵略势力用大炮轰开了中国的大门,强迫中国接受了不平等条约,获取一系列在华特权,使中国成为西方的半殖民地。与此同时,刺激了中国的资本主义因素,政治、经济、文化诸结构发生了新旧更替的转变,中国开始从传统的农业社会向工业社会转化,由自然经济向市场经济转型。近代民营企业家就是诞生在这个转型时期的群体,然而它始终没有完成其历史使命,走上独立的工业化道路。

中国的当代民营企业家是在中断了 20 多年后,在痛定思痛、总结正反两方面经验的基础上产生的。随着经济全球化趋势的到来,计划经济已经不能适应生产力发展和时代前进的需要,客观形势要求实行改革开放,向市场经济过渡,允许个私经济的存在和发展。也就是在计划经济向市场经济转化的过程中产生了新一代民营企业家。虽然两代民营企业家产生的时代不同,但都产生于社会的转型时期,这一点是相同的。

他们都冲破来自社会旧思潮的束缚。近代民营企业家因为产生于由独立的封建社会向半殖民地社会转型的时期,中国长期的封建礼教的影响深远,重农轻商的思想根深蒂固,下海经商,必须冲破精神枷锁的禁锢,才能闯出一条生路。晚清状元张謇,就曾用"舍身喂虎"来形容他这一生最重大的转变。

当代民营企业家产生于计划经济向市场经济的转化过程中。长期"左"的思想影响,尤其受姓"资"姓"社"政治大帽子的束缚,加上丢掉"铁饭碗",承受竞争的风险,这些都使他们面临考验。不冲破这些思想的牢笼,是不会走上个私经济的道路的。所以,近现代的民营企业家,在不同的时代背景下,都首先是思想观念转变的排头兵,世俗的叛逆者,行动的先驱者。

社会改革为他们的生存、发展创造了条件。近代民营企业家虽产生于社会开始转型时期,小农经济虽然开始分化,但贫困化并未能瓦解旧的经济结构,又因市场、原料、资本等种种困难造成民营经济难以发展,直到甲午战争的战败,举国震惊,清王朝的经济政策才开始发生变化:以筹饷练兵为急务,以恤商惠工为本源。最重大的转折发生于八国联军撤出北京后,于 1901 年以皇帝的名义开始推行"新政",进行改革,由重农抑商改为实行"振兴工商业"政策。1903 年 8 月设立商部,制定商律,1904 年颁行《商会简明章程》,并要求各省设立商会,颁行了奖商章程。随之民营工商业得到一定的发育和成长,一支民营企业家的队伍得到成长和壮大。

当代民营企业家是在20世纪80年代的改革开放中诞生的。人们认识到非公有制经济是社会主义的必要补充。1988年全国人大七届一次会议通过了宪法修正案,提出"国家保护私营经济的合法权利和利益,对私营经济实行引导、监督和管理",私营经济开始发展。1992年,邓小平南方谈话主张不要讨论姓"资"姓"社"以后,非公有制经济得到迅速发展。1989年全国私营企业有9万户,到1998年突破100万户。随着改革的深入,一支当代民营企业家的队伍由应运而生到迅速发展。改革在政治、经济的政策导向方面为民营经济的发展提供了必要的条件,也为民营企业家的成长壮大奠定了基础。

二

近现代民营企业家毕竟产生于不同的时代,受社会历史条件的限制,他们之间有着很大的差异。他们的不同之处,可以从如下几个方面来讨论。

1. 社会环境的条件不同

近代民营企业家在旧中国半殖民地半封建社会的条件下产生,在帝国主义和封建势力的夹缝中生存。民营企业创业艰难,生存和发展更为艰辛。中国的关税不能自主,外国的货物来华,"正税值百抽五,加半税二五,通共不过值百抽七五,便可通行全国",而国货则"逢关纳税,遇卡抽厘,运销愈远,则应纳厘愈多",[①]即使拥有最廉之人工,最多之原料,最轻之成本,而合运费与税厘计之,终不能与外货争衡。民营企业家的合法权益得不到法律的保护,在市场经济的竞争中,民营企业不时地被扼杀、兼并、淘汰。近代民营企业家在双重压迫之下生存条件特别艰辛和困苦,切身感受到民族独立的重要。环境培育了他们强烈的忧患意识,由此而激发他们反帝反封建的爱国热情。所以,从总体上来说,近代民营企业家的忧患意识和爱国激情是比较强烈的。

当代民营企业家产生于社会主义社会的和平环境之下,除了受来自于"左"的思想压力以外,没有近代民营企业家那种来自内外的双重受压的境遇;相反,

---

① 沈家五:《张謇农商总长任期经济资料选编》,南京:南京大学出版社,1987年,第174页。

随着改革的深化,还受到不同程度的优惠和扶持。新办企业可享受一定时期的免税,缺少资金可以到银行贷款。舆论也一再呼吁给民营经济"松绑"。当代民营企业家生长的条件比旧中国优越得多。因而他们的忧患意识也就不能与前辈相比了。

2. 政治上追求的目标不同

近代民营企业家,从自身发展的利益来要求,要有一个独立、民主、自由发展的政治环境,建立西方那样的资产阶级民主共和国。他们的政治代表为此而进行了80多年的资产阶级民主革命,但历史证明,在中国这条道路走不通。不仅帝国主义、封建主义不允许,国民党也不允许,就是中国的人民大众也不允许,广大民众要求走社会主义道路。当他们逐步认识到这一点的时候,其中的进步分子跟着共产党,共同反对美蒋反动派。革命胜利以后,共同恢复国民经济,后来又接受了和平改造,走社会主义道路。

当代民营企业家,在中国共产党的引导下,政治上的目标也是走中国特色的社会主义道路。正如江泽民同志在庆祝中国共产党80周年纪念大会上讲话所说,民营科技企业的创业人员和科技人员、私营企业主等,他们也是中国特色社会主义事业的建设者。因此,不同于新中国建立前的资本家,在经济上,他们接受国家的宏观调控与社会主义公有制经济的主导和主体地位的制约与影响;他们与员工之间在政治上是一律平等的,不存在旧社会那种纯粹意义上的剥削与被剥削、压迫与被压迫的关系。[①]总之,生存的环境不同,造成近现代民营企业家在政治上的追求不一样,政治性质也不同。

3. 成份来源不同

在近代民营企业家中,来自基层劳动人民的,微乎其微,而主要来自于官僚地主、买办、商人等。早期的民营企业家中,有官僚身份下海经商的,如周学熙、张謇、陆润庠、严信厚;有买办出身的祝大椿、徐润、刘鸿生、薛南溟等;唯有上海发昌机器厂的方举赞是由打铁的手工工场主转变为民营企业家,荣宗敬由学徒

[①] 陈才庚,张惠忠:《浙江民营企业家研究课题成果要报》,载《嘉兴学院学报》,2001(6)。

出身后成为合股办企业的民营企业家。

1872年—1913年近代民营企业家来源①

业别	企业数	企业家总数	官僚地主	买办	商人	华侨	其他
棉纺	25	41	26	10	5	0	0
面粉	28	43	11	15	15	2	0
轮船	12	15	9	4	2	0	0
合计	65	99	46	29	22	2	0
百分比		100%	46.5%	29.3%	22.3%	2%	

以上的统计显示，近代民营企业家来自于官僚地主的比例高达46.5%，他们的文化程度普遍较高，甚至有状元，他们同上层社会的联系也较多，还可以得到一定程度的专利和垄断，减少了竞争的风险，资金比手工业主来得厚实。其次，来源于当年中国一个特殊的阶层：买办，占总数的29.3%。这一批人曾在西方殖民主义的在华企业中当过代理人，有经营企业的实践和经验，也积累了一定的财富作为启动资金。可是来源于商人的并不多。

当代民营企业家在改革开放的潮流中诞生，最早的来源大多是个体工商户、农民、待业青年等。根据民营企业家诞生较早的浙江温州的统计，创办企业时的文化水平如下：②

文化程度	小学以下	初中	高中	大专	本科以上
百分比	3.86%	40.3%	38.64%	14.1%	3.1%

文化素质的低下，影响了民营企业家的其他素质。民营企业家的素质又与企业的命运和前途紧密联系在一起。中国的民营企业平均寿命只有2.9年。不少名噪一时的"明星企业"辉煌了三五年以后，纷纷落马，相继陷入困境，成为"流

---

① 章开沅，马敏，朱英：《中国近代民族资产阶级研究》，武汉：华中师范大学出版社，2000年，第128页。
② 张一力：《温州私营企业主现状及分析》，载《华东经济管理》，2000(4)。

星企业",如沈阳的"飞龙"、山东的"秦池"、珠海的"巨人"、西安的"太阳"、济南的"三株"、广州的"太阳神"等,其中企业家的素质不高是最主要的原因。自从1992年小平同志南方谈话以后,"下海"的党政工作者、科技人员陆续增多,加上国有企业的改制,民营企业家不仅队伍壮大,而且素质有了明显的提高。如中国两院院士王选以其发明的汉字激光照排系统而缔造了著名的方正集团等,另外,涌现了一批以联想集团的柳伟志、希望集团的刘永和、华达集团的李晓华为代表的优秀民营企业家。

4.阶级属性不同

近代民营企业家既是企业的经营管理者,又是投资者。他们所经营的企业是旧中国资本主义的经济成分,他们的阶级属性是中国的资产阶级,虽然在当时代表了先进的生产力,作为民族资产阶级也是民主革命的动力之一,但力量不大,在国民经济中的比重很小,他们的政治使命只能由中国的无产阶级去完成。民主革命胜利以后,到了社会主义时期,他们又是社会主义革命的对象。1956年我国对私有经济进行社会主义改造中,实行和平赎买的方针,通过公私合营这个国家资本主义的形式,完成了对资本主义工商业的社会主义改造任务。他们离开了管理岗位,在其他工作中改造成为自食其力的劳动者,作为资产阶级的他们就不存在了。民营企业家留下了长达20多年的空白。

当代民营企业家是在十一届三中全会以后,在改革开放中产生的。他们所经营的非公有制企业,是社会主义经济的组成部分,目标是建设有中国特色的社会主义,"十六大"文件提出:劳动、资金、科技、管理各按其贡献进行分配。也就是说劳动创造价值,资本提供条件,科技提高效率,管理整合要素。他们的经营活动,在社会主义的宪法和社会主义的法律范围内是合理合法的活动,其本人也是"中国特色社会主义的建设者"。他们是在社会主义条件下因为分工不同而新生的一个阶层:社会主义社会的有产者,有人称中产阶层。如何引导这个阶层,是我们面临的一个严重的任务。

三

我国当代民营企业家正处于成长发育的阶段,仅有20多年的历史,队伍尚属稚嫩,需要从前辈的经验教训中汲取营养,促进自身快速健康成长。我们从以上两代民营企业家的比较中可以得到如下的一些启示。

忧患意识所激发的爱国热情是强化事业责任感的精神动力。近代民营企业家产生和成长于中国门户洞开、殖民主义纷纷前来瓜分和掠夺的时期。甲午战争的失败,马关条约的签订,更是中国近代史上屈辱和悲痛的一页。有士子们"公车上书"的呐喊,有新科状元对北洋大臣的弹劾。落后挨打、内忧外患的现实激起了实业救国思潮,以张謇为首的不少文人卷入商海,救亡图存,力图强国富民。例如张謇"自甲午以后,奋然捐弃人世一切之利禄,投身实业"[①]。张謇之所以能有如此之举动,是因为他认为"实业教育,富强之大本。"[②]他办实业从纱厂始,目的是为抵制日本纱厂在通海地区掠夺棉花资源。他说:"通产之棉,力韧丝长,冠绝亚洲,为日厂之所必需;花往纱来,日盛一日,捐我之产以资人,人即用资于我货以售我,无异沥血肥虎,而袒内以继之。利之不保,我民日贫,国何赖?"所以他办纱厂"亦即为中国利源计。"[③]这是近代民营企业家可贵的时代精神,即使后来日本发动全面的侵华战争,也未能将这些民营企业家击垮。在这场史无前例的民族战争中,工厂纷纷内迁,发展后方生产,改善民生,支援抗日战争。如穆藕初、卢作孚等著名的民营企业家在重庆后方积极组织"全国生产会议",为民族解放战争提供物质保障。

当代民营企业家在新中国的环境下不断成长,没有当年那种内忧外患的处境,然而在世界经济全球化、一体化的条件下,面临严峻的挑战,竞争更加激烈,也仍然要有忧患意识,应以炽烈的爱国热情为动力,投身到科教兴国的战略实践中去,努力建设高度民主、高度文明的社会主义现代化强国。

民营企业家的社会责任意识来源于人文关怀。近代民营企业家继承传统文

[①][③] 曹从坡,杨桐:《张謇全集》(第3卷),南京:江苏古籍出版社,1994年,第74、17页。
[②] 曹从坡,杨桐:《张謇全集》(第4卷),南京:江苏古籍出版社,1994年,第22页。

化中的民本思想,重视民生。如张謇在大生纱厂的《厂约》中开宗明义:"通州之设纱厂,为通州民生计。"①他以易经中"天下之大德曰生"而为纱厂取名"大生"。其后不少企业也以"生"为名,如资生、广生、阜生、颐生、懋生、天生(菓园)等。他使几万人当工人,在工厂做工谋生;他大办垦牧,使几十万农民有田可耕;同时还关爱弱势群体,大办慈善事业。谋划使从刚出生的婴儿到老人,从残废者到乞丐,从盲聋到妓女等生老病死,都有所安置,尤其他认为"非人民有知识,必不足以自强。知识之本,基于教育"②。所以他在实业取得成功后就大办普及教育、职业教育等,以此来提高国民素质,体现了以人为本的人文精神。当代民营企业家虽也有积德行善、举办公益事业的事例,但并不多。相反有不少人身上体现了西方资本原始积累的残暴现象,如不顾矿工的生命安全,导致事故频频发生。当代民营企业家身上所缺少的是人文意识、人文精神、人文关爱,从这一方面讲应当学习前辈的社会责任意识,以人为本,同时也要汲取张謇投入的社会公益事业太多,拖累了企业,一遇有风险就难于支撑的教训。兴办社会公益事业,也要实事求是,量力而行。

　　勤俭创业的精神是企业成功和发展的重要保证。当代民营企业家的创业是不容易的,遇到的困难也是无法累计的,但有的利用了国有企业的改革与改制,或者利用市场机制发育不健全而一夜暴富;即使白手起家发展起来的民营企业家,也远不能与旧中国那种在殖民主义和封建主义双重压迫下的近代民营企业家相比。一般来讲,近代民营企业家有勤俭的特点,他们在十分恶劣的环境下唯有艰苦创业、勤俭办厂才得以生存。张謇就是比较突出的例子。他在大生纱厂创办之初五年里未取一分报酬,在外缺少车旅费,有时就在上海四马路公告卖字来解决。他认为:"勤勉节俭任劳耐苦诸美德,为成功之不二法门。"③现今的民营企业家,从自身发展的形势来看,正面临企业的二次创业,需要有这种精神;从国家的发展来说,要建立节约型社会,节约资源,保护环境,需要弘扬这种精神;

①②曹从坡,杨桐:《张謇全集》(第3卷),南京:江苏古籍出版社,1994年,第17、384页。
③曹从坡,杨桐:《张謇全集》(第4卷),南京:江苏古籍出版社,1994年,第112页。

从中华民族的传统来看,富裕的阶层如何消费,如何支配财富,对民俗民风的影响甚大,应该学习张謇"吾人之享用,不可较最普通之今人增一毫"①。总之,不管是自身也好,国家和民族也好,都需要弘扬中华传统文化的精华——勤俭创业的民族精神!

勤奋好学、善于吸取外来优秀文化是事业长盛不衰的基础。除了从买办转化而来的近代民营企业家之外,其他人最初均无经营企业的知识和实践。由于原有的文化层次较高,学习的根基较好,他们能不断地从书刊中,或者从对国内外先进企业的亲自考察中学习到新事物,提高自身的企业家素质。张謇本是一介书生,他对企业的经营管理原先一无所知,但他边学习边实践,除了通过书刊学习外,还亲赴东瀛考察,向来华的外国人学习,才成功开创了早期现代化的"南通模式"。当前已进入知识经济的时代,面临着日益激烈的市场竞争,许多企业家已深感知识的不足,尤其是随着科学技术的突飞猛进和经济全球化的到来,面对产业升级和企业的发展,对于驾驭大规模的生产和经销、处理各种复杂的组织关系日益感到力不从心。掌握市场知识、管理知识和能力都有赖于系统学习。许多企业总裁聘用职业企业家去经营管理企业,使自己抽出时间,通过学习获得新的知识与理念,用于调查、思考和研究企业发展的战略决策等重大问题,这样才能使事业长盛不衰。

不断创新是企业持续发展的强大生命力。近代民营企业家所以能在严酷的环境下生存、发展,就是依赖于持续的创新。以张謇为例:大生纱厂创办成功以后,不断地开拓进取,向众多领域进军。由工业到农业,由轻纺工业到重工业,由交通运输业到金融和商贸业,由教育到文化事业,等等,创立了我国第一个民营企业集团,也是最大的民营资本集团,开创了诸多的全国之最。大生集团的衰落,尽管有众多原因,其中缺少持续创新也是重要因素。当代民营企业家从前辈的经验教训中得到的启示是:要克服自给自足的自然经济所形成的不求创新的处世文化,与那种"小富即安""求稳思安"的文化劣根性彻底决裂。企业家要

---

① 曹从坡,杨桐:《张謇全集》(第4卷),南京:江苏古籍出版社,1994年,第114页。

培养气度恢宏、胸襟宽广、目光远大、不断创新的素质,在决策和管理过程中善于研究旧事物的缺陷,准确地捕捉新事物的萌芽,大胆地提出新颖的设想和创意,经过周密的论证后付诸实施。例如在经营思路、组织结构、管理制度、管理方法和模式、科技开发、产品种类等方面,创立新模式,开发新产品,特别要重视培养企业自身持续的技术创新能力,加大技术投入,下功夫搞研究开发,不断打造自己独特的品牌,这样企业就有强大的竞争力和旺盛的生命力。

　　近代民营企业家是我国重要的人文资源和财富,是当代民营企业家成长壮大的重要养分,是他们学习的楷模!

　　(原载于《中华爱国工程 2005 高级论坛文集》,北京:经济日报出版社,2006 年)

论日军对大生企业的掠夺和破坏

大生企业集团是中国近代著名实业家张謇于19世纪末20世纪初陆续创办的。经过近半个世纪的惨淡经营,到抗日战争爆发前夕,在南通地区已经拥有大生一厂、大生副厂、大生二厂、大生三厂、资生冶厂、发电厂、广生油厂、复兴面粉厂、大达轮埠公司、通海垦牧公司等10多个企业,成为我国轻纺工业的重要基地。1938年3月,日军占领南通,大生企业即成为日本帝国主义觊觎的目标。1939年3月,日本帝国主义借故对大生纺织公司所属企业强行实行"军事管理",并将大生企业交由日本钟渊纺绩株式会社经营。在此后的5年时间里,通过掠夺性的经营,使大生企业遭到毁灭性的破坏,到抗战胜利前夕,大生企业已奄奄一息,濒临倒闭。其掠夺和破坏的手段与后果主要有如下几个方面。

一、以"合作"为幌子侵吞大生企业

1937年"八一三"淞沪抗战以后,8月17日南通即遭日机轰炸,隔江的战火随时有蔓延到南通的可能。此时的大生纺织公司董事会被迫采用"借德御日"之计,利用德商的牌子来保护大生企业的产权。当时大生公司正拖欠德商蔼益吉洋行购置设备费,借此订立质押合同,说明欠款无法偿还,将大生企业抵押。从此,大生公司打起德商"蔼益吉中华电机厂远东机器公司经理大生纺织公司"的牌子,并向德国驻沪领事馆注册备案,聘请德国人任经理。

1938华3月南通沦陷,工厂被迫停工。5月,日军南通特务机关长德本中佐命令大生各企业在四个条件下开工。其内容除了受特务机关长的监督、德方之债务尽速归偿外，第一条就是"今后工厂之经营方针：应以中日经济提携为基本原则，并以随时接受日方要求开始关于是项提携之交涉"①；不难看出日军在规定的经营"方针"和"原则"中就已包藏了对大生企业侵吞的野心。事后，在7月5日至9月9日，钟渊纺绩株式会社（以下称"钟纺"）一再向大生纺织公司董事会提出，它受托经营江北诸问题，欲与"合作"。10月初，日本《关于经营江北之指导要领书》中就说得更露骨：先授权钟纺继承张謇先生遗业，以纺织事业为中心，令其协力江北地方事业之开发及宣抚工作之推行，但经过相当时期后则另筹设立中日合力之江北实业公司担任此项事业。也就是说，委托钟纺"合作经营"是第一步。

　　第二步就是另设江北实业公司彻底侵吞大生企业。紧接着钟纺向大生公司董事会正式提出"合作"要求：大生公司的董事会以资产投资，钟纺以现金投资，由钟纺主管经营。这就更进一步证实它的所谓"主管经营"，实质上是由钟纺并吞而已。日方在经济上掠夺的方式同政治手法一样，动员其财阀压迫中国工矿业者签约承认"合作"，借口"合作"为两国商民私约的行为，以掩盖经济上的独占，搪塞国际舆论的指责。钟纺与大生公司的"合作"谈判，从1938年10月开始至1939年春天结束。日伪一再向大生董事会施加压力，企图使大生董事会就范，订立"城下之盟"，但大生董事会明白，与外纺"合作"，无异饮鸩止渴，是自取灭亡之道。大生公司董事会中，除了个别人认为只有"合作"别无他路外，董事长徐静仁等人主张保持一定程度独立条件下的妥协。一是为了维护自身的利益不被吞并；二是害怕抗日战争胜利后政府把大生企业当作逆产没收；三是大生董事会中大部分成员是爱国的，因此，公司未曾在南京伪政府领照注册，股票也未加入伪交易所买卖，甚至被日方攫取的大生官股股票也拒绝过户。所以在谈判中只表示愿接受日方股份，抵制了日军蓄谋已久的"合作"阴谋。这在客观上挫伤了日本的经济战略。

①《抗日战争时期大生纺织公司文献之一》，第10页。南通博物苑资料室藏（地E214/2202）。

二、"军管理"下的赤裸裸掠夺

在长达半年之久的"合作"谈判未成之后,日方十分恼怒。这时恰巧所谓"德商远东机器公司经营大生纺织公司"的真相又被日本特务机关侦破,于是在1939年3月,日军悍然宣布对大生所有企业实行"军管理"。命令发出以后,日军南通特务机关长滨本宗三郎对正在生产的大生各厂派出宪兵,突然占领厂房,张贴布告,实行"军管",重要职员全部被逐出,工厂再度停工。工厂中所有原料、成品等全部流动资产均被劫夺,据统计约值当时法币300余万元,折合棉纱5000余箱。

除了掠夺企业的流动资金外,日军还掠夺战略物资。钢铁等金属是战争最重要的战略物资。日本帝国主义发动的侵华战争,在闪电战、速决战战略破灭以后,即提出了以战养战的策略。长期的战争消耗使日本岛国物资枯竭,更加紧对中国沦陷区的物资掠夺。在组织机构上,日军在南通也建立了"铁类搜集班",从事钢铁等军用物资的劫掠。大生各厂因机修、设备安装、基本建设的需要,都储存数量不等的钢材。"军管理"下的大生系统企业,这些物资更是首当其冲,厄运难逃。仅有据可查的大生一厂被劫钢铁402吨,大生副厂被劫圆铁、扁铁、铁板等材料13700多磅(约合6.2吨),大生三厂被劫钢材料419吨,电厂被劫生铁50吨。后来没有现成的钢铁可掠,就疯狂地拆毁机器设备,使原来能运转的机器变成一堆废铁,然后逐步运走。1943年6月25日,日本军队(1627部队)率领上海兵器厂日本职工40余人,华工56人,闯到大生一厂拆卸老厂马达195只,车床、钻床、刨床等机床24台,在大生副厂拆卸马达30只;还有电厂的所有旧铁轨一并由江北兴业公司的"江北丸"运输船直运上海汇山码头。在海门县大生三厂的一个火车头、40多部钢丝车、18只马达也先后被劫运走。[①]后来,日军又强征木帆船42艘,装运大批洋元、地轴、水管等物资。这些钢铁,对生存在年产量仅几十万吨的中国的大生企业是何等的宝贵,对生产是何等的重要!

---

① 编写组:《大生系统企业史》,南京:江苏古籍出版社,2000年,第266页。

三、"军管理"下的破坏性生产

大生企业被宣布"军管"后,钟纺江北办事处人员也分赴大生各厂接收,负责经营管理。钟纺接管后将大生一厂改称为"江北兴业公司钟渊纺厂江北第二厂",将大生副厂改称为"江北第一厂",将大生三厂改称为"江北第三厂"。从此,以开工生产为名,对工厂进行疯狂的掠夺和摧毁性的破坏。

1939年5月初,厂内贴出了复工的布告,要工人回厂生产。然而响应者寥寥无几。5月23日大生一厂开车,回厂职工仅700余人。为原来职工的10%。开车后,厂方对原有的机器设备不好好保养和维修,生产中机件损坏率极高,又不去添置零件,却任意拆卸未开车的其他机器,或移甲配乙,或移配其他工厂,使原来运转的机器支离破碎,如同一堆废铁。这对大生企业的生产力来说,是一个致命性的摧毁。

此外,日方滥用原料,造成大批机器损坏。纺织的原料棉花不足,钟纺当局竟以破布、烂麻袋、旧棉絮代为原料,打成纤维,纺制纱线,使本来只具精梳功能的钢丝针及梳棉锯条成为开松以上废棉的工具,以致各厂梳棉机不断被毁坏,仅大生一厂就损坏60多台。在5年的"军管"期间,大生纺织公司下属各纺织厂,各机器有大小不一之损坏者约占总数的百分之七十以上。这些企业后来回到大生纺织公司时,是一片破旧的厂房和一堆废旧的机器。这些残缺不全的机器,很大一部分已无法修复。"军管"结束后,据大生一厂织布工场的报告:织布机601台,估计6个月时间配齐零件,准备物料,可以开至503台,其余98台损伤甚重,已不值整理。也就是说,有六分之一的织布机已成废铁一堆。大生一厂原动科的报告更为典型:第一工场在日寇退出接收时,内部原动机件均残缺不齐,尤其是细纱机,除了其马达被全部拆去外,连吸铁开关壳、保险铁轨等也被全部拆去。又如细纱机,马达总线与接头箱,因年久保护失当,电线绝缘均已腐烂,不堪应用,非将其总线全部拆去另行设法装置不可,其他清花棉条机各马达亦大部被拆去,均需重新装置。可见"军管理"这段时间,大生纺织公司下属各企业曾受破坏惨重之程度。

日方"军管"下对大生企业采用破坏性生产方式,目的是减少投资,甚至不投资,靠拼设备以摧残我国生产力来攫取更多的财富,从而维持掠夺战争的进行。这种强盗式的经营,严重破坏了我国的社会生产力。人们看到的往往是战争直接的破坏和物资的劫掠,而那种隐性的破坏往往不被人们所重视,也无法统计。

"军管"下的大生企业,厂房等建筑所受的破坏也十分惨重。日军害怕抗日军民的袭击,为此拆毁厂内房屋用来构筑碉堡和高围墙。如在大生一厂内,用拆掉一部分厂房的建筑材料,沿着护厂河筑起1丈多高的围墙,并拉起了电网,工厂的四周,尤其在出入口营造了坚固的碉堡;对厂内,害怕工人联合起来抗日,把新老工场和织布工场分别用木栅隔开,实行分而治之。整个工厂戒备森严,工人没有行动的自由,如同集中营一样。还有的工厂被日军占领,驻扎军队。如资生冶炼厂,不仅随意拆毁房屋,而且工厂成了军营,有的用来饲养军马,有的供"慰安妇"之用。工厂当然谈不上开工,剩下的厂房设备也都面目全非。

从日军对大生企业的"军管"前后可以看到,日本帝国主义首先使用日方企业以"合作"为名,吞并中国的民族工业,以求达到控制中国经济命脉的目的;当这种阴谋受到抵制无法实现时,不顾国际舆论的压力,不惜使用武力夺取工厂,实行"军管理",然后进行肆无忌惮的掠夺。掠夺资金,掠夺战略物资,以充实战争的耗资。太平洋战争爆发之前,日美关系开始恶化,日本军方为收买沦陷区的民心,玩弄其"发还军管理工厂"的把戏。然而,大生各厂是日军在苏北所占据的重点企业,再三延迟,直到1943年7月28日才"发还"。以后由汉奸陈葆初出面经营,搞以纱换花,成立花纱交换处,以便捷日军继续得到经济上的支援。大生各企业"发还"大生纺织公司时,不仅没有偿还一开始被掠夺的300余万流动资金,相反,日方江北兴业公司开出所谓垫款459万元储券的账单。钟纺也提出所谓补贴费296万元,进行敲诈勒索。大生纺织公司受到这场空前的浩劫,损失惨重。据统计,大生企业总共损失财产高达4 327 656 659元法币。[①]这个天文数

---

① 编写组:《大生系统企业史》,南京:江苏古籍出版社,2000年,第266页。

字还是不完全的统计。日方钟纺的那种掠夺性、破坏性生产,对企业的隐性损失更是无法统计的。这些,都充分反映了日本在经济上掠夺的野蛮性、残酷性。

　　政治是为经济服务的,战争是政治的最高形式和集中表现,侵略战争的目的就是为了奴役和掠夺。日本军国主义发动这场侵华战争的目的是十分明确的,仅仅从日军占领南通后的掠夺罪行,便可窥一斑而见全豹了。然而,当前日本国内隐藏着一股逆流,否定这场侵略战争,把侵略中国改成"进入"中国的说法,妄图篡改这场战争的侵略性质,这是徒劳的,这只能更加暴露这部分人的军国主义嘴脸。同时,我们从当年日寇经济掠夺的特点中获得启示,日本军国主义的掠夺是特别贪婪的、残酷的,我们不仅要记住民族的深仇大恨,更要和日本爱好和平的人民一起,警惕军国主义的重新复活。

(原载于《新四军与抗日战争》,南京:南京大学出版社,1995年)

教育篇

教育論

张謇工科教育的办学实践和思想

张謇的办学实践正处于中国传统教育行将结束、近代教育即将开始之际。他在"废科举,兴学校"这个教育制度根本变革的过程中,摆脱了封建制度的禁锢,吸取了洋务派、维新派在教育方面的进步主张,发挥了自己的聪明才智,在办学实践和教育思想上进行了开拓和创新,成为中国教育现代化的开拓者之一。他开创了中国师范教育之先河以后,进一步发展了基础教育,开创了职业教育、社会教育,积极支持兴办高等教育,同时,自己也在南通创办起高等专门学校。他的工科(纺织)教育的办学实践和思想,是他教育思想宝库中的重要部分。

张謇在"国非富不强,富非实业完不张"①的思想指导下,成功地创办了大生一厂和二厂。随着事业的发展,加上办厂实践的亲身感触,他迫切希望尽快解决纺织技术人才紧缺的问题。同时张謇发现欧洲各国之所以工业发达,商业繁荣,"其主一工厂之事也,则又必科学专家,而富有经验者"。他在设厂后招募原服务于欧美人士"十数工人者为耳目,而为之监视其工作者,都不习于机械之学,强半从是十数工人而窃其绪余。工人曰左左,曰右右,或否之焉,而工人乃瞠目不知所对,且乃委其事以反诘之,而监视者益瞠目不知所对,则又不得不延欧人以司其命。夫如是则安足以望自树立之一日哉"②。所以他办纺织专门学校之念非一日所思。他"从事纺厂者十有八年",为人才所困,"以是为恫恫者亦十有八年矣"。为此说服股东,决心办校,培养自己的具有科学管理知识及精于纺、织、染的专门人才,以实现其夙愿。办学初衷是为事业发展所需,"以是校养成之人,供南通一县之用"②。

---

① 曹从坡,杨桐:《张謇全集》(第3卷),南京:江苏古籍出版社,1994年,第761页。
② 曹从坡,杨桐:《张謇全集》(第4卷),南京:江苏古籍出版社,1994年,第130页。

一、不畏艰难,开创纺织教育

办校所需师资、资金和教学管理人才为首要条件。在20世纪初的中国,要办纺织教育,前无所师,旁无所考,只能借助国外的经验,凭张謇本人办厂的实践探索而进行。尤其要招聘一支纺织教育的师资队伍更是一个难题。尽管当时已有大批学生派遣出国留学欧美、日本学习先进的科学技术,然而在留学生中,学师范、政法、农业、医学、矿业等各科为多,而研习工艺者甚少,攻读纺织技术的更是寥寥无几。如若聘外籍教师,则不仅俸禄过高难以供养,且由于语言障碍,教学效果不会太佳。张謇通过多种渠道,想方设法,先聘到国内曾在美国费城纺织专门学校毕业的黄秉琪、英国曼彻斯特纺织专门学校毕业的丁士源任教,同时,以月薪200美元欲聘欧美专门教员牛贝德和科泰尔达为师,以补师资短缺。创办工科学校,不同于其他性质的学校,投资更巨。工科学生除了系统学习书本理论知识之外,还得训练基本技能,需要有实习之地,实验之室,如纺织机械、试验仪器等,不仅费资颇多,而且全赖进口。就是校舍的营建,设备的购置,所需经费也决非细数。重重困难并没有吓倒这位有远见卓识的实业家、教育家。他深深地懂得欧美"工业之发达,工学终效之征也"[①],因此,他义无反顾地筹建学校,参照美国费城专门学校的课程,在资生铁厂的空屋里因陋就简地开始上课。这就是南通纺织专门学校的前身——纺织染传习所。第二年,即1913年8月,在南通唐家闸大生一厂之侧所建成的楼房42间、平房20间的新校舍正式开学,张謇将其更名为南通纺织专门学校(现今为南通工学院),开创了中国近代棉纺织高等教育的先河。

二、办学宗旨:求忠实,力精进

张謇殚精竭虑,费尽心血,在学校办成以后,他进一步关注着培养什么样的人才。他深刻地指出:"夫世界今日之争,农工商之竞争也,农工商之竞争,学问之竞争。"[②]因此,他所培养的是能在世界上有竞争能力的真才实学的人才。为

---

①②曹从坡,杨桐:《张謇全集》(第4卷),南京:江苏古籍出版社,1994年,第130、157页。

此,在创办该校的第三年,他不仅写了《南通纺织专门学校旨趣书》,以欧美发达国家的经验和办纺织厂的实践,阐明办纺织教育的重要性、目的性,同时亲自题撰校训:"忠实不欺,力求精进。"这个校训不仅阐明了办学的宗旨,也凝聚着他对人才的期望,含义甚为深刻。"忠实不欺",要求师生员工忠于科学、忠于实际、忠于事业,尊重规律,探索教学之路,以及要有以诚相待、不奸不诈的为人之道。"力求精进",要求师生员工养成学习理论、把握实际、手脑并用、精益求精的治学态度,以及不图安逸、不避艰险、勇于实践、积极进取的工作作风。在校训的长期熏陶下,学校培养的纺织技术人才受到社会的广泛欢迎。至1920年,共培养纺织技术人才326人,除为大生纱厂提供技术力量外,还服务于上海、无锡、汉口等地的纺织单位,都受到欢迎。过去,中国的纺织机械安装都依赖国外科技人员,而南通纺织专门学校有了毕业生以后,结束了这段可悲的历史。

三、课程设置,重在全面发展

张謇主张,学生应该在体育、德育和智育这三方面都得到发展。这一教育思想体现在学生四年的学习课程中。

南通纺织专门学校课程安排

第一学年	伦理、国文、英文、数学、图案画、物理、化学、机织、织物组合、分析、体操
第二学年	伦理、国文、英文、数学、应用力学、物理、雕花纹法、化学、机织、制图、织物组合、分析、体操
第三学年	伦理、雕花纹法、数学、机械工学、机织、织物组合、分析、棉纺学、染色学、电机工学、制图、体操
第四学年	伦理、雕花纹法、工厂建筑、工业经济概论、织物整理、棉纺学、电气工学、工业簿记概论、纺织实习

从以上课程安排表可见:一是十分重视学生的道德教育。张謇指出:"学问是一事,道德又是一事。"[①]也就是文化科学知识不能替代道德品质,没有优良的道德品质,就不能为社会谋福利。不爱国家、不爱民众为人所不齿。他认为办

① 曹从坡,杨桐:《张謇全集》(第4卷),南京:江苏古籍出版社,1994年,第139页。

教育的目首要是把学生培养成具有高尚道德品质和行为的人,所以四年均安排了伦理课程。当然他更多的是以传统的道德来教育和要求青年学生。二是前三年都安排了体操课。张謇认为一个青年必须拥有一个强健的体魄才能担负重任,同时体育不仅能锻炼身体素质,也是培养遵守纪律、吃苦耐劳和勇往直前精神的有效手段。因此他主张在各级各类学校中,体育与其他学科并重。他还提倡军事体育、兵式操练,一旦祖国需要时可投笔从戎,保卫国土。所以他办的学校都有运动场,并且在南通每年都要举办运动会,他总是要亲自到会发表演说。三是十分重视学生智育的全面发展。从课程中可知其对基础课、专业基础课教育的重视。除了数理化外,中英文并重;除了机电,还学工业经济、工业簿记;在专业课程中纺、织、染三方面的专业知识并重。他认为纺、织、染是相互联系、不可分割的。纺、织、染三方面专业课的并重和相互结合的教育思想是张謇纺织教育思想的核心内容,为以后的纺织教育所接受。纺织院校既学棉纺学,又学织物学;既学纺织,又学染整,培养的人才在专业知识结构上比较宽广,因而培养的应用性专业技术人才受到聘用单位的欢迎。毕业生几乎遍布国内所有省份的纺织工业系统,许多人成为纺织工业战线上的领导骨干,还有人服务于美、英、德等国以及东南亚和我国的香港地区,成为纺织界的中坚力量。

四、纺织教育,注重实践环节

学习要理论联系实际是张謇教育思想的重要内容。他强调"将欲行之,必先习之,有课本之学习,必应有实地之经验"①。他对工科学生的要求更高,不仅要把书本知识学好,运用到实际

南通纺织专门学校学则

---

① 曹从坡,杨桐:《张謇全集》(第 2 卷),南京:江苏古籍出版社,1994 年,第 453 页。

中去,还要能根据我国的国情进行工程建设。所以南通纺织专门学校在张謇的主持下,对学生的学习、实践十分重视。

首先,规章制度上加以严格规定。在学校的《学则》中专列"实习"一章,有40多条,对学生实习的管理及注意事项均作了具体而周密的规定。

其次,对学生在实习的时间上加以保证。学生每周有实习时间,随着年级的升高实习的时间也逐年递增。第一学年每周实习时间为5学时;第二学年每周实习时间为8学时;第三学年第一学期每周实习时间为10学时,第二学期为每周12学时;第四学年第一学期每周实习21学时,第二学期每周实习25学时。

每周实习时间统计:

年级	一年级	二年级	三年级		四年级	
			上学期	下学期	上学期	下学期
实习学时	5	8	10	12	21	25
占比	12.8%	20.5%	25.6%	30.7%	53.8%	64%

注:学生每周上课时间为39学时。

张謇安排这么多的时间让学生实习,目的是将学到的理论知识与实践结合起来,在实践中增强理解,提高技能。张謇创办的教育,开始从"学而优则仕"的封建藩篱下解放出来,把教育与生产劳动结合起来,大大推进了近代教育的发展。

第三,努力为学生创造良好的实习条件。从建校的第二年开始就兴建了纺与织实习工场供学生实习之用。此后又陆续兴建纺纱实习所、机织实习所、各种提花手织机织实习所、金工实习所、针织实习所、染色试验室等实习场所。不仅如此,还专门聘请了一位英国工程师负责指导学生实习,以提高实践环节的教学质量。学生最后的生产实习,除了在大生纱厂外,还到外地的纱厂实习。实践教育十分有利于教育质量的提高,历届毕业生受到社会的欢迎,学校素有"中国纺织工程师之摇篮"的盛名。

张謇以实业救国、教育救国为指导思想,据以"教育为实业之母"[①]"以教育改良实业"[②]"苟欲兴工,必先兴学"[③]的认识,深深领悟到教育在中国早期现代化中的战略地位,因业而立教,因工而设校。纺织工业是他的支柱产业,"纺织须纺织专门人才",他冲破障碍,克服困难,创建中国第一所独立设置的纺织高等学校,而且,为了培养"为工者必蕲为良工"[④]的纺织人才,他办纺织教育从教育的思想、方向到教学内容、教学方法等诸多方面进行了开拓创新,为近代纺织教育奠定了基础。他的纺织教育思想,乃至于整个教育思想,即使在今天看来,仍不失为正确的办学指导思想。

(原载于《江苏高教》,1997年,第5期;江苏省教育科学"九五"规划立项课题阶段性成果)

---

①②③④曹从坡、杨桐:《张謇全集》(第4卷),南京:江苏古籍出版社,1994年,第82、214、52、201页。

张謇与南通纺织专门学校

南通工学院①的前身是中国近代著名实业家、教育家张謇所创办的南通纺织专门学校。今年是她的九十华诞。我们在欢庆校庆之际,必然怀念起这位学校的创始人、首任校长——张謇。学校将在主教学楼前塑树张謇的全身铜像,以纪念这位先校长,让我们以这位先贤在中国近代史上的业绩为楷模,为社会主义四个现代化的建设作出贡献。那么,张謇为什么要办这所学校,又是如何创办这所学校的?对这段历史的回顾将会有利于发挥其对全校师生进行思想教育的作用,使其成为我校思想教育的重要资源。革命导师列宁说得好:忘记过去,就意味着背叛。社会的前进,总是在前人基础上的发展。有了继承,才有发展。所以,笔者认为,对张謇创办学南通纺织专门学校的实践和办学思想的回顾是有益的,也是必要的。

一、救亡图存的时代产物

张謇生活的时代,中国正处于灾难深重的半殖民地半封建的畸形社会。列强不断侵略,一个个不平等条约强加在中国人民的头上。面对西方如此疯狂的掠夺,张謇深感中国濒临亡国灭种的危险,这激发了他对民族的危机感,对国家救亡图存的紧迫感,并由此升华为"舍我其谁"的社会使命感和责任感,进而逐步形成了主张实业救国、教育救国的理念。中日甲午战争的爆发,对张謇更是带来极大的震撼。他同当时其他中国士人一样,认为日本不过是东瀛弹丸之地,竟敢进攻堂堂中华帝国,并且就是这个被人瞧不起的东邻蕞尔小国,竟战胜了大

---

①南通纺织专门学校历史的沿革历经南通纺织大学、南通大学纺织科、南通学院纺织科;1978年复校,南通纺织专科学校、南通纺织工学院、南通工学院、现今的南通大学纺织学院。

清帝国,因而使中国人蒙受了巨耻大辱。张謇不顾刚刚金榜题名和个人安危,毅然单独上书,弹劾当朝重臣——北洋大臣李鸿章,谴责他主和的卖国罪行。当张謇返乡丁忧尽孝期间,得悉《马关条约》的内容,"当食辄辍,中夜忽起,糜心碎胆,不知所云"①。他在日记上写道:"和约十款,几罄中国之膏血,国体之得失无论矣。"②这种切肤之痛,促成他一生中最重要的转折,就是冒着"舍身饲虎"的危险辞官下海经商,行状元办厂,走实业救国、教育救国之路。他认为:"实业教育,强国之大本也。"③当他历经艰难曲折,创办大生纱厂成功以后,从1902年开始,又创办教育事业,为教育事业殚精竭虑,作无私奉献。这就是张謇在南通创办教育事业,也是南通纺织专门学校诞生的时代背景。

二、力争自立　办校宗旨

张謇早就有培养中国自己的纺织技术人才的想法。他在创办实业的实践中,因缺乏专业技术人才而苦恼,为摆脱对外国技术人才的依赖而筹划办纺织专门学校,目的是不受制于洋人而能自立。这种强烈的愿望,我们可以从他在1914年所写的《南通纺织专门学校的旨趣书》中见到:"下走从事纺厂者十有八年,以是为恫恫者亦十有八年矣。"④这是他亲身经历的心态描述。他还在办大生纱厂之初,从其他纱厂中招募十几个熟练工人为耳目,就是当工头"而为之监视其工作者,都不习于机械之学,强半是十数工人而窃其绪余。工人曰'左'左,曰'右'右,或否之焉,而工人乃瞪目不知所对。且乃委其事以反诘之,而监视者益瞪目不知所对,则又不得不延欧人以司其命"⑤。这一现实促使张謇深深地懂得,"主一工厂之事也,则又必科学专家,而富有经验者",光有一些实际经验是不行的。从而他强烈地希望"夫如是则安足以望自树立之一日哉"。既然自立之心如此迫切,人们不禁要问:"为什么不早些时候办校,而在办大生纱厂以后十几年才办纺织专门学校呢?"这

---

① 曹从坡,杨桐:《张謇全集》(第1卷),南京:江苏古籍出版社,1994年,第42页。
② 曹从坡,杨桐:《张謇全集》(第6卷),南京:江苏古籍出版社,1994年,第371页。
③④⑤ 曹从坡,杨桐:《张謇全集》(第4卷),南京:江苏古籍出版社,1994年,第22、130、130页。

里有两个因素,一是张謇首先希望由国家来培养人才。1905张謇听说学部要办南北两所大学,曾经上书《请设工科大学公呈》,陈述了没有工业"国终无不贫之期,民永无不困之望","苟欲兴工,必先兴学",并具体建议,"权衡形势,而先其所至急,莫若仍就上海制造局相近,先建工科大学"。①他又进一步表示:"如获允行,再由謇等酌度校址",负责筹建工作。然学部未加理睬。这样就迫使他自己创办。二是张謇办事向来遵循规律,循序渐进。他认为,从全国而言,"必待数省中学,一一完备,学生毕业升入分科高等……,始设大学"。②从地方而言,"凡事须由根本做起,未设小学,先设大学是谓无本"③,"以大学为发端,颇被外人讪笑","故立学校须从小学始,尤须从师范始"④。张謇在南通经营教育事业,严格按此规律。他在1902年创办了全国第一所民立师范学校,有了师资以后就大办小学。待小学有了毕业生后,1906年开始筹办南通五属中学(即南通中学)。待高等专门学校有了生源后,才于1912年分别办了南通医学专门学校、南通纺织专门学校。也就是说张謇这十几年来都在积极创造条件,一俟时机成熟,就办南通纺织专门学校,由自己来培养纺织技术人才,努力实现其不受制于洋人而追求自立的愿望。

三、战胜困难　初创成功

欲办纺织工科学校,首先要有办学资金。所幸张謇创办的实业,已有了一定的实力和基础,但需要得到股东们的响应。在股东大会上,张謇说服股东,通过了他关于建立纺织染传习所的创议。经费由大生纱厂认六成,分厂认四成,待三厂建立后,三家分摊。筹办纺织高等教育除了资金,更难的是如何办学的问题。在国内前无所师,旁无所考,是个开创性的事业,只能借助于国外的经验,结合他办纺织企业的实践经验和自己的感悟进行探索。办学要有师资,聘请外籍教授不仅酬金高昂,难以供奉,并且有语言障碍,影响教学效果。于是张謇千方百计在国内选聘人才,尤其注意学成回国的留学生。清末民初,风气初变,出国留

---

①②③④曹从坡、杨桐:《张謇全集》(第4卷),南京:江苏古籍出版社,1994年,第52、65、111、24页。

学人数也不在少数,然而出国学习师范、政法、农业、医学、矿业等专业的较多,而研习工艺者甚少,研习纺织的更少。张謇经过广泛招聘,好不容易最先聘到美国费城纺织专门学校毕业生黄秉琪先生和英国曼彻斯特纺织专门学校毕业生丁士源先生。经过几个月的努力,于1912年4月,张謇借资生铁厂空厂房为学生宿舍,以大生纱厂工房作教室(后教室也移至铁厂),办起了纺织染传习所。次年于大生纱厂之南侧新建了独立校舍,占地35亩,计楼房42间,5月竣工,9月学生迁入新校舍,学校更名为"南通纺织专门学校"。张謇亲任校长,张詧、襄成元、高清、秦济等为学校董事。高中毕业生报考者为本科生,三年毕业(1920年改为四年毕业)。学习课程,参照美国费城纺织专门学校的课程设置进行教学。遵照部定学制,以8月为新学年之始,分一学年为三个学期,并制订学则,建立各项规章制度。

张謇围绕培养目标,力求全面发展,又十分注重实践教学环节。他强调"将欲行之,必先习之,有课本之学习,必应有实地之经验"[①]。从1913年开始,兴建纺与织实习工场,向英美定制全套纺机和20余种织机,供学生实习之用。此后又陆续建立纺纱实习所、机织实习所、各种提花手织机实习所、针织实习所、染色试验所等实习场所。为了提高实践环节的教学质量,还专门聘请了一位英国工程师来华指导。张謇还将实习列为学生的

纺织专门学校教室

必修课,随着年级的升高,每周的实习时间也逐渐递增。在《学则》中还专门把实习单独列为一章,共40多条,对学生实习的管理及注意事项作了具体周密的规

①曹从坡,杨桐:《张謇全集》(第2卷),南京:江苏古籍出版社,1994年,第453页。

定。目的是要学生将学到的理论知识与实践结合起来,在实践中增强理解,提高技能。张謇创办的南通纺织专门学校,已冲破"学而优则仕"的封建藩篱,力图把教育与生产劳动结合起来。这种理论与实践结合的教育思想,也是张謇教育思想的重要内容和特点之一,有力地推进了教育现代化的进程。

四、殚精竭虑　建树校风

创校三年,规模大具,学生来自全国各地,以至国外侨民,如有朝鲜等国学生。张謇懂得,学校初创成功,还须有好的学风。于是于民国三年(1914年)四月,亲自题撰校训"忠实不欺,力求精进"八个大字。处在灾难深重的中国,张謇

纺校学生在实习

寄希望于这些莘莘学子,要有忠于科学、忠于实际、忠于事业、尊重规律的治学态度;要有以诚相待、不奸勿诈的为人之道;要有不图安逸、不避艰险、勇于实践、精益求精、积极进取的工作作风。历史证实,正是由于这一校训的长期熏陶和激励,一届又一届的学生养成了学习理论、把握实际、手脑并用、诚信笃实、勤恳拼搏的习惯,且学有成就,受到社会的器重,昌盛之状,连创建者也未及始料。1917年10月,南通纺织专门学校获教育部批准立案,翌年出席全国专门学校以上的校长会议,开始与全国各校沟通,同年选派优秀毕业生出国留学深造。学校从1916年开始有毕业生,从此,结束了我国纺织机械安装全依赖国外技术人才的历史,实现了张謇的中国工厂能自立的愿望。从1920年开始,提高学程,改订课程,专招本科,学制由三年改为四年,入学资格限定在高中毕业。学校自

成立以来,学生人数猛增,工作范围迅速扩展,美名远扬,在国外有一定影响,被社会上誉为"纺织工程师的摇篮"。

五、历经曲折　求生发展

1926年秋,张謇谢世。次年春天,其子张孝若继其父志,亲任校长述事,1927年改校名为"南通纺织大学"。历经一年,按其父最终成立南通大学之遗愿,又与农、医二校合并,建立南通大学,南通纺织大学成为其中的纺织科。上报教育部备案,但与当时的教育法令不符。大学组织法规定,须具备三个学院。南通大学虽能建农、医、纺三个学院,但部章上所列学院名称并无纺织学院。因此,1930年奉教育部令,"先准以南通学院名义立案,俟具备三学院呈部核准后再恢复旧名"。后因1935年张孝若在上海突然去世,接着又遇日本侵华战争,直至1952年院系调整,终未能如愿。但张謇创办南通纺织专门学校历时40年,为中国的纺织事业培养了一大批纺织技术人才,在近代纺织工业的初创阶段,起了开拓的作用。这些人才成为民族工业中最早的一批纺织技术的骨干力量,有的还被视为20世纪的纺织精英。这是与张謇的谆谆教导、身体力行、人格影响分不开的,又是他生前呕心沥血所结出的硕果。学校中断了26年之后,十一届三中全会的春风,吹暖了中华大地,使这所老校在根基上抽出了新芽,1978年建立了南通工专,后形成由南通工专、南通纺专到南通纺织工学院和南通工学院的历史沿革。

今天,我们在张謇所创事业的基础上,已有了很大的发展,学校规模已远超当年,但当年的办学精神、教育思想、笃实的风格,及开拓与创新精神等,仍是支撑我们事业发展的精神力量。继承和发扬这些精神是我们给校庆的最好礼物,也是纪念张謇的最好方式。尤其省、市积极筹建南通大学,时隔整个世纪,张謇的遗愿将在这两年成为现实。如果张謇有灵,定会含笑于九泉之下。

(原载于《南通工学院学报》,2002年,第3期;江苏省教育科学"十五"规划立项课题阶段性成果,编号:D/2001/01/065)

张謇与南通大学

张謇于1894年高中状元之后不久,中国就进入了废科举、兴学堂、建立近代教育制度的大变革时期。从1904年开始,所有的乡试、会试和各省的岁科考试一律停止,沿袭了一千多年的封建科举制度寿终正寝,取而代之的是新式学堂,开始了中国的近代教育。张謇是我国20世纪初教育大变革的一位叱咤风云人物。他除了创办普通国民中小学教育、师范教育、职业教育、特种教育、社会教育等等外,还创办了高等教育,在南通历史上出现过的南通大学是在他奠定的基础上,由其子在他谢世的第三年宣告成立的。在事实上,南通大学是张謇创办的。社会发展到今天,恢复南通大学、重新创立南通大学、弘扬张謇的办学精神和教育思想,是时代的需要,是当代人的历史责任。

一、张謇以循序渐进为办学思想,最后办综合性大学

张謇是我国早期高校的创始人之一。早在1898年他就为翁同龢拟订过大学堂办法,就是后来成为维新变法唯一成果的京师大学堂的办法。鉴于中国当时的现实,他对办大学有自己的观点,早在1901年《变法平议》中阐明:"较其次第,宜各府州县先立小学堂于城。……第二年四乡分立小学堂;……第三年,即以先立小学堂为中学堂;……第四年各省城立专门高等学堂;……第五年,而京师大学堂可立矣。"①也就是说办学应由各府州县小学、中学循序渐进而至高等学堂、大学堂之序也。张謇强调"小学乃教育之基"②,故其兴学从小学始。1905年,清王朝成立学部,聘张謇为学部咨议官,大概相当于顾问。当时他听到有人

①②曹从坡,杨桐:《张謇全集》(第1卷),南京:江苏古籍出版社,1994年,第61—62、599页。

议论南北要办大学,经费从盐税加价筹集的主张时,他认为不妥。他说:"大学全备六科……非数百万不可,……岁支,非数十万不可"[①],而盐税加价是远远不足的,并且还要做许多准备工作,学生数千需要先有中等学校毕业生。然而他的主张未被采纳。1906年两江总督端方筹设南洋大学,征询张謇意见时,张謇仍然坚持自己一贯的主张,设立大学必须首先解决生源问题,解决的办法是先设立中学,"必须数省中学,一一完备,……始设大学"[②]。他批评清王朝庚子以后,"怵于外人之公议,仓皇兴学,即以大学为发端,颇被外人讪笑"。他认为"凡事须由根本做起,未设小学,先设大学是谓无本"[③],而一旦条件具备,他便积极参与大学的筹备工作,如他参与上海震旦学院(即复旦大学前身)的创建,担任校董,参与南京三江师范(即南京大学、东南大学的前身)的筹建,还创办了南京河海专门学校(河海大学的前身)。

张謇循序渐进办学的思想在南通办学的实践中得到充分的体现。他首先对通州全境一百多万人口作了规划,规划每16平方里设立一所小学,全县需创五六百所。办小学要有师资。他认为:"欲雪其耻而不讲求学问则无资;欲求学问而不求普及国民之教育则无与;欲求教育普及国民而不求师则无导。故立学校须从小学始,尤须先从师范始。"[④]"师范为教育之母",于是1902年张謇首先创办了通州师范学校,1906筹办南通中学(即当时的南通五属中学)与小学相配套,小学毕业生可升入中学。同时,又根据"实业之所至,即教育之所至"的理想,陆续创办了层次不同的各类职业教育,如农业、纺织、商业、银行、会计、交通运输等方面的职业学校。张謇在办了这些普通国民教育和职业教育的基础上,并经过1907年国文专修科的过渡,直到1912年才开始创办南通的高等教育。

二、张謇在南通的办学实践奠定了南通大学的基础

张謇认为"各府州县小学、中学循序而至高等学堂、大学堂序也"。也就是把

---

①②③④曹从坡、杨桐:《张謇全集》(第4卷),南京:江苏古籍出版社,1994年,第52、65、111、24页。

中小学作为办大学的基础,高等学堂作为过渡,创造条件最终成立综合性大学。张謇从1902年起创办师范教育、普通国民教育、职业教育后,通过十余年的努力,南通的教育已有相当的基础,才开始发展高等教育。分别建立了南通农业学校、医学专门学校、纺织专门学校。

1902年,张謇打算在通海垦区筹划开办农学堂,为农垦事业培养专门人才。但因交通受阻,基本建设有困难而未办成功。1907年通州师范附设农科,不久独立,先后分别成为甲乙两种农校。1919年,因苏北农垦事业的迅速发展,急需高级农业研究人才。优良棉种需要推广,于是在农业学校的基础上成立了南通农科大学,设立农艺、农化、畜牧等系,并办有5个农场,如林场、牧场、苗圃等。学生实习农场也有4个,均在南通。后来该校为改良棉种、适应大生纱厂纺细纱的需求作出了贡献。

随着南通早期现代化的发展,防病治病的需要,医校应运而生。1912年,张謇与其兄张詧私资创办了南通医学专门学校,同时也创办了医院。初创时的医学专门学校设中医、西医两科。又为中医教学的需要,1917年增设中医诊病处作为学生实习的基地。张謇创办该校还有一个目的是为了培养中西医相结合的新型医生。在吸收西方先进医学的同时,应用科技的方法研究中医中药以发挥祖国医学的特长。他曾打算筹集十万元资金作为以科学方法研究中药的经费,利用农大化学实验室进行研究,但最终因经费筹集困难未能实施。他当年为医学专门学校题的校训就是"祁通中西,以宏慈善"。这是张謇所创中西医结合的先例,形成了中西医合校、中西医渗透、中西医双学的中西医结合教育的三个特点。

创办纺织专门学校使张謇解决了在创办大生纱厂过程中一直被纺织人才紧缺所困扰的大问题。当他的实业取得成功以后,有了培养纺织人才的夙愿得以实现的条件。于1912年4月因陋就简,以大生纱厂工房为教室,以资生冶厂空房为宿舍,试办起纺织染传习所。1913年9月在大生纱厂南侧,新校舍落成,改名为南通纺织专门学校。它是我国最早的一所独立设置的纺织高等学校。在这一点上当年国内外的舆论是一致的,1918年8月25日美国《新贝德福周日标准报》的文章说"在整个中华帝国,它是唯一的纺织院校",说明它是有国际影响的一所全国最早的纺织高校。到1952年全国院系调整,它为我国培养了1437名高级纺织专门人才,约占全国纺织人才的四分之一。据1917年的统计,全国专科以上的高等学校有86所,而南通一县就有3所,这在全国1700多个县中可能是绝无仅有的。也可以说,这是南通的高等教育在近代中国历史上的一个鼎盛时期。

张謇创办南通的3所高等学校,是为创办综合性的南通大学作准备的。他于1924年在《致美国政府请求退还庚子赔款酌拨补助南通文化教育事业基金意见书》中讲得很清楚:"按南通大学分科,农科虽经成立,设备尚未完。工业只有纺织专门,须添染。水利交通上,须添设河海工程一部(南通处江海之交,更兴办许多垦植公司,不得不为水利人才宏其造就)。商业仍系中等,亟须进办大学。文科需办哲学与经史地理四科。男女师范均须提高程度,为大学专门之预备。"①

这就是他计划中的南通大学。其子张孝若在他去世后的第三年,在南通大学成立的"宣言"中也讲得很清楚:吾父兴办地方自治,盖有序焉。先实业,次教育。实业所以裕教育之本,教育所以储实业之材,更进而互助,以求其发达,孳乳递衍迄及公益慈善,亦以此为教育、实业二者发达后,地方自治必不可少之事业,而最大之目的及最后之结晶则为南通大学。但他未能亲自办成而遗憾终生。除农校于1919年成为南通农科大学外,其他两所专门学校一直到张謇谢世的第二年,其子张孝若分别改成南通医科大学、南通纺织大学。1928年将3所大学合并成立南通大学。这就是由张謇奠基的南通历史上的南通大学。

三、南通大学的曲折历史与思考

南通大学于1928年成立以后,报当时的国民政府教育部备案,但与当时

---

① 曹从坡,杨桐:《张謇全集》(第4卷),南京:江苏古籍出版社,1994年,第206页。

的教育法令不符。1930年就改批为南通学院，设农、医、纺三科。南通沦陷以后，医科因停办而中断，农、纺两科迁至上海等外地，直至抗战胜利后才部分恢复。1949年2月南通解放，在人民政府的支持下恢复了南通学院三科。1952年，在全国改造旧有的文化教育事业和院系调整中，南通学院受到肢解，农科迁至扬州，另成立苏北农学院，后改为江苏农学院，即现在的扬州大学农学院；纺科迁到上海，同上海纺专合并成立华东纺织工学院，即后来的中国纺织大学，现在的东华大学。仅医科保留在南通，称苏北医学院，可到了1957年，南通仅存的一所高校也被迁移至苏州，成为苏州医学院，南通只留下附属医院和校舍，另立苏州医学院的南通分部。当年张謇创立的南通高等教育几乎被连根拔了，这对南通高等教育事业来说，确是一个重大损失。从农业来看，南通拥有广阔的江海平原和沿海的滩涂资源，与扬州相比，更需要高级的农技人才；从20世纪50年代初的工业来看，南通不比苏南几个主要城市差，加上已有40年打下的高等教育基础，又有发达普教为生源的基础。总而观之，并非南通没有办学的必要性和可能性。

毋庸讳言，这次院系调整是造成今天南通高等教育落后于江苏其他几个主要城市的重要原因。虽然1958年苏州医学院南通分部独立出来，改名为南通医学院，但已非同昔比。1958年由于经济和社会各界的需要，南通组建了工专和师专，但在60年代的困难时期也都下了马。南通落后的高等教育与发达的普教相比，显得格外的不相称，呈现出一腿短一腿长的不平衡状态。南通从20世纪60年代初直到党的十一届三中全会的近20年中，仅有一所规模六七百人的医学院。到了大学由社会边缘走向社会中心的今天，高教事业的落后是制约经济和社会发展的重要因素之一。应该说50年代初我国改造旧有的文化教育事业对全国来讲是必要的，对形成社会主义的教育文化体系起了积极的作用，然而在整个改造中不考虑历史的因素，对南通高教基本上一锅端的办法是值得反思和总结的。几十年的历史证明这是一大遗憾！当前我国高等教育正在高速发展，这是一个难得的机遇，我们应该抓住这一机遇，乘势而上，发扬当年张謇"死后求活、惟特教育"的兴学精神,群策群力,开拓进取,积极筹建南通大学,为南通的高等教育再创新的辉煌!

四、历史的几点启示

历史对我们今天来说,也是一个重要的资源。要让资源变成现实的财富,就要善于结合现实思考,从而获得启示。张謇在南通的办学实践和他的教育思想已经过去了将近一个世纪,是历史,也是我们的一笔财富,它对我们今天的教育事业仍有许多的借鉴和启示作用。

1. 校长有特色,产生感召力

作为南通高等学校校长的张謇,是近代著名的实业家、政治家和教育家。他不仅吸取西方先进的办学理念,还有渊博的文化知识、优良的人格特征、独特的思维品质,这对南通高校的办学特色起着选择和定向的作用,使这些高校形成了自身的特色,也吸引了一批优秀人才,促使南通的高等教育走在全国的前列。纵观中外所有办学特色鲜明的学校,无一不与校长独特的办学思想密切相关,如洪堡的思想与柏林大学、蔡元培的思想与北京大学、竺可桢的思想与浙江大学等。因而重新创建南通大学,要有办学特色,首先必须物色好一个校长。

2. 民力兴学,也是办学重要渠道

近代南通的高校全部是民办学校。南通大学是我国近代最早的民办大学之一。就民间办学资金的来源而言,不仅是个人出资(如张謇弟兄出资数量最多),还有民间的股份制企业,通过股东大会议决而进行教育投资。这在经济落后的中国,也是办学的重要渠道之一,为社会培养了一批高级的专门人才。这不仅促进了高教事业的迅速发展,也促使社会进步和经济繁荣。今天,我国仍属于发展中的国家,发挥民间办学兴学的积极性,仍是发展教育的一个重要途径。

3. 筹办教育,与社会需求紧密结合

高校是为了培养高级的专门人才,与以提高国民素质为目的的普通国民教育是有区别的。因而张謇十分重视从南通实际需要出发进行办学。以他的话来说:"实业所至,即教育之所至",其子张孝若也说:"吾父在南通办教育,最初只办小学和养成师资的男女师范","等到后来,社会又进一步需要高等学识技术的地方一天多一天,人才也一天缺乏一天,认为专门高等的教育,也应该应着潮流而设立",①张謇即创办了农、医、纺织的高等教育。当年的张謇,因建纱厂需要纺织人才而建南通纺织专门学校;随着南通事业的发展,人们需要有医生防病治病,为此而建医学专门学校;纺织工业需要棉花为原料,加上各处添设盐垦公司,需要农业人才,因而先办乙种农校,后办农科大学。另外,张謇还准备办南通综合性大学,在华成公司垦地购置土地作为永久基产,但张謇生前未能办成兼有文、理、法专业的综合性大学。今天的南通却是高等教育落后于社会的需求,这一点已成为南通经济滞后的重要因素。由此可见重新创立南通大学的紧迫性。当今的南通,"农业之盛衰"更"视于农学之兴替"了,何况苏东沿海滩涂每年向东延伸15厘米左右,也就是说每年增加数万亩滩涂。滩涂生态资源的保护、开发和利用,如滩涂生态旅游资源的开发,滩涂森林、牧场等的建造,耐盐植物的培育,滩涂生物的养殖等等,均需要专门人才。因此,未来的南通大学必须根据南通以至江苏省的社会、经济等需要来设置专业,尤其要设置有自己特色的专业。

4.敢为人先,超常发展

当年张謇创办农业、医学和纺织专门学校都是前无所依,旁无所考,千方百计地努力创造条件。办学资金自己出、民间集;师资在全国各地聘。艰苦拼搏,从无到有,从小到大,终于获得成功。当今创立南通大学,也有许多条件是不足的,如要有两个以上的博士点。我们学习张謇的精神,到外地去聘请专家。2000年9月,浙江省引进了我国著名科学家严济慈的儿子严陆光,由这位长期从事电工新技术研究和开发的中科院电工所所长、院士出任宁波大学的校长。通过他,又请来了两名院士在宁波大学任教,最近又有几位院士加盟宁大科研行列,形成了一个人才链。宁波大学又一次成功地证明,当年张謇创办的学校能超常

---

① 张孝若:《南通张季直先生传记》,上海:中华书局,民国十九年(1930),第220页。

发展,今天同样也可以办到。

5.惮精竭虑,建树校风

张謇在创办南通高等学校的过程中,十分重视校风的建设。他围绕着德、体、智全面发展的教育方针,分别针对人才培养的目标,亲自题撰校训。对农校题撰了"艰苦自立,忠实不欺"的校训;对医学专门学校题写了"祁通中西,以宏慈善"的校训;对纺织专门学校题撰了"忠实不欺,力求精进"的校训。他把这些校训匾额挂在学校最醒目的地方,要求师生时时牢记,以良好的校风来熏陶青年一代,促使人才的健康成长。张謇办学的成功经验启示我们,创建新的南通大学,建树校风又是一个重要内容。

五、结束语

党的十一届三中全会以来,南通的高教事业得到了恢复和发展。南通现已有南通医学院、南通工学院、南通师范学院3所本科院校。这20多年来南通的高教事业虽然同张謇当年相比,从规模到质量都远远超过和有很大提高,可是在全国的地位却非当年可比,就是在省内,也远远落后于苏州、无锡、扬州、徐州、镇江等兄弟城市。这些城市都有综合性大学,有的还跻身于全国一流高校的行列。南通高教事业,不仅成为南通教育事业的一条短腿,也制约了南通的经济发展。多年来,许多有远见卓识的领导和著名人士积极主张在此基础上恢复南通大学,筹划创建新的南通大学,实为英明之见。时代已将大学由社会的边缘推向社会的中心,成为经济跨越式发展的潜在推动力。全球化的市场经济要求我们早一天成立南通大学,多一份竞争的能力。省市领导对此十分重视,2002年年初,分管教育的副省长亲自带队来通考察,省教育厅也数次派人来通调研。在充分了解和反复酝酿之后,2002年3月,江苏省教育厅发文,相继成立了南通大学筹建领导小组和南通大学筹建委员会,标志着南通大学城和南通大学的筹建工作正式启动。

我们相信,在省、市政府的领导和关心下,在社会各界的有力支持和南通现有三所高校的共同努力下，一所新型的综合性的南通大学将出现在江海大地上；一批批莘莘学子，将经过她的熏陶而成为专门人才，传承和弘扬爱国、忠实、敬业、创新和拼搏的精神，为我国社会主义建设特别是南通两个文明的建设作出重大贡献！这不仅是省、市发展的一个战略性措施，也圆了一个世纪前张謇的大学梦。

（原载于《南通工学院学报》,2002年,第3期）

张謇创办南通纺织专门学校的历史贡献

张謇不仅是我国近代史上著名的实业家,而且是中国近代教育史上的一位极其有贡献的开拓者。张謇在"国非富不强,富非实业完不张"的思想指导下,艰辛地创办了大生纱厂并获得成功后,又开始实现其教育救国的崇高理想,于1902年在南通创办了我国第一所民立的师范学校,努力发展基础教育。其后又进一步创办了职业教育、社会教育、特种教育,继而积极谋划兴办高等教育。1912年,他率先在家乡南通创办了南通纺织专门学校(今南通工学院的前身),开创了中国高等纺织教育的先河,为我国近代教育作出了重大的贡献。

一、勇于开拓,创办中国第一所独立设置的纺织高等院校

张謇在创办纺织厂的过程中,一直为纺织技术人才的紧缺所困扰,正如他所说:"从事纺厂者十有八年,以是为恫恫者亦十有八年矣","夫如是则安足以望自树立之一日哉"[①]。所以他开办纺织专门学校之念,非一日所思,最终说服股东,决心办校,于1912年成功创办了南通纺织专门学校,开始培养精于纺织技术并具有科学管理知识的专门人才,实现了多年的夙愿。

20世纪初,中国正处于"废科举,兴学校"的教育制度根本变革的时期,国内不断有纺织学校创办。南通纺织专门学校是不是我国最早的一所纺织高等专门学校,长期以来有种种说法。有的学者认为中国最早的纺织高等专门学校是浙江丝绸学院的前身蚕学馆。该校创办于1897年,教学的主要内容为栽桑、养蚕和制丝。它的创办开创了我国近代纺织教育的先河,在纺织教育史上有其

---

① 曹从坡、杨桐:《张謇全集》(第4卷),南京:江苏古籍出版社,1994年,第130页。

特殊的地位。但它并非是一所高等纺织院校,蚕学馆直到 1955 年并入杭州工业学校时,还只是中等专业学校,所以蚕学馆不能称为全国最早的高等纺织院校。还有的学者认为中国最早的高等纺织专门学校是北京工业专门学校。该校前身是京师高等实业学堂,于 1912 年改组而成,当时设有机织科。北京工业专门学校虽然是一所高等院校,开设有机织科,但该校不以纺织为主,机织仅是它的一个系科,它还设有机械、电气、应用化工等系科,因此它也并非是一所独立设置的纺织高等院校。而 1912 年张謇创办的南通纺织专门学校则是全国唯一的以纺织命名的高等院校,在当时就被国内外认定为中国唯一的纺织高等院校。1924 年张謇在《致美国政府请求以退还庚子赔款酌拨补助南通文化教育事业基金意见书》中就提到:"纺纱须纺织专门人才,又设立纺织学校,此校为全国所仅有。"①在《二十年来之南通》一书中,作者叙述纺织专门学校办成后"成绩日佳,而各省学生来入学者亦日益众,盖为国内独一无二之学校也"②。这一观点,也为国外所公认。1918 年 8 月 25 日美国《新贝德福周日标准报》上发表的《中国棉纺织厂寻求美国机器》的一文中就有佐证:"美国如果只有一所纺织院校,人们不难想象这所学校在其产业领域中占有多么重要的地位。就中国的纺织工业来说,南通纺织专门学校恰好拥有这样一种领导地位,因为在整个广阔的中华帝国,它是

《新贝德福周日标准报》

---

① 曹从坡,杨桐:《张謇全集》(第 4 卷),南京:江苏古籍出版社,1994 年,第 205-206 页。
② 陈翰珍:《二十年来之南通》,南通:翰墨林印书局,1938 年,第 36 页。

唯一的纺织院校,而且自它 1912 年建立以来,它的学生人数猛增,工作范围也在迅速扩展。"①由此我们可以看出,张謇所创办的南通纺织专门学校是具有国际影响的全国最早的纺织高等院校。

二、独树一帜,开辟企业办高校的新途径

20 世纪初,中国的高等教育非常薄弱,而且所有的高校都是由官府和教会创办的。这种状况,远远不能满足中国近代工商业发展的需要。中国的高等教育迫切需要开辟新途径。张謇就是这个新途径的开拓者。他在创办大生纱厂获得成功以后,在"父教育而母实业",及以实业辅助教育,以教育改良实业思想的指导下,大胆地开辟了一条企业办高校的新路子。可以说,南通纺织专门学校是中国企业办高校的一个范

南通纺织专门学校图书馆

例,也是一个在中国教育史上产生深远影响的成功范例。《大生纺织公司年鉴》这样记载:"民国元年(1912 年),纺织公司以养成纺织技师,乃议立纺织染传习所。敦劝大生股东出资兴办;协议经常各费,先由大生正厂任六成,分厂任四成。俟布厂成立后,则三厂分任之。"②此后,无锡的荣氏集团、厦门的陈嘉庚均在张謇的影响下创办教育。在张謇之前对中国近代教育产生重大影响的教育思想家和教育活动家为张之洞,他为中国近代教育的创立和发展作出了重要贡献。然而张之洞与张謇的办学有着明显的不同。张之洞凭的是湖广总督、两

---

①赵明远、李宜群:1918 年美国报纸对南通纺织专门学校的报道(据 1918 年 8 日 25 日美国新贝德福周日标准报),载《南通工学院学报(社会科学版)》,2002(3)。
②张季直事业史编纂处:《大生纺织公司年鉴》,南京:江苏人民出版社,1998 年,第 139 页。

江总督、军机大臣等的职权,实行的是官办,经费全部出自地方财政或中央财政。而张謇是位实业家,只能靠民间集资和企业出资的途径办学。这是张謇在当时中国国势衰弱、民力困乏、财政拮据、民资不足的情况下,开辟的一条崭新的卓有成效的兴办高等教育的道路。这种办学模式不仅在当时是一个重大创新,就是在我们今天所处的社会主义初级阶段,在经济文化不发达的条件下,仍不失它的普遍意义,有着重要的历史借鉴作用。20世纪90年代春兰集团兴办的"春兰学院",正是张謇当年创办南通纺织专门学校的办学模式在新的历史条件下的延续和发展。

张謇不仅开辟了厂办大学的新路子,而且还尝试了学校办厂,这在中国的教育发展史上也是史无前例的。1915年夏天,他以教职员工为主要股东,筹资700元,购买了提花织机,在学校附近开办起床单厂。第一年就生意兴隆,后又扩建增资,据报道是当时全国唯一的床单厂。产品除了在本地和附近地区销售外,还远销上海。1917年学校又开办了一个由40台手工织机组成的织造室,生产布匹,销路也很好。这些校办企业所创造的利润一部分用于办学开支,一部分用于改善教师生活待遇。这种校办工厂,可能是我国大学产学研相结合的最早尝试。厂办校、校办厂是张謇"始实业而及教育""实业教育相互迭用"教育思想的有益实践。他的许多成功经验,至今仍然熠熠生辉,为我们今天的教育改革提供了宝贵的历史经验。

三、辛勤探索,构建我国近代高等纺织教育思想

张謇创办南通纺织专门学校的一个最重要的历史贡献,是以他的远见卓识提出了一系列我国近代高等纺织教育思想,为我国近代高等工科教育的发展提供了有价值的理论指导和实践经验。

1.确立人才培养目标,提出德智体全面发展的纺织教育方针

张謇殚精竭虑创办纺织专门学校的目的是为纺织公司培养纺织技师。至于应该培养什么样的技术人才,如何培养这类人才,张謇认为工程技术人员仅

仅有科技知识是不够的,而应德、智、体全面发展。他在创办南通纺织专门学校的实践过程中,逐步形成了他的教育思想。这种教育思想在他1914年拟定的河海工程养成所的章程中作了明确表述:"一、注重学生道德、思想,以养成高尚之人格。二、注重学生身体之健康,以养成勤勉耐劳之习惯。三、教授海河工程上必须之学理技术,注重实地练习,以养切实应用之知识。"[①]可见当年张謇已初步形成了与我们今天教育方针中德、智、体全面发展相同的一些基本思想,在当时的条件下能提出这样的教育思想确实是难能可贵的。就在同一年,他又亲自撰写了《南通纺织专门学校旨趣书》,阐明了举办纺织教育的目的,就是培养能"主一工厂之事也,则又必科学专家而富有经验者"。[②]他还为纺织专门学校题写了校训:"忠实不欺,力求精进。"该校训体现了他的办学宗旨和教育思想,凝聚着他对人才的殷切期望。

2. 体现教育方针,重在全面发展的课程设置

南通纺织专门学校的课程设置,明显地体现了张謇的教育思想,注重学生在德、智、体诸方面都能得到发展。南通纺织专门学校四年的课程设置如下:

学 年	课 程
第一学年	伦理、国文、英文、数学、图案画、物理、化学、机织、织物组合、织物分析、体操
第二学年	伦理、国文、英文、数学、应用力学、物理、雕花纹法、纺织学、化学、机织、制图、织物组合、织物分析、体操
第三学年	伦理、雕花纹法、数学、机械工学、机织、织物组合、织物分析、棉纺学、染色学、电机工学、制图、体操
第四学年	伦理、雕花纹法、工厂建筑、工业经济概论、织物整理、棉纺学、电气工学、工业簿记概论、纺织实习

从以上的课程安排中,我们可以得出三个结论。第一个结论是张謇十分重

---

①②曹从坡,杨桐:《张謇全集》(第4卷),南京:江苏古籍出版社,1994年,第123、130页。

视学生的道德教育。他认为文化科学知识不能替代一个人的道德品质,用他的话说,"学问是一事,道德又是一事"。他主张"首重道德,次则学术","不然,学术虽精,必不能信用于人"。①为了加强学生的道德教育,纺织专门学校四个学年均安排了伦理课程,用中华民族优良的道德来教育和陶冶青年学生。同时,他向学生提出了修身的要求,主要内容是进行爱国主义教育。他说:"中国今日国势衰弱极矣,国望亏损极矣。……至有以奴隶目我者。诸君以为可耻否乎?"他又说,"欲雪其耻而不讲学问则无资,欲求学问而不求普及国民之教育则无与"②,他办教育的宗旨就是强国、救国、雪国耻。第二个结论是张謇十分重视体育,纺织专门学校三个学年都安排了体操课。张謇向来认为一个青年只有有了强壮的体魄才能担当重任,体育课不仅能锻炼身体素质,也是培养遵守纪律、吃苦耐劳和勇往直前精神的有效途径,所以在他主办的各级各类学校中都有体育场,体育与其他学科并重。另外,纺织专门学校学则规定,学生除了要上体操课,每日课后还需参加体育活动,按运动种类划为小组,由组长率领,协助体育教师开展活动。他还提倡军事体育,兵式操练,鼓励学生在祖国需要时投笔从戎,保卫国家。所以当时的南通,每年都举办运动会或军训会操,张謇总是要亲自到场发表演说。第三个结论是张謇十分重视学生的智育。从课程的设置,我们可以看出张謇对基础课、专业基础课的教育十分重视。除了数理化外,中英文并重;除了机电,还学工业经济、工业簿记;在专业课程中,纺、织、染三方面的专业知识并重。他认为纺、织、染是相互联系不可分割的。纺、织、染三方面专业课的并重和相互结合,是张謇纺织专业教育思想的核心内容,为以后我国的纺织教育界所接受。纺织院校既学棉纺学,又学织物学;既学纺织,又学染整。这样培养出的人才,在专业知识结构上比较宽广,适应性强,一专多能。事实也证明,南通纺织专门学校的毕业生普遍受到聘用单位的欢迎。

3. 围绕培养目标,注重实践环节的教学

理论和实践相结合是张謇教育思想的又一个重要内容,也是他教育思想的

---

①②曹从坡,杨桐:《张謇全集》(第4卷),南京:江苏古籍出版社,1994年,第110、24页。

重要特色。他强调"将欲行之,必先习之,有课本之学习,必应有实地之经验"[①]。他对工科学生的要求更高,强调不仅要把书本知识学好,而且要能运用到实际中去,根据我国的国情进行工程建设。为了提高学生的实践能力,张謇采取了三个方面的措施:

首先,将实习列为学生的必修课。在《纺织专门学校学则》中专列"实习"一章,共有40条之多。对学生实习的管理及注意事项均作了具体而周密的规定。

其次,确保学生的实习时间。学生每周都有实习的时间,随着年级的升高,实习的时间也逐年递增。张謇对学生实习的安排,目的是要学生将学到的理论知识与实践结合起来,在实践中增强理解,提高技能。张謇创办的教育已经开始冲破"学而优则仕"的封建藩篱,力图把教育与生产劳动结合起来,大大地推进了教育现代化的进程。

第三,努力为学生创造良好的实习条件。张謇在建校的第二年就兴建了纺与织实习工场,供学生实习之用。此后又陆续兴建纺纱实习所、机织实习所、各种提花手织机实习所、金工实习所、针织实习所、染色试验室等实习场所。不仅如此,还专门聘请了一位英国工程师负责指导学生实习,以提高实践环节的教学质量。学生最后的生产实习,除了在大生纱厂实习外还到外地的纱厂参观。张謇还在《学则》中规定学生必须每学期"修学旅行"一次。所谓"修学旅行"就是今天讲的社会实践活动。"修学旅行"设有三个项目:"一、巡视各地之实业状况可供实地见习资料之地;二、锻炼身体习劳耐苦资以训练之地;三、名胜古迹借广知识之地"[②],学生可选其中一个项目。鼓励学生接触社会,在出发前带着问题,"返校时一一答复"。所需旅费,学校补贴20%。通过这些实践活动,学生的思想道德素质、身体素质和实际能力得以提高。我们今天高校实行的暑假社会实践活动,在这里可以见到它的历史渊源。

---

① 曹从坡,杨桐:《张謇全集》(第2卷),南京:江苏古籍出版社,1994年,第453页。
② 张謇:《南通私立纺织专门学校学则》,南通:翰墨林印书局,1915年,第11—12页。

四、呕心沥血，为我国纺织工业培养了一大批优秀的工程技术和管理人才

南通纺织专门学校从1912年创立至1952年全国院系调整，迁至上海与其他学校组成华东纺织工学院为止，历经40年，为中国的纺织工业培养了一批又一批优秀的工程技术和管理人才，学校被誉为"中国纺织工程师的摇篮"。该校从1916年开始有毕业生，纺工班共有34届，毕业学生1137人。染整班从1936年开始有毕业生，共有11

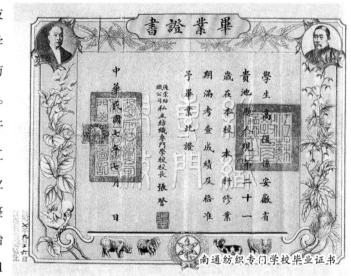

南通纺织专门学校毕业证书

届毕业学生211名，加上三届纺织高级职业班89人，总共培养1437名毕业生。一千多名毕业生在今天看来只是一个区区之数，然而在当年对我国经济和社会的发展却是一个了不起的贡献。这些毕业生除了为大生一、二、三纱厂提供技术力量之外，还服务于上海、无锡、汉口等全国各地的纺织企业。而在此校创立之前，我国的纺织机械安装全依赖国外技术人员。南通纺织专门学校的毕业生结束了这段可悲的历史。如1918年毕业生受聘于上海厚丰纱厂，安装纺织机器获得成功；1920年益辘线厂创建，为我国始创工业之一，毕业生袁敬壮、严仲简等，在黄鸿钧先生指导下，负责工场的设备安装和开工生产等事项。全厂人数少，效率高，效益好，开创我国纺织工业之新纪录，参观者络绎不绝，该校声誉则不断提高。1921年该校学生又为大生三厂完成了全部纺织新机器的排车设计和安装工程。更重要的是，该校毕业生遍及全国各地，成为中国民族工业中

最早的一批纺织技术骨干力量。我国20世纪早期的许多纺织企业,大多是由该校的毕业生参与创办或主持经营的。

  毕业生中还有一部分人努力奋进,继续深造。从1917年第二届开始至1936年二十届止,有25名毕业生分别前往美、英、德、日、法等国留学,学成回国后,为我国纺织工业和纺织科学教育的发展建功立业,成绩斐然。南通的大生一厂,张文潜归国后任机械总监职务,继而又主持该厂工作,很快达到了过去曾提出但没有实现的改革标准。新中国成立以后,该校校友仍然是我国纺织界的中坚。就从《中国大百科全书·纺织卷》的编委会这个全国最高水平的学术组织之一的成员来看,32名委员中南通纺织专门学校的校友就有13名之多,占三分之一强,编委会的6名正副主编中,除了一名副主编以外,全是该校的校友。他们的学术水平也反映了当年南通纺织专门学校的教育质量和水平。自新中国成立到1987年为止,该校历届毕业生在国务院纺织工业部就职的有任理卿、黄云、何正璋、梅自强、杜燕孙等35名之多。

  总之,张謇处在我国半殖民地半封建社会形成的特殊历史阶段。他继承和发扬了中国优秀的文化传统,广泛吸取西方文明中的精华,在创办南通纺织专门学校的实践中形成了具有时代特征的教育思想,培养了一大批德才兼备的纺织工程技术和管理人才,为我国纺织教育和纺织工业的现代化做出了奠基性的杰出贡献。

(原载于《南通工学院学报》,2001年,第1期)

张謇与南通的职业教育

职业教育虽随着洋务运动的掀起开始在中国大地上出现,但就全国而言职业学校还是寥寥无几,当年南通更是一个空白,直到20世纪初,才由张謇开垦了这块职业教育的处女地,也为中国近代职业教育奠定了基础。

张廷栖在首届张謇国际会议上发言

张謇从其爱国主义的立场出发,认为实业和教育是"富强之大本"也。因而以家乡南通为基地,开始了他创办实业和教育的实践,以实现他"建设一新世界雏形"之志。他在南通所办的学校,既有普通的国民教育和特种教育,还有大量的职业教育。张謇对职业教育的重视,源于他对教育促进实业的巨大作用的清醒认识。"工业之发达,工学终效之徵也。"①他把工业的发达视为教育的效果,认为"苟欲兴工,必先兴学"。不仅工业如此,"农工商皆资学问"。他还深刻地指出:"夫世界今日之争,农工商之竞争也;农工商之竞争,学问之竞争。"②故"兴学为要中之尤要"。因而把发展教育视为发展实业、富国强兵的根本。在此基础上他提出了"教育为实业之母""有实业而无教育,则业不昌"的卓见,主张"实业所至,即教育之所至"。张謇就是基于这些自觉而明确的认识创办职业教育,从事"始实业而及教育"的实践的。

---

①②张怡祖:《张季子九录》(教育录,卷四),台北:文海出版社,1965年,第1656、1687页。

张謇创办职业教育有着明确的指导思想,那就是以教育改良实业,以实业的发展为职业教育的出发点。1899年大生纱厂建成投产,实业有了成效之后,张謇就开始创办职业教育。他从"纺织须棉,须增产棉地","有棉产地,须讲求改良棉种及种法"出发,于1902年欲在通海垦牧公司开办他的第一所职业学校——农学堂,培训农垦技术人员。但因交通受阻而未成。于1907年在通州师范附设农科,开始招生办学。张謇在筹办工厂的艰难曲折中,深感中国缺乏机械纺织工程学方面的人才,工厂开办之初,只好不惜重金,求聘于洋人,造成事事仰赖于洋匠。这不仅花费巨大,而且技术等实权操纵在他人手中,所以他说:"从事纺织厂者十有八年,以是为恫恫者也十有八年矣。"[1]张謇对南通的发展,自有他的宏图,他在创办大生一、二厂成功以后,打算在海门、东台、如皋等地再办6个纺织厂。"纺织须纺织专门人才,又设立纺织学校。"[2]这样,中国最早的一所棉纺织高等学校也就应运而生。1912年4月,张氏弟兄在大生纱厂附设了纺织染传习所,1913年改称纺织专门学校,以"校所养成之人,供南通一县之用"[2]。在我国开创了纺织高等教育的先河。

随着张謇创办纺织工业的成功,南通的实业很快进入了一个新的发展阶段,对各种技术和各类人才的需求日益迫切。张謇在"农工商皆资学问"思想的指导下,倡导和创办各类职业学校。到1920年前后,除了通师曾附设有测绘科、农科、蚕科,女师曾附设有手工传习所外,还陆续创建了商业学校、银行专修科、工商补习学校、镀镍传习所、女子蚕桑讲习所、女工传习所等。张謇为了适应地方自治的需要,还办了宣讲传习所、清丈传习所、巡警教练所、交通警察养成所、监狱学传习所等,共有20个左右不同专业的职业学校,使学生"毕业后为农者必蕲为良农,为工者必蕲为良工,为商者必蕲为良商"[3]。仅有百万人口的南通一县有这么多的职业学校,在当时的国内是绝无仅有的。就拿民族工业发展较早

---

[1] 张怡祖:《张季子九录》(教育录,卷四),台北:文海出版社,1965年,第1657页。
[2] 张怡祖:《张季子九录》(教育录,卷六),台北:文海出版社,1965年,第1752页。
[3] 张怡祖:《张季子九录》(教育录,卷五),台北:文海出版社,1965年,第1747页。

的无锡来说,荣氏兄弟于1919年才创办他们第一所职业学校——公益工商中学,1928年以后才创办"申新总公司职员养成所"[①];蒋寿萱于1930年才办了"华新制丝养成所";唐星海于1931年才办了"庆丰纺织养成所"。无锡的这些民族资本家所办的职业教育,不仅起步在南通之后,而且其投资和办学数量也远不能与南通相比。张謇从实际需求出发的办学指导思想,使近代南通的职业教育发展出现了一个高潮。

　　张謇从社会需要出发,进行了数量可观的智力投资,收到了较好的效果。在大生三厂的兴建中,全部机器的安装均由纺织专门学校的实习生独立完成。这不仅摆脱了对外人的依赖,实现了张謇"以望自树立之一日"的理想,而且降低了成本,提高了企业的经济效益。当西方的资产阶级主要靠物质的资本和劳动力数量的增加来提高经济效益的时候,张謇则对职工教育全力投资,甚至当经费不足不能清债之时,他竟能在上海登报为办学而卖字还债。因而日本人驹井德三称誉他"醉心于教育及慈善事业之振兴"。国外虽然也有许多企业把智力投资当作生产性投资,有的甚至不惜血本投资于成人教育以促进生产力的发展,以取得更大的经济效益,可那是在第一次世界大战以后,特别是20世纪五六十年代的事情。所以张謇为"实业服务"的办学思想,使他自觉地或不自觉地成了近代世界史上以智力投资提高经济效益的先驱者之一。他在南通的职业教育似乎有如下的特点:

一、张謇在南通创办的职业教育是一个以纺织教育为核心的服务于实业的教育体系

　　自从大生纱厂建成投产成功以后,张謇在通海地区陆续创办了20多个企业,南通的实业进入了以棉纺织为中心的发展阶段。以1910年为例,大生资本集团投资总额达339万两,其中投资纺织企业的资金就达200万两,占投资总

[①] 上海社科院经济研究所:《荣家企业史料》(上册),上海:上海人民出版社,1980年,第222-223页。

额的59%。其他投资于机器工业、交通运输业、垦牧业、印刷业等企业,也大多是为纺织业服务的。这样,张謇在南通的实业逐步形成了以纺织工业为核心的地方性的工业体系。持"实业所至,即教育所至"主张的张謇,也必然以纺织教育为核心发展以技术和技能训练为主的职业教育。从其智力投资的数量上看,仅纺织专门学校常年的教育经费就高达3.6万两,超出于任何一所职业学校。况且其他职业学校,如农业学校、商业学校、银行专科学校、工商补习学校、镀镍传习所等等,也都是直接或间接地培养纺织辅助行业的技术人员。这样,就形成了与南通实业发展基本适应的以纺织教育为中心的职业教育体系。

二、张謇所创立的职业教育体系经历了从初级到高级的发展过程

张謇创办职业教育十分重视实际的可能性,因而许多职业学校是从业余或短期的讲习所开始的,然后才在实践中不断完善,逐步提高。例如纺织专门学校是由纺织染传习所开始的,由简单的纺织技术的传授,扩展到丝织、电气、机械等专门科目,1913年改为南通纺织专门学校。这样由职业学校上升为中国第一所棉纺织高校,以后又改称南通纺织大学、南通大学纺织科、南通学院纺织科。职业学校开办之初,设备也往往因陋就简。纺织染传习所最初就是在资生冶厂的空屋里开课的,第二年才筹建毗连大生一厂的单独校舍,几年以后才建立了实习工场。农校也是如此,自1902年欲建而未成的初等农学堂,后建乙种农校、甲种农校,直到农科大学。由于从实际出发,量力而行,循序渐进,逐步升级,因而教学质量有了一定的保证,绝大多数的职业学校很有成效。这是张謇发展职业教育的一个鲜明特点,也是普遍适用的一条重要的经验,很值得我们借鉴。

三、南通的职业教育还是一个多科性多层次的教育体系

张謇在南通先后创办的20来所职业学校,设有多种专业、多种学科,组成了一个多科性体系:既有工业学校,又有农业学校;既有轻工业学校,也有属于

重工业的学校;既有近代的纺织学校,也有手工艺术学校;既有金融财会专业,也有社会治安等方面的专业。这个多科性多专业的体系,还具有不同层次的特点。有初级的职业教育,如发网传习所、女子蚕桑讲习所、清丈传习所等各种传习所和讲习所,以短期培训为主,其学员文化起点低,培训时间也短,又有中等职业教育,例如银行专修科、商业学校等与通师并列的职业中专,其学制比较长,教学比较正规,学员起点在初中以上。高等职业教育是在初中级职业教育的基础上发展起来的,如升格成为普通高校后的南通大学纺织科还曾举办高级职业班——"高纺班"。这样南通的职业教育就形成一个门类较多的,多科性的,分为初、中、高多层次的普通职业教育体系。在当时的历史条件下,南通能在20多年的时间内形成这样的一个职业教育体系,不愧为当年全国教育的模范,难怪其"影响及于全国"。

以文化教育为基础,以技能训练为中心的职业教育,不仅提高了劳动者的文化水平,也可以促进当时生产力的发展。张謇在职工教育上的成绩,对社会发展曾经起到了积极的作用,它既奏效于当时,也遗泽于后世。此外,他任全国水利局总裁和导淮督办期间创办了南京河海工程专门学校、水产专门学校,还监督或策进苏州铁路学校、吴淞商船学校等学校的开办。他又于1917年与黄炎培、蔡元培等人发起成立中华职业教育社,提倡"使无业者有业,有业者乐业"的职业教育思想。张謇无愧为近代中国职业教育的奠基者之一。

(原载于第一届张謇国际学术研讨会论文集《论张謇》,南京:江苏人民出版社,1993年)

张謇的职业教育思想及其特点

张謇不仅是我国近代教育的奠基人,也是我国职业教育的开山鼻祖之一。19世纪50年代,倡导洋务运动的洋务派主张学习西方的科学技术,创办了洋务学堂;改良主义者由提倡经世之用到变科举,废八股,兴学校,为职业教育的兴办开辟了道路。19世纪末,随着民族工业的发展,有识之士开始创办专门的实业学堂。张謇就是领先创办实业教育的重要一员。他在创办大生纱厂获得成功以后,除了重视国民教育外,职业教育的思想也是他教育思想宝库的重要组成部分。今天,职业教育已成为发展我国教育、改革传统教育的重要内容。为使中国职业教育健康发展,研究它在起始之时张謇的职业教育思想不乏借鉴意义。

一、职业教育开拓者

张謇认为教育应教人有谋生的一技之长。这是张謇对传统教育思想的一个重大突破。中国几千年的传统教育是一种圣贤主义的官僚养成教育,以科举制选拔人才,把系统教育局限于狭窄的儒家经典教条的框架之内。多少莘莘学子孜孜以求,三更灯火五更鸡,为的是求得金榜高中,雁塔题名,而不是求得谋生的技艺。这种追求有的至死方休。张謇痛斥这种旧教育制度:"日诵千言,终身不尽,人人骛此,谁与谋生?"[①]在这种教育制度下,读书人不能高中为官,就只能教人识字。一般阶层送子读书只是为了接受启蒙教育,识几个字,如若学习谋生的本领,就需另行拜师或者继承祖传的绝技,没有一种教育能去适应生活各方面的需求,即使是关系到人的生命的医学,也只能拜师当学徒。张謇针对这种圣贤主义传统

[①]曹从坡,杨桐:《张謇全集》(第4卷),南京:江苏古籍出版社,1994年,第22页。

教育的弊病,提出了新的教育主张。他认为教育应涵盖师范教育、普及教育、实业教育、高等教育和武备教育。他所谓的"实业教育"就相当于今天的职业教育,所谓"实业学堂"就是职业学校。他明确提出,"謇等经办学务,……推究国民他日生计之关系"①,他又说"教育以普及为本,普及以生计为先"②。他创办新教育的宗旨,尤其职业教育的宗旨是十分明确的,就是要使受教育者获得谋生的手段,有一技之长,在社会上有一个立足之本。他不仅是这样想的,在以后办学的实践中也是这样做的。在张謇、张之洞等人对旧教育制度的抨击和现代教育思想的鼓动下,1903年中国有史以来第一部实施的学制——"癸卯学制"出台,把当时称为实业教育的职业教育法定下来。虽然当时全国职业学校屈指可数,但它象征着教育史上一个新时代的到来。张謇就是这个新时代的推波助澜者。

二、职业教育为救国

张謇认为创办职业教育是为了救亡图存、强国富民。张謇是一位怀有强烈忧患意识、诚挚爱国之心的志士。他目睹清廷腐朽、官僚昏庸、官场钩心斗角、资本主义列强对我任意宰割、国民贫困至极的现状,心绪忧愤,并努力寻求救国之策。张謇于1903年在通师开校演说中指出:"中国今日国势衰弱极矣,国望亏损极矣","欲雪其耻而不讲求学问则无资,欲求学问而不求普及国民之教育则无与"。③所以他认为:"实业教育,富强之大本也。"④这里所说的"实业教育"并非指职业教育,而是讲实业和教育两个方面是强国富民的根本之策,当然教育中也包括职业教育。他认为,一个"忧国者以为救亡之策,莫急于教育"⑤。张謇的禀赋和生活经历,养成了他追求真知、讲究实效的品格,他一贯反对把救亡图存、爱国救国停留在口头上空喊,而是提倡要有一技之长并为此而作出真正的努力。他主张为工者为良工,为农者为良农,为商者为良商,这就是爱国、救国的具体行动。他办职业教育的目的就是为了实现这个目标。他自己作为一名爱国志士,

---

①②③④⑤曹从坡,杨桐:《张謇全集》(第4卷),南京:江苏古籍出版社,1994年,第87、247、24、22、211页。

不仅鼎力主张,而且身体力行,因业而立教,因工而设校,仅在南通一地他就办了二十几所职业学校,致力于职业教育。

三、职业教育辅实业

张謇有一个著名的论断:"父教育而母实业。"他把实业与教育两者的关系比喻为一个家庭的父母双亲之间相互补充、至亲至密的相辅相成的关系。教育要靠实业来资助,而"教育又为实业之母",实业又要靠教育来培养人才,也就是以教育来哺乳实业,用他的话来说就是"以实业辅助教育,以教育改良实业"。[①] 所谓实业,张謇是指农业、工业和商业,简称农工商。他认为"农工商皆资学问",也就是说农工商都要依靠学问,本身也都有很深的学问。欲求学问而不求教育则无与。实业离不开教育,特别是职业教育。他在总结西方发达国家的经验时指出:"工业之发达,工学终效之征也。"[②]他在讲述自己实践的亲身体会时说:"数年以来,竭蹶经营,薄有基础,益见实业教育二事,有至亲至密的关系"[③],而且,他以十分敏锐的战略眼光,看到"夫世界今日之竞争,农工商之竞争也;农工商之竞争,学问之竞争"[④],也就是说科学技术水平的高低是竞争的决定性因素。所以他认为"兴学为要中之尤要",这些思想产生于19世纪初是十分可贵的。张謇基于教育为实业之母的认识,早在1903年致瑞抚函中就希望当局"赐通饬各州县遴选公正绅董,合志协谋,广兴实业教育"[⑤]。他自己身体力行,从两个方面努力。一是欲求学问而不求普及国民之教育则无与,欲教育普及国民而不求师则无导,故先办师范,造就了师资,然后办小学进行普及教育;二是创办职业教育。张謇提出"国家思想、实业知识、武备精神三者为教育之大纲"[⑥],既然农工商都要有学问,所以"实业之所至,即教育之所至",这是张謇职业教育思想的又一个重要特点,即教育直接为经济建设服务。他在南通创办了大生纺织企业后,就创办了纺织染传习所;他创建了通海垦牧公司,开始了他的盐垦事业,就相应地

---

①②③④⑤⑥曹从坡,杨桐:《张謇全集》(第4卷),南京:江苏古籍出版社,1994年,第214、130、25、157、23—24、17页。

建了农学堂,这是他早在1902年就计划要建的第一个职业学校,后来在通州师范学校办了农科;要修筑公路,发展长江航运,他就先开设测绘土木工科及交通警察养成所和筹办吴淞商船学校;为培养开办地方银行和发展实业需要的财务、商贸人员,先后创办了银行专修学校、甲种商业学校;等等。张謇认为:"苟欲兴工,必先兴学。"他在论述教育的重要性时说:"教育为实业之母,师范为教育之母。"[①]职业教育作为教育的重要组成部分,理应也是实业之母,更何况它能培训和提高技能。所以各类形式各异的职业学校如雨后春笋般在南通破土而出。

四、职业教育德为首

张謇对学生的道德教育是一贯十分重视的。他认为"学问是一事,道德又是一事",两者中道德更为重要。他主张"爱人以德",在职业教育中更重视道德教育。张謇在起草的《河海工程测绘养成所章程》中提出教育方针:"一、注重学生道德、思想,以养成学生高尚之人格。二、注重学生身体之健康,以养成勤勉耐劳之习惯。三、教授河海工程上必需之学理技术,注重实地练习,以养成切实应用之知识。"[②]由此可见,他于职业教育的主张是德体智并重。他在1913年的银行专修科演说中更明确地提出"首重道德,次则学术"[③]。他进一步地阐述,"学术不可不精,而道德尤不可不讲",如缺乏道德,"学术虽精,必不能信用于人"[③]。这种道德首位的思想是可贵的,然而并不意味着忽视才学。他又说:"无徒手空言而可为道德者。"[④]他鼓励学生德才兼备,"如自度道德学术,俱属优美,又何患其学之无所用哉?"[③]

张謇所主张的"德",并非今天我们讲的德育,而是德育中的道德教育。他所说的道德教育的主要内容是中华民族的许多传统美德。这些美德在他为许多职业学校题写的校训中集中地反映出来。一是勤俭。他为南通农校题的校训就是"勤苦俭朴"。后来他在农校解释此校训时说:"苦为勤之表示也","而非朴则不

---

①②③④ 曹从坡、杨桐:《张謇全集》(第4卷),南京:江苏古籍出版社,1994年,第82、123、110、98页。

足表示俭之实行,非徒托空言也"。①他又进一步阐述:"俭何以是美德?俭之反对曰奢。……是奢之病妨人而也妨己。……俭可以养高尚之节,可以立实业之本,可以广教育之施。"②他要求学生"乃知勤勉节俭任劳耐苦诸美德,为成功之不二法门"③。所以还对其他学校的校训题有:"勤俭"、"勤俭温和"、"勤俭行之以恕"、"坚苦自立"等等。二是忠实。他在通州师范、纺织专门学校的校训中都提到"忠实不欺",也就是我们今天讲的实事求是的意思。三是忠信。就是守信用。张謇指出:"信用堕落、弊窦丛生,破产停业,层见叠出。况银行员日与金钱为缘,更非有优美之道德,不足以恢宏信用,扩张营业。"他进一步告诫,"即局面阔绰之企业家,信用一失,亦长此已矣。"③四是合群。也就是今日所提倡的集体主义精神的意思。张謇认为一个人是社会、国家、群体之一员,应相互爱护,团结和谐。所以他在一些校训中题写"合群自治"、"爱日爱群,爱亲爱己"等内容。在职业教育思想中,张謇不仅主张传授谋生的一技之长,而且还如此重视道德教育,注重提高民族整体素质,不愧为具有远见卓识的教育家。这一点既是张謇职业教育的重要思想,又是他职业教育思想的重要特点。

五、办职教由低到高

这是张謇职业教育思想的又一个特点。张謇做事的主张:"凡事须由根本作起。"他认为办教育"未设小学,先设大学,是谓无本"④。职业教育更是如此。张謇所创办的职业教育,不仅形式灵活多样,而且在层次上由低级到高级。初级的职业教育相当于职业培训班的各种传习所,如法政、交通警察、纺织染、镀镍、女工、蚕桑等传习所;也有相当于职业专修班的各类学科,附设于各种学校,如通州师范附设的测绘、土木、农业、蚕桑等科,通海五属公立中学附设的银行专修科等;又有正规的职业学校,如纺织学校、农校、商校、伶工学社等。这些正规的职业学校往往是由简、由易、由初级发展而来,而那些传习所和专修班则根据实业的需

---

①②③④曹从坡,杨桐:《张謇全集》(第4卷),南京:江苏古籍出版社,1994年,第138、81、112、111页。

要逐步向中、高级发展。1901年张謇创办了通海垦牧公司,为适应农业科技人员的急需,第二年即打算在垦区设立"农学堂"。1907年建农科,附设于通州师范。数年后又独建校舍成立农业学校,以至后来为农科大学的前身。又如纺织业,它是大生资本集团的支柱产业。为了纺织技术人才的造就,1912年在资生铁厂的空屋内,因陋就简地办起纺织染传习所。到了1913年,又捐资建校舍于大生纱厂之侧,成立"南通纺织专门学校",后来该校成为普通高校的同时,还举办高级职业班。这种由易到难、由简到繁、由初级到高级的循序渐进、笃实稳健的职业教育办学思想,保证了事业本身的成效和教育人才的质量。到1920年为止,南通先后就有20多所职业学校,形成了以纺织教育为核心的多科性、多层次的职业教育体系。这些,应该说是张謇职业教育思想及其特点结出的硕果。

六、技能教育重训练

张謇的教育思想十分重视学习的务实和实践。他主张"学必期于用,用必适于地"①,所以"人皆有学,学皆务实"②才能获得真知。他又说:"行之不力,终由知之不真。"③这是主张实际能力的培养和提高。因此,他要求人们认识到"农工商之竞争,学问之竞争",同时也是"实践责任合群阅历能力之竞争",所以他要求学生"负责任,知实践,务合群,增阅历,练能力"。④在这种教育思想指导下他所办的职业教育,以文化教育为基础,以技能训练为中心,目的是使受教育者拥有一技之长去谋生,在社会上能立足。所以张謇很重视各种技能的训练和提高。一是各类职业培训和职业学校均以传授专业技能为教学的主要内容。如女工传习所的主要课程有伦理、刺绣、美术、习字、体育等,在德体智全面发展的基础上,重点仍然是刺绣课程,每天要学习6小时。银行专修班也以设置银行专业课程为主。二是提供实践场所。张謇不惜重金购置设备,开办实验、实习工场,让学生的专业技能训练有场所。如南通纺织专门学校先后建立纺织、针织、

---

①②③④曹从坡、杨桐:《张謇全集》(第4卷),南京:江苏古籍出版社,1994年,第99、211、27、157页。

金工、染色整理等实习工场。三是强化技能训练。如银行专修学校开办"银行实践室",模拟成立了四家银行,并设有保险公司、轮船公司、电报局、邮政局等辅助机关,使银行形式以及器用设备一应俱全,让学生分别模拟商人、各公司职员、银行职员并进入角色,轮流操作。如此不到两个月,学生均达到"簿记迅速,珠算娴熟"的程度。此事一时曾传为美谈。这也是张謇职业教育思想的一大特色。

张謇职业教育的思想是丰富的。他努力探索,从创办许多职业教育的实践中积累的经验是宝贵的。这些历史财富对我们今天教育体制的改革,尤其打破应试教育顽固堡垒尚有许多借鉴意义和新的启迪。他的职业教育思想同我们今天的教育方针和政策在许多方面有惊人的一致性,我们更应该重视和弘扬先人探索而获得的这笔精神财富。至于张謇在近代职业教育史上的作用,也应该占有应有的地位。中国近代

女工传习所

职业教育的倡导者是黄炎培,这是众所周知的。他倡导职业教育是在1915年考察了美国职业教育回国后的事。而张謇早在1902年就创办了职业学校,在其职业教育思想指导下,到1915年就有近20所职业学校了,在通州一县已形成了一个职业教育的网络体系,影响遍于全国。他是当之无愧的我国近代职业教育的先驱者和奠基人。

(原载于《教育与职业》,1998年,第9、10期;江苏省教育科学"九五"规划立项课题论文)

张謇对中国近代职业教育的历史贡献

我国近代杰出的爱国实业家、教育家张謇在南通创立了一个比较完整的地方性的教育体系,为中国近代教育作出了突出的贡献。张謇创办的教育体系,以纵向来看,有学前教育、中小学教育和高等教育;以横向来看,包括普通国民教育、成人教育、实业教育、社会教育和特殊教育等。这在全国22个行省1700多个县中是绝无仅有的,对全国的教育起了示范的作用,且影响延续至今。这个教育体系中有两个耀眼的亮点,即普及教育和实业教育,尤其是实业教育方面对中国职业教育的贡献尤为重大,为他在中国教育史上的地位奠定了坚实基础。在众多的关于张謇职业教育的论文中,尚未有文专门论述张謇在职业教育史上的贡献,故笔者试作探讨,以求教于方家。

一、创立地方性的实业教育体系,为职业教育奠定基础

在"西学东渐"的大背景下,实业教育逐步在中国发芽。它的产生标志着中国教育由科举教育向注重实用的近代教育转变。早在洋务运动时期,洋务派人物开始创办洋务学堂,旨在培养运用机器的技术人才,其中最早的有1866年创立的福州船政学堂,1867年在上海开办的机器学堂,它们可以称为中国近代最早的官办实业学堂。1902年,清王朝制定的"壬寅学制"中第一次确立实业教育的法律地位。次年制定的"癸卯学制"的《学务纲要》中表述:"实业学堂以振兴工商业各项实业为富国裕民之本计,农工商各项实业学堂,以学成后各得治生之计为主,最有益于邦本。"这一学制将实业教育放在与普通教育、师范教育平等的地位,在学制中正式确立了独立完整的、从初等到高等上下衔接的实业教育体系。南通近代实

创办缘起

业的创建,是近代实业教育产生的社会条件。从1895年张謇开始筹建大生纱厂起,到民国初年,大生企业集团就已有工业类的工厂企业13家,以棉纺织工业为主体,兼及丝绸、机械、冶金、轻工业。近代南通工业在一个企业集团的努力下,由单一型生产向多门类生产转化,初具工业体系的雏形,急需各种实业人才。因此,张謇在南通开创实业教育。通州师范虽设立了与实业相关的专业,但终究不是真正意义上的实业教育。1905年,张謇在唐家闸筹办实业公立艺徒预教学校,这是他在南通创办的第一所实业学校,是他创立实业教育的开端。艺徒预教学校一开始就称"学校",它以通州各实业企业员工的子弟为主要培养对象,作为后来的实业学校的起点。20世纪初,南通的工业、垦殖业产生。从1901年通海垦牧公司建立起,到1920年,江苏沿海建立了近30家垦牧公司,近代南通棉纺织工业有了原料生产基地。20世纪初,南通工业、垦牧业的发展为商业、金融业的发展提供了契机。从此,张謇在"父教育而母实业"[①],以及"实业与教育迭相为用"的思想指导下,以实业辅助教育,以教育改良实业,在南通创办了一系列实业教育学校。张謇的行动也带动了其他人办实业学校的积极性。据初步统计,清末南通涉及工、农、商、金融等各类的实业学校(堂)、传习所有10家,见表1。

表1 清末南通近代实业教育统计

校 名	校 址	创办时间	性质	创办人	学 制	专 业
实业公立艺徒预教学校	唐家闸	1905	私立	张謇	—	—

---

① 曹从坡,杨桐:《张謇全集》(第4卷),南京:江苏古籍出版社,1994年,第74页。

续表

校　名	校　址	创办时间	性质	创办人	学　制	专　业
通州师范职业科	通州	1906–1909	私立	张謇	1~3	测绘、农科、土木工科、蚕科
法政讲习所	—	1907	公立	张詧、张謇	—	—
如皋乙种工业学堂	县公署东	1907	—	—	—	木工、漆工染、织贴绒、商业
手工传习所	女子师范校	1908	—	张詧、张謇	6个月	
如皋乙种商业学堂	县城范家桥南	1909	私立	沙元炳	—	
海门乙种商业学校	茅家镇	1909	—	刘燮均	—	
巡警教练所	公立中学校	1909	公立	张詧、张謇	—	
监狱学传习所	公立中学校	1909	—	—	—	
枿茶蚕桑传习所	—	1910	私立	蔡映辰	—	
初中等农业学校	博物苑南	1910.12	私立	张謇	—	
银行专修科	公立中学校	1911.7	公立	通崇海泰商会		
宣讲练习所	—	1911	—	—	—	
乙种商业学校	公立中学校	1911.7	公立	—	—	—

资料来源：南通市教育局编.南通教育志[M].北京：新华出版社，2001.

以上实业学堂，按照《奏定实业学堂通则》的划分标准，工业类有4所，农业类有2所，商业类有4所；按程度划分，乙种实业学堂为初等，甲种实业学堂为中等，这些实业学堂中初等有7所，中等有3所。民国初，南通工农商各职业学校仍有所发展。据不完全统计，民国时期南通有40余所实业学校，学制在2年以上的就有15所。表2所列为1920年前南通的实业学校。

表2 1920年前南通地方的实业学校

校　名	办学地址	创办时间	性质	创办人	学制	专　业
纺织染传习所	唐家闸	1912.4	私立	张謇	—	—
南通纺织专门学校	唐闸	1913	—	—	4年	纺织
南通医学专门学校	南通城南	1912	私立	张謇、张詧	4年	医学
清丈传习所	—	1912.8	公立	—	4个月	
乙种商业学校	南通城南	1912	私立			
甲种商校	南通城南	1915				
乙种农业学校	南通城南	1913	私立	张謇	2~3年	
甲种农业学校	南通城南	—				
南通银行专科学校	南通城南	清末	私立			
如皋乙种商业学校	如皋县	清末	私立	沙元炳		
如皋乙种工业学校	如皋县	清末	—			
海门乙种商业学校	海门厅	清末	商会			
镀镍传习所	唐家闸	1913.9	私立	张謇		
女子职业学校	如皋县署东	1914.3	—			
女工传习所	南通城南	1914	私立	—	2~3年	
大生乙种农校	大生二厂	1914	私立			
产科女子传习所	南通医院内	1914.9	—			
通州护士学校	基督医院内	1916				
海门乙种工业学校	—	1917	—	—	—	—

续表

校　名	办学地址	创办时间	性质	创办人	学制	专　业
测候训练班	南通军山	1918	私立	—	—	—
海门女子蚕桑实习所	原海门启文女校	1919	—	—	—	—
县立乙种农校	岔河南乡	1919.8	公立	—	—	—
英化职业学校	—	1919	—	基督教会	—	—
职业学校	金沙	1919.8	县立	孙儆	—	棉织科
南通女子蚕桑讲习所	南通狼山	1920	私立	—	—	—
女子发网传习所	南通军山	1920	私立	—	—	—
女子看护养成所	南通医院内	1921	私立	陈方	—	—

资料来源:南通市教育局编.南通教育志[M].北京:新华出版社,2001.

　　此外,民国初,尚有部分小学附设商业传习科、工业补习科等实业性质的科目。民国时期,张謇开办的南通实业学校有部分开始向高等实业学校发展,纺织染传习所改办纺织专门学校就是一例。民国元年,南通医学专门学校创办。民国八年,原甲种农业学校升格改办为南通农科大学。至此,南通高等实业类的教育机构有3所。近代南通经过20多年的发展,其实业教育从行业来看有工业、农业、商业、金融等;从办学层次来看,初、中、高等齐全,形成了一个实业教育的完整体系。正如《中国近代职业教育思想研究》一书指出:张謇"与洋务派、改良派、维新派等的实业教育思想不同,张謇的实业教育思想形成了比较完整的体系。更可贵的是根据他的思想进行了实践"[①]。

　　中国的职业教育是由实业教育发展而来的。职业教育是为了培养职业人,

[①]刘桂林:《中国近代教育思潮研究》,北京:高等教育出版社,1997年,第90—91页。

是传授某种特定职业所需的知识、技能和职业意识的教育,与实业教育的目的是一致的。张謇在南通创立的这个实业教育体系,显然为中国职业教育创造了有利的条件。

二、处于全国领先地位的南通实业教育,为职业教育奠定了坚实的基础

清末民初,江苏的民族工业在全国是最发达的,当年的上海大都市也属江苏省管辖。为了满足发展民族工商业的需求,实业教育在江苏省迅速兴起和发展,因而江苏省的实业教育一直处于全国领先地位。据民国二年统计,当年全江苏实业学校有31所,在全国范围内位列第一。当年,南通(包括如皋、海门)就有8所实业学校,约占全省实业学校数的25.8%,见表3。

表3 民国二年江苏省实业学校一览表

序号	校 名	类 别	所在地	教职员数	学生数
1	江苏第一农业学校	甲 种	江宁县三牌楼	22	61
2	江苏第二农业学校	甲 种	吴县	25	102
3	江苏第三农业学校	甲 种	靖江县	21	100
4	江苏省水产学校	甲 种	宝山县吴淞	16	60
5	南通私立甲种农业学校	甲 种	南通县	7	49
6	青浦县立乙种实业学校	乙 种	青浦县	10	78
7	金山县立大观乙种农业学校	乙 种	金山县	8	42
8	南通私立乙种农业学校	乙 种	南通县	12	59
9	清河乙种农业学校	乙 种	清河市	14	46
10	江苏省立女子蚕桑学校	女子职业	吴县浒墅关	11	96
11	江苏省立第一工业学校	甲 种	江宁县复成桥	16	80
12	江苏省立第二工业学校	甲 种	吴县	23	137

续表

序号	校 名	类 别	所在地	教职员数	学生数
13	南通私立纺织染传习所	甲 种	南通县唐家闸	11	50
14	无锡县立乙种工业学校	乙 种	无锡市	18	68
15	如皋县立乙种工业学校	乙 种	如皋县	25	206
16	常熟私立女红学校	女子职业	常熟县海虞市	12	111
17	华亭松江市立第一女子艺术学校	女子职业	华亭县松江市	12	86
18	华亭松江市立第二女子艺术学校	女子职业	华亭县松江市	3	9
19	无锡市立女子职业学校	女子职业	无锡市	11	156
20	无锡怀上市立泾皋女子职业学校	女子职业	无锡怀上市	6	42
21	宜兴县立女子艺术教员教养所	女子职业	宜兴县	8	38
22	上海私立甲种商业学校	甲 种	上海市	18	95
23	南通私立银行专科学校	甲 种	南通县	9	39
24	南通私立乙种商业学校	乙 种	南通县	7	55
25	上海私立金业乙种商业学校	乙 种	上海市	9	80
26	上海市立万竹乙种商业学校	乙 种	上海市	2	68
27	上海市立巽与乙种商业学校	乙 种	上海市	8	97
28	海门市立乙种商业学校	乙 种	海门县	6	98
29	太仓私立乙种商业学校	乙 种	太仓县	14	79
30	如皋私立乙种商业学校	乙 种	如皋县	5	50
31	丹阳私立女子正则学校	甲 种	丹阳县	—	—

资料来源:根据《江苏省教育志》和《南通市教育志》综合而得。

将表 3 中的数据以南通、上海、南京、苏州、无锡等市为范围作一对比,见表 4。

表 4 部分城市实业学校统计表(民国二年数据)

市　别	南通	上海	南京	苏　州	无　锡
学校数	8	9	2	5	4
教职员数	82	86	38	85	43
学生数	606	615	141	525	304

当年,江南的城市要比江北南通经济发达,上表表明,民国二年南通的实业教育在全省是处于领先地位的。就当年的行政建制而言,南通县是唯一的有 5 所实业学校的一个县。江苏的实业教育在全国名列第一,而南通又在江苏省领先,可见当年南通的实业教育在全国也是处于前列的。南通既有一个实业教育的完整体系,又有数量众多、相当发达的实业教育学校,为职业教育夯实了社会基础。这是张謇对职业教育的又一大贡献。

三、张謇突破实业教育的范畴,向职业教育过渡

虽然实业教育与职业教育在实质上是一致的,但毕竟有区别。区别主要在于:一是职业教育的对象要比实业教育宽泛得多。实业教育的主要对象为农工商发展所需的人才,其主要内容是进行从事农工商所必备的知识与技能教育。职业教育除了农工商等实业以外,还涉及许多其他种类的职业,外延宽广。二是职业教育所强调的侧重点是从事活动的人,实业教育则不同,侧重于客观,着重于物质资料的生产、加工、运输、销售等各种活动及其组织,通常没有将人考虑在内。所以职业教育比实业教育更科学、合理。三是职业教育在教育内容上比实业教育丰富得多,全面得多,除了传授特定职业所需的知识、技能之外,更注重基础知识和基本技能的培训,以及职业意识、职业道德、体能方面的培养,

包括德、智、体诸方面的教育。

张謇在实业教育领域的实践已经不是单纯物质资料生产的技能培训,而是在以生计为先的基础上满足社会发展的各种需求和全面提高人的素质的教育。

1．突破实业教育的范围

实业即指农工商各业。1904年1月,清廷颁布的《奏定学堂章程》中指明:"农工商实业学堂",也就是说实业学堂是农工商的学堂,农工商以外的学堂就不是实业学堂了,为农工商培养具有一定技能的技工的教育才是实业教育。张謇在南通所办的实业教育,已大大超过了农工商的范围。南通的实业教育除了农工商以外,还有医护、伶工、警察、文秘等满足社会发展各种需求的教育,由此说明张謇突破了实业教育的范围,在实践上已经开始向职业教育过渡。他是我国职业教育的先行者。

2．突破实业教育的目标

张謇的实业教育不再着重于物质资料的生产、加工、运输、销售等活动和组织,而是更加强调对人的各种素质的教育。早在1902年他就指出"国家思想、实业知识、武备精神三者,为教育之大纲"[①]。1904年,又指出教育要"谋体育德育智育之本"[②]。所以张謇历来不主张教育为单纯的传授知识和技能。这可从张謇于1914年为河海工程测绘养成所这个实业学校制订的章程中进一步得到引证。"第四条　宗旨　本校以养成河海工程之测绘人才为宗旨。"其教育的目的十分明确,是培养人才。接着第五条提出教育方针:"一、注重学生道德、思想,以养成高尚之人格。二、注重学生身体之健康,以养成勤勉耐劳之习惯。三、教授河海工程上必需之学理技术,注重实地练习,以养成切实应用之知识。"[③]可见,张謇的目的是要培养具有高尚人格、强健体魄、业务知识技能的人才。这不再是实业教育的范围,与职业教育无二致。

3．突破实业教学的内容

实业教学是传授特定职业所需的知识、技能,而张謇从培养高素质人才出

[①][②][③]曹从坡,杨桐:《张謇全集》(第4卷),南京:江苏古籍出版社,1994年,第17、35、122页。

发,除了必要的知识技能外,更注重职业意识、职业道德及体能方面的培育和提高。再看表 5。

表 5　张謇为河海工程测绘养成所列出的课目课时表

课目	时间
修身	70
国文	70
英文	140
数学	175
理化	175
地理	3
用器画	70
简易写生画	35
测量学及实习	140
力学	140
水力学	35
机械学	70
工用织料学	70
木工结构	105
土工	140
格工	140
混凝工及铁筋混凝工	140
水工	175
河工	174
体操及游戏	350
总计	2450

从课目中可以看到德育课程为修身课;体育课程为体操及游戏;基础理论课程有国文、英文、数学、理化、地理等;专业基础课有力学、水力学、机械学、工

用织料学等;专业课更多,有用器画、写生画、测量学及实习、木工、木工结构、混凝工及铁筋混凝工、水工、河工等。这些课程设置都与职业教育基本一致,没有多少差别。张謇所创办的实业教育已逐步过渡到职业教育的范畴。也可以说,在张謇实业教育的理论中,已有职业教育思想和理论的内容。

四、创立实业教育理论,为近代职业教育奠定理论基础

"张謇是从鸦片战争至中华职业教育社成立之前近代最为典型的实业教育思想家。"①张謇从中国传统教育理论以伦理为中心,仅仅把教育职能局限于政治伦理的范围内走出来,为发展实业和实行地方自治的社会需要而创办实业教育,并且在实业教育的实践中创立实业教育理论。这个理论的要点如下:

(1)论教育与实业关系,提出了"父教育而母实业"的著名论断。两者有至亲至密的关系,不可分割。这根本区别于教育严重脱离生产实际的传统教育。

(2)论教育为生产服务,认为"以实业辅助教育,以教育改良实业。实业之所至,即教育之所至"②。他看到实业教育有为经济服务的职能,可以增进生产,直接生利。在近代中国人对实业教育经济职能认识发展过程中,张謇的认识是较早而深刻的。

(3)论道德与学术关系,明确地指出"学术不可不精,而道德尤不可不讲"。两者都十分重要,然而又进一步指出,两者不是并重的,而是"首重道德,次则学术"③。强调道德在实业人才培养中的重要作用,应该放在首位。这一点在同时代的教育家中相当突出。

(4)论述实业教育的目的,认为培养实业人才是当务之急,他说"养成本省实业人才,亦先务之急"④。实业学校的任务是"将造就须用之才"。他把培养实用人才作为实业教育的目的。

(5)论课程和教材建设,把课程设置和教材建设作为举办教育事业的四件

---

①刘桂林:《中国近代教育思潮研究》,北京:高等教育出版社,1997年,第90页。
②③④曹从坡、杨桐:《张謇全集》(第4卷),南京:江苏古籍出版社,1994年,第214、110、50页。

大事之一。他说"教育事业,课程是一事,管理又是一事,学问是一事,道德又是一事"①。对课程和教材的制定编撰,提出了必须遵循的一个重要原则,"既须适应世界大势之潮流,必须顾及本国之情势,而复斟损益,乃不凿圆而枘方"②。

正如有研究者所言,"张謇有关实业教育与经济(农工商实业),与社会发展的系统的论述,……可以说,是近代黄炎培之前最系统、最深刻的实业理论"③。他的这些理论正是建立在近代机器大工业、近代科学农业、近代新式商业的基础之上的,所以是科学的,是实业教育向职业教育过渡的重要理论支撑。张謇是近代职业教育当之无愧的先驱者。更何况于1916年9月由他担任会长的江苏教育会附设职业教育研究会成立。1917年5月6日,他与著名人士蔡元培、梁启超、宋汉章等48人共同创建中华职业教育社,并发表《中华职业教育社宣言书》,标志着职业教育思潮的形成。毫无疑问,张謇在中国职业教育史上功不可没!

(感谢陈炅先生为本文提供史料;原载于《南通纺织职业技术学院学报》,2013年,第2期)

---

①②曹从坡,杨桐:《张謇全集》(第4卷),南京:江苏古籍出版社,1994年,第139、148页。
③刘桂林:《中国近代教育思潮研究》,北京:高等教育出版社,1997年,第116页。

张謇职业教育思想比较研究综述

"职业教育"这一名词最早是山西农林学堂总办姚文栋于1904年在《添聘普通教习文》中提出的。他说："论教育原理,与国民最为关系者,一为普通教育,一为职业教育,两者相成而不相背。……本学堂兼授农林两专门,即是以职业教育为主义。"民国后首先撰文提倡职业教育的是时任《教育杂志》主编陆费逵。他撰文《论人才教育职业教育当与国民教育并重》。职业教育与中国传统的封建教育,在指导思想、培养目标、教学内容、方法等许多方面,都是格格不入的。它是适应近代大工业生产需要而出现的新的教育形式。作为近代著名的实业家、教育家的张謇,在近代中国职业教育思想萌发、形成过程中,作出了重要贡献。凡是阐述张謇教育思想的论文与专著,都不能不讲他的职业教育及其作用。在此将20世纪以来,许多学者对张謇职业教育思想方面的研究,作一简要的回顾。

一、关于张謇职业教育思想研究的概况

张謇在南通创办职业教育的实践,最早是1915年由翰墨林编译印书局出版的《南通自治十九年之成绩》一书作了介绍。后来1930年9月南通的《通通日报》连载的《二十年来之南通》的报道中,对张謇创办的职业学校逐一作了全面的介绍。新中国成立后,1990年,由江苏古籍出版社出版的《大生系统企业史》一书,在"大生系统兴办的文化教育事业"一节中也有介绍。这些著作皆提供了职业教育的一般资料,但未能进行专门的研究。1976年,随着台湾(地区)学生书局出版的张謇教育思想第一部研究专著,瞿立鹤《张謇的教育思想》一

书的面世,张謇职业教育思想的研究,也进入新的阶段。它对教育,包括职业教育的哲学基础、政治基础、经济基础、宗教基础和教育的目的、制度、方法等作了全面阐述。到了1995年,中央教科所张兰馨研究员的专著,由辽宁出版社出版的《张謇教育思想研究》,在第五章中对职业教育作了系统介绍和重点研究:对不同的职业学校,按行业分成工业职业教育、商业职业教育、农业职业教育、医学职业教育、交通职业教育、女子职业教育、戏剧职业教育、社会公益职业教育等八类;然后又重点介绍中等职业教育的土木工程科、测绘特班、银行专修科、吴淞商船学校、女工传习所、国文专修科,高等职业教育重点介绍了农校、纺织专门学校、医学专门学校和河海工程专门学校;最后研究其特点。2004年10月由金其桢等主编的《近代三大实业教育家研究》一书中,第四章第二部分,专门写了"张謇的职业教育思想和办学实践"。在内容上,介绍张謇的职业教育没有荣德生创办职业教育那么详细。在这个阶段中,凡是研究张謇教育思想的论文,都把职业教育作为重要的一个部分进行研究。

专论张謇职业教育的论文,大概在10多篇。如1987年第一届张謇国际学术研讨会上有笔者的拙文《张謇与南通的职业教育》,1995年第二届张謇国际学术研讨会上有孙佩兰的《从南通女工传习所看张謇的女子职业教育思想》,1998年笔者与王观龙在《教育与职业》杂志上发表的《张謇职业教育思想及其特点》,1999年蒋国宏在《高教研究与探索》杂志上发表的《张謇职业教育思想的主要特点》,次年他又在《教育与职业》杂志上再次发表的《张謇的职业道德教育思想》,在2000年第三届张謇国际学术研讨会上陈万明、马万明提交的《略论张謇与黄炎培的职业教育思想》。近两年有李梓敬、陈莉丽在《南通职业大学学报》上发表的《浅谈张謇与职业教育》《张謇职业教育思想探析》,戴亦明在《宁波大学学报(教育科学版)》上发表的《张謇的实业教育》,程斯辉在《中国职业技术教育》杂志上发表的《企业家兴办职业教育的先驱——张謇》。反映弘扬张謇职业教育思想内容的,有庄志新在《江苏纺织》上发表的《南通纺院弘扬张謇职业教育思想办现代高职》和王毅在《南通纺织职业技术学院学报》上发表的《张謇与南通纺织职业教育》。在以上这些专著和专论中,从张謇职业教育的指导思想到教育方针,从职业教育的内容到其体系,从职业的道德教育到特点研究等方方面面,已经有了一定的成果,也可以说,对张謇的职业教育思想开始有了比较广泛的研究。但从总体上看,对张謇职业教育思想的研究,资料有待进一步挖掘,研究有待进一步深入。

二、关于张謇职业教育指导思想的研究

职业教育思想是张謇教育思想的重要组成部分。职业教育的指导思想和他整个教育的指导思想是一致的,即为了救亡图存,实现教育救国的目的。许多作者,引出了张謇大量的言论,如"忧国者以为救亡之策,莫急于教育""图存救亡,舍教育无由""求国之强,当先教育""开启民智,救亡图存""实业教育,富强之大本也",如此等等,一一加以论证。从中可见,张謇是把教育放到战略高度上来认识的。他超越了洋务教育思潮"中体西用"的模式,强调教育的战略意义。由此他一生办教育,乐此不疲。

张謇职业教育这一指导思想的产生不是偶然的,来源于他对教育与实业关系的深刻认识,感悟到两者密切不可分割,提出了一个著名的论断:"父教育而母实业。"他指出"教育为实业之母",并进一步论述两者的辩证关系:"以实业辅助教育,以教育改良实业",如果"有实业而无教育,则业不昌"。进而提出教育根据工农业生产的需要,直接为经济建设服务的可贵思想,为我国早期的职业教育提供了思想与理论基础。在这一问题上没有人提出不同的看法。当然,对它的研究还可以进一步深化,对其现代意义还可进一步探讨。

三、关于张謇职业教育方针和原则的研究

专著和专论中涉及的张謇职业教育方针的内容,一致认为他在《河海工程测绘所章程》中已经阐述得很清楚,"本所教育方针如下:一、注重学生道德思想,以养成学生高尚之人格。二、注重学生身体之健康,以养成勤勉耐劳之习惯。

三、教授河海工程上必需之学理之术，注重实地练习，以养成切实应用之知识。"也就是说，他主张培养德体智并重的全面发展的有用人才。在20世纪初就有这样的思想作为职业教育的方针，研究者一致认为是十分难得的。为了贯彻这一方针，张謇还指出了具体的途径。他认为"国家思想、实业知识、武备精神三者为教育之大纲"。张兰馨在《张謇教育思想研究》的专著第六章中进行了专门论述。李建求在他的《张謇教育思想述评》一文中对此专门作了分析和阐述。至于教育的目标也论述得很清楚，要受教育者走向社会时"为农者必蕲为良农，为工者必蕲为良工，为商者必蕲为良商"，真正成为一个合格的公民。为此，他在实践中为实现这一宗旨，提出了创办职业教育的原则："实业之所至，即教育者之所至。"实业办到那里，教育也要跟到那里；办什么样的实业，即办与实业相应的实业教育；随着社会发展的需要办什么样的实业，就办什么样的职业教育。南通的职业教育体系就是紧密结合大生企业集团的发展而发展，有力地促进地方社会经济的发展。研究者都认为在当时的历史条件下有这些闪光的思想，确实是有远见卓识的，为我国近代职业教育提供了丰富的思想资源。

四、关于张謇职业教育体系的研究

张謇于20世纪初在南通创办了一系列职业教育学校，有20多个。尽管是早期的职业学校，但举办数量如此之多，种类如此之全，管理如此之严，在近代史上是罕见的。研究者一致认为在南通已经形成了地方职业教育的一个体系，一个网络，而且是与张謇创办的全国最早也是当时最大的大生企业集团相匹配的。甚至认为从这个体系的完整程度来看，它的完整性就是一个特点。

学者从不同的视角来研究南通近代职业教育体系。从其内容上来看，它涉及政治、经济、文化、教育、金融等广泛的领域；从这个体系涉及的行业来看，有工业、农业、商业、社会公益事业等方方面面。这样多种类的职业教育，可以满足不同行业对人员的需求。从职业教育的层次来分析，有初等职业教育、中等职业教育、高等职业教育。这种多层次的职业教育，可以满足不同岗位对人员的需要。从这个体系与大生企业集团的关系来看,它与大生集团紧密结合,以其多层次、多学科与大生集团的多行业、多种类要求相适应,也可以说与之相匹配。对此并没有发现研究者之间有什么分歧意见,都表示了敬佩之意!

五、关于张謇职业教育特点的研究

张謇职业教育的特点研究分为两个部分,一是张謇职业教育体系的特点研究,二是张謇职业教育思想的特点研究。前者由本人于1987年的拙文中,提出了三点,从其重心来看是以纺织教育为核心的职业教育体系;从创办的历史来看是经历了一个从初级到高级逐步发展的过程;从学科和层次来看是一个多学科、多层次,并与当地的大生企业集团相适应的职业教育体系。这种归纳是粗浅的,还可以进一步深入研究,进行补充和完善。1995年,张兰馨研究员在他的专著中进一步研究指出:张謇职业教育具有"学以致用,按需设学;沟通教育与职业的联系;多学科性和多层次性;敬业乐群,手脑并用"这4个特点。关于职业教育思想的特点,在本人与王观龙于1998年合写的《张謇职业教育思想及其特点》一文中,阐述了"职业教育为救国""职业教育辅实业""职业教育德为先""办职教由低到高""技能教育重训练"五个方面;蒋国宏于1999年发表的《张謇职业教育思想的主要特点》中概括为三条:"着眼远处,着手近处""务求适用,重视实践""首重道德,次则学术"。虽然两篇论文在职业教育思想特点的基本内容上是一致的,但蒋文的提法似更完整,更有学术品位。如"着眼远处,着手近处"比"职业教育为救国"、"务求适用,重视实践"比"技能教育重训练"含义更完整些,因为为用而学、因地制宜也是张謇职业教育的重要思想。"首重道德,次则学术"比"职业教育德为先"更辩证,讲到了道德和学术两个方面的关系。尤其是蒋国宏对张謇职业道德教育思想作了进一步的专门研究,于2000年在《教育与职业》杂志上发表了以"爱国爱学,珍惜时间""志存高远,强毅力行""诚实守信,遵纪守法""勤俭节约,吃苦耐劳"为内容的《张謇的职业道德教育思想》论文,并且认为这种多方面、有针对性地加强学生道德教育是中国职业思想宝库中的珍贵遗产。他的研究更加深化了。

张謇职业教育特点虽然已有不少专著专论文章,但研究的空间仍然较大。因为这种研究尚在初始阶段,况且尚有不同的提法。譬如"办职教由低到高"是不是张謇职业教育思想的特点?又譬如张謇不受癸卯学制规定实业学堂分为"艺徒学堂、初等实业学堂、中等实业学堂、高等实业学堂"这四段的制约,而是按实际需要办各种传习所,时间长短不一,未设独立的实业学堂,往往附设于各类学校之中。这种不求形式正规、灵活多样、因地制宜的办学思想,是不是他职业教育思想的特点之一?又譬如要不要分清张謇在南通创办职业教育的特点,近代南通职业教育体系的特点和张謇职业教育思想的特点?它们相互之间有何等联系,又有何种区别?对诸如此类问题的解答并达到认识上的一致,有待研究的时日和研究的不断深入。

六、关于张謇在我国近代职业教育史上地位的研究

根据中国教育思想史、中国近现代教育思潮和流派的史书记载,民国后倡导职业教育的是陆费逵、郭秉文、陈独秀、蔡元培等,职业教育的代表人物是黄炎培,而张謇仅仅在批判旧教育的种种弊病时列举的大批实业界人士中被提到。张謇在我国近代职业教育史和职业教育思想史上还是一个空白。那么张謇在职业教育史上有没有地位?应该有什么样的地位?这一问题的研究有待展开。当然对张謇在职业教育历史上地位的研究,要深入到一定的阶段,才有足够的前提和基础。而现在已经有了相当的基础,提出这一问题进行研究是时候了,因而需要填补这个空白。

对张謇在职业教育史上的评价,有关职业教育的专著和专论中已经涉及一些。瞿立鹤最早提出张謇"不愧为我国职业教育之先驱"。本人的拙文中认为他是"近代中国职业教育的奠基者之一",后来与王观龙合撰的一文中称"他作为我国近代职业教育的先驱者和奠基人是当之无愧的"。陈莉丽在她的论文中也认同这一提法。尤其是她提出的"黄炎培乃是中国近代职业教育的倡导者,但

是黄炎培倡导职业教育是在1915年考察了美国职业教育回国之后的事,而张謇早在1902年就议办职业学校"了。这一个问题提得好,值得研究者认真思考。确实,1915年的张謇,在南通已经创办了20来所职业学校,而且已经形成了一个多层次、多学科的形式灵活多样的职业教育体系。这在全国应该是起了一个榜样的作用。张謇在职业教育的理论建构上不如他的学生黄炎培,但他在江苏教务总会(后改为江苏教育会)时对黄氏的影响比较大,他们不仅是同事,也有会长与干事的上下级关系,并且黄炎培到南通来实地考察多达六七次,以研究职业教育为重点的黄炎培,不可能不受到南通职业教育经验的影响。这也是值得研究的重要课题。作为教育家的张謇,在研究他职业教育思想的时候,应该根据他的实际情况。他不是一位教育理论家,与梁启超、黄炎培等教育家不同,虽然也有许多教育方面的言论,但更多更深刻的职业教育思想蕴藏在他的办学实践中,因为他更多的是位教育实践家,因而应该在他的职业教育实践中去挖掘他深邃的思想宝库。因为他没有在教育理论上的升华而忽视其闪光的思想与理念是十分可惜的,因为他自己没有论述到而否定其光辉的思想与理念是十分迂腐的。研究者的任务就是在他的足迹中去发现他的思想,去弘扬他的思想,使其教育思想成为我们发展社会主义教育事业的精神动力。

七、关于张謇创办职业教育几个具体问题的探讨与研究

1. 关于张謇创办第一个职业学校农学堂的问题

有人提出1902年张謇在通海垦区创立的农学堂是他创办的第一个职业学校。他们的依据是张謇在《通海垦牧公司集股章程启》中就提到"兴工筑堤之始,即择千亩之地立农学堂,延日本农科教习,采日本农会章程,斟酌试办;讲求垦牧之事,备公司任用,亦即为他州县储才",并对校舍作了规划,"学堂内外楼二十幢,每幢三百两,约六千两"。又对农学堂的人员结构作了初步安排:"学堂常驻经理一人,化学教习、种植教习二三人,中文书算教习二三人,司帐一人,司杂务一人,门丁一人,厨夫二人,杂役六人"等等,而且以第二堤为"公司、农学校择

基在焉"。可能这是主要的依据。《大生系统企业史》介绍农学堂,也在书中写道:"1902年,张謇在通海垦牧公司附设了农学堂,为农垦事业培养人才。1906年,迁到通州城,将农科附属于通州师范。"由此而在许多的专著、论文中引用。如卜贵林于1992年在《教育研究》上发表的《张謇与中国教育近代化》一文中说"于1902年在通海垦枚公司(今启东海复镇)开办了他的第一所职业学校——农学堂,培训农垦技术人员";1995年张兰馨研究员在他的《张謇教育思想的研究》一书中也是这样写的。陈莉丽于2004年在《南通职业大学学报》上发表的《张謇职业教育思想探析》一文中是这样叙述的:"1901年张謇创办了通海垦牧公司成功后,为适应农业科技人员的急需,第二年即在垦区设立了'农学堂'。1907年迁往南通城,建农科,附设于通州师范。"许多文章都这样说,农学堂在实际上存在不存在呢?陈炅在2001年的《江苏地方志》第4期上发表了《通海垦牧农学堂析疑》,这是一篇对农学堂进行史料论证的文章,进行了有力的论证。其一,查通海垦牧公司的账略和张謇的说略中,均无农学堂的建筑开支;其二,在1903年,张謇在《通海垦牧公司说略》中说到:"北至吕四,南至川洪港,西至海界河,水道处处淤塞,转运物料之难,百倍他处。农学校不得不稍缓。"也就是说,在1903年之前,不可能建。那么稍缓到什么时候呢?在1907年通师附设农科招生前,在通海垦牧公司的账略上仍无这笔开支,并且张謇亲自主持编写介绍南通的《南通自治十九年之成绩》中也未提及农学堂。实际上那一带到了1912年才在崇明外沙,由大生二厂办起了乙种农校。通海垦牧公司的农学堂是计划中的事,但后来并未成为现实。瞿立鹤在他的专著中称农学堂为张謇所"议设"的提法是十分恰当的。因而农学堂也就不能作为他创办职业教育的起始。如果说1902年张謇创办的通州师范学校不是严格意义上的职业学校的话,那么1905年在唐家闸创办的艺徒预教学校才是他创办的第一所职业学校。

2.关于"女工传习所"是否是第一所刺绣学校的问题

李建求于1999年在《教育研究》上发表的《张謇教育思想述评》一文中叙述:"南通女工传习所,为中国第一所学校形式的刺绣学校。"在后来的文章中和一些领导人的讲话里也常讲它是"中国第一所刺绣学校"。陈佐为女工传习所是不是第一所刺绣学校的问题,于 2004 年在《南通今古》杂志上发表《就<飞针锦绣誉全球>存疑与邱健商榷》一文,文章中指出,有人说沈寿在清王朝倒台后偕丈夫去天津自设女工传习所,称第一所刺绣学校,这是不对的。"且不说无锡、上海、苏州等地民间已有刺绣学校多个,都比沈寿在天津自立女工传习所办得早,就仅沈寿来说",早在 1906 年 4 月至北京农工商部报到,5 月在磨盘园办绣工科,招生 80 名,主要讲授刺绣、美术等课程。这分明就是一所刺绣学校。沈寿在天津办的女工传习尚且不是我国第一所刺绣学校,更何况沈寿于 1914 年来南通创办的女工传习所了。作者以丰富的史料加以印证,否定了这一提法。南通女工传习所不是我国第一所刺绣学校,这已是一个十分明确的结论。对于历史上的定位问题,应该以严肃的态度对待之,必须符合历史事实,不能再想当然,不能再以讹传讹了。

3. 关于实业教育与职业教育的问题

笔者在 1998 年的拙文里提到"'癸卯学制'出台,把当时称为实业教育的职业教育法定下来"。当时我把实业教育和职业教育等同起来看待。我又看到一个资料,"在 1904 年 1 月,清政府颁布《奏定学堂章程》,其中包括《初等农工商实业学堂章程》《中等农工商实业学堂章程》《高等农工商实业学堂章程》,在《学务纲要》中明确指出:'各省宜速设实业学堂'。农、工、商各项实业学堂,以学成后各得治生之计为主,最有益于邦本。姚文栋在文中提及的'职业教育'就是指这类学堂。"这里似乎又将两者说成相同的概念。崔荣华于 2002 年在南通举办的"张謇教育思想研讨会"上发表的《张謇的大教育思想体系》一文中提到:"实业教育不等于职业教育。实业教育实施的重点在中等教育以上,旨在培养应付洋务的人才,而对国民教育却相当忽视;职业教育实施的重点在中等教育以下,旨在培养国民生存之技能并提高整个国民素质。"从而提出了实业教育与职业教育之间有一定区别。刘桂林在《中国近代职业教育思想研究》一文中,将张謇创办的职业教育都称为实业教育。清末的实业教育与民国后的职业教育,两者之间的关系是值得研究的一个题目。它们有哪些是相通的？有哪些区别？除了重点不同外还有哪些其他不同之处呢？这方面还可以进一步地研究，希望尽早见到有关这方面的论文。

八、小结

综上所述，对张謇的职业教育思想，已经开展了相当广泛的研究。举办过张謇教育思想的专题研讨会，也有了一批研究职业教育的论文，但是，笔者认为这仅仅是良好的开端，对张謇职业教育思想的资料尚未进行系统的整理，这几年南通市档案局与张謇研究中心合编的《大生档案资料选编》还仅仅是"纺织编"，以每年一本的速度在进行，尚无精力和财力考虑到"教育编"，希望有财力和人力的单位与部门能加入进来，尤其是政府要重视这项基础性的工作，进行人力和财力的投入。因为它是研究的基础和前提，应加快这项工作的进展。

对张謇在职业教育思想方面的研究，目前多为宏观方面的研究，介绍职业学校也仅是一般的概况，而在微观上逐一对各职业学校个案进行研究，尚未展开。这与职业教育资料的不足有关。张謇职业教育思想对现今职业教育的借鉴和启示作用，也有待研究的深入。当前，我国重视和大力提倡办多办好职业教育，这方面的研究，尤其显得重要与迫切。所以不仅研究的空间还很大，而且他的职业教育思想与其他职业教育家进行比较研究的前景十分看好。陈万明与马万明合作的《略论张謇与黄炎培的职业教育思想》一文中有比较研究的内容。他们两人都主张"教人有谋生的一技之长"；都认为教育为实业服务；都辞官后热心办教育。所不同的是张謇自己办实业以资教育事业；而黄炎培依靠有爱国心的实业家资助办学。张謇的职业教育思想通过儒家传统思想的现代变迁与西方先进文化相结合，黄炎培是接受西方职业教育思想的影响，通过社会实地调查而得出自己的职业教育思想。这方面的比较研究仅仅是起步，比较研究的空间还大得很。随着张謇所创职业教育史料的整理和挖掘，国家对当代职业教育的重视和发展，相信张謇职业教育思想研究的浪潮必将会掀起。

参考文献：

〔1〕江谦:《南通自治十九年之成绩》,南通:翰墨林印书局,1915。

〔2〕陈翰珍:《二十年来之南通》,南通:南通自治会,1938。

〔3〕瞿立鹤:《张謇的教育思想》,台湾:学生书局,1976。

〔4〕编写组:《大生系统企业史》,南京:江苏古籍出版社,1990。

〔5〕王炳照,阎国华:《中国教育思想史》(第六卷),长沙:湖南教育出版社,1994。

〔6〕张兰馨:《张謇教育思想研究》,沈阳:辽宁教育出版社,1995。

〔7〕刘桂林:《中国近代职业教育思想研究》,北京:高等教育出版社,1997。

〔8〕金其桢,金秋萍,俞燕鸣:《近代三大实业教育家研究》,北京:高等教育出版社,2004。

〔9〕曹从坡,杨桐:《张謇全集》(第4卷),南京:江苏古籍出版社,1994。

〔10〕张廷栖:《张謇与南通的职业教育》,载《论张謇——张謇国际学术研讨会论文集》,南京:江苏人民出版社,1992。

〔11〕孙佩兰:《南通女工传习所看张謇的女子职业教育思想》,载《改革家张謇——第二届张謇国际学术研讨会论文集》,南京:江苏古籍出版社,1996。

〔12〕陈万明,马万明:《略论张謇与黄炎培的职业教育思想》,载《中国早期现代化的前驱——第三届张謇国际学术研讨会论文集》,北京:中华工商联合出版社,2001。

〔13〕马万明:《张謇与陶行知师范教育思想及比较》,载《中国早期现代化的前驱——第三届张謇国际学术研讨会论文集》,北京:中华工商联合出版社,2001。

〔14〕张廷栖,王观龙:《张謇职业教育思想及其特点》,载《教育与职业》,1998(9、10)。

〔15〕蒋国宏:《张謇职业教育思想的主要特点》,载《高教研究与探索》,1999(4)。

〔16〕蒋国宏:《张謇的职业道德教育思想》,载《教育与职业》,2000(7)。

〔17〕陈炅:《通海垦牧农学堂析疑》,载《江苏地方志》,2001(4)。

〔18〕程斯辉:《张謇的职业技术教育思想》,载《湖北大学成人教育学院学报》,2003(1)。

〔19〕李梓敬:《浅识张謇与职业教育》,载《南通职业大学学报》,2003(4)。

〔20〕戴亦明:《张謇的实业教育思想》,载《宁波大学学报》,2003(4)。

〔21〕陈莉丽:《张謇职业教育思想探析》,载《南通职业大学学报(教育科学版)》,2004(3)。

[22]庄志新:《南通纺院弘扬张謇职业教育办现代高职》,载《江苏纺织》,2004(7)。

[23]程斯辉:《企业家兴办职业教育的先驱——张謇》,载《研究与探索》,2004(3)。

[24]陈佐:《就〈飞针锦绣誉全球〉存疑与邱健商榷》,载《南通今古》,2004(5)。

[25]王红梅:《张謇教育思想浅探》,载《档案与建设》,2004(10)。

[26]王毅:《张謇与南通纺织职业教育》,载《南通纺织职业技术学院学报》,2006(2)。

(原载于《张謇研究百年回眸》,南京:南京大学出版社,2007年)

张謇对产学研相结合的宝贵探索

产学研合作或称产学研结合，是指企业、高等学校和科研机构共同从事科学研究、产品开发和人才培养的一种活动形式。这是社会经济发展到一定阶段的产物，解决了教育、科研和生产三脱离的问题，有力地推进了科技和教育的发展，是教育、科技、经济可持续发展模式的一个重大突破，是世界经济发达国家普遍推行的组合形式。

现代意义上的产学研结合，首推20世纪50年代以美国斯坦福大学为代表的"特曼式大学"。19世纪初叶，德国教育家洪堡等强调大学应为研究为中心；19世纪中叶英国学者牛曼认为，大学专为传授知识而设，科研应在别处进行；美国的大学，一方面继承了英国大学重教学的传统，另一方面也继承了德国大学重研究的传统，但同时又超越了英德的模式而形成独特的风格，这就是大学应成为知识工业的重地，让学术界与产业界结成伙伴关系，将大学与市场结合，突出大学的社会服务功能。集三种理念于一身的典型，就是原斯坦福大学教授、工程学院院长，堪称"硅谷之父的特曼所主张并成功的模式"[①]。最早建立的产学研基地是于1951年在美国加利福尼亚州倡导而建立起来的斯坦福科学园。科学的发展目标就是要以大学研究为中心，在大学附近建立起各科学研究的开发、生产与经营系统。其实，早在"特曼模式"形成之前，产学研结合的思想就已经有了萌芽，在实践中也有过不少有益的探索。在我国，张謇就是其中的佼佼者。

一、张謇是产学研结合的最早探索者

在中国古代教育制度向近代教育制度传化的过渡时期，有一位过渡性的人

---

① 刘力：《产学研合作历史考察及本质探讨》，载《浙江大学学报（人文社会科学版）》，2002(3)。

物,即近代著名的实业家、教育家张謇,为产学研结合进行了开创性的探索。张謇在发展实业、创办教育、组织科研的实践中积累了丰富的经验,对实业、教育与科研三者之间内在联系的认识达到了一定的深度,并且从理论到实践方面均取得了令人瞩目的成果。张謇之前的近代教育家、洋务教育思潮的代表者张之洞,在冲击传统教育的价值观、催发新式教育的产生方面作出了杰出的贡献。然而在"中体西用"的洋务教育指导方针的指导下,他不敢从根本上触动传统的教育体制,因此也就谈不上对以教育与生产劳动、科学实验相结合为特点的产学研关系的探索。维新教育思潮的代表者康有为、梁启超,批判了洋务教育思潮的保守性,在教学内容方面除了学习西方的自然科学外,还主张"以政学为主义,以艺学为附庸"以及"师范为群学之基"等,为现代教育制度的建立做出了开创性的贡献。可是他们对产学研的关系也同样未曾涉及。只有严复有所涉及。他认为旧教育最大的弊端是空疏乏用,主张"求才为学二者,皆必以有用为宗",注重专业技术教育,即当时所称的实业教育。另外在教学方法上注重实践教育,这是严复教育思想的一大特点,也是严复超出前人的地方。可他毕竟是教育思想家,没有以实践为基础的办学经验,不可能对实业、教育、科研的关系有卓越的见解。张謇同他的前辈教育思想家有很大的不同,他不仅是实业救国论者、教育救国论者,而且是中国近代著名的实业家、教育家,在实业救国、教育救国实践中,有条件在丰富经验的基础上探索实业、教育、科研之间的内在联系,寻找具有规律性的东西。事实上,张謇对产学研关系的探索所获得的成果,关于产学研结合的许多理念和举措,建立的体系和模式等方面,甚至在今天看来仍不失其参考价值,这是张謇教育思想中的又一个重要闪光点。

张謇在中国早期现代化的实践中,通过所从事的实业、教育和科技活动,积累了丰富的经验,为探索产学研的结合提供了实践的基础;张謇能不断地总结经验,善于思考,在实业、教育、科技活动三者辩证关系的探索中,产生了许多新思想、新理念,为产学研的结合提供了思想基础。可以说他是我国产学研相结合的最早探索者。

当然,这种联合体同当今的产学研的结合,在程度上有很大的不同。当时的社会处于现代化的起始阶段,人才特别缺乏,高校首先满足于企业对人才的需求。高校和科研机构也处于始创阶段,谈不上如今的以企业为主体,科技为支撑,高校科技成果为纽带;只能说以企业为主体,以人才培养为支撑,以开发有限的产品、提高产品质量为纽带。当然不存在如今的科技成果急需转化为生产力的问题。这也可能是早期产学研结合的一种雏型。张謇所探索的早期产学研结合的模式,是从产学的结合,再到产研的结合,从而形成产学研结合的雏形。这个历程带有初期探索的时代特征。当时高等教育处于始创阶段,特点是以教育为中心,科研力量尚未形成气候,张謇所组织的科研工作,主要力量往往依靠他所聘来的外国专家。这同20世纪80年代所经历的学研结合、产研结合直至产学研结合的道路有很大的不同。这是不可避免的时代的局限性。但尽管如此,张謇仍不愧为中国产学研结合的早期开拓者!

二、产学研结合的办学思路

张謇在中国教育早期现代化的实践中,明显有两个层次的办学思路:一是强调普及国民教育,以达到"启民智,明公理"、提高国民素质、实现强国富民的目的。所以他首先创设师范学校,培养小学教师,办学也从小学始。二是在普及教育的基础上,直接培养企业应用型人才,举办职业技术教育和高等教育。在这一办学层次上,他强调实业、教育和科研的结合,就是当今的所谓产学研相结合的思想。这一思想反映在如下几个方面:

首先,学校有明确的培养目标:面向实业所需的第一线,培养实用性人才。用他的话来说:"实业之所至即教育之所至。"就是说他办什么样的实业就要办什么样的学校来培养企业所需的人才。用今天的话来说就是教育面向市场、面向经济建设和社会发展的主战场。学校在创新人才培养和新科技成果方面为社会提供服务。这种教育的新理念产生在一个世纪之前是十分可贵的。

其次，学校校址尽可能靠近企业所在地。为了便于产学研之间的结合，张謇一向主张将为实业培养应用人才的学校办在企业的附近。早在张之洞担任两江总督期间，张謇曾"以工场机械之富……陈请就上海制造局附近，建设一完全高等工学，相国趣之"①，没有结果。1905年当张謇听说学部有南北各办一所大学之议，即向学部建议"权衡形势，而先其所至急，莫若仍就上海制造局相近，先建工科大学"②。1906年南洋大学策划时，他在致端江督函中又一次提出："江宁宜就制造局左近设工科，特设法科。苏州宜就昆山新阳有荒地处所设农科。"③然而，他的这些科学主张并没有得到清廷的重视。直到他创办的实业得到相当发展，教育有了一定基础的1912年，说服股东，"遂以南通一隅，枝节进行"，创办高等教育。南通纺织专门学校就按他一贯的主张，将校址定在他首创的大生纱厂之侧，这样可得益于工场机械之富，江海交通之便。医校也与医院相邻，使教员易致，学生易于参观。在当时交通不发达的情况下，厂校相邻，有利于互通有无，优势互补。就高校而言，拥有智力优势、人才培养优势等；就企业而言，则拥有生产技术环境、设备条件，可达到资源共享，并优化组合，对教学、科研和生产都有重要的意义。

第三，由企业办高校。教育本应以政府行为为主。可近代中国贫穷落后，无法满足社会的需求，加上各级贪官昏庸腐败，中国教育严重落伍。救国心切的张謇在实业获得成功后，不靠政府而靠实业进行智力投资，热衷于办教育、建学校。许多学校"所有常费基金，由厂中筹拨"④，如通州师范学校常年经费由大生纱厂每年利润中拨十四分之一；南通纺织专门学校的教育经费由大生一、二、三厂各负担三分之一；南通农科大学的办学经费由通海垦牧公司等农垦公司担负。这可能是中国近代民营企业中最早的厂办高校了。在南通的大中专院校的经费，都是从实业的盈利中获得资助，这种办学方式所形成的企业与学校的关系，就非同一般，结合得更加紧密了。学校培养的目标也就十分明确，不为企

---

①②③④曹从坡，杨桐：《张謇全集》(第4卷)，南京：江苏古籍出版社，1994年，第52、52、67、145页。

培养所需人才就没有出路。

以上是张謇在特定的历史条件下所形成的办学思路,同我们今天产学研结合的办学思路不谋而合,这可能是市场经济条件下教育发展的一个共同规律。社会经济的发展,呼唤着它们的结合。张謇在一个世纪之前的实践中开始认识到这一点,并进行了初步探索,非常难得。

三、产学研结合教育的模式

张謇经营南通,在实业有了一定的基础后,创办了土木工科测绘班、镀镍传习所、女工传习所、女子蚕桑传习所、伶工学社、乙种农校、甲种农校、南通甲种商业学校、国文专修科、银行专修科等一系列大中专职业技术教育;1912年,创办了南通私立纺织专门学校、南通医学专门学校;1919年,又创办了南通农科大学,形成了与实业相应的地方性教育体系。这个教育体系具有早期产学研结合的特色。

一是以现代科技为高校教学的内容。张謇认为我国的"理工农医四科则无不须改良,无不须输入知识"[①],输入的知识就是西方先进的科学技术。他主张学校的教育内容"讲格致,通化学,用机器,精制造",以此能达到"化粗为精,化少为多,化贱为贵"[②]的目的。他希望翻译各国政治、文学、历史、法律、经济学、伦理学、博物学、教育、农工商业诸史,遴选本国文笔优长能通科学、外国语言者,分门随同笔译,这样,"中国教员,即不精通外国语者,亦可教授"[③]。张謇创办的各类各级学校以西方先进的科学技术为教学重点,甚至纺织青年工人的夜校,也主要学习纺织学、机械学和英语。职业教育和高等教育更是如此了。

二是以理论结合实践为教学的方法。张謇认为"学问兼理论与阅历乃成,一面研究,一面践履,正求学问补不足之法"[④]。由此而提出"科学的学习方法称之谓良知之学,重在知行并进"。"居今之世,舍知行并进,尚安有所谓学务哉!"[①]

---

①③④曹从坡,杨桐:《张謇全集》(第4卷),南京:江苏古籍出版社,1994年,第66、66、101页。
②曹从坡,杨桐:《张謇全集》(第1卷),南京:江苏古籍出版社,1994年,第37页。

从而得出"学必期于用,用必适于地"②的教学原则。

张謇所创办的职业教育到高等教育,均十分重视教学的实践环节。平时的生产实习课时随着年级的递升而逐步增加,毕业前进入工厂、农场实习。

重视实践教育环节的同时,他十分重视实践基地的建设,努力创设实习场所。如纺织专门学校先后兴建纺纱实习所、机织实习所、各种提花手织机实习所、金工实习所、染色试验室等。农校除阜宁的大学基地11万亩外,还有大有晋棉作试验场100余亩,南通市启秀路试验场30余亩,园艺场20余亩,畜牧场10余亩,狼山苗圃20余亩,东林稻作场10余亩。医校设立医院等,不仅给学生提供了良好的实习场所和丰富的实践内容,确保理论有效地指导实践,有效地加大了学生的训练力度,锻炼了技能,更重要的是让学生接触到新的科技信息,拓宽了学习的视野,并在浓厚的工程实践氛围中受到熏陶,领悟到应用科学的远大前景,有利于激发学生参与科技研究的积极性,培养学生的创新意识。

三是以开放的综合教育为教育的模式。旧教育体制的特点是高楼深院,脱离生产,与世隔绝,培养精神贵族。张謇创办的教育,反其道而行之。除了打开校门,深入工厂农村,在实践中学习,掌握生产技术的实际本领外,还向广大的社会学习,参加社会实践。张謇于1914年制订了《南通私立纺织专门学校学则》,在第七章修学旅行第27条中规定:"各级学生因左记之项目,每学期修学旅行一次。"当时每年三个学期,三次假期进行"修学旅行"。这一"修学旅行"同我们今天讲的社会实践基本相同。它的内容有三条:"一、巡视各地之实业状况可供实地见习资料之地;二、锻炼身体习劳耐苦资以训练之地;三、名胜古迹借广知识之地。"而且还规定"旅行出发前带着问题,返校时一一答复"。③所需费用,校方还作一定补助。张謇对在学期间的学生规定假期进行社会实践,重视实践教育,即使在平时,还设立营业部,作为对社会联系的一个窗口。《学则》的第十一章"营业部"第71条阐明其性质:"本校学生练习工场管理法及增长商业知识起

---

①②曹从坡,杨桐:《张謇全集》(第4卷),南京:江苏古籍出版社,1994年,第57、99页。
③张謇:《南通私立纺织专门学校学则》,南通:翰墨林印书局,1915年,第11-12页。

见,特设营业部由学校与学生合办之。"营业部中的手织产品由学生自己"谋销路之推广",并要求学生对营业部"生熟货进出之关系、工作之情形、出品与时令之关系、出品与社会心理、销路之情形"进行研究,熟悉市场,了解管理。他还鼓励创新,如有"特别意匠之花纹,欲行试织者"①,经批准即可试制新品种。张謇这一系列的规定,旨在引导学生关心社会,了解社会,与社会进行沟通,置身于社会活动之中,为学生开辟了广泛的教育和实践空间,使人才的培养更贴近社会,服务于社会;同时,又激发学生对未知领域的探索和追求,促进创新素质的培养。这些都反映了张謇注重学生综合能力和基本素质的教育和提高。

四、产学研结合的科研模式

张謇认为科学是社会进步的动力,说:"科学愈进步,则事业愈发展。"②所以在中国科学社第七届年会上,他说:"良以科学为一切事业之母。诸君子热忱毅力,为中国发此曙光,前途希望实大。"③他对科学和全国的科学家寄予厚望。由此,他在实业与教育的实践中十分重视科学研究和建立科研机构。

张謇所组织的科技活动是以生产为基础,发展社会经济为目的。他在科学社第七届年会的送别宴会上即席讲话中强调:"吾人提倡科学,当注重实效。"④这个"实效"就是科学地满足社会发展的需要,推动经济的发展,促进市场的繁荣。

他组织成功的科研工作,乃是棉种的改良。南通地区种植棉花(即亚洲棉)有悠久的历史,普遍种植中棉,其中鸡脚棉为多。可鸡脚棉纤维短,不能纺成细纱以抗舶来品。外国棉种虽佳,然以气候地质之不同,几经栽培便成变种,亦难保固有之性质。在张謇之前,张之洞和赵尔巽在湖北,山东巡抚杨士骧和东昌太守魏家骅在山东引进过美国优良棉种,均无建树。1904 年,清政府的农工商部从美国引入几个陆地棉品种也因未进行改良而失败。张謇于 1910 年在《奖励植棉

---

① 张謇:《南通私立纺织专门学校学则》,南通:翰墨林印书局,1915 年,第 19-20 页。
②③④ 曹从坡,杨桐:《张謇全集》(第 4 卷),南京:江苏古籍出版社,1994 年,第 323、428、323 页。

及纺织业说》一文中就提倡改良棉花品种。1912年建甲种农校,后发展为农业大学,就"有棉作局部分之试验,有土壤肥料分析成分之试验,有摘心距离之试验。凡试验之法,分数十种"①。这说明张謇为了棉花种植的优质、高产,教育与科研同步启动,先后搜集世界棉种50种进行选种和驯化。1914年又在南通狼山脚下建第二棉作试验场,通过十余年试种、驯化和推广,美棉首先在通海垦牧公司以及大生系统所属的16个大公司的新垦棉区推广开来,从而改变了华棉一般只能纺8~12支纱的局面,使中国棉纺工业有了纺42支细纱的原棉。②这是产学研早期结合的硕果,为大生纺织企业提供了优质原棉,无疑为企业提高效益、增强竞争能力创造了条件。

张謇提倡的科研活动主要是利用南通高校的条件建立研究机构,聘请国内外的专家开发产品。产品的开发主要围绕着纺织工业,纺织工业又主要是以棉花为原料。纺织工业是张謇所首创的核心企业,因而南通的高等教育和科研活动就以此为中心:培养纺织企业需要人才,为此而创办南通纺织专门学校;纺织需要原料,由此而围垦滩涂,扩大原料基地,种植棉花;为提高棉花的产量和质量,需要高层次的农业人才,又办农校,分析土壤、肥料和成本;建气象台,研究气候;为改良棉花品种,建立棉作试验场,引进并驯化外来优良品种;研究病虫害和栽培技术,提高棉花产量。

张謇在总结他科研工作的经验时指出,科技活动是为了发展生产,繁荣经济,推动社会前进,"而欲达此种目的,第一须用科学方法,研究社会心理;第二须用科学方法,量度社会经济"③。就是说科研工作推出新的产品要面向市场,面向社会的需求和人们购买的能力。他列举了两个例子,一是由日本留学回国的科学家用精制皂术为南通的肥皂厂研制了精品肥皂这一新产品,但因成本高、价格贵、无销路而亏损甚巨;另一个是20年代末利用农大化学设备,组建工

①③曹从坡,杨桐:《张謇全集》(第4卷),南京:江苏古籍出版社,1994年,第141、302页。
②严学熙:《张謇与中国农业近代化》,载《张謇农垦事业调查》,南京:江苏人民出版社,1999年,第8页。

业化验处这个研究机构,聘德国化学博士替尔为主任,研制精美白油,然因成本贵而价格昂,销路不广,遂令一向获利之油厂忽以蚀本。所以他说:"以科学方法应用实业经济之研究与社会心理之分析,迨成效既著,人自求之不遑。"[1]他又说:"此为我数十年经验之结论","执此道以提倡科学,未有不发达者"。[2]张謇强调高校和科研要面向市场,满足社会的需求。

总之,张謇在中国早期现代化的实践中所从事的实业、教育和科技活动,为探索产学研的结合提供了实践的基础;张謇能不断地总结经验,善于思考,产生的许多新思想、新理念是十分可贵的。张謇所创立的中国早期现代化"南通模式",在一定程度上是一个产学研的联合体。这是张之洞在湖北新政的实施中所没有的。当然,这种联合体同当今的产学研的结合在程度上有很大的不同。由于处于现代化的起始阶段,人才特别缺乏,高校首先要满足企业人才需求。高校和科研机构也处于始创阶段,谈不上如今的以企业为主体,以科技为支撑,以高校科技成果为纽带,而只能说以企业为主体,以人才培养为支撑,以开发有限的产品提高产品质量为纽带。当年不存在如今的科技成果急需转化为生产力的问题。这也可能是早期产学研结合的一种状况,不可避免于时代的局限性。但尽管如此,张謇仍不愧为中国产学研结合的开拓者!

(原载于《南通工学院学报(社会科学版)》,2004年,第1期;江苏省教育科学"十五"规划课题论文,编号:D/2001/01/065)

---

[1][2] 曹从坡、杨桐:《张謇全集》(第4卷),南京:江苏古籍出版社,1994年,第324页。

从张謇的农业职业教育看其产学研结合的思想

"产学研结合"诞生于20世纪50年代的斯坦福大学。它是高等学校、企业和科研机构联合起来共同从事科学研究、产品开发和人才培养的一种活动模式,称"特曼式大学"。在"特曼模式"形成前,为解决"三脱离"现象,前人已进行了不少的探索,形成了产学研结合的思想萌芽。我们可以从张謇创办的南通农业教育中更为明显地见到产学研结合的端倪,或者可以说在张謇的早期探索中形成了产学研的思想萌芽。

一、张謇农业职业教育的办学实践,开始了产学研结合的探索

早在1901年,张謇在筹划创办通海垦牧公司的同时,就有办农学堂的计划,并见之于文字。然而因为新垦之地的条件所限未能实施。直至1914年左右,在通海垦牧公司西15里的崇明外沙,条件较好的大生分厂开设乙种农校,实现了在垦区附近设立农校的愿望。南通的农校始于1906年,张謇在通州师范学校先在师范生中开设农业课程,第二年开始招生,设置三年制的农业本科。根据"癸卯学制"规定,将学堂分为普通和实业两个系统。实业学堂分为农、工、商等科。农业的实业学堂分初等农学堂、中等农学堂、高等农学堂和农科大学四级。通州师范学校附设的农科,性质属中等农学堂,传授农业必需的知识技能,使学生能从事科学耕作。入学资格为高等小学毕业,学制为预科二年,本科三年。第一届学生45人于1910年毕业。是年招收初等农科学生30人。初等农学堂以传授浅近的农业知识,使学生能从事简易农业劳动为宗旨,入学资格为初等小学毕业,学制三年。

通州师范学校有了附设初等农业学校,第二年开始独立设置。1912年第二届学生毕业后招收一年制的农业讲习科。民国以后又根据规定,将初等农校改为乙种农业学校,甲乙两种农校同时招生办学。1916年乙种农业学校迁至大生分厂。甲种农校于1920年升格为南通农科大学,开设三年制的大学预科,1923年开始创办四年制的本科教育[1],中间历经南通大学农科,南通学院农科,直至1952年的全国院系调整,南通学院的农科迁往扬州组建苏北农学院为止,张謇创办的农业教育历时40多年,培养了大批不同层次的农业技术人才。

综观张謇在南通创办的农业教育,大致有三个层次:一是初等农业职业教育。如1909年附设在通州师范学校的一年制的蚕科和1912年所办的一年制的农业讲习科,培养初级农业技术人才。二是中等农业职业教育。1907年附设在通州师范学校的三年制本科,后改为初、中等农业学校,以后又改为甲乙两种农业学校和农科大学附设农业高中,当时均称为实业学校,基本上属于中等职业教育。三是高等教育。1920年,甲种农校升格为农科大学,开办四年制的本科教育,从此以后有了高等农业教育。也就是说,农业高等教育是在农业职业教育创办了十几年以后发展起来的,符合张謇循序渐进的办学方针。

张謇在创办农业教育的实践中,紧密地结合当地的农业生产和盐垦公司等实业发展的需要,创办不同层次的农业教育,师生开展实地调查,进行研究,直接为当地的农业和垦区的生产服务。据载,农校的"教授郑步青氏每于星期六及礼拜日,即率学生至南通各区观察农业并采集其土壤分析之;俾知其成分及肥瘠,以定将来之适宜何种作物;冯肇传氏,则于四乡征集关于农业之害虫、益虫,培养之,研究之,以定其防止驱除及保护之方法;张通武氏则采集各乡之主要作物,如棉稻黍豆之品种,以试验其孰优孰劣,而资育种及推广"[2]。张謇也在《南通农校棉作展览会报告》的序言中指出南通"乃设农校,置农场,场植百谷,于棉尤为注意,广搜中外棉种,考其同,究其异,辨其品质,验其纤度,忽忽

---

[1] 南通学院沿革纪年表:南通市档案局,1937年。
[2] 陈翰珍:《二十年来之南通》,南通:翰墨林印书局,1938年,第34页。

八年,始稍有得"①。

农校在农业教学科研的实践中,尤其重视棉花的生产和棉种的改良试验。张謇在为孙观谰《南通农校棉作展览会报告》一书所作的序言中,也明确地指出:"吾通农校、农场,自创办迄今,已越八载","吾通试验棉作,亦八年于兹,搜集世界棉种至百五十种"。所以他特别重视棉作试验,因为"吾通为全国产棉有名之区,故尤为纺织家视线注射之地。……吾校学生亦知趋重于棉业。于是有棉作局部分之试验,有土壤肥料分析成分之试验,有摘心距离之试验。凡试验之法,分数十种"。②张謇对农校的这些棉作试验寄予厚望,"所望于吾校之学校教员,各自奋勉,以棉作展览会开会之第一日,即为以后试验成功之第一日"。他还进行了勉励,"他日负试验之责任者,即享成功之荣誉者也,其必有奋然而起者矣"。③

不负所望,张謇这种产学研的初步探索,将教学、科研、生产集于一体,以教育为中心,以科技为重点,以棉种改良、引进、驯化等各种试验为手段,获得良好的效果。据严中平编写的《中国纺织史稿》一书介绍这一结合的成果:"1914年,南通农科大学已有改良鸡脚棉的记录,同年从台湾购得美国棉种,遂得举行中美棉比较试验,终证实美国种不适于长江下流之说。同时,又在多种中国棉里,选得最适于南通种植的鸡脚棉一

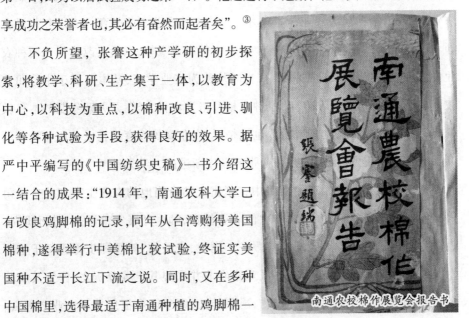

南通农校棉作展览会报告书

种。此种鸡脚棉,纤维长度达29/32寸至1寸,衣分达39%至42%;且其成熟之早,抵抗小卷叶虫力量之强,植枝之密,与夫纤维色泽之洁白,都非它中国棉所及。自从此种育成以后,通海等地,即争相种植,几乎成为这带唯一品种了。"④

---

①张謇:《南通农校棉作展览会报告》,南通:翰墨林印书局,1915年,第1页。
②③曹从坡、杨桐:《张謇全集》(第4卷),南京:江苏古籍出版社,1994年,第141页。
④严中平:《中国棉纺织史》,北京:科学出版社,1955年,第327页。

1946年,据南通学院院长张渊扬在抗日战争胜利后的复校讲话中反映,又有了新的成果。他说学校"先后曾育成青茎鸡脚棉及长丰黑籽棉两品种",不是一个品种,并突破了美棉不适宜长江下游之说:"从美棉中获得金字棉适于盐垦区之栽培。乃于民国二十二年大有晋等盐垦公司大量繁殖与推广,现在栽培面积几遍苏北垦区。大中集与三余镇两地之原棉已在沪地市场上成为特种之商品矣。"①

从以上的引文中可见张謇办农校定位于三个功能:一是培养农业技术人才,以适应垦牧事业的发展和改变农村传统农业的落后面貌;二是进行科学研究,培养和优化棉花品种,提高棉花的产量和质量,以满足大生纺织企业发展所需原料;三是服务于社会,向广大农村的农民进行科普宣传教育,促进农业经济的发展。张謇一贯主张教育直接为实业服务,除了为之培养所需人才之外,还要"改良实业",这就依赖于研究和开发新的产品、新的品种、新的项目等一系列的创新工作。产学研结合的本质,"首先是一种学术性的产业活动过程,又是产业性的学术活动过程。作为产业活动,它与其他产业活动有着共性;但又有个性。个性在于这种产业活动的根本性质是创新"②。张謇在当年将创办的南通农业教育与实业联合起来,开展多种形式的棉作试验,这种实践的过程,就是知识的创造、流通和应用的过程,其实就是创新的过程。以创新为目标的各种试验,已具有产学研结合的本质属性。尽管当时未有这个名词,张謇本人也未必有这种意识,可是在客观上有了这种思想元素,笔者认为这是无可非议的。

以上这些成果显示了高等农业教育实行早期产学研结合的优越性和生命力。张謇在20世纪初期能进行这些卓有成效的结合,绝非偶然。

二、张謇所进行的早期产学研结合的客观条件

张謇的农业教育涵盖了农业科学的方方面面,但棉作的教育和试验,是张

---

①张渊场:《本学期之南通学院》,载《南通学院月刊(创刊号)》,1946年,第6页。
②刘力:《产学研结合的历史考察及本质探讨》,载《浙江大学学报(人文社会科学版)》,2002(3)。

謇产学研早期结合的主要内容和重点。那是因为南通有许多独特的条件。从气候和土质来看,南通是优质棉产区。南通地处沿海亚热带气候,长江的冲积平原,以沙质土壤为主,适宜棉花生长,这是优越的自然条件;从南通的经济史来看,通州原以土布生产最著名,是重要的土布生产基地之一,关庄布在清代更是名扬四方;从张謇所办的实业来看,大生企业集团是以纺织业为核心的轻工业为主,大生纱厂成为孵化器,创办了一系列与棉纺织业有关的配套企业,它们的主要原料是棉花,因而不仅要有固定的棉花生产基地,源源不绝地满足供应,而且要求优质高产,以利不断提高产品产量和质量,增强市场的竞争能力。从张謇的经济思想来看,他一贯认为"农为立国之本",所以农科办学要比医科和纺科早得多。从他创办的垦牧事业来看,1901年开始办通海垦牧公司,在成功后的示范作用下,吸引了大批资金投入,淮南滩涂开垦事业掀起了一个高潮。这些盐垦之地适宜棉花生长,更需要大批的农业人才和推广棉花优良品种。张謇所办的农业职业教育和所进行的农业科学试验都从这些实际需要出发,选择了棉作为教学、科研的重点,由此而产生了以棉作为重点的产学研早期结合的实践。

三、农业教育的办学宗旨奠定了张謇早期产学研结合的思想基础

张謇走上实业救国的道路,是于1895年从通州开办大生纱厂开始的。纺织工业成为他大生资本集团的核心企业。张謇所以要办农校,首先是为纺织工业服务的。这一点在他的许多讲话和文稿中表述得十分明确。他说:"纺织须棉,须增棉地,乃设通海垦牧公司。有棉产地,须讲求改良棉种及种法,又设农业学校。"[①]也就是说,他办农校的目的有二:一是为了广大农村讲求"种法",改变传统的落后的耕作方法,引进先进的耕作技术,实行科学种田;二是讲求"改良棉种",为了提高纺织原料的棉花产量和质量。张謇从这两个办学目的出发,必然要将学校教学与农业生产和科学实验三者联系起来思考。他不仅这样想,

---

① 曹从坡,杨桐:《张謇全集》(第4卷),南京:江苏古籍出版社,1994年,第205页。

而且也是这样去践行的。所以张謇创办农业学校的宗旨是为了科学种田,改良棉种。这为他探索产学研早期结合的实践奠定了思想基础。

四、张謇对产学研结合的探索,基于教育与实业辩证关系的认识

张謇既是近代著名的实业家,又是教育家,一身系两任的特殊身份,促使他在教育救国、实业救国的实践中,对教育与实业两者的辩证关系有一个较为深刻的认识。这是近代其他教育家,或者其他实业家所没有的条件。张謇有一句名言:"衣食之原,父教育而母实业。"[①]他将教育与实业的关系视作一个家庭中的父母双亲那样至亲至密的关系,缺一不可。

实业对教育来讲,可提供必要的资金。张謇曾经说他办实业是为了筹集办学的经费,"顾办学须经费,鄙人一寒士,安所得钱?……其可以皇皇然谋财利者,惟有实业而已。此又鄙人兴办实业之念所由起也"[②]。张謇办实业,一是为国强民富,二是为了办教育。他进一步又说,"实业不振,又无以为教育之后盾"。1924年,他在欢迎日本青年会来通参观的演说中提到,"教育必资于经费,经费惟取诸实业";所以办"教育必先实业",由实业挹注教育"所谓实业为教育之母是也"。[③]

教育对实业来说,可以改良实业。在张謇的教育思想中,有普及教育,还有职业教育和高等教育等。不同类型的教育,有不同的教育目的。普及教育的目的是"启民智,明公理",提高国民素质。职业教育和高等教育直接为实业服务,以改良实业为目的。教育如何改良实业?职业教育主要是为农工商企业培养技术工人。用他的话来说,"将来毕业后,为农者必蕲为良农,为工者必蕲为良工,为商者必蕲为良商"[④]。而高等教育的目的主要是培养专业技术人才,为企业提供技术骨干和管理阶层。所以他认为"苟欲兴工,必先兴学"[⑤],因此而又说"教

---

①②④⑤曹从坡,杨桐:《张謇全集》(第4卷),南京:江苏古籍出版社,1994年,第74、111、405、52页。

③曹从坡,杨桐:《张謇全集》(第1卷),南京:江苏古籍出版社,1994年,第599页。

育为实业之母"。

由此，张謇认为：实业与教育之间是"迭相为用"的辩证关系。这种教育与实业辩证关系的阐述，为产学研的早期结合奠定了理论根基。

有此认识基础，加上实业家、教育家这种双重的特殊身份，同时又作为南通实业、教育创始人，张謇利用学校资源，以科研为手段，以试验的方式驯化和培育新的优良棉种，为企业提供优质原料。没有这种认识，不会去利用学校资源进行产学研结合的早期探索；没有实业、教育创始人的身份，就是有对实业与教育辩证关系的认识，也难于去利用学校资源为企业提供优质原料而进行科学试验。南通许多学校的创办经费，又大多来源于企业，因而为企业服务成为题中应有之义。张謇在"实业之所至，即教育之所至"的主张指导下，学校紧贴实业，为他进行产学研结合的早期探索提供了条件。

总之，张謇在产学研结合早期探索的思想与实践，为我们今天的产学研结合提供了宝贵的历史渊源和思想资源，也给予了我们诸多的启示。

（原载于《张謇研究年刊(2008)》，张謇研究中心，2008年）

张謇关于中西医结合的教育思想

当今人们提到中西医结合,就会想到毛泽东的主张。新中国建立以后毛主席积极提倡中西医结合,号召医务工作者走中西医结合的道路,收到了良好的效果。其实,此前约半个世纪,清末状元张謇就提出了中西医结合的主张。这位近代著名的实业家、教育家和社会活动家于1912年为他创办的南通医学专门学校所题写的校训就是"祁通中西,以宏慈善"。张謇试图通过这所医学专门学校,促进中西方在医学上的相互结合,取长补短,服务于人类。张謇中西医结合的教育思想,主要有三个方面的内容。

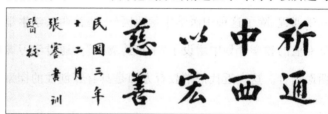

南通医学专门学校校训

一、中西合校

在医学方面,张謇批判了当时的两种倾向,他说:"今之言医者,顽固自大者无论,其少有知识者,又多轩西而轻中。"[1]他认为两者各有所长。西医是先进的医学技术,应该好好学习,好好掌握为我所用。为此,于1912年同其兄张詧共同创办了南通医学专门学校(现今南通医学院),聘请了一批留学日本的医学专家如熊省之、李希贤、赵铸、李素冰、林之祯等任教。同时,张謇对祖国医学也十分重视,认为民族的财富应该弘扬,中西医各有所长,应各取其所长。如何促进中西医结合,培养能取中西所长的医学人才?张謇作了大胆探索。1917年,张謇在南通医

---

[1] 曹从坡、杨桐:《张謇全集》(第4卷),南京:江苏古籍出版社,1994年,第295页。

学专门学校增设了中医科,也聘请了一批有名望的中医任教,如俞汝权、陈巽伯、石念祖、金石、姜省轩等。学制四年,当年招生,开设"医学源流论""内经""金匮要略""伤寒论""温病论""杂症论""外科正宗""伤骨科"等课程。张謇将中西医名流、专家学者集聚于一校,为中西医之间的交流、切磋、沟通提供了有利条件。中西合校为中西医结合、培养中西医结合的人才奠定了基础。

二、中西渗透

张謇认为中西医应相互学习。学中医者应学习先进的西方医学科学,以提高医学水平;学西医者也应学习中医这门祖国的传统医学。因此,张謇在南通医学专门学校中,中医科的教学计划增设了"生理""生化"和"生理解剖学"等专业基础课程。除了这种中医学生学西医外,还让西医学生学中医。在西医的临床医学专业的教学计划中增设了"本草药物科"。通过学习课程的相互渗透,促进中西医结合。这在近代医学教育方面是具有开创性的探索。

三、中西双学

张謇认为:"祁通中西"先应中西双学,不学谈何沟通。因此,他主张先学中医数年,以后再学西医。在他创办的南通医学专门学校中实行中医科毕业后再学西医。为了鼓励这类学生学习的积极性,采用了免交学习西医学费的奖励办法。他认为,既学中医,又学西医,中西医集于一身,有利于两者的融合。中医科的毕业生瞿立衡、张炎等就是在他的这种措施鼓励下,又学了西医。他们既懂中医,又懂西医,有利于在医疗实践中摸索中西医结合的具体规律和道路。

张謇为中西医结合确实动了脑筋,作出了努力,采取了一些措施,也收到了一定的效果。然而,1922年的北洋军阀政府教育部强令南通医学专门学校停办中医科,强行终止了张謇在中西医结合方面的有益探索。张謇在总结这一探索时说,"南通设医校有年矣。意在沟通中西",然而"效未大著"[1]。如用历史的眼

---

[1] 曹从坡,杨桐:《张謇全集》(第4卷),南京:江苏古籍出版社,1994年,第296页。

光来审视,效果不显并非张謇关于中西医结合教育思想的偏颇,而是中西结合的难度确实很大,一时难以见大效;加上统治当局的崇洋媚外,抱民族虚无主义的态度,扼杀了张謇这一教育思想的进一步的探索。直至新中国建立后,毛泽东重提中西结合,使中西医结合无论在实践中还是理论上都取得了重大进展。

(原载于《南通今古》,2000年,第5期;江苏省教育科学"九五"规划立项课题论文)

张謇与唐家闸的工人夜校

张謇以近代杰出的爱国者,著名的实业家、教育家闻名于世。学者们对张謇教育思想的研究,论文之多数以百计,专著也有好几部。对其研究成果不能说不多,研究程度不能说不深,研究范围不能说不广。

张謇所办的教育涵盖了学前教育、普通国民教育、高等教育、职业教育、特种教育、社会教育等几乎所有的教育门类,可是对他创办工人夜校的成人教育至今未见提及。笔者从《南通私立纺织专门学校学则》中发现最后有"附设夜课"一栏。所谓"夜课"者,即当时的夜校也,并非纺织专门学校的教学课程放在晚上进行。其理由可从其所规定的条文中得悉。

"附设夜课"总共有6条。从其内容来看,对办学宗旨、入学资格、教学内容、学习期限、考试毕业等都有明确规定,也就将此工人夜校的基本概况勾勒出来了。

首先,夜校的办学宗旨。"附设夜课"的第一条:"以增进工人智识,陶冶工人品性为宗旨。"[1]也就是说教学对象是工人,为工人而开设的夜课,以提高工人的科技文化素质和道德水准为目的。这是承及他"开民智,明公理"的一贯的教育思想。作为企业家的张謇,办工人夜校,提高工人劳动力素质、促进劳动生产率的提高、增加企业的利润率是题中应有之义,但当时我国处于创伤惨重、外患内忧的环境下,作为具有远大政治理想的实业救国、教育救国论者的张謇,着眼点可能更多的在于提高国民素质,救亡图存,进而求民富国强。

其次,关于入学资格。条文规定:"凡公司之工人及工人子弟,粗通文义,年在18岁以上,25岁以下有志习纺织者,皆可入学。"夜校的学生来源以大生第一

---

[1] 张謇:《南通私立纺织专门学校学则》,南通:翰墨林印书局,1915年,第29页。

纺织公司的工人为主,同时工厂内工人子弟也可入学。条文还规定"粗通文义",这就决定了该所夜校并非工人扫盲性质的文化补习学校,从教学的内容来看,更是带有技校的性质,为提高纺织技术能力服务。从入学的年龄上看,是一所工人的成人夜校,属成人教育之列。

第三,关于学费。条文第三条规定"凡入学者概不收费",可视作"义务"教育了,也带有工厂福利的性质。但在纪律方面有要求:"惟上课后不得忽作忽辍,违者查照辍学事由,分别议罚。"[①]该夜校尽管不收任何费用,但当年工人中"粗通文义",约有小学文化水平者很少。估计夜校的人数不会太多。

第四,教学内容。从条文规定开设的课程来看,大致分为文化基础课、专业技术课和思想修养课三个组成部分。

文化基础课程有两门:英文和算学。学习英文是由当时的历史条件所决定的。当年的纺织机械是由英国引进的,南通纺织专门学校的专业教材都是借助于外国的课本,英语是教学的课堂用语,没有一定的英语水平,无法去学习纺织专业知识。因此,要求会"拼音、识字、练句、文法、会话、书札、习字"等。"算学"即今天的数学,要求懂得"加减乘除"和"小数、比例、开方及量法",为学习专业知识打基础,条文中也指出"英文、算术为初步"。学习时间,除星期六、日外,"上课时间每晚自八时起至九时止"。另有说法,"每晚七点至九点上课"[②]。"每逢星期一、三、五日授英文;星期二、四日授算术。半年后照章改授他课。""以二年为毕业期限。"也就是说,二年学制中,文化课学半年,专业课就学习一年半。

专业知识课程也是两门:纺织学和机械工学。在学完文化基础课程以后,纺织学是重点课程。条文指出:"上列科目以英文、算术为初步,纺织学次之,机械工学及工业道德又次之。循序渐进,不得躐等。"纺织学的主要学习内容为:"棉花论、轧花、混花、清花、梳花、粗纺、精纺及各号纺纱设计大义;平织机、斜纹、条

---

① 张謇:《南通私立纺织专门学校学则》,南通:翰墨林印书局,1915年,第29页。
② 赵明远,李宜群:《1918年美国报纸对南通纺织专门学校的长篇报导》,载《南通工学院学报(社会科学版)》,2002(3)。

纹及提花机大义;各项花纹设计大义。"机械工学也列出学习的内容:"锅炉引擎大义,抽水及灭火机大义,暖气管、风扇及喷湿器大义,修械学及电力发动机大义。"所谓掌握"大义",笔者的理解为这方面的基础知识,使工人成为驾驭机器的主人,而非它的奴隶。

工业道德课程一门。工业道德课的主要内容在条文中规定:"权利义务之分解、惜时惜物之训练、服从职务大义、公共卫生大义。"张謇的教育思想中有一个特点是"首重道德,次则学术"[1]。他在工人的成人教育中,也不忘对其进行职业道德教育。这一点也有别于一般的企业家。

第五,考试与毕业。第六条明文规定:"考试照定章办理,二年修业期满,试验合格,给予毕业证书。"[2]毕业后如何使用,另当别论。

该所夜校的地址,应该在唐家闸大生第一纺织公司(大生纱厂)厂房之侧的南通纺织专门学校之内。因为它是附设其内,就利用纺校的教学设施和师资力量对工人进行教学,不失为一个良策。

唐家闸工人夜校之所以同张謇联系起来,并非空穴来风。南通纺织专门学校是张謇在实业和教育发展到一个新的阶段而于1912年亲手办起来的,他是该校的创始人,首任校长。三年后已初具规模,又亲自撰写《南通纺织专门学校旨趣书》,阐明办校的背景和宗旨,又亲自为她题写"忠实不欺　力求精进"的校训。在学校的组织管理上,制订了105条的"学则",并为该"学则"亲自书端"南通私立纺织专门学校学则"。在此"学则"最后附设的夜校,据笔者的分析,如不是他的主张,也是经他审核同意的,别人不可能自作主张。在纺织专门学校担任过主任的周先生,给远在美国新贝德福纺织学校母校老师的信中说,"我和有中国棉业大王之称的张謇先生合作,开办一所有夜校的纺织学校"[3]。因为举办该工人夜校,涉及纺校的教学设施和教学人员以及教学的经费开支等重要问题,

---

[1] 曹从坡,杨桐:《张謇全集》(第4卷),南京:江苏古籍出版社,1994年,第110页。
[2] 张謇:《南通私立纺织专门学校学则》,南通:翰墨林印书局,1915年,第30页。
[3] 赵明远,李宜群:《1918年美国报纸对南通纺织专门学校的长篇报道》,载《南通工学院学报(社会科学版)》,2002(3)。

只能是张謇的决策。加上张謇是热衷于办教育的人,一贯认为"不民胡国?不智胡民?"①着眼于国民素质的提高。他曾说"死后求活,惟恃教育",将教育视作为生命。由此可以得到印证。

《南通私立纺织专门学校学则》是1915年制订和颁发执行的,夜校的开办必然在其前后。根据美国《新贝德福周日标准报》的一段报道:"夜校开办于1916年秋季,旨在增进工人们的纺织技术知识,因为对进夜校者没有什么实际的要求,夜校就为那些基础教育缺乏的人提供了一定的基本专业教育。"②说明开班招生在1916年。并介绍,"夜校学生大多数来自大生纱厂,是些雄心勃勃的年轻人"②。到了1918年,据该报的报导,"参加夜校学习的人在迅速增多",说明一度兴旺,但无具体数据。关于这所工人夜校办了多长时间,什么时候停办等,还不得而知。希望有关学者继续关注该夜校的史料,笔者的这篇短文,其意也在于引起大家的关注,也有求于专家的解惑释疑。

说到工人夜校,令人想起"五四"运动前后,我国早期的马克思主义者深入工厂,举办工人夜校,在工人中教书授课,传播马克思列宁主义。而在民国初期由民营企业家亲自创办工人夜校,除张謇外笔者尚未听说,由此可见关注该夜校史料的学术价值,可进一步印证张謇的人文关怀和人文精神。

最后,从对年轻工人的培养方面来看,当年张謇在唐家闸创办工人夜校,也给我们不少的启迪。将近一个世纪之前,第一代民营企业家尚能如此对待自己企业内的年轻工人,而当下我们的一些政府官员、企业管理人员和社会各界又是如何关注工人们的,如何为他们学习科学技术创造条件,又给予他们多少关爱?对照之下不也值得我们深思吗?

(原载于《南通大学学报(教育科学版)》,2008年,第3期)

---

① 曹从坡,杨桐:《张謇全集》(第4卷),南京:江苏古籍出版社,1994年,第72页。
② 赵明远,李宜群:《1918年美国报纸对南通纺织专门学校的长篇报道》,载《南通工学院学报(社会科学版)》,2002(3)。

张謇与张之洞教育思想之比较

张謇与张之洞结识于1895年。甲午战争爆发后,作为主战派的新科状元张謇因单衔参劾北洋重臣李鸿章而声名大震。接替刘坤一任两江总督的张之洞命守制在通州老家的张謇"总办通海团练",由此两人开始发生了直接的联系。后又因《马关条约》签订而解散团练,张謇为办理善后事宜而赴宁,两人终于见面。张謇对张之洞极为尊重,当年连续三次赴宁与之会面,每次均作长谈。他们有不少共同语言,张之洞办工业、建学校等主张和经验给张謇以很大的启发。张之洞不仅是张謇走上实业救国道路的领路人,也是他走上教育救国之路的引导者。

一

张謇的教育思想中有许多内容与张之洞不约而同,他还不时受到张之洞的启发而充实自己的思想。他们都把兴学育才作为立国强国的重要途径,因而他们的一生都与教育结下了不解之缘。在他们的教育思想中有许多共同特点。

兴学育才,主张师范为先。张之洞于1902年向朝廷上书《筹定学堂规模次第兴办摺》中认为"师范学堂为教育造端之地,关系至重"[①],故应先办师范。他还在1903年的癸卯学制中再次强调"宜首先急办师范学堂"。张謇以师范为先,从思想到实践方面,均与张之洞完全一致。他在《师范学校开校演说》中指出:"欲雪其耻而不讲求学问则无资,欲求学问不求普及国民之教育则无与,欲

---

① 苑书义、孙华峰、李秉新:《张之洞全集》(第2册),石家庄:河北人民出版社,1998年,第1489页。

求教育普及国民而不求师则无导。故立学校,尤须先从师范始。"①又说:"师范为教育之母","兴学之本,惟有师范","师范造端教育","谋兴教育而立师范"。所以他们都把师范教育作为兴办教育的先务,因此,他们同时创办师范学校。张之洞于1902年5月在武昌创办了湖北第一师范学堂,而张謇也在同年同月于南通州创办了全国最早的民立师范学校——通州师范学校。所以张謇说:"夫中国之师范学校,自光绪二十八年始,民间之自立师范学校自通州始。"②

人才培养目标方面,主张德、智、体全面发展。张之洞认为:"考日本教育,总义以德育、智育、体育为三大端,洵可谓体用兼赅,先后有序。"③张謇也认为教育以"谋体育、德育、智育之本"④。他在为河海工程测绘养成所起草的章程中提出的教育方针为:"一、注重学生道德思想,以养成高尚之人格。二、注重学生身体之健康,以养成勤勉耐苦之习惯。三、教授河海工程上必需之学理技术,以重实地练习,以养成切实应用之知识。"⑤这个教育方针同张之洞的人才培养目标是一致的,都要求德智体全面发展,仅在三者排列次序上即智与体的位置稍有不同。

办学次序方面,主张循序渐进。张之洞主张办学以师范教育为第一,第二为小学,"小学为培养人才之源",然后为中学、高等学堂。张謇也认为"惟凡事须由根本作起,未设小学,先设大学,是谓无本"⑥,"故立学校须从小学始"⑦。所以他们在办学实践中都先开办小学,尤其张謇严格按此教育规律,渐次递升。

主张男女平等,实施女子教育。张之洞冲破"妇女无才便是德"的封建思想禁锢,在全国最早提出了女子教育。张謇也是妇女解放运动的参加者和支持者,尤其不顾顽固势力的非议和指责,毅然创办了一些女子学校。他在创办通州师范后不久,鉴于"欧美男女平权之义",萌生了兴办女子师范学校的设想,经过两三年的筹备,于1906年创办了通州女子师范学校,此为全国第一所本科制的女子师范学校。1911年他又根据夫人徐氏生前的愿望设立了张徐私立女子小学。

①②④⑤⑥⑦曹从坡,杨桐:《张謇全集》(第4卷),南京:江苏古籍出版社,1994年,第24、16、35、123、111、24页。
③苑书义,孙华峰,李秉新:《张之洞全集》(第2册),石家庄:河北人民出版社,1998年,第1488页。

张謇在重视妇女文化教育的同时还注重妇女职业的培训,创办了女工传习所、女子蚕桑讲习所、保姆传习所、发网传习所等职教机构,为她们走上社会自谋生计创造了条件,实实在在为妇女解放作出了有益的贡献。

主张幼儿教育,开创幼教事业。张之洞重视学前教育,在我国最早提出了幼儿教育,并于1903年在武汉创设了省立幼稚园,开创了我国幼儿教育的先河。张謇受到张之洞的影响,也在南通兴办幼稚园。从1913年开始,张謇与其夫人和家属,陆续创办了南通私立第一、二、三幼稚园和女师附属幼稚班等幼教机构。儿童入园年龄为4至7岁,以年龄相同者为一组,分为甲、乙、丙、丁四组,分别进行唱歌、游戏、识字、识数等学前教育。

二

张謇与张之洞在教育思想上不仅有许多共同点,在中国近代教育史上也各有自己的地位。张之洞对近代教育史有如下几点贡献:

首先,张之洞是中国封建科举制度的掘墓人。他主张废科举、兴学校,但废之太促又恐难行,于是主张采取逐步废除的办法。先改革科举内容,开办经济特科,加试实政实学,分场弃取,逐场淘汰。1904年再次提出递减科举,直至1905年会同袁世凯等疆吏会衔上奏,"请立停科举,以广学校"。清廷被迫颁发上谕,自1906年(丙午)科举考试一律停止。历时1300年的封建科举制度终于寿终正寝。旧的教育制度的死亡,同时催促近代新教育的诞生。

张之洞又是近代新教育制度的创建者。早在1901年,他同刘坤一上了《奏定学堂章程》,这是中国正式颁布,又在全国推行的第一个系统学制。从此,我国正式步入近代教育。张之洞在废除陈旧的科举制度、建立近代新式教育制度和中国教育在教学内容现代化方面的历史功绩,张謇是无法与之相比的。

张之洞教育业绩遍及全国各地。他办学的地域之广,涉及山西、四川、广东、湖北、江苏、江西、北京、河北、湖南、山东,甚至在日本建立了湖北驻东京铁路学堂。凡是在他任职之地,职权所能,都积极倡导办新式学校,随之而影响广泛。

而张謇办学的地域仅限于上海、南京和南通等地。

张之洞重视留学教育,使全国形成一股潮流。这是张之洞推行洋务教育活动的显著特点之一。他在《劝学篇·游学》中写道:"出洋一年,胜于读西书五年。"说明他看到了留学是培养人才的一大渠道,因而凡他任职所在地,都积极派遣留学生。同时他又认为留学的地方"西洋不如东洋",由此更重视将学生派往日本去留学。清末以地方督抚的名义向日本派遣留学生,要数张之洞统辖下的湖北地区最早最多。据1906年初的统计,湖北留日学生即达一千多名。张謇虽也主张留学教育,但直到1917年,南通纺织专门学校才有毕业生出国留学,从时间和人数上与张之洞不能相比。

张之洞还奠定了中国近代教学的内容。他在《奏定学堂章程》中规定初小教授"一、修身,二、读经讲经,三、中国文字,四、算术,五、历史,六、地理,七、格致,八、体操"[①]。高小加"图画"。中学加外国语、博物、物理、化学、法制及理财。高等学堂分为三类,各类在中学基础上加深加博。师范学堂除习普通学外,加教育学和习字。实业学堂除习普通学科目外,加专业学科目。[②]张之洞将中西学融为一体,推动了中国学校教学内容走上现代化的轨道。

然而张之洞是洋务教育思潮的首领,《劝学篇》就是这一思潮的代表作,其核心是"中学为体,西学为用"。它的主要之点在于以旧学为体,以新学为用,不改中学之旧,仅增西学之新。"旧学"者,张之洞指的是"四书""五经"等,"新学"是"西政、西艺、西史"。他的"中体西用",企图把封建性的"中学"与资本主义的西学通过移花接木之法嫁接在一起。这不仅是不可能的,也暴露了洋务教育思潮的封建性和买办性,名为倡西学,实为保旧学。其本质是维护封建专制统治,反对维新变法。而张謇的教育指导思想,同他有着质的不同。张謇的教育思想

---

① 舒新城:《中国近代教育史资料》(中册),北京:人民教育出版社,1981年3月第2版,第418页。
② 任印泉,赵俊杰:《张之洞教育思想述论》,载《张之洞与中国近代化》,北京:中华书局,1999年,第394页。

属于维新教育的思潮,比张之洞的洋务教育思潮又大大地前进了一步。维新教育思潮的代表康有为、梁启超、张謇等,把教育改革作为实现改变封建专制制度、建立资产阶级政治理想、挽救民族危机的重要手段,因而与张之洞落后、守旧的教育指导思想相比,反映了张謇教育指导思想的进步性、先进性。前者的教育目的是要维护一个没落的旧世界,后者的教育目的是要建立一个符合时代潮流的新世界。同时,张謇对教育的作用与地位以及对西学的理解要比张之洞深得多、透彻得多。张謇的基本教育观与维新教育思潮的基本教育观点是一致的,就是普施教育,以开民智。

三

张謇在中国从旧教育制度向近代教育的转轨过程中,沿着张之洞开辟的道路,进行了许多开创性的探索。张謇在维新教育思潮中又进一步超越了张之洞。

1. 从教育与实业的关系上确立教育的地位

张謇从甲午战争后走上实业救国、教育救国道路开始,就对教育与实业的关系作了深入的探讨和论述。他认为"实业教育,富强之大本也"[①]。根据他的实践经验,"数年以来,竭蹶经营,薄有基础,益见实业教育二事,有至密至亲之关系"[②]。他把两者形象地比作父母双亲,提出"父教育而母实业"的著名论断,把教育与实业视为相依相靠的密不可分的一对伴侣,没有实业为教育提供经济后盾而大谈办学显然是空谈,相应地,实业依赖教育提供人才和技术,才能健康发展。所以要"以实业辅助教育"又"以教育改良实业","实业与教育迭相为用"。[③]张謇在实践中深深感受到"夫世界今日之竞争,农工商之竞争也;农工商之竞争,学问之竞争也",因而"苟欲兴工,必先兴学"。[④]他阐明了教育对于发展民族近代工业以至整个国民经济有着深远的战略意义。为此而主张"实业之所至,即教育之所至"[⑤]。张之洞虽然是中国第一代企业家,又是近代教育的开创者,但就教育与实业的关系

[①][②][③][④][⑤] 曹从坡,杨桐:《张謇全集》(第4卷),南京:江苏古籍出版社,1994年,第22、25、214、157、214页。

未能达到如此深刻的认识,这是张謇超出前辈张之洞的地方。

2.对德育首位的思想有了进一步的发挥

张之洞与张謇在提出的培养目标和教育方针中,都把德育放在第一位,德育首位的思想十分明确。当然他们所讲的德指的主要是传统的道德,即张謇所指出的"办事待人,却处处要以仁、礼、忠三字为的"①。

张謇继张之洞之后,对德育作了进一步的阐述。一是道德对于成就事业的重要作用。他说"中国商人之道德,素不讲求,信用堕落,弊窦丛生,破产停业,层见叠出",因为"非优美之道德,不足以恢宏信用,扩张营业"。②张謇总结了诸多实业家的兴衰,"乃知勤勉节俭任劳耐苦诸美德,为成功不二法门"③。二是深刻阐述道德和学术的关系。张謇认为"学问是一事,道德又是一事",不能相互混淆或相互代替。对两者的关系他又提出:"首重道德,次则学术","不然学术虽精,必不能信用于人"。②因此,学术固然重要,然而道德更为重要,用他的话说,"学术不可不精,而道德尤不可不讲"②。为此,他鼓励学生走德才兼备的道路,告诫学生"如自度道德学术,俱属优美,又何患其学之无所用哉"②。三是指明道德培养之途径。张謇认为,要树立高尚远大的志气,"进德之积分,则在不与世界腐败顽劣之人争闲气,而力求与古今上下圣贤豪杰之人争志气"①。在生活上应低标准,学术上要有高境界,用他的话,"吾人之享用,不可较最普通之今人增一毫,吾人之志趣,不可较最高等之古人减一豪也"④。他认为往往"所处极低极苦,成就极高极卓"⑤。他讲自己本"一介寒儒,无所凭借……所志既坚,尚勉强有所成就,天下士也可大兴矣"⑥。张謇认为高尚之道德需要在实践中培养,"凡作一事,须专须勤,须有计划,须耐劳苦,须自强力"⑦,而服劳耐苦,尤为不可缺之美德。他认为"无徒手空言而可为道德者"⑧,必须在实践中磨炼来提高自身的道德水平。张謇这些道德教育的思想花火,至今还闪烁着光辉,也是张謇超出张之洞的一个重要方面。

---

①②③④⑤⑥⑦⑧曹从坡、杨桐:《张謇全集》(第4卷),南京:江苏古籍出版社,1994年,第47、110、112、114、45、113、175、98页。

3. 普及国民教育,提高国民素质

这是张謇教育思想的重要特色之一,也是与张之洞教育思想的重要区别。人的解放和发展是社会全面进步的必要前提。没有高素质的国民,就不可能建设高度文明的国家。他说:"开民智,明公理,舍教育何由?"①"开民智,惟有力行普及教育。"②所以他得出"教育之道,固因普及"的结论。他还进一步指出:"窃维自治之本在兴学,兴学之效在普及。"③也就是说,张謇把普及国民教育、提高国民素质又与地方自治联系起来。而张之洞不但没有这样的认识,还极力反对民众自治。他在《劝学篇》中说,"知君臣之纲,则民权之说不可行也","使民权之说一倡,愚民必喜,乱民必作,纲纪不行,大乱四起"。说明张之洞顽固地站在封建统治阶级的立场上吸收西方的近代教育制度。他所主张的兴学,是封建地主阶级的精英教育,他是地主阶级的教育思想家和活动家,与张謇持两种不同的教育观。

4. 构建近代完整教育体系的模式

张之洞在洋务运动时期就开始办洋务学堂,创办了中国最早的新式学堂。其一生建各类学校60余所,数量之多,门类之全,制度之系统,在他之前的李鸿章也望尘莫及。然而张謇在这方面与张之洞相比有过之而无不及。从办学数量上来看,张謇所创办的学校要超过张之洞,仅在南通县就有三百多所,而且门类更加齐全,制度更加规范。有学者说他"创办学校各类之全,数量之多,更是我国历史上无人可与之相比的"④。从办学难度来看,张之洞手握重权,掌管一方,筹备办学经费,主要靠地方公款、国家官银,即使自己掏腰包,其钱数仅为2.7万两银子。而张謇筹备办学资金十分艰难,不是苦口婆心地说服股东,就是将自己的薪俸积蓄,甚至借债支付,以维持学校的正常教学开支。张謇一生私人出资,包括张氏家族高达257万元,借债也有四五十万元。他还多次公开卖字,以弥补教育、慈善事业的短缺。像他这样痴迷于教育的中国近代教育家,可以

---

①②③曹从坡,杨桐:《张謇全集》(第4卷),南京:江苏古籍出版社,1994年,第29、82、31页。
④李建求:《一个实业家对教育的思想与追求》,载《社会科学战线》,1999(4)。

说绝无仅有。从办学的层次来看,有其规律性和系统性。张謇的办学主要集中在南通故里,形成了一个较为完整的与当地实业密切结合的教育体系。张謇规划通州农村,每16平方里设一初等小学,大约要办五六百所。在广设小学的基础上,张謇除办中学、高等教育外,还根据社会需要,从地方实际出发,兴办了各种类型的学校。纺织工业在南通首先崛起,需要纺织方面的人才,他就办起纺织染传习所、纺织专门学校;纺织事业需要以棉花为原料,他就进行垦植,开垦荒滩,改良棉种,办起了甲、乙两种农业学校,直至农科大学;为南通水利、保坍工程的需要,在通州师范学校里附设土木工科、测绘科、清丈传习所;在工厂附设镀镍传习所;为发展工商业的需要,创办商业学校和银行专修科;南通地区气候温和湿润,适宜发展养蚕事业,又设立蚕桑传习所;为南通自治所需,陆续开办法政讲习所、巡警教练所、监狱学传习所;随着各项事业的发展,设立医院,急需医生,又办医学专门学校;为适应地方政治改革对文秘人员的需求,又举办国文专修科;为充实南通市民的文化生活,培养戏剧人才,又办起全国第一所戏剧学校——伶工学社,同时开中国博物馆事业之先河,建立南通博物苑,又建南通图书馆、更俗剧场等,创设社会教育体系;张謇还念弱念残,创办盲聋学校;为了就业和职业训练办起发网传习所、保姆传习所、看护养成所、产科传习班等短期培训班,把教育和地方建设融为一体,体现了近代教育的重要特点。张謇在南通一县构建这样完整的教育体系,为全国所首创。"省视学至称南通教育可模范一国。"[①]这个教育体系是以师范教育为先导,以基础教育为前提,以纺织教育为骨干,从幼儿教育到基础教育再到高等教育,从师范教育到普通国民教育,从职业教育到特殊教育,从学校教育到社会教育,可以说是多侧面、全方位的地方教育体系,是一个独创性的近代教育体系。这是继张之洞开创近代教育以来的一个重要发展,不仅造福一方,而且影响全国。即使今天的现代教育,也是在这个教育体系的基础上进行的完善和发展。因此,张謇和张之洞一样,都在中国教育史上写下了辉煌的一页。

①曹从坡,杨桐:《张謇全集》(第4卷),南京:江苏古籍出版社,1994年,第138页。

1862年京师同文馆的建立,揭开了我国近代教育的序幕。从此近代兴学潮流掀起,其势汹涌,锐不可当。虽然最早起来抨击封建科举制度,最早建立中国近代教育制度的不是张謇,而是张之洞,然而在实践近代先进的教育思想等方面,张之洞却远不如张謇。张謇所办学校之多、种类之广、时间之长、个人出资之巨、民间集资之丰,在近代教育史上,恐怕是无人能与之相比的。正如有学者认为:张謇是我国近代教育的开拓者之一,是位杰出的人民教育家。

　　　　　　　　　(原载于《高教研究与探索》(南京大学),2004年,第1、2期)

张謇教育思想与近代教育家比较研究综述

比较研究是将研究对象进一步深化和拓展的重要方法与途径。张謇教育思想研究也是如此。对张謇教育思想的研究,不能局限于就张謇来研究张謇。若要了解张謇的教育思想中哪些是汲取和继承前人的宝贵思想遗产,哪些是在前人的基础上的超越和发展,哪些思想又对后人产生启迪和影响,只有将他与其他教育家进行比较才能知晓,也只有这种比较研究才能凸显出张謇在教育思想史上的贡献和所处的地位,才有可能对他有一个较为准确的定位。所以比较研究是研究张謇教育思想在我国近代教育史上的地位和作用的重要方法与途径。笔者认为许多学者看重比较研究的原因可能就在这里。

一、张謇教育思想比较研究的概况

张謇与其他教育家的比较,最早是在大生资本集团和荣氏集团比较研究中曾提到过各自创办的教育事业,但未发现作真正的比较和研究。

最早出现的比较研究的论文是南通市一中黄卫老师在1995年第二届张謇国际学术研讨会上所提交的《张謇教育思想与明治政府教育观之比较》。作者从危难的国情与教育救国思想的产生、普及教育与教育体制的构建、创立师范与师资队伍的建设、实业教育与科技人才的培养等四个方面阐述了张謇教育思想与明治政府教育观的一致性,其中有较多的方面就是张謇从日本学来的。日本学者荫山雅博的《清末"日本型"学校制度在江苏省的引进过程》论文中,就以张謇的活动为中心,提到张謇对明治日本学校制度的研究与引进,包括引进日籍教师。作者在比较中强调他们的一致性后,尚未能对张謇根据中国的实情而有许多创新之举的不同方面作出研究，可她毕竟在张謇教育思想研究中开比较研究之先河，向比较研究领域跨出了有力的一步。

　　五年后的第三届张謇国际研讨会上，有马万明、陈万明、张丁、余烈等人将张謇的教育思想分别与陶行知、黄炎培等人进行比较研究。张丁、余烈、陈萍的论文《张謇与陶行知教育思想异同论》，将张謇这位近代教育家与当代人民教育家陶行知进行跨越时代的比较，从办学宗旨的一致性、教育内容的相同性、教师要求的相似性三个方面阐述他们的共同性。这是作者重点论述的内容，同时在每一节末尾和文章的结束语中涉及不同之处，如生活教育理论是陶行知教育思想的精髓和核心，这是张謇所没有的。可仅仅是点了一下。至于文中提到他们的不同之处是由于"出身不同、经历不同、机缘不同、道路不同"等诸多问题，也并没有展开讨论。马万明的《张謇与陶行知师范教育思想比较》和他与陈万明的《张謇与黄炎培职业教育思想比较》两篇论文，比较研究的切入口较小，研究具有专业化的性质，这种研究也就深入了一步。尤其前文将张謇与陶行知的师范教育战略进行了比较：张謇提出了问题，仅仅解决了教育与救国的一个侧面；而陶行知继承和发展了他的思想，强调用革命的教育来配合政治的革命。在培养目标上，张謇主张培养德体智全面发展的人才；而陶行知与张謇不同的是，提出德智体美劳全面发展的人才，完善和发展了张謇的教育思想。在师德观方面，张謇从狭义的师德观提出要求；而陶行知是从广义的角度论述，丰富了师德观的内涵。在师范教育的课程设置和教育方法方面，两人各有千秋：张謇在课程设置上注意横向的面，宽而广，同时创设了附属小学的实习基地；陶行知精心安排课程，在注意全面教育的基础上注意纵向的养成终身为学的习惯，并把附属小学发展成"中心小学"，变成训练小学教师的中心，而学生以实际生活为中心，这又有了进一步的发展。在教育管理上，张謇有一套完整的管理办法；而陶行知在"晓庄师范"的管理逐步实现科学化、民主化、个性化。如果说张謇是中国师范教育的创始人之一，那么陶行知无愧为中国师范教育的伟大旗手。这是在教育思想比较研究论文中具有一定深度的一篇。至于后文张謇与黄炎培职业教育思想的比较,这是一个很好的选题。他们在职业教育方面均有突出的贡献,尤其是黄炎培作为职业教育思潮的代表人物,将其与张謇进行比较很有意义。作者分别叙述了他们各自的职业教育思想后,认为不同的地方在于张謇表现出儒家传统思想的现代变迁,而黄炎培所提出的"大职业教育主义"的思想较为西化,受欧美的影响多。文章虽指出了两人教育思想的不同之处,但具体有哪些不同,更深层的原因等等,有待研究的深入和展开。

在2002年5月"张謇教育思想研讨会"上,由笔者和王观龙撰写的《张謇与张之洞教育思想比较研究》,后来发表在《纺织教育》杂志上。会上另一篇比较研究的文章是蒋国宏副教授的《张謇与蔡元培教育思想比较》,后来发表在《河南师范大学学报》上。前文叙述张謇与张之洞的教育思想有众多的共同之处:在兴学育才方面,以师范为先;在人才培养目标方面,主张德体智全面发展;在办学次序方面,主张循序渐进;在男女平等方面,实施女子教育;在幼儿教育方面,开创幼教事业等。应该说张謇受到张之洞多方面的影响,然而张謇对这位我国近代教育史上的奠基人、近代教育制度的创建者有继承,也有发展。他们之间最大的差别是在教育指导思想上的不同。张謇已冲破"中体西用"这一洋务教育思潮的框框,不再去维护封建专制制度的政治体制,而是将教育作为改变旧制度、建立资产阶级政治制度理想、挽救民族危机的重要手段,因而他们隶属于不同的教育思潮。张謇在中国旧教育制度向近代教育制度的转轨过程中,沿着张之洞开辟的道路进行了一系列的开创性探索,从教育与实践的关系上确立教育的地位,对德育的首位思想作进一步的发挥,他提倡普及教育,努力提高国民素质,超越了张之洞的地主阶级精英教育,构建了近代教育完整的地方教育体系。这些相对张之洞来说,既是区别,又是超越和发展。

如果说张謇与张之洞的教育思想比较是张謇的维新主义教育思潮与洋务教育思潮进行比较的话,那么张謇与蔡元培的教育思想比较,就是维新主义教育思潮与民主革命派教育改革思潮的比较,因而显得蔡元培的教育思想具有浓郁的革命民主的色彩和实现人的全面发展的超前性。在教育方针方面,张謇将德智体三育并举;而蔡元培则采取德智体美劳五育并举的方针。张謇重视普及教育,力图夯实教育基础;而蔡元培的兴趣则更多的是在高等教育方面,培养精英。在教育经费的筹集上,张謇提出"父教育,母实业",实业挹注教育,并鼓励和动员拥厚资者捐助教育,他本人身体力行,成效显著;但蔡元培却向当时的军阀政府要求增加教育经费,并保障其独立,然而当时国内处于军阀割据和混战的局面,这无疑是不切实际的幻想。而张謇在这方面的思想则要丰富得多,更现实,更有成效。在教育管理上,张謇主张严格管理,从严治校,反对参与政治、自由结社;而蔡元培主张师生互动、教育相长、因材施教。在北大的学校管理上,蔡元培推行教授治校,民主管理,营建了北大民主自由的氛围,形成了学术繁荣的局面,同时,尊重学生的个性,培养他们的自主意识和创新能力,在中国近代教育思想史上有着重要的地位。这是超越张謇的一个突出贡献。最近两三年来,就现有的资料,在期刊上尚未发现有张謇与其他教育家比较研究的文章。但我相信以后的比较研究会多起来,因为比较研究是将张謇教育思想深入研究下去的重要方法和途径之一。

二、张謇与其他教育家比较研究的前瞻

从目前的状况分析来看,比较研究尚属起始阶段,有待进一步的深化。这十几年来比较研究的论文仅六七篇而已,数量不多,水平不齐,有待深入和提高。

从这几篇论文的内容来看,大致分为如下几种情况:一是张謇教育思想与外国教育思想比较,目前仅是与日本明治教育观的比较;二是张謇教育思想与洋务教育思潮代表张之洞的教育思想进行比较;三是张謇教育思想与民主主义教育思潮代表人物蔡元培、陶行知、黄炎培等人的教育思想进行比较。这些研究只能说有了一个良好的开端,还应深入地研究,包括不同观点之间进行争鸣、切磋、商榷。

从比较研究的面来看还应拓展,与更多的教育家进行比较。目前张謇的教

育思想仅同四五名教育家进行比较。实际上进行比较研究的空间还相当大。张謇是近代著名的实业家、教育家,他可以与其他实业家,如荣宗敬、周学熙、盛宣怀等人的教育思想进行比较。当年的实业家均懂得教育救国,也都涉足办学,有很多的可比性。现有金其桢、金秋萍、俞燕鸣编著的《近代三大实业教育家研究》一书,但对盛宣怀、张謇、荣德生的教育实践业绩和教育思想,是分别进行阐述的,未能进行比较研究工作,比较研究有待以后进行。张謇教育思想还可以与同属于维新主义教育思潮的代表人物如康有为、梁启超、严复等人的教育思想进行比较研究,甚至与早期改良主义思想家冯桂芬、王韬、郑观应等人的教育观进行比较;还可以将张謇教育思想与同时代的教育家如张元济、周百熙等人的教育思想进行比较研究;孙中山先生非常重视教育,也十分重视普及教育和德育教育,也可以将张謇教育思想与伟大的民主革命的先行者孙中山先生的教育思想进行比较,从比较中可以见到张謇在教育方面的重大贡献和时代的局限;也还可以将张謇教育思想与前辈或晚辈教育家,如帝师翁同龢,或晚辈江谦等人的教育思想进行比较研究。由此可知,张謇与其他教育家比较研究有宽广的空间和相当好的前景。

三、从比较研究的内容来看还可以向纵深展开, 进行更多内容的比较

张謇的教育实践和教育思想相当广泛和十分丰富。目前比较研究的论文涉及的内容尚为有限,大致有教育宗旨、教育方针、培养目标、筹集教育经费、教育管理等。除了对这些内容还需继续进行进一步的探讨外,还可以从教育体制、教育内容、教育方法、教育体系、办学模式、师资培养、办学途径、社会实践、校园文化等方面,进行多视角、全方位的比较研究。

已有论文涉及职业教育和师范教育这样专业性的比较研究,说明比较研究已开始在深化。除此之外,还可以从社会教育、特种教育、家庭教育、女子教育、幼儿教育、普及教育、高等教育、纺织教育、农村教育、医学教育等各个侧面,进

行广泛的比较研究。

比较研究的方法应该重在两方面,一是相互比较,二是进行研究。笔者以为并不是把各人的教育实践和教育思想分别罗列出来,就算是比较了。笔者认为,所谓比较,要进行对比对照的细致工作,也就是要下一番功夫,找出他们之间有哪些方面是相同的、一致的、共有的,有哪些地方是不同的,属于他们各自的特点或特色,其中哪些又是在前人的基础上有突破和新的发展,从而进一步去研究。还要研究他们为什么有那么多的共性,为什么有那么多差别和特点,分析他们各自产生的主观和客观因素,找出其规律,总结其有益的启示。当然,比较与研究也不是决然分离的,而是比较中有研究,研究贯穿于比较的始终。以上认识是否有理,敬请方家指正。

参考文献:

〔1〕金其桢,金秋萍,俞燕鸣:《近代三大实业家研究》,北京:高等教育出版社,2004。

〔2〕荫山雅博:《清末"日本型"学校制度在江苏省的引进过程》,载《再论张謇——纪念张140周年诞辰论文集》,上海:上海社会科学出版社,1995。

〔3〕黄卫:《张謇教育思想与明治政府教育观之比较》,载《近代改革家张謇——第二届张謇国际学术研讨会论文集》,南京:江苏古籍出版社,1996。

〔4〕马万明:《张謇与陶行知师范教育思想的比较》,载《中国早期现代化的前驱——第三届张謇国际学术研讨会论文集》,北京:中华工商联合出版社,2001。

〔5〕陈万明,马万明:《略论张謇与黄炎培的职业教育思想》,载《中国早期现代化的前驱——第三届张謇国际学术研讨会论文集》,北京:中华工商联合出版社,2001。

〔6〕张丁,余烈,陈萍:《张謇与陶行知教育思想异同论》,载《中国早期现代化的前驱——第三届张謇国际学术研讨会论文集》,北京:中华工商联合出版社,2001。

〔7〕张廷栖,王观龙:《张謇与张之洞教育思想比较研究》,纺织教育,2002(6)。

〔8〕蒋国宏:《张謇与蔡元培教育思想之比较》,河南师范大学学报,2002(3)。

(原载于《张謇研究百年回眸》,南京:南京大学出版社,2007年)

城建篇

城建篇

南通"中国近代第一城"及其宏图
——读吴良镛《张謇与南通"中国近代第一城"》

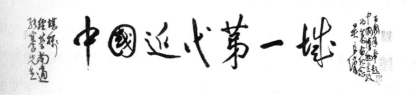

吴良镛题字"中国近代第一城"

《张謇与南通"中国近代第一城"》是吴良镛院士关于张謇在家乡南通城市建设的一部学术专著。该著作于2006年10月,由中国建筑工业出版社出版,并列入了吴良镛院士主编的人居环境科学丛书系列。

人居环境科学是以吴良镛院士为首创建的以人与自然协调为中心,以居住环境为研究对象的新兴学科。《张謇与南通"中国近代第一城"》著作就是在科学发展观的指导下,以人居环境科学观念,对张謇从1895年至1926年的30多年中所领导的事业及他所创的中国早期现代化的"南通模式",在城市建设方面的贡献作了系统的考察、艰苦的探索、深入的研究、科学的论证,得出了近代城市建设一个典范的结论:张謇先生经营的南通堪称"中国近代第一城"。这个研究论证的过程,正如吴先生自己在总序中提到的那样,由"大胆假说",然后"小心求证",是一个艰辛的理论创新过程。尽管过去也有学者在此领域加以研究,也有一些成果,然而未曾用城市的发展观念和人居环境的科学理念加以系统的总结,给予总体的评价,并在城市建设史上被赋予应有的历史地位。这一理论创新的系统工程是由吴良镛院士完成的。

著作由三个部分组成。首先是历史理论篇,由一组论文组成。第一篇论文《张謇与南通"中国近代第一城"》,笔者有幸成为最早的读者之一,先睹了这一理论成果[①],获得学习的好机遇。通过本书出版后的再次学习,笔者浅陋地认为,本篇构成了张謇在南通城市建设中一个典范的理论框架,从空间布局、全面经营、区域经济、城建理念等方面的论证,奠定了南通"中国近代第一城"的理论基石,从而为南通人民,也为中华民族挖掘和发现了张謇在近代城市建设史上的这个典型,拂去封存将近整个世纪的尘灰,使其又放射出灿烂的光辉,并升华到理论层面的新高度。吴良镛院士在科学论证张謇经营的南通堪称中国近代第一城后,又进一步阐述张謇近代城市建设的实践并非偶然的巧合,而是偶然中有必然,那就是从吴淞开埠规划中见到了他明确的规划思想,又在大生企业的发展扩展到通海崇等地的实践中,反映他区域经济的发展战略,进而指明南通"中国近代第一城"的现实意义,传承和弘扬张謇城市建设的先进理念,并提出了对其遗存保护的基本策略和具体的规划方案。

著作的规划设计篇和建筑设计篇,对建设中的当代南通和未来发展的南通,都作出了科学的规划和设计。从保护唐家闸的近代工业遗存和濠南路近代城市街区遗址,以传承和弘扬张謇城市建设的先进理念,到分析地处长江三角洲空间的南通的实际情况,提出"北上海"的发展新格局,这些有远见卓识的宝贵主张,实属难得,使我们不仅有千年文脉的古城,辉煌的近代城市遗存,同时还有保持着我们文化生态和欣欣向荣的当今南通,而且还在我们的面前展现了未来南通的一幅宏伟美丽的蓝图。如何实现这一战略目标?如何与其他城市联动?著作中也提出了不少建议。

专著的理论创新,内容的层层推进,全书的严谨结构,史料的丰厚翔实,行

[①] 吴良镛院士将论文交给南通市政府规划局征求意见,规划局派孙寰先生指定笔者为论文提建议。笔者对文中有关张謇等史料方面提了10多条建议。吴先生收到笔者的建议后,特地打来电话表示感谢,同时商讨问题,见附件:《致吴良镛院士的一封信》。由此在其论文最后有感谢之词。

文的图文并茂，加上于海漪博士《近代南通城市规划建设》的下编，由此构成了南通"中国近代第一城"的理论体系。可以说该书是我们南通城市现代化的一个知识宝库，南通人民不能不读的教科书，南通的发展将从中不断地获取营养和力量，将其转化为我们的思想和理念，以利于再创南通的辉煌，奔向美好的明天。吴良镛院士等人的重大理论成果，不仅是对南通人民的重大贡献，必将载入南通发展的史册，而且对我国近代城市建设史也是一个重大的发现和贡献。中华民族有了自己的城市建设的典范，将重写我国近代城市建设史。就张謇研究而言，本书为张謇研究开辟了一个崭新的研究领域，为"张謇学"在21世纪的诞生又奠定了一块极为重要的理论基石。这一新的研究领域的开辟，使进了我们离"张謇学"越来越近了。相信历史将证明它的重要价值。

《张謇与南通"中国近代第一城"》封面

（原载于《南通今古》，2007年，第1期）

附：《致吴良镛院士的一封信》

吴院士：春节好！

您于1月30日亲自来电，令我十分感动。仅对您的力作提了几点小小的建议，您竟如此重视，并还要我向参加规划局召开座谈会的同志们致谢。著名的专家学者总是那么谦虚。要说感谢，我们南通人民要好好地谢谢您。您提出了南通是"中国近代第一城"的命题,并加以论证,那是送给南通人民一笔最珍贵的价值无法计算的礼物,功德无量!"中国近代第一城"的缔造者和发现者几乎同样重要。南通将在这张品牌下进入一个重要的发展新阶段,再创新的辉煌。以您为首的许多人将载入南通以至全国的史册。南通人民永远记住您的恩德。这并不是官场套话,而是南通人民的心声。我们仅仅是尽市民的一点责任而已。我们十分欣慰的是市领导很重视这笔无形资产,敏锐地抓住这一品牌,春节以后将在媒体上大力宣传。今年六月下旬,张謇诞生150周年时将会达到一个高潮。春节前,市委、市规划局、市文化局都分别召开了座谈会进行研讨,文化局还列出十一个课题招标,已落实到人。南通的学术界、文化界已发动起来,配合您做好这一大课题。我的建议①就是在这种氛围下的产物,完成规划局布置的任务,我自身也响应市委的号召,想做一点工作,领了文化局的第五个题目,但才疏学浅,还望得到您的指教。

您的来电中关于武汉在近代城市史上的地位问题,确是一个难点。正如您说的,抬起扛来是件麻烦的事,要做工作。对此我有两点想法。

其一是给武汉定位的问题。张之洞在武汉经营近代工业、文化教育事业要比张謇早,比南通大,范围广。张謇走上实业之路,是受张之洞的影响,也可以说是张之洞将张謇引上实业之路的。这是无法违避的事实。但是,武汉同南通不同的是它在当时是通商口岸。1858年6月,清廷被迫与俄、美、英、法签订的《天津条约》中就将汉口定为十大通商口岸之一,而且汉口还有英租界。这说明它曾丧失过部分主权,曾有殖民主义的势力、外国的工业、帝国主义的参与,而南通却没有。南通由农业社会的封建主义城市向近代城市转化过程中,完全是中国人自己独立创立、规划和发展起来的新兴的工业城市,没有帝国主义的涉足。因此,我想在您为"中国近代第一城"下定义时,能否将其锁定在这个范围内。我们共产党向来主张独立自主,自力更生,这也是毛泽东思想活的灵魂之一。我想这也是符合这一精神的。

---

①指对吴良镛院士论文中有关张謇等史料方面的建议。

此外，张之洞是洋务派晚期的领袖，武汉是官办的民族工业的基地；而张謇在南通发展的完全是民营经济，他是民营企业家的先驱领袖(我的观点)。对这一点似乎也有文章可做。正如您说的南通比较集中，也可以说具有典型意义。

其二是关于做工作避免抬扛的问题。这一点也很重要。我以为关键人物是章开沅教授。章教授是著名的历史学家，研究方向为中国近代史，尤其在辛亥革命史、中国教会大学史、南京大屠杀、张謇研究这几个领域更为突出。1984年，他积极主张在南通成立张謇研究中心，并被聘为顾问，是张謇研究的最高权威；他还培养了一批学生，这批人在近代史学界已是骨干和中坚。他在武汉这方面的影响和声望，可能武汉大学没有人能替代。为此而建议您的大作发表之前，可否寄给他，征求他的意见，听听他对"中国近代第一城"有何想法。如他默认也可，如能配合就更好了。我正在考虑建议市领导在适当的时候能否也去拜访和邀请章开沅教授再次来通。去年十二月我们召开韩国旅通诗人学者金沧江研讨会，章教授来通作过学术报告。今年四月他将在于扬州大学举行的"纪念张謇150周年诞辰高级论坛"上作主报告。您如能通过绪武同志，亲自前往，当面沟通，就最佳了。如不能抽身，由绪武同志转交也是好的，他们交往甚密。

以上尽是粗浅之见，仅供参考，敬请指教！

敬祝

春节快乐，羊年安康！

学生　张廷栖谨上
2003年春节

"中国近代第一城"内涵解读

自从两院院士吴良镛教授提出南通是中国近代第一城的命题以后,不断有人表示出这样那样的疑惑:南通是中国近代第一城吗?比南通更早的城市有的是,广州、上海、天津、武汉等为什么不称近代中国第一城呢?如何理解"中国近代第一城"的科学概念,什么是"中国近代第一城"的科学内涵,就成为必须回答的、也是十分重要的问题。

何谓"中国近代第一城"?我的理解是:它是指在近代由中国人独立经营、最早全面规划、城市功能协调发展的城市。(或者这样理解:在近代由中国民族资产阶级经营的,最早实践近代城市规划理念的,城市功能协调发展的城市)。主要内容大致上有三层意思。

第一,"中国近代第一城"应是中国人独立经营和建设的城市。近代中国的城市,基本上可以分为两大类。一类是长期受帝国主义控制的城市。"这些城市在城市经济结构、发展模式,城市规划和建设上,不仅具有殖民地色彩,而且反映了侵略国的经济、文化和社会特色。"[①]例如哈尔滨、青岛、上海、天津、汉口等,就是集殖民地,封建主义于一体的城市。第二类是由封建性质向资本主义转化的城市。它们是由近代中国工商业为主体的资本主义经济的发展,改变了城市原有的经济内容、经济成分和经济结构,或者随着近代工业交通运输业的发展而造就的新兴工业城市,例如无锡、南通、北京、西安、成都、兰州、长沙、南昌、唐山、焦作、大冶、石家庄、郑州、衡阳等。以上两类城市的区别在于前一类属于殖民地、半殖民地性质,后一类以民族工业的发展为基础。笔者以为:"中国近代第

---

①潘永江,季建林:《中国城市化战略研究》,南京:南京出版社,2001年,第27页。

一城"应该是一个特定的含义,即:在以中国民族工业发展为基础的近代工业城市中,由中国人自己建设和发展的城市,并非望文生义地理解为最早的工业城市。在中国,如果要说最早的近代工业城市,那就应该是广州、上海等城市了,因为西方殖民主义者最早进入这些城市。随着《南京条约》的签订,在这些城市开始出现西方列强新创办的近代工业和交通运输业,对中国进行疯狂的经济掠夺。由此带来的不仅是城市的殖民地化,而且是城市的畸形发展,造成了许多严重的弊端。我们今天讨论"中国近代第一城"的命题不能简单化地比"最早",这里首先有一个立足点的问题。我们讨论这个问题的出发点,应该站在中华民族的立场上,而不能颂扬西方殖民主义。我们党一贯主张独立自主的原则,所以我们讨论"中国近代第一城"的含义,就该以在中国民族工业和交通运输业发展基础上所形成的近代工业城市作为涉及范围和前提。

第二,"中国近代第一城"应是中国人最早全面规划和建设的城市。从某种意义上来说,"中国近代第一城",首先是城市建设史方面的概念。南通,在近代著名实业家、教育家张謇的经营下,在由封建性的城市向资本主义城市转化的过程中,早在19世纪末和20世纪初就有意识地进行规划,把城市建设成各有分工的一城三镇的格局:唐家闸是工业的基地,天生港是交通港口、码头和能源的要地,狼山是风景文化休闲旅游的地方,通州旧城是政治、行政、文化教育、金融商贸的中心。这种城市规划的理念,是张謇在1895年创办大生纱厂以后逐步形成的。他在当时还谈不上有多少自觉性,因为纱厂的创办就十分艰难,能否成功还是个问题,所以不会一开始就考虑全面规划城市建设的问题。对城市建设进行全面规划是在事业成功,并且有了发展以后的事。但也无可否认,他的头脑里对如何建设南通城市早就已经有了一个朦胧的、大体的框架。他的这个朦胧的城建思想比英国霍华德提出的"田园城市"理论还要早两三年。在中国没有殖民主义者参与建设的工业城市中,南通是规划最早、最集中地体现了没有因工业化而带来诸多弊端的城市。

第三,"中国近代第一城"并非就是近代工业城市。近代城市从完全意义上理解,应该是近代城市功能全面协调发展的城市,比近代工业城市的范围要宽广得多。

"城市"二字从词义上说,"城者,所以自守也","市"是交易的场所。"城"和"市"组合在一起成为城市。综合国外对城市定义的多种说法,我们理解城市是人口和经济活动在有限空间地域内的集中,商贸关系在其中占有相当的优势,各种经济市场相互交织在一起,形成网状系统,因而有其自身行政、经济、政治、文化等人类活动的内容。所以城市除了工业以外,还包含有许多其他的内容。

所谓近代城市,一般是由近代工业的产生促使古代城市向近代城市转化,近代工业是城市转化的关键,但近代工业城市有别于近代城市。随着近代工业的发展,为农业服务的中小城市衰落,大城市崛起,形成畸形发展,导致人口密集,住宅危机,贫民聚居,环境恶化,交通拥挤。这是普遍的现象。因此,对工业城市进行规划,解决工业化带来的各种弊端,使人类的生产、生活、文化等各种活动顺利开展,以及人类与自然协调发展,成为近代城市建设中一个十分重要的问题。所以完全意义上的近代城市应该是这种理念上的城市,而决非仅仅指工业而言。

张謇在南通的城市建设中,不仅规划了一城三镇,在城与镇之间有农村相间,从而形成田院式的城市格局,而且以唐家闸为基地,以大生纱厂为核心,建立了与此相配套的众多企业群体,组成工业园区;又创办了社会发展所需要的其他事业。他创办了完整的近代教育体系,从幼儿教育、中等教育到高等教育,从普通国民教育、职业教育、特种教育直至社会教育,无所不包;还创建了近代文化事业的许多设施,从公共图书馆、印书局、报社、五公园、俱乐部,到全国一流的大剧院和全国第一个中国人办的博物馆;还开办了近代水陆交通运输业,筑公路、开航道,将一城三镇城乡相间地组合起来,形成一个经济区域,又开通了申沪线,使南通与上海接轨;张謇还创办了许多慈善机构,注意维护弱势群体的权益,如医院、养老院、残废院、济良所、栖留所、育婴堂、义茔等,对老弱病残、生老病死全都考虑周到;再加上设立了近代金融贸易机构和市场,使近代城市形态应当具备的功能一应齐全,还与区域经济互补联动。南通,虽然地方不大,实现早期现代化的历史并非最早,然而一个当时的县级城市所涵盖的近代城市功能的内涵竟如此之集中,如此之典型,在全国所有城市中可能是绝无仅有的。因此,它在当时就被誉为闻名中外的"模范县"。也正因为如此,吴良镛院士经考证后在今年初为南通题词"张謇先生经营南通堪称中国近代第一城",这是对近代南通城市建设成就最科学的概括。

关于"中国近代第一城"的奠基人张謇,他在今天值得称道,不仅因为他是最早提出比较完全意义的城市建设思想的中国人,而且因为他是近代中国杰出的民营企业家。近代的南通是民营经济独立经营、独立规划和独立建设的城市。这一点在今天更具有特殊的意义,因为张謇为当前的民营经济发展树立了榜样。他昭示民营企业家不仅要关心企业的经济效益,同时也要关心社会效益;不仅要关心生产,也要使社会同步协调发展。

(原载于《张謇研究论稿》,上海:华东理工大学出版社,2003年)

"中国近代第一城"的继续探索
——《南通近代城市规划建设》读后感

一城三镇

2003年,吴良镛院士发表的《张謇与南通中国近代第一城》论文,提出并论证了南通是"中国近代第一城"的命题,以后又通过当年6月在南通举行的"中国近代第一城研讨会",这个论断在规划建筑学界得到普遍的认可。但也有人提出这个命题还是一个历史学的概念,还要得到历史学界的认可,从历史学上加以论证。从历史学视角来讲,该命题属近代城市规划建筑史。历史学有许多分支,分别隶属于各个学科,因而它们往往是跨学科的,具有双重性。近代城市规划建筑史,既属于历史学,同时又属于建筑学、规划学。2005年9月,由中国建筑工业出版社出版的于海漪博士的专著《南通近代城市规划建设》一书,就是这样具有双重性的一本论著。于海漪博士是吴良镛院士的博士生,在导师的布置和指导下,继吴良镛院士发现和论证南通是近代城市建设的一个典范,堪称"中国近代第一城"以后,对这一论断进行了系统的研究,完成了这篇博士论文,成为《张謇与南通"中国近代第一城"》的下编,南通近代城市建设的重要专著。著作对探索中国近代城市发展史而言,具有奠基性的作用;对张謇研究来讲,是沿着吴良镛院士开辟的这一崭新的研究领域,又前进了一大步。

作者将张謇在近代南通的城市建设置于中外城市建设史的大背景下,进行了全面又系统的总结研究;又搜集了大量的资料,采用编年史的方法,以翔实丰富的史实论证了近代南通城市建设是一个光辉耀目的典范。作者又对张謇的规划思想进行了深入的历史考察,从他在实业和教育领域进行的单项规划,到广泛探索的制度管理;再到全面建设,进行社会规划;再到后期的建设衰退而规划思想走向成熟。作者将张謇的规划思想和南通的城市建设科学地划分为这四个阶段,又以大量的史料归纳出每个阶段的内容及其五个特点,揭示了基于中国历史与文化渊源的人本思想,对南通近代城市发展起了重要的作用,令读者由衷地感到说理充分,论据充足,史实丰满,无主观臆断。以上这些是本书的主体部分,同时,本书还是研究近代南通城市建设和张謇规划思想的一部论著。

本书将近代南通城市建设与中外的近代城市进行了广泛的比较研究。以张謇对于南通城市建设的理念和实践同世界著名的规划师进行比较,既可以看到他们共同的一面,又指出张謇在中国传统文化熏陶下传承本民族文化的独特性、创造性,从而再一次有力地论证了吴良镛院士所发现和提出的"南通中国近代第一城"命题的科学性,也为近代南通城市和张謇在中外近代城市建设史上确立应有的历史地位奠定了基础。这反映了作者掌握了本专业的前沿,运用国内外资料和专业理论进行深入研究,做到了言之有理,论之有据,论从史出,史论结合,读来令人心悦诚服。

本书又进一步阐述张謇规划思想的来源。首先指出他在传统文化的大背景下深受传统文化的熏陶,尤其深受传统学术体系的深刻影响。也就是说,张謇规划思想的主要来源是传统文化,尤其是其中的"天人合一"思想。这不仅反映了作者有相当高的文化素养,而且指明张謇与外国著名规划师殊途同归的主要原因,同时也反映了我国传统文化的当代意义。其次,张謇规划思想中也有借鉴西方文化的成分。最后又指出张謇自身进行的广泛社会实践的探索和启示。这二步层层推进,步步深入,分析相当到位,结构相当严谨。

　　本书另有一个鲜明的特点,那就是图表与文字并茂。作者在阐述中应用和制作了大量的图表,据统计,全书共有图表86幅之多,作为论证的重要手段,令论述简单明了,生动易懂。这在史学论著中是不大可能有的,这也可能是规划建筑学著作的一大特色。

　　如果说吴良镛院士发现的"南通中国近代第一城"是中国近代城市发展史上一个重大突破的话,那么他的博士生于海漪的专著中综合性、系统性的论述,则为这一突破作了延伸和充实。对"南通近代第一城"文化,这对师生共同起了奠基性的作用,对我们正确理解和传承具有广泛深远的意义。

(原载于《张謇研究年刊(2005)》,张謇研究中心,2006年)

张謇城建思想与实践概述

一、引论

　　中国传统城市处于农业文明的总体社会生态环境中,具有城市结构的单一性、城市行政地位的附属性、城市与乡村无差别等特征。到了20世纪20年代至30年代初,由一批市政学家倡导,国民政府主导,政界学界互动,掀起了一场"市政改革"运动,旨在使城市由传统的政治、军事的单一功能型向工商文教复合功能型转变。这个作为中国现代城市发展史上的一个重大事件,虽然勃兴于民国中期,但其端绪可追溯到清末。清廷迫于各种压力所推行的"新政",以地方自治促进城市的变革。南通张謇就是在清末"新政"推行地方自治的形势下,实行工业化的过程中进行城市改革和全面建设的。

　　张謇对近代城市的建设,理论上未有长篇大论。他并非城市改革和建设的理论家。他那崭新的城建理念和思想,着重体现在他那城市建设的实践中。他的城市建设的实践,又是从他弃官回家乡通州创办实业开始的。

　　张謇家乡南通州,民国后为南通县,所以有"畴昔是州今是县"之说。州治在通州城,它坐落在江淮东部,东濒黄海,南临长江,江海交汇之处,称"江淮之委海之端",是江海的门户,"扬子第一窗口"。南与上海、苏州隔江相望;西与扬州、泰州相邻。

　　南通州城的形成有两种版本。一说是吴初,姚存之子廷珪镇守时,开始"修城池官廨","城而居之",这指的可能是静海城,范围在州城城南地区。又一说南通是后周显德年间建立。现一般采用后一说。后周显德二年(955),世宗下诏亲征南唐,南唐由静海制置巡检副使王德麟征发民夫,兴筑土城对抗之。这可以说是南通州城的胚胎。经过两年多的交战,显德五年(958)正月壬辰(2月1日)后周军队夺取了南唐的静海,设置静海军。不久又升为州,取名通州,管辖静海、海门两县,州治静海。

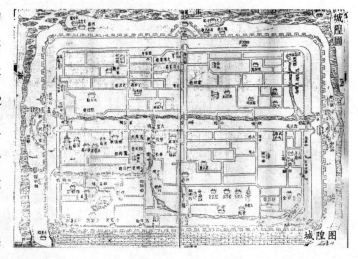

城隍图

原南唐静海制置巡检副使王德麟留任。显德六年,王"瓮以陶甓",改建砖城,成为永久性的防御设施。这是最早的通州城,城墙周长六里七十步。这成为历史上第一次大规模的建城,奠定了通州城的基本格局。

通州城市形态和布局是以中轴线为对称的方形城郭,十字长街。因州城是建在沙洲形成的陆地上,呈水网地带,护城河利用天然水系的大小水泊或裁弯取直,或挖掘贯通,内框齐平,而外框呈不规则的大小、宽深不一的自然生态的水域围城,称为濠河。濠河与一般的护城河不同,以水泊通州著称,至今仍保持了这一基本面貌,为南通州城的一大特色。濠河与州城建有东、西、南、北四座吊桥,所以建城之初,通州有东、西、南、北四个城门。北郊是沼泽荒地,北门地僻,"多盗",立壮健营镇之。到了宋政和三年(1113),郡守郭凝因"北门地僻多盗,且有怪"而塞北门,改壮健营为玄武庙,后称"北极阁",是现今保留通州城墙唯一的遗址。故长期以来"通州无北门"之说,仅有三门。

建成后的通州城,州衙在中央偏北,全城主要是丁字大街,以州衙前的十字街为中心,向南是南大街,直通南城门,南城门又称"江山门";向西是西大街,直通西城门,西城门又称"来恩门";向东是东大街,直通东城门,东城门又称"宁波门"。东西大街上有三座大建筑:中有城隍庙,又名郡庙,西大街有武庙,即关帝庙,东大街有文庙。城内市河也是丁字形,东有两个水关,西有西水关,市河上建有多座桥梁供行走。

　　经过宋代的不断完善和发展,元明时代的通州城成为典型的州县城市。东西大街与南大街成"丁"字形,东西大街与南大街交叉点的城市中心为州府衙门,是政治中心,前有谯楼,这是标志性的建筑,面向南大街。南大街成为整个城市的中轴线,空中走廊直达五山中心之巅——狼山支云塔。衙署两侧,根据左文右武的传统,东建有文庙、学宫等,与衙署之间设有贡院,是科举州试的试场,成为古代文化中心;西建有武庙。全城通道分为大街、街和巷三级。南大街的两侧,以"井"字形整齐地排列着巷子,民宅均匀地坐落在巷子两侧。城的东、西、南城墙中间,除各开有城门外,还建有瓮城,南城门还建有城楼。整个城为南北稍长的长方形。

　　南通州就这样在聚居成城、交易成市、建庙造桥成市镇的基础上形成州府。明代,通州城不断有来自海上的倭寇侵犯,为加强防御,又在城南筑新城以抵抗之,城区有了新的扩大。护城河同样利用天然的大小水泊,因此濠河有内外濠河之分,成了南北两环,一小一大,形状呈葫芦形。

　　盐业是南通最早的产业,亦即古代通州城市经济最早的基础。据史书记载:"岛上多流人,煮盐为业。"南通自古就有鱼盐之利,民间称"海是鱼盐之仓","日生一金牛,胜过万担粮"。史称"自古煮海之州重于东南,而两淮为最"。在淮盐中,清末以前,通、泰、楚三州一直是淮盐出产的主要产区,其生产规模与盐税数额在全国首屈一指,素有"淮南场灶甲天下""淮南盐课甲天下"之誉,其中南通盐业有着独特的地位。

　　旧志称"通之资于盐利也久矣",盐业历史源远流长。早在西汉初年,吴王刘濞招募天下亡命人首先在南通西北成陆之地煮海水为盐,成为南通古代盐业的开端。南北朝至唐初,南部的胡逗洲、南布洲、东布洲等岛屿上,居住着因犯罪流放或因灾难流亡的人们,他们开始开辟亭场,以煮盐为业。自盛唐开元年间起,朝廷为监护煮盐,征收盐课,设官管理,始有行政机构。中唐以后,国家经济重心南移,盐铁使第五琦、刘晏先后致力于发展淮南盐业,产品质优,备受推崇,产销兴旺,进入兴盛时期。北宋初期,通州设义丰监,后改为利丰监,管理境内南部8个场。

随着沙洲的扩大,陆地的发展,滩涂的延伸,内陆土地的淡化和成熟,农业经济逐步发展起来,农耕社会逐步形成。

明代中后期,我国东南地区已孕育商品经济的萌芽,农村经济作物棉花成为交换的重要商品,棉花的经济收益超过稻豆作物的几倍,农民相继舍稻豆而专门种棉。他们既从事农业生产,也从事手工劳动,土纺土织成为家庭的衣被之源。后手工土纱土布逐渐自给有余,作为商品出售,又有商人收购外销,于是土纺土织成为副业,补充家庭的收入,这就使土纱土布由自用的家机用纱用布开始变成了商品。手工产品的商品化使棉纱棉布成为城乡交流的重要商品。随着商品经济的迅速发展,城市中的商铺日益增多,住宅破墙开店逐渐多起来,推动了通州城市的繁荣。

清代以来,广大农民把植棉、弹花、纺纱、织布以及少数染色等一整套的工艺流程担任下来,积累经验,代代相传,产生了土纱土布的手工生产行业。起初农户织造的多是稀布。随着清兵入关,关内外来往频繁,交通较之以往发达,通海地区的棉花、稀布由客商带往东北,无不受到欢迎。南通的棉织手工业成为全国四大重点地区之首(其次为江阴和武进,再次为湖北省的高阳,山东省的昌潍)。

总之,古代通州城的主要功能在于政治军事方面,经济上仅有农产品和手工业产品的交易,是一个农耕社会中典型的传统州县城市。人们对工厂,尚不知为何物。

1895年,清末状元张謇,从通州开始走上实业救国、教育救国的道路,因地制宜地创办纱厂,开始了通州城市向早期现代化的转轨,即开始以工业建城和兴城,又以教育和农垦资城。

二、张謇进行南通城市早期现代化建设

1.张謇对通州城市的空间布局:"一城三镇"

"一城三镇"的南通城市空间布局是张謇的创造。1895年,张謇接受两江总

督张之洞的委任:"总理通海一带商务",在通州筹办纱厂,选址于通州城西北6公里外的唐家闸。张謇之所以将大生纱厂厂址选择于唐家闸,是因为这里"地介内河外江之间",交通便利;土地价格便宜,投资少。随着创办大生纱厂的成功,客观上拓展了通州城的空间。虽然明代中后期随着商业的发展,州城已分别向东门和西门外方向扩展,但相当有限。随着大生纱厂的成功与发展,与此配套的产业链逐步形成,成为带有生态化的产业结构,唐家闸随之成为工业城镇。

(1)唐家闸工业城镇的形成。

张謇利用江海平原出产的优质棉花为资源,发展纺织工业的同时,进一步利用再生资源发展相应的一系列企业。棉花加工后除皮棉被纱厂用作原料以外,还有棉籽。棉籽除了留作种子外,还有为数不小的存积。它是一种油料资源,张謇念大生纱厂轧花所出棉籽亦非小数,与其生货卖出,不如自制熟货。于1902年,他发起招股建油厂的动议。次年,广生榨油股份有限公司(又称广生油厂)开车生产。广生榨油股份有限公司在生产食用油过程中,还有下脚废弃物产生。这种油料下脚又可以作为制造肥皂的原料。1902年,张謇将其再利用,集股2万元,又在唐家闸办起了以下脚油脂为原料的大隆皂厂,生产皂烛,供应百姓生活所需。张謇利用棉花资源,在唐家闸产生的第一个产业链:棉花→棉籽→广生油厂→大隆皂厂。

棉花加工后的皮棉,用作大生纱厂的原材料生产棉纱产品,供应通州城乡织布,生产闻名于世的通州土布,远销海内外。1915年,又进口织布机,办起织布工场,生产人们日常所需的衣被。纺纱工场和织布工场,都有一种叫"飞花"的废弃物产生,对空气和环境产生污染,然而,它又是工业造纸的重要原料。张謇十分重视回收和利用。1908年,在工业的基地唐家闸,他又集资2万元,盘下通州竹园纸坊的旧式造纸设备为基础,办起了以纺织厂的飞花下脚为原料的大昌造纸厂。加上稻草、芦苇等当地资源,生产多种类型的纸张,为1902年创办的翰墨林编译印书局提供了原料,为众多的企业印制账册,为新建的学校印制教材,为新闻媒体和社会文明建设所需而印制报刊和各类书籍。虽然大昌纸厂因为原料价格上扬,经营中亏损严重,存在时间不长,但它反映在产业结构上体现了重视资源的合理配制和充分利用，形成又一个生态化的产业链：皮棉→大生纱厂→织布工场→大昌纸厂→翰墨林编译印书局。

唐家闸远景图

此外，张謇还先后创办复兴面粉厂、资生铁冶厂、阜生蚕桑织染公司等企业。这些工厂在唐家闸的先后创建促进了唐家闸的建镇和不断发展，成为近代的一个工业重镇，而且是注重环境保护、减少工业污染的一个民族工业基地。它不仅为通州传统城市注入新的元素和活力，而且为城市新的空间布局奠定了基础，成为"一城三镇"空间布局的一极。

(2) 建立天生港港口城镇。

随着工业发展的需要，在城西 6 公里的天生港，从 1900 年开始营建天生港镇，开辟"通源""通靖"两个码头，成立大达轮步公司，开通了通沪长江航线，为与亚洲大都市上海的接轨、接受其辐射创造了条件；同时，创立泽生外港水利公司，疏通了港闸河，连接了通扬运河，之后唐家闸又创办大达内河轮船公司，形成一个水运网络体系。天生港成为沟通苏北、南通与上海航运的港口市镇，是当年水运时代的货物集散中心，成为"一城三镇"空间布局的又一极。

(3) 开辟狼山风景旅游城镇。

城东南 6 公里的狼山镇，有五座临江小山，山水风光独特，景色秀丽，又有宗教寺庙文化，成为休闲旅游胜境。张謇对这五山，采取保护和开发并举的原则，植树造林，开辟环山河，保护林木；先后规划建设观音禅院、赵绘沈绣之楼、虞楼、吾马楼、军山气象台等一系列建筑；近代名人沈寿、金沧江、特来克等都安葬在风景区供人瞻仰和纪念。张謇也修建了自己的别墅，如林溪精舍、东奥山庄、西山村庐。加上历史形成的题名坡、骆宾王墓、金应墓、刘名芳墓、广教寺、藏经楼、三仙祠、幻公塔、平倭碑、葵竹山房、大观台、支云塔、梅林春晓、文殊院等,由此逐渐建成具有深厚文化底蕴的风景休闲游览区,成为"一城三镇"空间布局的又一极。

张謇将产业的发展放在城外,三个市镇分别安置在以原州城为圆心、以6公里为半径的圆周上。在市镇之间,或市镇与中心城市之间,均有公路相通,形成以州城为中心的城镇组团;州城以政治、文化、教育、金融、贸易为主,三个市镇则各有其主要功能。不管张謇是自觉还是不自觉地如此规划,以州城为中心、三个城镇组团布局的客观现实都反映了他崭新的城市建设理念。

2.张謇对南通城市的全面规划和建设

张謇以实业救国、教育救国的思想为指导,以对中国社会进行改革为出发点,实行地方自治,对南通城市进行全面规划和建设。这是他的又一大重要贡献。张謇有意识地对通州城进行规划和建设,起始于1903年对日本的参观考察以后。随着大生资本集团的形成,工厂赢利的丰厚,有经济财力的支撑,对南通州城进行全面规划和城市建设成为可能。1906年,在通州师范学校中特设测绘科,培养城市的规划建设人才。

张謇对日本进行了为期70天的考察,目睹了明治维新给日本带来的巨大变化,对此十分钦佩。他对日本人的城市经营理念这样评价:"日人治国若治圃,又若点缀盆供,寸石点苔,皆有布置。老子言:'治大国若烹小鲜。'日人知烹小鲜之精意矣。"[①]他回国后立即呼吁仿效日本改革,实行立宪。同时,他把立宪运动与地方自治和城市建设联系起来,后者是前者的根基和核心内容。他认为"欲求自治,则必自有舆图始;欲有舆图,则必自测绘始"[②]。创办测绘科的目的是培养测量测绘人才,对南通州进行全面测绘。1906年7月,张謇借通州师范办了一级测绘特班,学生43名,学习期限一年,由日本教师宫本一人教授测绘测量、平板测量、罗针测量、经纬仪测量、水准测量和实习与制图等课程。1908年,学生毕业以后,南通成立了测绘局,大部分学生被介绍到测绘局工作,成为该局的基本队

---

① 曹从坡,杨桐:《张謇全集》(第6卷),南京:江苏古籍出版社,1994年,第482页。
② 曹从坡,杨桐:《张謇全集》(第4卷),南京:江苏古籍出版社,1994年,第386页。

伍，在全境进行6年大测绘，共绘制各类图纸865张。由此张謇开始了大规模的城市规划和建设。在测绘特班的基础上，张謇还选拔了一批优秀学生，在通州师范学校办了一期土木工科。这一期的毕业生中孙支夏名列第一。从此，孙支夏成为张謇在南通兴办各项事业的得力助手。这位城市建设的著名建筑师，为我们留下了许多近代特色建筑，成为"中国近代第一城的"标志性建筑。从此，张謇在规划的基础上进行了规模可观的一系列现代化的城市建设。

第一，创办现代交通事业。

交通是城市建设的命脉，处在水运时代的张謇，首先创办大达内河轮船公司，先后开辟了10多条内河航线，形成南通与苏北农村的水路运输网络；然后又办陆路交通，修筑公路。为了沟通城镇之间的连接，1912年，南通成立了路工处，是规划和建设南通市政的一个机构，为张謇创办的公共事业之一。地点设在南通城西南的望江楼，处于南通城、唐家闸和天生港三条干线的交点，担负建桥筑路的任务。1905—1913年间，南通先后修建港闸、城闸、城港、城山公路，总长34公里，构成了"一城三镇"的公路网络。1919年，南通路工处还成立了南通公共汽车公司，有6辆公交

地方路工处

汽车，行驶于南通城与唐家闸、天生港和狼山之间，将那些市镇连成了组团式的城市。路工处还在城外建马路，如濠阳路、跃龙桥路、西公园路以及城山路等。为了沟通县城与乡镇之间的交通，1920年张謇制订了三条干线五条支线的规划，用一年多的时间实现了这一个陆路交通网络。南通有公路288.4公里，占当年江苏省总里程的66.5%。1921年张謇又创办通如海长途汽车公司，行驶于南通、海门、垦区、如皋和白蒲之间，以利于城乡交流、区域经济协调发展。交通的

现代化是城市现代化的关键,是张謇城建思想的重要内容之一。

第二,发展城市电力与照明。

电力是城市现代化的重要标志。首先用上电灯的是唐家闸的少数工厂、机关和学校。大生纱厂开机后将多余的电力供厂内和几个机关学校照明之用。南通城内的电灯照明开始于1914年,从张謇购置的一台小型发电机开始,先是城南别业、濠南别业和路灯。1916年,张謇创办通明电气公司后,南通的电灯照明从唐家闸工业镇开始并逐步扩展到城内。1926年以后,用电的重心由唐家闸转向城区,南通市民告别了油灯照明的时代,电灯逐步成为城市生活中不可缺少的部分。

第三,重视老城的保护并建设新城区。

通州老城保持了原有的面貌,仍然为行政中心,县政府驻在原来的州府内,唯一的变化在谯楼前。于1914年建成的有时代特色的钟楼,标志着一个旧时代的结束和新时代的开始。城内仍具文化教育和居住的功能,维护着南通的文化生态。

在城外,尤其是南濠河两岸,是张謇重点开发的地方。在那里开辟了新的马路,扩建新的城区。南通原有"富西门,穷东门,讨饭子南门"之说。南城门外成了城市发展的首选之地。长桥以东开辟了大学路,长桥西至东公园建模范马路,西公园至更俗剧场建桃坞路等等。这些新开辟的马路不仅宽敞,而且完全不同于传统城市的街道,那里驻有许多新式的机构。文化教育方面,拥有农科大学、医学专门学校、附属医院、博物苑、通州师范学校、通师第一附属小学、图书馆、女工传习所、伶工学社、更俗剧场等文化教育机构;金融方面,在那里集中了上海银行、淮海实业银行、交通银行、中国银行、江苏银行等金融机构;商贸方面,则有通泰盐垦总

南通图书馆大门

管理处、遂生堂、绣织局、有斐馆、汽车公司、惠中旅馆、崇海旅馆、桃之华旅馆、通崇海泰总商会等单位;别墅有城南别业、濠南别业、濠阳小筑。南通的新老城区不仅是政治中心,还成为近代的金融中心、商业中心、文化教育中心。这些机构均是传统城市向现代城市转变以及城市现代化建设和发展的重要标志。

第四,增设现代通信机构。

南通于辛亥革命后就出现了电话通信,不过是军用通信。1913年南通商界成立大聪电话公司,在城厢和唐家闸、天生港部分用户能通话,从此逐步发展,到了1922年建立私营南通实业长途电话公司,加速了城市与外地的信息流通。这是近代城市建设区别于传统城市的又一个重要内容。

第五,绿化城市环境。

一是建城市公园。从私家花园到城市公园,是传统城市向近代城市转变的标志之一。中国近代公园的出现,最早是西方人于1868年在上海建的外滩公园。中国人自己建公园始于19世纪末20世纪初,如1897年齐齐哈尔建的龙沙公园,1906年无锡修建的城中公园和北京农事试验场附设公园。张謇也于1910年左右在西南濠河建公园,1913年在工业加工区的唐闸镇建公园,使其成为工人和市民的休闲之处。有人描写当时该公园的情景:"有溪可钓,有亭可憩,有石可坐,有藤可攀,有花可赏,有茗可品,有栏可倚,有径可游,有岁寒后凋之柏松,有出泥不染之芰荷,更有依依之杨柳,嘤嘤之鸟鸣。举凡可以娱目可以畅怀,可以极视听之娱之资料,靡不应有尽有。"①由此表明了张謇所追求的是生态环境与经济建设的协调发展。张謇认为:"公园者,人情之圃,实业之华,而教育之圭表也。"所以要建公园供人们休闲,因为"实业教育,劳苦事也,公园则逸而乐,人之理。偿劳以逸,偿苦以乐者,人之情。得逸以劳,得乐以苦者,人之理。以少少人之劳苦,成多多人之逸乐,不私而公者,人之天。因多多人之逸乐,奋多多人之劳苦,以无量数之逸且乐,进小公而大公者,天之人。"②为此,张謇从1916至

---

① 陈翰珍:《二十年来之南通》,南通:南通县自治会,1938年,第146页。
② 曹从坡,杨桐:《张謇全集》(第4卷),南京:江苏古籍出版社,1994年,第413页。

1918年间,在老城的西南濠河边,在原有公园的基础上扩建公园,先后建有东、南、西、北、中五个公园,成为市民休闲旅游的好去处。南通城区的公园情况,正如张謇所描述的那样:"南通胜哉江淮皋,公园秩秩城之濠,自北自东自南自西中央包。北何有,球场枪垛可以豪;东何有,女子小儿可以嬉且邀;南可棋饮西可池泳舟可漕。楼台亭榭中央高,林阴水色上下交,鱼游兮纵纵,鸟鸣兮调调,我父我兄与我子弟于此之逸,于此其犹思而劳。南通胜哉超乎超。"①除了以上六个公园外,1904年张謇还在城南建植物园,第二年改建成南通博物苑。这个"中华第一馆",将馆藏文物和室外的园林相结合,这是南通博物苑的一大特色,反映张謇对自然界的花草树木情有独钟。张謇在江东的一个县城,竟创办如此多之公园,在中国可以说没有第二例。近代城市公园,既折射着城市社会的变迁,又是城市社会发展与进步的组成部分。

二是道路植树。凡是城区的街道两旁,公路的两侧均植树绿化,包括海堤、江堤岸边的植树。

三是营造山林。南通城市有大小五座山,张謇开凿环山河,实行封山育林。通过建苗圃,培育树苗,提供植树造林之用,改造城市生态环境,创造了近代南通宜居的良好环境。

3.张謇使南通城市与区域经济协调发展

城市存在于一定的区域之中,城市的发展与其所在的区域有着密切的联系,区域是城市发展的基础。通州地处江海平原的通海地区,通海地区的经济发展状况直接关联到通州城的发展前景。

张謇在创办大生纱厂成功后,采取了两个方面的有力措施,促进南通城市所在地区的经济协调发展。

一是1901年,开始开发沿海滩涂,创办通海垦牧公司。这是我国近代第一个农业股份制公司。同时,对淮南盐场内的制盐业进行改革,创办同仁泰盐业公司。由草煎盐改为板晒盐,将腾出的草地滩涂筑堤挡潮,围垦造田,改良土壤,

---

①曹从坡,杨桐:《张謇全集》(第4卷),南京:江苏古籍出版社,1994年,第212页。

兴修水利，引进垦民，拓荒耕地，增加棉花产地，扩大纺织工业的原料基地。在张謇的组织领导下，通海垦牧公司经过10年艰辛奋斗，克服了来自社会纠葛和自然灾害的重重困难，终于获得成功。在通海垦牧公司成功的示范和引领下，20世纪20年代，淮南盐垦区掀起了一个沿海开发的高潮。在苏北范公堤以东，南至川流港、北抵陈家港，纵约700里、宽约100里的原淮南盐场地区，濒海约1.2万平方公里的黄海滩涂，由大小70多家盐垦公司实行开发，开辟了大量的土地资源，成为农业经济较为发达的地区。

二是创办工业企业。张謇对区域经济有一个宏伟的规划，打算在苏中创办8个纺织厂，充分利用当地优质的棉花资源，改变产业结构，发展区域经济。大生二厂办在崇明外沙（即后来的启东县久隆镇南），大生三厂办在海门东常乐镇，大生四厂办在海门四场坝，大生五厂办在天生港，大生六厂办在东台，大生七厂办在如皋，大生八厂办在通州城南江家桥。[①]但由于第一次世界大战的结束，西方殖民主义者的经济

大生二厂全景

侵略卷土重来，加上经营管理上的缺失，计划未能全部实现。1907年在崇明外沙成功创办了大生二厂，1917年在海门成功创办了大生三厂，1922年在城南创办了大生八厂，不久改为大生一厂的副厂。张謇实现了他的规划的一半，改变了通海地区的产业结构，国民生产总值中工业产值大大超过了农业产值，成千上万农民离开了土地，进了工厂，当了工人。加上与此配套的企业，有力地推动了南通城市的发展和城市人口的迅速增长，形成了南通以工促农、以农助工、区域经济协调发展的城市特色。由此，近代南通成为闻名遐迩的"模范县"。

[①]《大生系统企业史》编写组：《大生系统企业史》，南京：江苏古籍出版社，1990年，第142页。

三、南通城市的个性特色

城市特色是一个城市的生命线,是一个城市长远发展的坐标,是支撑整个城市生存、竞争、发展的根基,是这个城市之所以区别于其他城市的魅力所在。所谓城市特色是指一座城市在内容和形式上明显区别于其他城市的个体特征,具体可以包括城市所特有的自然风貌、形态结构、文化格调、历史底蕴、景观形象、产业结构、功能特征等。简言之,一个城市的特色是由其物质环境特色和非物质环境特色所组成的有机体,是城市本质和内在的属性。

1. 从城市建设的主体来看,南通是由中国人自主规划建设的近代城市

近代中国出现的城市,可以分成三种类型。一是被西方殖民主义者占领而新建起来的城市,如青岛、大连、哈尔滨、广州等。这些西方殖民主义者主持城市建设的目的是实施经济、文化等侵略。二是西方殖民主义者控制下的"租界"发展成的大城市,如上海、天津、汉口等。这些城市在殖民主义者或外商的推动下开始城市的现代化进程,也有相当大的成就,但从城市发展的总体而言,外国人仍起着重要的或主要的作用,尤其各租界自成一体,推动总体规划和布局。三是随近代工矿企业的发展而形成的城市。其中唐山是出现最早的工业城市,但唐山是自然形成和无序发展的城市。而近代南通城市的建设是在西方殖民主义势力尚未抵及而环境又相对封闭的背景下进行的,可以在完全自主的情况下实施规划和建设。南通又有张謇这位具有强烈的社会责任感和先进的现代理念的爱国实业家、教育家,他有绝对的权威和号召的能力,可以系统地、持续地、有序地、集中地进行城市建设,收到事半功倍的效果。英国人步登·洛德在《1912—1921年海关十年报告》中指出:"通州是一个不靠外国人帮助、全靠中国人自力建设的城市,这是耐人寻味的典型。所有愿对中国人民和他们的将来作公正、准确估计的外国人,理应到那里去参观游览一下。"①

---

① 徐雪筠等译编:《上海近代社会经济发展概况》(1882—1931)——《海关十年报告》译编,上海:上海社会科学院出版社,1985年,第249-250页。

2.从城市建设的指导思想来看,南通是中国人基于中国理念建设起来的新型城市

在南通的城市建设理念上,张謇以深厚的中国传统文化为根基,体现"天人合一"的传统文化的思想光芒,传承中国古城模式,在西方文化的影响下,形成有其特色的城建观念,即城乡相间,工农互动;测量规划,全面经营;人文关怀,宜居环境。南通就是在这样的先进规划理念下进行空间布局的城市。这一先进理念可与英国著名规划思想家霍华德于1898年创立的、曾对现代西方城市规划产生革命性影响的"花园城市"理论相媲美,其实践还早于这一理论的提出。二者在不同文化背景下形成各自的建城思想,却又殊途同归。南通是基于中国民间资本发展起来的城市。

3.从城市的形态布局和功能来看,南通是一座在近代城市史上开风气之先的城市

南通城市的空间布局是由张謇创办大生纱厂开始,逐步形成一城三镇,城镇组群的格局,产生了城乡相间的城市形态,十分有利于环境保护。这在中国近代城市史上处于领先的地位。虽然武汉三镇也是组群格局,但并非城乡相间,而是江河之隔。从城市的功能来说,老城保持了政治、文化中心的职能,增加了近代教育、文化、商业和市政建设。另有工业区、港口区、风景区,它们各有明确分工。这也是开风气之先的。从城市的形态和功能看都具有鲜明的特色。

4.从城市建设的价值取向来看,南通是一个理想的充满人文关怀的城市

张謇在人本主义影响下建设南通,并实行人性化的管理。首先主张普及教育,提高市民的文化素质,办了一系列的教育机构,形成了一个地方性的完整的教育体系。又创办公共文化事业,如图书馆、博物苑、更俗剧场、体育场等,成为社会教育机构,以此来提高市民素质。同时,发展交通,建造工房的安居工程,安置职工;建造公园,绿化道路,创造宜人的人居环境;举办慈善事业,安置弱势群体,使其自力更生。由此南通逐步成为市民素质较高的城市。

5. 从城市建设和发展的基础来看,南通是一个各项事业全面推进的城市

随着对外贸易发展起来的中国沿海城市,不可避免地带有殖民地的色彩,城市畸形发展,不断成为西方殖民主义掠夺中国财富的桥头堡。南通在张謇社会改良理想指引下建起的"新世界雏形",在具有工业建城和工业兴城特点的同时,涵盖了工业生产、农业生产、生活、教育、文化、商贸、交通、慈善等诸方面内容,以此推进社会的全面进步,南通因而被西方人誉为"人间的天堂"。由此,吴良镛院士下了一个论断:"张謇先生经营南通堪称中国近代第一城"。

一个拥有自己独特风韵的城市,就会拥有其他城市所没有的发展机遇;一个富有自己独特意境的城市,就会提升自身的向心力和影响力。城市特色也是社会经济发展的助推器。鲜明的城市特色是城市识别的根本标志,是聚集人才、吸引资金、发展旅游的宝贵资源。所以南通城市有过一个近代的辉煌。

四、南通城市早期现代化建设的进程

张謇城建思想的发展过程体现在他对南通城市的建设过程之中。根据赵鹏等《气象万千 大观备矣》[①]一文,南通城市的早期现代化建设可分为四个阶段。

1. 滥觞期(1895—1903)

张謇所以选址在通州城西北15里之遥的唐家闸作为厂址,其初衷是因该地投资比较经济,靠近江滩湿地,土地价格便宜,农村就近招工工资低;加上地处外江内河之间,有运盐河与港闸河通长江及内河运输,处在水运时代可谓交通便利。所以选择在唐家闸建厂还不能代表张謇建城思想的发生。当初选址办厂能否办成,能办成何等规模,张謇在当时尚没有底,很难说他头脑里早就有一城三镇的宏伟蓝图,在城市布局上就有意安排。然而无意识的行为却为以后城市格局的形成和发展实实在在地作了充分的准备。从这个意义来讲,1895年可

[①] 赵鹏,金艳:《气象万千 大观备矣——张謇建城思想与实践》,载周新国编《中国近代化先驱:状元实业家张謇》,北京:社会科学文献出版社,2004年,第210页。

作为南通近代城市建设的开端,但并非张謇城市建设思想的开端。

2. 启动期(1903—1913)

张謇有意识地对城市进行规划建设,始于1903年对日本的实地考察以后,以他在通州师范学校于1906年特设测绘科为标志。

1903年对日本进行为期70天的考察,使张謇亲眼目睹了明治维新给日本带来的巨大变化,致使他一回国就迫不及待地呼吁仿效日本,实行宪政,成立立宪组织,并且自己成为立宪运动的领袖。在立宪运动中,张謇把城市建设看成地方自治的一个核心内容,而又把地方自治看成君主立宪制度的根基。基于这种认识,他必然重视城市建设。

张謇创设测绘科,目的是培养测量绘图人才,对南通地区进行全面科学的测量制图。测绘科于1907年底结业,通州的测绘局随即于次年初建立,并开始了对通州整个区域的全面实测绘图。这种对全境实测制图的举措,显然是为了考虑全境的通盘规划和发展。因而由此我们不难感觉到,张謇已开始有意地考虑南通城市的整体发展了。

3. 著效期(1913—1915)

南通的地方自治取得成效,南通城市以现代城市的面貌出现,因而得到社会的承认,被冠以"模范县"的称号。这一时期,张謇开始重视城市形象,规范街巷路名,统一制作路牌,建造标志性的建筑钟楼和濠南别业,并编写《南通地方自治十九年之成绩》以反映南通城镇实业、教育、慈善、自治的丰富内涵而力图示范全国。

4. 鼎盛期(1915—1922)

南通的崛起,引起了国内甚至国外的注意,来南通参观考察的人士络绎不绝,张謇敏锐地注意到供人观光这一新鲜的城市功能的出现,会对南通乃至对推行他的政治主张产生效用,于是加紧了城市建设的步伐。大规模的城市建设,主要体现在两大区域。一是旧城南的南濠河两岸。在南濠河北岸,自东至西分别有通泰盐垦总管理处、上海银行、城南别业、南通县市教育会、参事会、崇海旅馆、翰墨林印书局、淮海实业银行、濠阳小筑、南通绣织局、女工传习所,直至北公园;南濠河南岸,由东向西则为南通师范学校、博物苑、濠南别业、图书馆、农科大学、医学专门学校、附属医院、通师一附、模范路商业街、有斐馆、交通银行、电报局、中国银行、东公园;向西延伸则有南公园、西公园、中公园、汽车公司、惠中旅馆、桃坞路商业街、江苏银行、桃之华旅馆、通崇海泰总商会,直至全国一流的更俗剧场。其中两条商业街,均建有整齐有致的二层市房,商家林立。南通作为新型城市的外观形态,在这里表现得最为充分,最为集中。所谓城市中心南移的感觉正是因此而来的。

另一个区域则是南郊江边五山景点的建设。张謇在五山除了自己建有东奥山庄、林溪精舍、西山村庐外,还建了许多景点设施,其中有为怀念恩师翁同龢而建的虞楼,为纪念梅兰芳而建的梅垞,以及我马楼、介山楼、独秀园、古有有亭和专门陈列历代观音像的观音禅院及赵绘沈绣之楼。上上下下的景点构成一个丰富的整体,成为一个旅游景区,体现城市的形象,因而给参观者留下好印象而受到舆论的赞扬。1922年以后,随着大生集团的滑坡和1926年张謇的去世,南通城市的建设暂时中止。

五、南通缘何堪称"中国近代第一城"

南通被称为"中国近代第一城",这是中国近代城市建设史的概念。在我国近代城市建设史上,南通城显然谈不上最大,也谈不上最早,然而近代南通的城市建设算得上最优最好,最精最美,是近代城市建设的一个典范,是以先进的理念进行城市建设的一个典型。所以它的这个"第一",不是数量概念上的多,而是精;不是时间概念上的早,而是好;不是空间概念上的大,而是优,是美。所以两院院士,建筑学、规划学的泰斗吴良镛教授为南通博物苑百年院庆而题词的内容是:"张謇先生经营南通堪称中国近代第一城",并为此而下定义:"南通是中国早期现代化的产物,它不同于租界、商埠或列强占领下发展起来的城市,是中国人基于中国理念,比较自觉地、有一定创造性地、通过比较全面的规划、

建设、经营的第一个有代表性的城市。"①它的代表性,或者说城市建设的特色反映在以下几个方面:

1. 自主性:南通是中国人独立自主建设的城市

中国的近代历史是遭受西方列强不断侵略和掠夺的屈辱史。我国不少近代城市的发展中都有侵略者的插足,带有殖民地色彩。南通的可贵之处,首先在于南通是中国人独立规划和建设的而且是典型的城市。近代南通城市起始于近代工业的产生。1895年张謇筹建大生纱厂获得成功以后,在20世纪初,又办了大兴面厂(1901年)、大隆皂厂(1902年)、广生油厂(1903年)、阜生蚕桑公司(1909年)、资生冶厂(1905年)、资生铁厂(1905年)等一系列工业企业。这个迅速形成的民族工业城镇唐家闸,没有一个外国企业,没有任何外国资金。

随着近代工业的产生和发展,南通城市的其他功能也开始形成。首先是交通运输业。张謇选择在天生港建大生轮船公司(1900年),后又陆续建立大达轮步公司(1904年)、大达码头(1904年),将天生港建成一个港口运输区。同时在唐家闸建立大达内河轮船公司(1903年)、泽生水利公司(1905年)等。该水利公司,实际上是一个进行基础工程建设的企业,它疏浚拉直了唐家闸与天生港之间的河道,建造船闸,并沿河建了我国第一条民营公路——港闸公路。所以除了水运,还开辟陆路交通,后又建城闸、城山、城港公路,解决了城市内部的交通问题。

当时,张謇还在全国教育改革的形势下,首先在城南建立起我国第一所民立师范学校——通州民立师范学校(1902年),在公共植物园(1904年)的基础上,1905年建设全国第一所中国人办的博物馆——南通博物苑,同时筹建翰墨林编译印书局(1902年)、南通图书馆(1912年)、中国第一所戏剧学校——南通伶工学社等;在老城区内建立第一高等小学(1905年)、女子师范学校(1905年)、通海五属中学(1909年)等,在州城内和城南地区创立了一批教育文化事业。

1903年张謇出访日本回国以后,经营和建设城市的理念日趋成熟,他欣赏并开始学习日本人的经验。从1905年起,开始筹建南通地方自治,以此为名义,

---

①吴良镛:《张謇与南通"中国近代第一城"》,北京:中国建筑工业出版社,2006年,第16页。

在教育卫生、道路工程、农工商务、保坍善举等公共事业方面,全面展开建设,几乎涵盖了近代城市建设的全部内容。尤其民国以后建立的路工处,对全区的公共建筑、道路桥梁、市政设施等进行全面规划与建设。南通近代城市的建设,张謇曾说过:"须知南通事业向系自动的,非被动的,上不依赖政府,下不依赖社会,全凭自己良心去做。"体现了南通近代城市建设的自觉、自主精神。对此,在中国任职的外国官员也给予高度评价。显然,南通城在他们的眼里代表了中国近代城市发展的正确方向。

2. 规划早:自从1895年大生纱厂选址开始,已有空间布局的成分

近代南通城市的建设,有一个由不自觉到自觉的过程。南通实施"地方自治"后,张謇认识到城市发展需要建立在科学的基础上,而规划的基础是测绘。他说:"建设之先须规划,规划之先须测绘,此其大较也";"建设之规划求其当,规划之测绘求其详,循序以进"。①为培养规划人才,1906年7月,张謇在通州师范学校附设了测绘科,1908年1月有43名学生从测绘科毕业,并以此为基本队伍,建立了通州测绘局,开始了对通州全县的大规模的测绘工作。这标志着全县境内科学规划的开始。全境7435平方里,共测图791幅,绘图865幅,缩图992幅,引图974幅,算图463幅。使用的比例尺由1:5000至1:250000共6种。1915年8月至1917年10月,测绘局又进行了一次大规模的水利测绘,共测图345幅,绘图401幅,晒图3590幅,算图271幅。张謇曾多次提及南通在测绘方面的成就:"内务部、省长金以南通测量为一千七百县之嚆矢"②;"测绘之始始南通,南通诚可为他省县范"③;"五千分之一图在全国,亦惟南通为第一次"④。虽然上海租界地区设立的市政机构和1900年青岛编制的城市规划都要比南通早,然而这些均为西方殖民主义者所为,规划和建设有明显的殖民地色彩;除了租界城市、殖民地城市、租界与华界平行发展的城市以外,与南通同类的城市还有唐山、无锡等,但这些城市缺少统一的规划和布局。

---

① 曹从坡,杨桐:《张謇全集》(第1卷),南京:江苏古籍出版社,1994年,第481页。
②③④ 曹从坡,杨桐:《张謇全集》(第4卷),南京:江苏古籍出版社,1994年,第393、397、398页。

在测绘基础上科学自觉规划这一点上,近代南通在全国处于领先地位。南通是中国自主建设的近代城市中规划得最早的,换言之,近代城市全面地在科学基础上进行自觉的规划,是从南通开始的。

3. 理念新:城乡一体的田园城市理念

自张謇为大生纱厂选址开始,近代南通城市建设逐步形成了一城三镇空间布局的特色。这种城乡相间的城市建设实践,是以一定的思想观念支配的结果。这种布局的城市所产生的污染,通过城镇间的绿色植物得以净化,起到了自我净化、保护生态环境的作用。这种先进的理念,与英国著名城市规划大师埃比尼泽·霍华德提出的田园城市理论相吻合。二者差不多在同一个时间出现,反映了南通近代城市建设理念的先进性。

城乡一体化,也反映了张謇城市区域经济思想的先进性。张謇在创建以大生纱厂为中心的工业基地的同时,于1901年创办中国第一个股份制农业公司——通海垦牧公司,开始了对沿海滩涂的开发。在通海垦牧公司的成功引领下,近代沿海开发进入一个史无前例的高潮,开辟和扩大了纺织企业的原料基地。接着又规划除大生纱厂外,分别在各地创建八个纺织企业的宏伟蓝图,促使城乡工农业经济共同发展,开始了区域经济早期现代化的先河。我们从中也可以看到,张謇的这一城市建设理念,又同西方另一位城市规划史上的先驱者盖迪斯的"区域(地区)观念"相一致。盖氏的建树在思想和理论方面,而张謇已经开始脚踏实地地实践了,说明南通城建中的区域经济思想和理念也是超前的。

4. 分工明:南通城市区域功能有明确的分工

南通一城三镇的城市格局形成了四个区域,每一个区域的功能都有突出的重点。

唐家闸是南通的工业区。1895年创办大生纱厂成功后,张謇在唐家闸陆续创办了一系列企业,除了上文提到的大兴面粉厂、大隆皂厂、广生油厂、阜生蚕桑织染公司、大达内河轮船公司、资生冶厂、资生铁厂、泽生水利公司外,还创办了懋生房地产公司(1905年)、颐生罐诘公司(1906年)、大昌纸厂(1908年)、大达公电机碾米公司(1912年)、大生织物公司(1915年)、大有房地产公司(1916年)、南通堆栈打包公司(1917年)、闸北房地产公司等,形成了以大生纱厂为核心和龙头的一系列工业企业,迅速形成了工业城镇,成为民族工业的基地,也是民营经济的发祥地之一。这是南通所以成为"近代中国第一城"的主要支撑。

天生港是交通运输区,即南通货物出入的枢纽。在这一区域,张謇创设了与港口相配套的基础设施和机构,如大生轮船公司、大达轮步公司、大达码头,后来又办了火力发电厂等。

五山风景区是旅游休闲区。五山依次相依,面对滔滔长江,风景十分秀丽。张謇在此植树造林,绿化山河,如在剑山和军山建造学校林、纪寿林、苗圃等;此外还创设景点,建造墅所等。

城区为政治、商贸、文化、教育的中心。老城区是州府所在地,有完整的政治机构,又有成熟的商业网络。文化教育方面,也注入新的因素,如1905年办的高等小学、女子师范学校,1909年成立的通海五属中学,1906年办的女师附属幼稚班,1914年建的南通济良所和1917年建的第二幼稚园等,然而大量的事业在南城门外荒野的地方发展,形成了一个近代风貌的新城区。除了通州师范学校、南通博物苑、南通图书馆以外,还有文化企业:翰墨林编译印书局(1902年)、更俗剧场(1919年)、新新大戏院(1928年);学校教育机构:南通医学专门学校(1912年)、南通附属医院(1911年)、通州师范学校附属小学(1906年)、我国第一所新型的戏曲学校——伶工学社(1919年)、甲乙两种农业学校(1909年)、私立甲种商业学校(1914年)、女工传习所(1914年)、第三幼稚园(1920年)、第一公共体育场(1917年)、第二公共体育场(1922年);慈善事业有南通第一养老院(1913年)、第三养老院(1922年);金融业有淮海实业银行(1919年濠阳路)、中国银行南通分行、交通银行(均在城南模范马路)、上海商业储蓄银行(城南别业路)、江苏银行(公园马路);工业企业和服务业有通明电气公司(1917年)、南通绣织总局(1920年)、有斐旅馆(1914年)、桃之华旅馆(1919年);在新城区的墅所有濠南别业(1914年)、濠阳小筑(1917年)、城南别业。另有许多社会团体,如通崇海泰总商会(1920年)、自治公所(1908年)、农会(1902年)、通俗教育社(1912年)、南通县教育会(1907年)、南通学生联合会(1915年)、水利会(设于农会,另附设保圩会)、棉业公会(1923年设于总商会,下设有农业试验场、棉业研究室)等,这些众多的自治机构和社会团体,增加了近现代的政治因素。以上史实说明城区的功能十分明确。

城市区域的分工如此分明,在全国近代城市中确实少见,唯有武汉三镇能与之相媲美。

5.功能全:覆盖了近代城市的几乎所有功能

以日本学者中野尊正的观点,城市的概念是"政治、行政、经济、社会、文化等人类活动的场所",也就是说城市具有政治、经济、社会、文化等功能。在南通城市建设中,这些功能同步发展,全面进步。南通在前清时代是州府,民国后为县治,是地方政治的中心。自从1905年起,张謇开始推行"地方自治"以来,虽然在中国的实践已失去了西方民主政治的核心内容,但对地方事业的进步起了积极促进作用。1908年,清王朝颁布《城镇乡地方自治章程》,其规定的自治范围包括学务、卫生、道路工程、农工商务、善举、公共事业、筹集款项及归地方绅董办理的事项等八项主要内容,通州成立了筹备自治公所议事会和董事会,选举张謇为议事长,知州琦珊为董事会会长,另选30名议员、8名董事。随着地方自治的展开,社会各种团体也纷纷建立。通过这种自治形式来经营和建设南通,促使城市建设全面开展。

近代工业是近代城市建设的"发动机"和"加速器"。随着大生纱厂的成功,唐家闸工业企业的不断创建,迅速形成了近代工业的重要基地,加上跨行业的通海垦牧公司的建立,以纺织企业为核心的大生资本集团诞生了。这是有着40多个企业,拥有2000多万元资金的全国第一个民营资本集团,是全国最早、也是最大的民营企业集团。张謇依托于该资本集团而开展近代城市的建设。

教育是近代城市的重要内涵,也是张謇热衷的事业。南通在经济发展的同时,以实业资助教育。南通教育的发展最为突出,从学前儿童教育到普通中小学的基础教育,从基础教育到高等教育,从普通国民教育到职业教育,从学校教育到社会教育,直至特种教育,形成了一个完整的现代教育体系。

文化是近代城市的魅力所在。南通在文化建设上也是突出的。除了中华第一馆南通博物苑外,还建有图书馆、翰墨林编译印书局、俱乐部、伶工学社、更俗剧院、新新戏院、影戏制造有限公司、公共体育场等文化机构,又创办报刊,有本地的新闻媒体,以至于被内山完造奉为"理想的文化城市"。

市政建设是近代城市不可缺少的重要内容。南通在市政建设上,不仅有通明电气公司,使全市有了电灯,还有大聪电话公司、电报局,使全市有了电话和电报等现代通信网络;发展交通运输,不仅建设公路四通八达,也疏通河道,开展内河航运,开辟长江航运,开通申通航线,接轨上海,甚至试验三厂至青龙港的小型铁路;建造工房,改善居住条件;绿化道路,植树造林,改善人居环境,保护自然生态;建造东、西、南、北、中五公园和唐闸公园,美化城市,也使市民有休闲娱乐的场所。

慈善是社会的重要保障,体现近代城市的文明与进步。南通城市的经营者关爱弱势群体。赡养寡苦老人有养老院,收养弃婴有育婴堂,收留并改造乞丐有栖留所,改造妓女有济良所,收养残疾人有残废院,教育贫民子弟有贫民工场,教育盲哑儿童有特种教育盲哑学校,治疗患病者有医院,收罗社会弃尸有义茔等。南通城做到了幼有所教,老有所养,贫有所抚,病有所医,充满着人文关怀。

商业象征着近代城市的繁荣昌盛。南通随着工业的发展和经济的繁荣,市场和商贸也兴旺起来。除了老城区外,南城门外西南濠河一带的新城区,尤其是西公园至更俗剧场的桃坞路一条街就是新城区的一个商业中心,通崇海泰总商会大厦坐落其中。发达的商业离不开金融业,在这个新城区就有五家银行在营业。新城区马路宽畅,柳树成行,楼房整齐,商场依次相连,车水马龙,一片兴旺景象。

总之,张謇的城市建设涵盖了城市功能的全部外延。

6.协调好:城市建设协调有序可持续发展

张謇在城市建设中注意工农业协调发展。在大生纱厂获得成功后,1901年又招股集资筹办通海垦牧公司,促使工农业生产同步前进,城乡经济协调发展。就城市经济而言,在推行工业革命的同时,城市的商贸金融、交通运输、市政工程、文化教育、慈善公共事业等,也都同步发展。从城市的全局到一个系统和一个单位,都反映出有序性和系统性。它的发展与通商口岸城市、租界城市的畸形发展有极大的不同和鲜明的对照。西方殖民主义者是以掠夺奴化为目的在华创办企事业和进行城市建设的,因而侧重于交通运输业和资源开发业。而张謇是以实业救国、教育救国的思想为指导,目的是要"建设一新世界之雏形"的理想社会,以民为本,开发民智,改善民生,提高民力,推动社会进步,因此注重城市的协调发展,追求系统性和有秩性。

尤其值得一提的是张謇在城市建设中注重保存千年古城的文脉。在城市建设和发展中,旧城除渗透了一些近代的因素如办学校、通信文化设施外,未有大拆大建,而是在南城门外新建城区,使新城区充满活力和生机,老城区保持着原有的风貌和格局。我们可以对这个城市从北到南、从城内到城外综观一下,最北是唐代的天宁寺、光孝塔,往前有大片的明清民居,城南是不少中西合璧的近代建筑群,鲜明地反映出南通城市发展的脉络和历史前进的轨迹,具有良好的文化生态。

近代南通城市所以成为"第一城",是因为城市建设得最精、最美、最优、最好。

当代南通城市的发展,传承了张謇城市建设的先进理念,在新时代的条件下得到快速发展,更大范围的"一城三镇"的组团城镇正在逐步形成之中。

六、张謇城市规划思想的发展进程

1.实业教育·单项规划(1895—1903):张謇城市规划思想的产生时期

张謇的城市规划思想来自于他的村落主义的社会改良思想,是社会系统建设思想的一个有机组成部分。在张謇实业救国、教育救国思想的指导下,南通州大生纱厂的创办、通海垦牧公司的建立、交通运输业的起步、通州师范的招生等单项事业的规划和建设,奠定了"一城三镇"的基础,开始了南通城市的规划建设,从中反映出张謇一定的农工商协调发展和社会系统规划思想的雏形。1901年的《变法平议》是张謇这一时期初步体现他城市规划思想的综合文件。

2. 广泛探索·制度管理(1904—1911):张謇城市规划思想的衍生时期

这一时期,张謇实行地方自治的措施落实到南通的城市建设上来。各项建设从数量的增加到城市建设项目和种类的扩展,且单项领域初步进入系统发展阶段,城市的全面发展建设初步展开。建设配置上趋于系统化;各种机构的建立、管理趋于制度化;在空间上向通海地区全面推进,注重在整个区域内的协调发展。张謇以他的地方自治思想为核心,构建了一套地方发展思想体系,城市规划思想从中逐步衍生出来。这个时期的张謇从《变法平议》对维新寄予厚望转为失望,将改革目光投向地方自治。1904年的《记论舜为实业政治家》一文中,初步构想了"成聚、成邑、成都"的区域规划思想。

3. 区域建设·社会规划(1912—1921):张謇城市规划思想的发展

这一时期,南通城市建设的项目和数量猛增,近代南通城市建设进入全面发展和统筹规划阶段,无论哪个行业或者项目、种类,它的空间分布都是以整个通海地区为基准的区域规划。随着工业的八个厂的分布规划、盐垦不断的扩展、交通系统的延伸,城市基础设施建设日益完善,教育文化事业日趋繁荣,城市建设扩大到整个通海地区,甚至苏北的范围。城市建设的特点遍及整个区域,城市的规划进入整个城市的全面的社会规划,张謇的城市规划思想逐步成熟。1920年的《规划县路请公议即日兴修案》和1921年的《督办吴淞商埠就职宣言》,这两个标志性的文献,表述了比较全面的城市规划思想和先进理念,反映张謇城市规划思想已趋于成熟和完善。

4. 建设衰退·思想成熟(1922—1926):张謇城市规划思想走向成熟

这一时期的南通城市的发展因经济的严重滑坡而趋于衰退,然而张謇的城市规划思想通过前三个阶段规划与建设方面的实践和经验的累积,以及对国内外新的规划思想了解的增多,逐步走向成熟。1922年南通自治会提出了一个"城市规划",是南通历史上第一次明确提出"城市规划"概念,并且事先绘制了规划图。这对南通近代城市的规划和建设具有较大的实践和理论意义。张謇对城市和区域规划的思考,逐步从单项设施的建设发展、充实成为系统的城市规划理念和一套成熟的办法,其标志是1923年发表的《吴淞开埠计划概略》,其中有明确的关于城市规划的思想表述,论述了规划程序分测绘、布局、公示三步,妥善后实行。该文的发表表明张謇已具有一套成熟的规划理论,在当时中国以至于国际具有领先的地位。①

(原载于《张謇研究精讲》,苏州:苏州大学出版社,2013年)

---

① 于海漪:《南通近代城市规划建设》,北京:中国建筑工业出版社,2006年,第32-107页。

张謇建城思想探源

在19世纪末20世纪初的祖国江东,"黄金海岸"和"长江黄金水道"交汇处的江海门户,崛起了一座崭新的近代著名城市——南通。这是中国人最早自主规划和建设,并且全面经营协调发展的城市典范,因其建设之早,功能之全,理念之新,实践意义之强,两院院士吴良镛教授称其为"中国近代第一城"。这个第一城的设计师是近代伟大的爱国主义者、著名实业家、教育家张謇先生。人们在热烈地讨论"中国近代第一城"和张謇城建思想的时候,不仅为又挖掘出一笔丰厚的无形资产而高兴,同时也在思考张謇为什么能有这样先进的城市规划理念,并且还不约而同地与西方霍华德的田园城市理论相呼应。今天,探讨张謇这个先进城建思想的渊源,对我们开拓创新不是毫无意义的。

霍华德因为看到英国工业化给城市带来了污染环境、破坏生态平衡、人口拥济、居住恶劣等许多弊病,从当时的实际出发,为了改变这种现状而创立了先进的城市理论,并在一些地方付诸实施,以确保市民有良好的人居环境和维护生态平衡。而张謇从小生活在农村,19世纪80年代去江宁府发审局当文书,不久就进入吴长庆的幕府,过了十年的幕僚生涯,期间去过山东、朝鲜等地。他生活的环境与霍华德所处的工业化的社会有极大的不同,客观环境对他的影响,笔者认为不是一个主要因素,或者说仅是主要因素之一。其他主要因素也许可以从以下几个方面加以探讨。

一、张謇有爱国情愫和改革社会的崇高理想

人们都认为张謇是中国近代著名的民族资本家,可是他同其他民族资本

家有许多不同的地方。其一,投身实业的出发点不同。资本家投资办厂是为了个人致富、敛财,并且这是唯一的目的,也是最终的目的。然而张謇却不然。他认识到"国非富不强,富非实业不张"[①],"实业教育,富强之大本也"[②]。因而他办厂搞实业的目的很明确,"下走本是寒士,向于工商实业未尝学问,但以中国国势日弱,外侮日加,寸心不死,投身实业界中,稍尽心力……借立中国真实自强之基础"[③],就是尽他的一份爱国之心,强国之责。其二,经营企业的目的也各异。资本家唯利是图的本性决定了以追求最大限度的利润为目的,而张謇经营企业,是为了改造社会,改善民生。他在大生纱厂《厂约》中的第一句话就开宗明义:"通州之设纱厂,为通州民生计。"他自身后来的丰厚得益也大多取之于民,用之于民,为民办实事。其三,张謇并非真正的投资者,而主要是一位经营者。张謇在大生纱厂的投资仅二千两银子,并且大部分还是从通州布商沈敬夫处借来的。用他自己的话来说,是"借各股东资本之力,以成鄙人建设一新世界雏型之志"[④]。

由此可见,张謇不是一般意义上的资本家,他有崇高的理想、远大的抱负。他投身实业是他反对列强掠夺、保护利权、救亡图存的义举。因为张謇亲历了戊戌变法的失败,目睹清王朝的腐败,深感要扭转全国的时局业已无望,尤其目睹《马关条约》的签订,更感到有灭顶之灾。因而以丁忧在家的契机,又奉两江总督张之洞"总理通州一带商务"之命,奋然捐弃一切之利禄投身实业。他将家乡作为其实业救国的实验基地,以实绩来影响全国。他在垦牧公司第一次股东会上的演说中,袒露了这个心迹:"凡鄙人之为是不惮烦者,欲使所营有利,副各股东营业之心,而即借各股东资本之力,以成鄙人建设一新世界雏型之志,……虽牛马于社会而不辞也。"[⑤]有了这种崇高的理想与强烈的追求,才有他一个个实业不断获得成功的业绩;而每一个具体实践又同理想紧密地结合起来,成为实现

[①][④][⑤] 曹从坡,杨桐:《张謇全集》(第3卷),南京:江苏古籍出版社,1994年,第761、387、387页。
[②] 曹从坡,杨桐:《张謇全集》(第4卷),南京:江苏古籍出版社,1994年,第22页。
[③] 曹从坡,杨桐:《张謇全集》(第1卷),南京:江苏古籍出版社,1994年,第99页。

其目标的一个个阶梯。建设新世界雏型的目的性,增强了他在家乡实验树立典型的意识性,从而重视城市的形象,在具体的城市建设方面,也排除了那种随意性和盲目性。用中国人的理念,吸取西方的经验,自觉地、创造性地进行规划、建设和经营城市。尤其是他的事业获得成功以后,在全国的影响越来越大,参观者络绎不绝时,更注意南通的典型意义,受到东游的启示,将南通城市犹如盆景一样地进行精雕细刻,做优做美。张謇的城建思想是他的爱国情愫、崇高理想的产物。同时代的实业家所以缺少他这样的城建理念,可能是因为没有这样远大的理想和抱负。张謇志在高远,他的一举一动都是为了实现自己的理想和目标,因而从经营事业开始,便有一个国家观念、全局意识。张謇的爱国情愫,建立一个新世界雏型的崇高理想,成了其城建思想的主要源泉和灵魂。

二、张謇有从传统的民本思想出发重视人居环境的环保意识

张謇历来认为"国家以民为本",故他"办种种实业教育,为穷人打算,不使有冻馁之忧"。[①]这种民本思想反映到他的实业实践中,就是能够关心员工的生活。人们安居才能乐业,所以员工要有一定的居住条件。为此张謇于1917年成立闸北房地产公司,为工人建造住房,1918年就有420间瓦平房供工人租住,即现在的北工房。还有老工房和西工房就是当年留下的员工住宅区。在通海垦区的农村,张謇也作了规划和建设,做到"栖人有屋,待客有堂,储物有仓,种蔬有圃,佃有庐舍,商有廛市,行有涂梁,若成一小世界矣"[②]。随着事业的发展,有条件改善员工的居住环境和建造可供人们休闲娱乐的场所,又在唐家闸建公园,后又在老城区的西南濠河营建东、南、西、北、中五个公园。张謇认为"实业教育,劳苦事也,公园则逸而乐。偿劳以逸,偿苦以乐,人之情"[③]。让人们有劳有逸,劳逸结合,提供休闲游乐的场所让人们在劳动之余丰富生活,逐步提高人们生活的质量,也有益于提高国民的素质。张謇重视人居,建造公园,美化城市,绿

[①][③] 曹从坡,杨桐:《张謇全集》(第4卷),南京:江苏古籍出版社,1994年,第216、413页。
[②] 曹从坡,杨桐:《张謇全集》(第3卷),南京:江苏古籍出版社,1994年,第395页。

化环境,也体现了他对环境保护的强烈意识。

张謇植树造林的爱好也反映了他环境保护的意识。年轻时代的张謇就在故里海门常乐镇推行过植桑养蚕的实践,从事过经济林木的种植。1904年又在南通建公共植物园,第二年在此基础上建中华第一馆——南通博物苑。馆与园林结合成为其重要的特色。1910年张謇又在军山、剑山建学校林,让广大师生参与绿化家乡的植树造林活动,既参加了实践,又能增强生态观念。1913年规划狼山森林苗圃,为发展林业提供树苗。即使在通海垦区,1901年的招田章程中他也规定承佃者种树,并指出"楝、椿、柏、桕、桐,皆海滨相宜之树;其次为桑,柳、榆、槐。今劝佃户多种柏、桐,五六年即可榨油,不比楝利薄,椿、柏利迟。每田四围,隔一丈二尺一棵"①。为了提供方便,公司发售树苗,只收成本,以后成熟结子由公司收购。在规定造林的同时又注意到护林,"不得攀折树木",犯则罚做小工,轻则一日重则七日。若12岁之内儿童违犯,罚其家长。对植树造林规定得如此周全,实属少见。我国最早的《森林法》和植树节,也均在他农商总长的任期内所倡导和颁布。也由于他对植树造林的热衷,有人为投其所好,还专门营造"纪寿林"作为生日的礼物。这些事实充分证明张謇十分注意生态的平衡和环境的保护,并且这种意识早在他头脑里扎下根来。在这种意识的支配下,他在思考和规划城市建设时,自觉地或不自觉地产生了人与自然和谐发展的先进理念,进而成为张謇城建思想的重要特点。

三、张謇具有融通中西文化和把握时代特色的人文精神

张謇是由传统文化培育出来的优秀人才,从封建的科举制度获得状元及第,但不循古法旧,而是以民族的优秀文化,吸取外来的先进文化加以再创造,从而在南通开风气之先,开创了诸多的全国第一,体现了张謇的人文精神。张謇的这种人文精神,反映到城市建设的理念中,使他不仅重视近代工业在城市发展中的决定性作用,努力发展企业,同时重视对城市的其他功能,如文化、教育、

---

①曹从坡,杨桐:《张謇全集》(第3卷),南京:江苏古籍出版社,1994年,第225页。

商贸、金融、慈善、公共交通等全方位地协调推进。

张謇从国家以民为本的思想出发,认识到"非人民有知识,必不足于自强",而"知识之本,基于教育"①,"实业教育为立国救国之本"②。所以,张謇主张和重视广大民众的普及教育,开启民智,提高国民素质,仅南通一县在张謇的带领下就创办了300多所小学。张謇认识到世界的竞争归根到底是人才的竞争,事业发展的关键是人才。在普及教育的基础上,张謇创办了以西方先进的科学文化为教学内容的商业学校、银行专修科、土木工程科、农校、纺织和医学专门学校的各类中高级的现代教育,培养了专业人才,这些反映了张謇的人才意识。张謇从以人为本出发,贯彻"实业之所至,即教育之所至"③的思想,又创办了一系列的职业教育,形成了与其事业相应的、多层次的职业教育体系,以提高员工的文化与技能,反映了张謇注重人员素质的观念。张謇十分重视对旧城古建筑的保护和修缮,在发展和建设南通的过程中,注意保持历史的文脉和文化的生态,并对古建筑如文峰塔、光孝塔、兴化寺、太平兴教寺、文殊院、观音悾院、曹公祠、曹顶墓等进行修缮,反映了张謇的文物意识。他在文化建设上,也做了大量的工作。除了建中华第一馆南通博物苑外,还建图书馆、翰墨林印书局、俱乐部、女工传习所、伶工学社、更俗剧场、影戏制造有限公司、公共体育场等文化设施,反映了张謇有浓厚的文化意识。关爱弱势群体方面,张謇也表现得相当突出。他一手创建了收养寡苦老人的养老院、收养弃婴的育婴堂、收留并改造乞丐的栖流所、改造妓女的济良所、收养残疾人的残废院、教授贫民子弟技能的贫民工场、教授盲哑者的盲聋学校、治疗患病者的医院、收罗社会遗尸的义垄等,真正做到幼有所教,老有所养,贫有所抚,病有所医,充满人文关怀。正因为张謇有这种人文精神,其打造的文化特色成为近代南通城市的魅力,获得中外参观者的频频赞许。张謇深厚的文化底蕴、人文素养所孕育出的人文精神,培育了他先进的城建思想,所以人文精神是张謇城建思想的重要源泉之一。

---

①③曹从坡,杨桐:《张謇全集》(第4卷),南京:江苏古籍出版社,1994年,第190、214页。
②曹从坡,杨桐:《张謇全集》(第1卷),南京:江苏古籍出版社,1994年,第577页。

四、张謇具有立足当地、着眼世界的高瞻远瞩

第一次世界大战以后,国际形势发生了重大变化,垄断加深,国际交流频繁,联系密切,加大了相互依赖。张謇及时把握世界的风云变幻,明确指出:"今日我国处列强竞争之时代,无论何种政策,皆须有观察世界之眼光。"[1]他敏锐地预测到世界经济的走向,在1923年所撰的《商榷世界实业宜供求统计、中国实业宜应供求之趋势书》中指出:"欧战告终……世界未来大势,趋于大同。而就实业论,亦有不得不趋向大同之势。"[2]用今天的话来说,就是看到世界经济全球化、一体化的趋势。他的这种世界眼光在当时来讲是十分超前的。许多学者与企业家"皆就织言织,就纺言纺,就棉言棉,其智者知审度于产棉之量,而不知审度于植棉之地,是各国人但知自为计,而不知合世界以为计"。这种现象"非独中国懵,各国亦懵"[3]。究其原因是"不悟世界趋于大同之势"[3]。张謇80年前的预见也正是我们今天经济学界的热门话题之一。历史证实了张謇的结论是科学的,并非"梦呓观",反映了他的超前意识和远大目光。

张謇那种打破国界,"为世界民生大计"适应"大同趋势",大力加强国际交流与合作的主张是有远见的。他东游日本考察后,积极组织参加世界博览会,以宣传国货精品,发展对外贸易;组建成立南通绣品总公司从事绣品经营,还在美国纽约第五街设分公司,其他地方设代销处进行国际贸易;还筹划与比利时航业公司合办中比航业贸易公司,从事国际航运业务,后因比利时商人破产而未成。张謇还积极参与筹办南洋劝业会,"国民外交",开辟商埠,以扩大国内外贸易,走向世界市场。

张謇不仅有"上观千古,旁览九州"的历史和世界眼光,还抓住时代的特点,发展自己的事业。19世纪末是工业化的时代,西方列强日益崛起,对华经济侵略也由商品输出逐步转为资本输出。然而多数人只看到其商业繁荣的表面现象,认为其是商业立国。张謇却在《代鄂督条陈立国自强疏》中一针见血地指出:

---

[1] 曹从坡,杨桐:《张謇全集》(第1卷),南京:江苏古籍出版社,1994年,第169页。
[2][3] 曹从坡,杨桐:《张謇全集》(第3卷),南京:江苏古籍出版社,1994年,第820、822页。

"世人皆言外洋以商务立国,此皮毛之论也。不知外洋富民强国之本实在于工。"①工业的发达,又要依靠科技的力量,以工业化的道路繁荣经济,推动社会发展。他还指出:"人皆知外洋各国之强由于兵,而不知外洋之强由于学。"他又进一步指出:"夫立国由于人才,人才出于立学。"②也就是说,张謇根据时代的特点,在一个世纪之前就有了科教兴国、科教强国的思想,这种超前意识不得不令我们当代人钦佩和信服。张謇生活的时代是资本主义激烈竞争的年代,他对竞争的认识,至今仍有现实指导意义。他认为"夫世界之竞争,农工商业之竞争也。农工商业之竞争,学问之竞争"③,因为"农、工、商、兵皆资学问"④,所以最终是人才的竞争。人才靠教育来培养,"故兴学为要中之尤要"④。我们看到张謇高瞻远瞩,一贯以世界的眼光把握时代脉搏,就不难理解他在城建方面为什么能有这样超前的理念和先进的思想。张謇高瞻远瞩的眼光是张謇城建思想的又一个源泉。

五、张謇兴办事业有"弈者之布一局势"的规划意识

张孝若在《南通张季直先生传记》一书中说:"我父办事,……先有主义,再有计划,计划定后,再着手去办。"⑤说明张謇很有规划在先的意识,并且有早十年八年的超前意识。这方面有许多的事实可证明。张謇在南通发展近代教育的实践就相当典型。他认为"凡事须由根本作起,未设小学,先设大学,是谓无本"⑥,"故立学校须从小学始,尤须先从师范始"⑦。因此,从1902年创办通州民立师范学校开始,待有了毕业生为师资才办小学;小学有了毕业生,于1906年开始筹建通海五属公立中学;待有了中学毕业生才于1912年创办高等专门学校,并计划最后创办南通大学,形成了完整的普通国民教育体系,加上职业教育、特种教育、成人教育、社会教育等,构成先进的近代教育网络。如此完整的教育网络在当时中国1700多个县中,没有第二个。这也是张謇规划所结的硕果,反映张謇强烈的

---

①②④曹从坡,杨桐:《张謇全集》(第1卷),南京:江苏古籍出版社,1994年,第37、35、82页。
③⑥⑦曹从坡,杨桐:《张謇全集》(第4卷),南京:江苏古籍出版社,1994年,第157、111、24页。
⑤张孝若:《南通张季直先生传记》,上海:中华书局,1930年,第278页。

规划意识。

从大生纱厂建筑的合理分布也能说明张謇的规划意识。当年张謇对大生纱厂的规划十分精当。主体建筑为厂房,厂房外侧为公事厅的办公楼,大储堆栈建在离厂区有一定距离的闸东,员工的工房合理分布在厂区的北、西、南。因此《中国建筑史》将其平面图作为厂房建筑的典型之一收录。特别有说服力的是张謇担任吴淞开埠的商务督办后,"入手方针分为三步:第一步测绘精密地形,将全埠道路、河渠位置,预为规定,如弈者之先画棋盘;第二步考证各国建设商埠成规,拟为分区制度,如弈者之布一局势;第三步以所拟分区制度,征求公众意见,认为妥然后实行,如弈者度必胜之势,而后下子"[①]。这一生动的比喻,鲜明地反映了他的城市规划思想。

张謇的这种强烈的规划意识,是他建城思想形成的又一个重要因素。以张謇的一贯作风,联系到城市建设方面,我赞同凌振荣先生《论张謇的建城思想》一文中关于张謇对南通规划的三个层次,即点的规划、条块规划和全面规划。

张謇创办实业一开始就选择远离通州城六公里外的偏僻农村唐家闸,而不选紧靠老城的地方为厂址,其动机必然有交通的因素,但也不尽然。当时通州城西门外大码头的交通条件也是不错的,也是在"外江内河之间",既在通扬运河线上,又离任家港(今南通港)不远,也接近南通农村。可张謇偏偏选在远郊的唐家闸农村,可能另有所思,另有所想。其一,张謇可能注意到工业对人居环境带来的影响。看来张謇对上海这样的大城市由工业造成环境污染并非一无所知。早在19世纪90年代参与组织上海强学会时,他对上海就了解颇多。筹建大生纱厂的过程中,他当年徘徊在苏州河上的泥城桥的电灯光下时,就闻到了河水的臭气。在1903年,张謇在东游日记中写道:"五月二十四日……门外临江户城塔濠,濠水不流,色黑而臭为一都流恶之所,甚不卫生,此文明之果也。"[②]虽然有

[①] 张謇:《吴淞开埠计划概略》,载《申报》,1923年1月1日。
[②] 曹从坡,杨桐:《张謇全集》(第6卷),南京:江苏古籍出版社,1994年,第500页。

些经历发生在选址唐家闸之后,但也可以说明张謇在此之前已有一定的环保意识。不然不会去注意工业文明造成的这一恶果。没有环保意识的话,完全有可能对此污染视而不见,见之也会无动于衷。张謇见之,不仅作了专门的记录,还分析其危害,指出其成因。对环境污染竟然如此重视,进一步说明没有强烈的环保意识不会有这样的记载。其二,他要在南通建一个"新世界之雏型",负起将家乡做美做优的责任。由此推理,张謇不会以厂建厂,以厂论厂。因为一个厂成不了新世界的雏型,更影响不了全国。加上他的人文精神,高瞻远瞩的世界眼光和规划意识,可以推测张謇以1895年建大生纱厂为起点,在他的头脑里很可能自有其宏伟的蓝图。虽然对当时南通城市规划建设没有见之于文字史料的记载,然而从他一贯的思想进行分析,也可以略知其一二了。

张謇能将一个封建而又偏僻的农业经济的县级城市,在30来年的时间里,按中国的理念,精心规划,自主建设,独立经营,协调发展,建设成为近代城市的典范,就是在当代也不失其先进性。究其源自有深刻的思想指导,笔者所归纳的以上五个方面的思想起了决定性作用。是否如此,敬祈专家学者赐教。

(原载于《江南大学学报(人文社会科学版)》,2004年,第5期)

人才篇

张謇的用人之道
——以荷兰工程师特来克为例

大凡事业有成者,一定善于用人。张謇的各项事业之所以红火,与他的用人之道密不可分。以张謇重用荷兰水利工程师亨利克·特来克为例,便可知张謇量才录用的理念和标准,即事业之所需、做事之尽责、才干之高超。张謇与亨利克·特来克的相识、相交、相知,完全是因为南通保坍事业的关系。处于"江淮之委的"清末通州,江岸出现了越来越严重的坍塌。"南通自刘海沙东涨,江流正泓变横为纵。四十年来,江岸崩坍纵宽自十余地至二十里,横长二十六七里,损失民田二十余万亩。"[①]光绪三十三年(1907)以后,更为严重,每年坍削十平方里,五千亩农田被江潮吞没,并日益逼近州城,"城治岌岌"。面临这一严重灾害,"地方屡请于官,充耳不闻"。一向为民生而奔波的爱国实业家、慈善家张謇挺身而出。他为保坍集资,则政府既歧视南通不得其助,乃议丁漕带征不成,议借款由政府担保又不成,只好先出私人资金3000元,首先用于聘请外国水利专家来通勘察长江水流,制定保坍方案。这就为张謇同亨利克·特来克的相识提供了机会。

一、事业所需是寻访人才的根由

最早来通勘测长江下游提出保坍方案的是约翰斯·特来克,中国人又称他为奈格,即亨利克·特来克之父。1906年,约翰斯·特来克应上海工部局的聘请,担任上海浚浦局总工程师,负责黄浦江的航道疏浚工程。这次亨利克·特来克也

[①] 张廷栖主编:《特来克与南通保坍史料》,南通:张謇研究中心,港闸区档案馆,2009年,第213页。

随父来到上海,成为父亲的重要助手。1908年,约翰斯·特来克应张謇之邀,于4月15日来南通,"并附轮赴镇江查勘上游形势。以五次查勘之结果,为因地制宜之保护"。①亨利克·特来克随其父来到南通,有机会与张謇有历史性的会面。亨利克·特来克既然陪同父亲在南通至镇江的长江北岸来回五次一起查勘,又是其父的助手,在提交这份《荷兰工程师奈格通州建筑沿江水榍保护坍田说明书》时,也就有机会让南通的清末状元张謇慧眼识英才了。现虽未发现有文字记载,据笔者分析,张謇很可能由此寻访到他。

1910年,约翰斯·特来克完成了黄浦江的疏浚工程,当年11月回到荷兰,而其子亨利克·特来克则留在上海成为公共事务局的一名工程师。1913年1月20日,约翰斯·特来克在阿姆斯特丹家中去世,亨利克·特来克也从上海返回故土,并在荷兰的工程专科学校一面求学深造,一面考察荷兰各地的水利工程,业务日渐长进,逐步成为一名水利专家。

亨利克·特来克

张謇在邀请约翰斯·特来克勘察长江下游而提出整治方案后,又通过约翰斯·特来克派来瑞典工程师海德生协同河海工程师霍南尔和施美德,再次赴通勘察形势,"研求保护之法以何者最为合宜","嗣复调查一切,详细测量,海德生往返四次",结论还是修筑长堤或"暂卫江岸,舍修筑水榍别无良法"。②张謇一面发起组织保坍的民间组织,1911年成立"南通保坍会",一面又请英国工程师葛雷夫、荷兰工程师平爵内、中国河海总工程师贝龙猛、方维因等复勘。1914

---

①②张廷栖主编:《特来克与南通保坍史料》,南通:张謇研究中心,港闸区档案馆,2009年,第5、6页。

年,张謇通过一次来通的水利专家研讨会,决定以筑埽为主同时兼修筑江堤的办法达到保坍的目的。这一方案决定后关键是由谁来负责这一重要的保坍工程。他"可望极有名誉之工程师愿来中国肩任",然而"比领事以非大宗工程,彼国著名之人恐不愿承认"①,于是张謇想起老友约翰斯·特来克的肖子亨利克·特来克。当时亨利克·特来克可能尚在荷兰,所以,1915年12月8日保坍会与他的第一份聘约书,是他委托加佛生代表签约的②。正式签约的时间在次年4月。亨利克·特来克来南通的时间约在1916年1月底2月初。张謇说:"君至则栖处江滨,朝夕测度,审视三阅月,申父说而任事",指的是于4月25日提出了《南通保坍计划报告书》。该计划报告书的开头说"鄙人承聘滥竽工程,即由欧洲来华"③,也就是说他从荷兰一来到南通,即深入现场调查勘测研究。经过二三个月的时间实地测量长江涨落潮流向、流速,水力之强弱,江岸崩塌情势,然后规划设计,提出保坍工程的计划。

二、了解是用人的前提

张謇为南通保坍工程一再邀请国外资深水利专家复勘,并"可望极有名誉之工程师……肩任",然而请来的却是年仅26岁,刚从工程专科学校毕业的工程师,何故反差如此之大?笔者根据有关资料分析,张謇大胆启用年轻的亨利克·特来克,并非草率行事,而是有如下几点为依据的正确决策。

其一,因其为老友约翰斯·特来克之子。张謇在《致荷总领事请介绍工程师函》中称他"真不愧老友奈格君之肖子"④。既然约翰斯·特来克是张謇的老朋友,即他们之间不仅仅是一两次的工作关系,他在上海主持浚浦工程,长达四五年之久,而张謇在实业、教育和政治方面对外活动也以上海为基地,他们之间必定有相当多的交往,不然何以老朋友相称呢!因此,他对这位在水利史上曾担任过著名成功经典工程助手和秘书的约翰斯·特来克之子,也一定有所了解。如约翰

---

①②③④张廷栖主编:《特来克与南通保坍史料》,南通:张謇研究中心,港闸区档案馆,2009年,第30、33、216、232页。

斯·特来克在给同事信中提到亨利克·特来克在上海的情况:亨利克才19岁,但是他已经显得很成熟。张謇对此可能有所闻,可见不是盲目聘用。

其二,有所接触,知根知底。在上海有否直接接触,无文字依据,但1908年亨利克·特来克随父来南通勘察长江下游水利,已经作为工程技术人员协助父亲在南通至镇江往返5次进行实测水文的实践活动,张謇应该知道得很清楚。对亨利克·特来克这样一位有著名水利专家的父亲带领,又在工程直接处理事务中有实践经验的年轻工程技术人员,张謇自然不会把他当作一般的年轻技术人员看待了。

其三,荷兰工程专科学校的学历。亨利克·特来克虽然才毕业于工程专科学校,但他已经具有相当丰富的实践经验,他自己曾说"鄙人曾服务于沪上公共租界工部局五载"①,在此基础上,再到学校系统学习科学理论,那就非同于才毕业的刚走出校门的年轻工程技术人员了。这一点张謇应该是非常清楚的。

三、真才实干是重用、惜才的依据

亨利克·特来克到通任职,约在1916年的1月。他一到南通,马上投入了工作。花了两个多月的时间,翻阅前人的调查报告,进行实地勘测。同年4月25日向张謇和保坍会提交了《南通保坍计划报告书》,首先找出其坍岸之原因。经过对长江南通段涨落潮的流向、流速,水力之强弱,江岸坍塌之势态进行勘测,"悉由暗潮之冲刷,此就坍削最烈之处观其断面即了然也。堤岸下段为极有力之落潮抽去,至涨潮又将堤岸上段冲激倒卸泥土入水,仍成自然之斜度"②。接着提出了保坍的措施:"欲保护使不坍削,非在低水位以下,筑成一二百密达(米)长之保护物不可。"③并绘制了大小水榀图。他以父亲约翰斯·特来克原订的方案为主,博采众长,重加修改,把原设计24个水榀改成12个,把柴排工料费减少到每平方公尺为一元五角。经过二三个水榀下水,保坍效果明显。"所以社会人士无不尊之重之,尤其退、啬昆仲二位老人极为器重"③,不仅关爱有加,而且还委

①②③张廷栖主编:《特来克与南通保坍史料》,南通:张謇研究中心,港闸区档案馆,2009年,第39、34、299页。

于重任。除了保坍会的江岸保坍工程,"8公里江堤外的10个丁坝"外,其他水利工程的设计、督造,无不落在亨利克·特来克的肩上。据统计,建闸工程有遥望港九孔闸、狼山小洋港闸、龙潭坝利民闸,还造公园桥1座;规划设计的项目更多,如龙王庙海堤挡浪墙,蒿枝港口合众闸(7孔闸)、西被1~4闸等5座,吕四、头总双孔涵洞等6~7个,港闸公路等3条。张謇评价说:"其于南通,凡鄙人吾兄弟所营地方水利工程之事,即不在榷工范围以内者,无不乐为尽力。"①

亨利克·特来克也十分关心整个南通的水利建设、公用设施和交通事业。他在南通三年的工作,业绩卓著,功德无量,有力地支持了张謇的地方自治事业。

亨利克·特来克在南通,凡是约请他办的事,无不慷慨参加,热情贡献,不辞劳苦,不计报酬,而且主动谏言献策,对南通城市的市政建设、排水管道、污水处理、街巷改造等,提出了建议书。以爱才著称的张謇,对他更是关爱有加。张謇评述亨利克·特来克,勤奋的工作态度是"在通任事,非常勤慎"①,工作作风是"擘划周详,公德热心"①,学习精神是"早作而夜思,无寒暑间"②。由此,对他十分赏识。他们频频接触,"方君治一事竟,或时其归,陈图述状,言缕缕中肯綮"②。也就是说他在张謇面前滔滔不绝又能抓住关键地汇报工作,"謇喜拊之",有时甚至击掌叫好。并且张謇还当面承诺"所任工竣,必为请政府褒章"。由张謇建议国家对异国工程师进行表彰,这对年轻的工程师来说,是一个极大的精神鼓励,所以听到后的亨利克·特来克"跃然色大喜"②。这是对一名外国科技人才最重要的勉励,最大的精神鼓舞。

亨利克·特来克于1919年8月在遥望港闸工地感染时疫,在返回南通治疗途中突然逝世。这一噩耗对张謇在精神上和社会事业上是一个沉重的打击,也是南通实行自治的重大损失。丧失这样一名优秀的人才,他十分痛惜。他千方百计,通过外交机构和外国友人寻找能接替亨利克·特来克完成未竟工程之人,但始终未能如愿,更增加了对逝者的怀念之情。这种情感反映在行为上:一是对

①②张廷栖主编:《特来克与南通保坍史料》,南通:张謇研究中心,港闸区档案馆,2009年,第232、234页。

逝者实行公葬,让南通各界人士表达对国际友人的哀悼之情。墓地选择在背依剑山之南麓,面对滔滔之长江,并亲撰墓表,"可与葬之山,同垂不朽矣!"②二是"能赓续其未竟之志,以竟全功,庶慰其灵,而永令誉"。后来未能邀聘到"操行志趣学识,与特来克君为伯仲者"①。张謇重用自己培养的年轻技术人才,由宋希尚等完成了亨利克·特来克未竟的工程。这些工程就成为这位国际友人的丰碑,耸立在中华大地。三是向中央政府当局申请为亨利克·特来克赐褒词,列陈在华之业绩,以慰英灵。终于1920年12月以大总统之名为已故特来克颁布了褒辞。四是坚持祭扫,以寄托情怀。张謇在有生之年,每逢清明时节,总是进行墓祭,不是亲自前往,就是嘱人代祭。在他去世的当年2月23日的日记载:"清明。嘱宋生祭特来克墓。"②

张謇的用才、惜才、爱才,是缘于"特来克君尽瘁于南通,我邑人士,敬仰何极,感激又何极"③。而张謇的不以地域、乡情、资历延揽才俊的理念和做法,对事业的发展是有百利而无一害的,对我们今天发现和使用人才亦有极大的启迪作用。

(原载于《南通纺织职业技术学院学报》,2009年,第4期)

①张廷栖主编:《特来克与南通保坍史料》,南通:张謇研究中心,港闸区档案馆,2009年,第231页。
②曹从坡,杨桐:《张謇全集》(第6卷),南京:江苏古籍出版社,1994年,第823页。
③张廷栖主编:《特来克与南通保坍史料》,南通:张謇研究中心,港闸区档案馆,2009年,第231页。

张謇慧眼识英才　重用工人郁芑生

张謇的用人之道，向来是任人唯贤，不拘一格重用德才兼备的年轻人。在他的实业救国、教育救国事业中，许多骨干都是年轻人，如盐垦事业中的江知源、教育事业中的江谦、建筑业中的孙支夏、保坍事业中的荷兰水利工程师特来克、水利事业中的宋希尚、纺织工业中的沈燕谋、对外采购重用的郁芑生，等等。他们中唯有郁芑生是仅有小学文化，可以说是没有学历的普通工人，但张謇用其所长，使其在大生企业里发挥了不可替代的重要作用，说明张謇的知人善任。

一、慧眼识英才

郁芑生(1873—1926)，原名为世丰，后改为寿丰，又名鸿兴，出生于海门(现启东市)曹家镇北二里的一个村子，父亲郁宪章和兄长郁洪周以种田为生。郁芑生早年丧父，由其母亲抚养成人，母子相依为命。孩童时代仅读过三年私塾，自小刻苦好学，深得塾师的好评。后来信奉天主教成教徒，一度有机会前往由教会在茅家镇创办的锡类小学就读。这期间他一面读书，一面跟外国神甫学习英语和拉丁语，为日后学习英语打下了扎实基础。光绪六年(1890)，17岁的郁芑生经人介绍前往上海浦东同昌纱厂做工。来到上海国际大都市，在熙熙攘攘的人群中有不少外国人，更增加了他学习外文的兴趣。他一面上班做工，一面继续攻读英语，在美国传教士的培养下，英语水平有了长足的进步。一个偶然的机会，一名外国神甫将正在上海同昌纱厂做工的郁芑生推荐给张謇。爱才惜才的张謇，看到这位出身贫寒而能勤奋好学的青年已有相当好的外语水平，感觉十分难得。同时张謇在创办大生纱厂成功后，仍然需要对内与在厂的外国工程技术人员交流，对外与外国商人洽谈业务的翻译人才,因此就聘他为大生纱厂的翻译,担任厂内外的翻译工作。

二、出洋担重任

　　张謇在创办大生纱厂获得成功以后,在创办通海垦牧公司的同时,打算在当时的崇明外沙,即现在的久隆镇南2公里的二厂镇,创办大生分厂。办厂要采购机器,当年上海有外国人开设的地亚士洋行代理纺织机出售。张謇考虑到节约成本,不受中间商盘剥,大胆任用30多岁的郁芑生,于光绪三十二年(1906)春,直接派往英国调查,采购分厂的纺织机器设备。郁氏身负张謇的重托,到了英国,他以流利的英语,沉着稳重的姿态,不亢不卑的风范折服了傲慢的英国商人,得到英国商人的以礼相待,还热心介绍英国商界情况和纺织机器市场的行情,使他顺利地完成了张謇嘱托的重任。他在调查比较的基础上,决定购买好华特白尔厂的优质机器:一万四千锭全套设备。购买英国好华特白尔厂的机器,按当时的惯例返回经手人2%的回扣。郁芑生懂得当时的大生企业尚处于初创时期,资金短缺,他遂将全部回扣抵算到购货的资金中去。

　　郁芑生在英期间,适逢清廷南洋大臣端方在欧洲考察,特请他担当随身翻译。郁芑生以他那熟练流利、快捷准确的翻译,协助端方他们顺利地完成了在英国的考察任务。他的人品和才气得到端方的赞赏。回国后的端方,竭力推荐和启用他,先为候选道,再至朝议大夫的官衔,但郁氏却婉言谢绝。不久,端方调任北洋大臣,又想把他一并带去赴任,但他也未跟随前往。他见官场腐败而不愿去当官,宁愿跟随张謇践行实业救国、教育救国的主张,做些实事有益于社会,从此专心致志地干实业。

　　郁芑生恪尽职守,出色地完成购机任务,得到张謇的赞赏和好评。所以张謇在《大生崇明分厂十年事述》中提到分厂购得山西官办纱机12000锭后说,"又于次年派郁芑生君赴英考察,择购最有名之好华特白尔厂纱机一万四千锭,共为二万六千锭……得于丁未年三月初五日,全部开车"[①]。郁芑生自己也于光

---

① 曹从坡,杨桐:《张謇全集》(第3卷),南京:江苏古籍出版社,1994年,第203页。

绪三十三年（1907）9月8月在崇明分厂召开的第一次股东会议上提交了一份意见书,题目为《翻译郁世丰请求酌奖意见书》：

> 去年三月二十八日,世丰承总理命,来德国邮舶前往欧洲,购办纱机。四月二十八日抵意国海口上岸,来大火车经意、瑞、法、比四国。五月初五抵英国伦敦,谒英国名士望君,承其指示极可靠之代客经理行家,且与我一讯,至曼技斯脱埠,与该行接洽。随复调查各制造纱机工厂二十余日,乃知特白尔厂所造系纱机中之特（突）出,且于地球上得最优等之名誉。即与该厂总理钮登君议价,计该厂之机比较中等名誉之工厂,须贵二千镑（因上海洋行家定皆中等名誉厂之机器）。因思工欲善事,必先利器。于是弃贱就贵,即与好厂定立合同。今年三四月间,机器陆续运厂,装配将全。所有机器之优劣,价值之省费,出纱之多寡,请股东逐一考核,且有工厂经理员、工料总账房以及各厂机匠,皆可查问。惟当时薪水只取之老厂,分厂未支分文。今全厂告竣,约计新机价比地亚士所开省逾二万,另表附呈,可否,请各股东酌奖。
>
> 翻译郁世丰上①

另附表,将所购机器的两种价格作了比较,得出少花3736英镑9令2便士。作为总理的张謇,在股东会议上宣布以上郁芑生的意见书后说：

> 郁君本正厂翻译,前曾请渠至西洋调查添购新机。照所购价目较上海地亚士行所开价单,除开支外,实省二万余金。而郁君薪水皆在正厂开支。今番郁君大致要求分厂酌给酬劳,请股东议决。②

股东们一致意见应给酬劳,至于奖给多少由董事局商定。

三、公司任经理

郁芑生远涉西洋成功采购机器,得到张謇的好评并进一步重用,由正厂翻

---

①②肖正德：《大生集团档案资料选编》（纺织编Ⅲ）,北京：方志出版社,2004年,第309、310页。

译提升为大生纺织公司采购主任。同时张謇也从他订购机器而得利丰厚得到启示,产生了创办经营进口机器业务的贸易机构的动机。1910年4月,张謇、张詧代表大生与好华特厂驻华代办爱迪生签订合同,在上海南通大厦的大生沪事务所内,成立了大生公司,专营机器进口业务。张謇特派大生纺织公司采购主任郁芑生主持这一独家经营好华特品牌各种机器业务的公司。从此,他主持大生公司的同时,兼任大生纺织公司与"上海银行界、外商与纱厂的银钱交往,接待外国纺织专家来考察等事项"[①]。

1913年,郁芑生以大生公司负责人的身份第二次赴英,同英国商界广泛联系,他的聪明才智和人品令英国商人佩服,被伦敦总商会接纳为会员。这是英国商会中的第一位华人会员。[②]这期间西方列强忙于第一次世界大战,中国民族工业有了一个发展的空间,大生公司生意兴隆。如民国4年(1915),海门大生三厂和徐静仁在上海办的溥益纱厂全部纺织机器委托该公司向英国订购。此后,大生一厂、三厂添买的机器和常州纺织公司、杭州鼎新纱厂等购买的纺织机器,也由该公司承办。[③]郁芑生也就成了一名有作为的企业家。然而民国9年(1920)以后,西方列强战后卷土重来,民族工业遭受摧残,大生公司业务急速下降,又加上英国好华特机器制造厂也解除了大生纺织公司独家经销的合同,虽然郁芑生将业务转向其他商品,但终因大环境的恶劣,大生公司难以维持而于民国11年(1923)停办。

四、热心行慈善

郁芑生原为纺织厂的一名普通工人,张謇以他的一技之长将他培养成为大生企业集团中的重要骨干,成为一位翻译家、企业家,又在张謇和教会的影响下,成了慈善家。郁芑生的成才固然早年有教会的影响,但主要是张謇的培养

[①]《启东县志》编纂委员会:《启东县志》,北京:中华书局,1993年,第1041页。
[②]俞茂林:《英国商会第一个中国会员——张謇幕僚郁芑生》,载《海门报》,1998年4月17日。
[③]肖正德:《张謇所创企事业概览》,南通:南通市档案馆、张謇研究中心,2000年,第106页。

和榜样的影响。张謇在他的事业成功以后，全力回报社会，从光绪二十九年（1903）创办育婴堂起在南通举办了养老院、栖留所、残废院、济良所、盲聋学校、贫民工场等一系列的慈善事业。这种榜样的力量促使郁芑生在有了一定的财力后去为社会作贡献。在家乡曹家镇创办了公仁花木行和油米行后，从民国十年（1921）起，陆续在家乡办学校，自任校长。先办郁氏第一小学为完小，后又相继办了五所初小。学校不收学费，贫苦的农家子弟还免收书籍费用。六个学校设常务主任一人，驻在第一小学，定期对各校进行巡视指导，并每年组织年终会考，对1~4名优秀学生发奖学金（分别四、三、二、一块银元），还将得奖毕业生保送海门锡类中学读书，并供给其食宿费。郁氏此举培养了一批人才，推进了家乡文化教育的发展和社会事业的进步。

民国11年（1922），郁芑生在家乡用发放"折子"的办法，对寡孤无靠老人、贫而衣食无着以及残废者，每月发给生活补贴费银元一块，领取"折子"的有300人之多。这些老人病故还可凭"折子"在公仁花木行领取一具棺材和丧葬费用。仅用于这一项目的经费每年在2万元上下。这项慈善事业直至民国26年（1937）公仁花木行关闭为止，持续16年之久。

1922年8月15日，崇海班的瑞安轮船在宝山县城东门外水域遭遇大风暴翻船沉没，溺死二百余人。他主动承担瑞安轮失事的损失，"由郁芑生担任一切经费"①，并对30余具无名尸体"备棺收殓，拍照编号，录明身穿衣服，备案存查"，又与同乡会的同人一起分别于二厂镇、北新镇操办掩埋尸体等一切善后事宜。

民国12年（1923），大生公司停业后，郁芑生辞去了大生纺织公司的一切职务，潜心发展家乡的慈善等社会公益事业。民国13年（1924）后，他在家乡曹家镇周围建造石桥共11座，均以自己的名字命名为"寿丰桥"，由侄儿郁树堂和亲戚黄自强督造。据陆继权先生在当地的调查，这11座石桥的顺序和桥址如下：

第一座，在郁氏祠堂东南角，曹家镇东北角，南北向。20世纪60年代中期

①《通如崇海旅沪同乡会招领瑞安轮船被难尸骸》，载《通海新报》，1922年8月19日。

被拆。

第二座,在郁氏祠堂,即现在合作粮库西首,东西向,20世纪60年代中期被拆。

第三座,在曹家镇东市,东西向,20世纪70年代中期被拆。

第四座,在曹家镇南市,南北向,今仍在。

第五座,在曹家镇西市,东西向,今仍在。

第六座,在曹家镇东三里的头兴港河上,东西向,20世纪50年代初被拆。

第七座,在曹家镇东北五里的窑湾,东西向,今仍在。

第八座,在曹家镇正南三里的元和镇,东西向,今仍在。

第九座,在曹家镇西南五里的南窑头镇,东西向,今仍在。

第十座,在曹家镇西北十里的二效镇南市,南北向,今仍在。

第十一座,在曹家镇西南十里的新开港,东西向,20世纪50年代被拆。

其中有6座桥,至今仍然还在,历经近90年的风雨沧桑,已是珍贵的历史建筑了。

民国14年(1925),他又分别在富安镇、窑头镇和北新镇建造了3座钢筋混凝土桥,都刻上"海门郁寿丰敬建"。这3座古桥至今仍然发挥着它们的作用。当时每座大桥要耗资2000元左右。大桥落成时十分热闹。当年媒体报道:"于昨日竣工,开落成大会。是日名人咸至,如张退公、施少岩、祝符青、崇海两县知事、外沙行政委员等。参观既毕,无不称颂郁君之功绩,午后欢宴而散,极一时之盛云。"[1]除了家乡的慈善事业外,他还在上海杨树浦创办"圣心医院",在川沙重建天主教堂。

这些至今仍保留着的遗址遗迹,就是郁芑生创办慈善等公共事业的丰碑,也是他爱家乡、爱百姓民众的精神载体,保留它们就是弘扬他的爱心,作为永久的纪念。

民国15年(1926)7月6日(丙寅年五月二十七日),郁芑生在上海古拔路

---

[1]《大桥竣工之落成会》,载《通海新报》,1926年1月20日。

住宅的花园长椅上,突患脑溢血逝世,终年仅53岁。据陆继权先生的调查记载[①],丙寅九月十八日,郁的灵柩由上海运回家乡,十九日船到川洪港,上岸后途经北新镇、新港镇、大生二厂镇、久隆镇抵达曹家镇,一路仪仗队、汽车队、弦乐队浩浩荡荡,鼓乐声声,哀乐不绝,沿途迎殡人群,除了百姓,还有官方人物、地方士绅,有的还摆香案跪拜磕头,对这位平民出身、致富不忘家乡而善待百姓的东疆之子的英年早逝表示了哀悼和悲伤,并祝愿好人一路走好。灵柩临时安放在郁氏第一小学的礼堂,接受各界人士的祭奠。事后安放郁氏祠堂。民国19年(1930),郁芑生与原配丁氏、继配俞氏合葬于祠堂后的郁氏墓地。

郁芑生逝世两个月后,他心中的偶像张謇也去同一个世界,他们重新相会。

(原载于《张謇的交往世界》,北京:中国文史出版社,2011年)

[①] 陆继权:《兴业有为行立德立功——记从事实业教育慈善的郁芑生》,载《南通今古》,1991(3)。

张謇与爱国华商吴锦堂的交往

张謇的一生交友十分广泛。早期结识许多文人墨客,后来结交众多实业界、教育界人士,也有政界、军界的人物等等,可以说无所不包,国内外友人遍天下。国际友人除了邀请来华的专家学者外,有一部分是他于壬戌兵变赴朝和参观大阪内国博览会期间相识的一批友人,吴锦堂就是于光绪二十九年(1903)考察日本时相遇、相识、相交的朋友。

吴锦堂(1855—1926),本名作谟,浙江慈溪人。出生于慈溪县东山头的一户农民家庭里。当时的宁波有不少人前往上海经商,在此经商热中从事金融业活动的人尤其多,在沪形成宁波邦。年轻的吴锦堂随着这股潮流来到当年十里洋场的上海打工,开始在一家蜡烛店当学徒,后成为店员。勤奋好学的他很快练就了一身经商的本领,也开始有了一点积蓄。时至而立之年,他与两位朋友筹措了三千两银子为资金,东渡日本前往长崎发展。开始经营土布的生意,不久积聚了相当的财富,

吴锦堂

于光绪十九年(1891)移居神户,成立了贸易商行"怡生号",同时从事火柴和纺织品的进出口贸易。他的事业发展很快,经济实力不断增强,在日本有相当的名望。张謇与这位华侨实业家是在东洋国土上相遇和相识的,从此开始了交往。

一、东游日本初相识

张謇是在日本神户与吴锦堂相遇相识的。张謇等人光绪二十九年四月二十八日(1903年5月24日)晚上7时到达日本长崎。25、26日参观长崎和马关,五月初一(5月27日)早晨到达神户。接待张謇一行的有在日本经商的孙实甫、李光泰,并在他们的东源、益源两店小憩和接受设宴招待。出席招待宴的就有神户华侨商会理事长吴锦堂。张謇在当天的日记中就有"晨三时至神户,验病如昨。四时登岸,孙实甫、李光泰相迓,遂同至东源、益源小坐。……光泰为置酒,见甬商吴锦堂作谟"①的记载。这是他们在东洋国土上的初次相识。这次相遇以后,有否再见深谈,现有史料未见记载。据笔者分析定有联系,不然不会突然在七年后,吴锦堂回国来南通州考察三天。

二、参观通州增友谊

根据张謇给通海垦牧公司江知源的几封信可知,开始来通参观考察的有"东洋南洋华侨吴锦堂诸君"②,当时前来参观的有两部分人,除了东洋吴锦堂外还有南洋华侨。张謇对他们参观的时间和行程作了安排:"约五月初十日左右至通,十二三日同去垦牧,仆当同去,由吕而垦。"③张謇对这次接待十分重视,除亲自陪同外,还向江知源阐述这次接待的重要意义,指出"此数人者与垦事前途至为有关系"。有什么样的关系?垦牧事业投资大,周期长,长期以来资金不足。张謇可能寄希望于这些华侨商人的投资,所以"须令满意"。事实上后来吴锦堂对张謇的事业有投资,而南洋"华侨一时尚不能俱来"④,也就谈不上投资了。到了五月十一日张謇又发信给江,告诉他考察日期和行程有改变,"华侨诸君须十七八九等日由沪而分厂、而垦牧、而吕四矣",而"东侨吴君先在通州参观"。据日记宣统二年五月初九至十一日(1910年6月15日至17日)所载:"吴锦堂与江北提督雷先后到,导观各厂。"⑤也就是说张謇亲自陪同他们俩人参观工厂。如果说

---

①⑤曹从坡,杨桐:《张謇全集》(第6卷),南京:江苏古籍出版社,1994年,第482、636页。
②③④曹从坡,杨桐:《张謇全集》(第3卷),南京:江苏古籍出版社,1994年,第460、460—461、462页。

雷震春是以官员身份来通州参观各厂,因而张謇不得不陪同他们的话,第二天"雷以晨行",张謇则是单独陪同吴锦堂从唐家闸参观工厂和育婴堂直至通州城。日记称:"复导吴观各厂,次第观婴堂至城。"第三天,吴锦堂全天参观城内各校,晚上才离开南通。日记记载:"吴观城中各校,是晚行。"从文字上看未用"复导",不能断定张謇是否陪同,但从礼仪上讲,晚上饯行是不可少的。吴锦堂在通州的三天参观考察,张謇至少前两天一直陪同,日夜在一起,晚上长谈至深夜。他们之间的交谈内容,查无文字记载。就张謇而言,对吴锦堂的来通参观十分重视,作了周密的安排,对垦区也一再指示江知源做好接待工作。因为这段时间的张謇,不仅是事业发展,事务繁忙,而且在政治上正领导全国的立宪运动,积极筹备第二次请愿活动,南洋劝业会也正在筹备之中,时间对他来说十分宝贵,但吴锦堂在唐家闸的两天参观他全程陪同,可见重视程度。以笔者的分析,张謇并非仅仅答谢在日本考察时受吴锦堂的接待,还具有更深远的意义。对吴锦堂来说,此次通州之行,深层的接触使他加深了对张謇的了解,增进了友谊,是后来合作的重要因素。加上他们之间有太多的共同语言,都出身于贫寒的农家,都是经商办企业的近代实业家,又都十分重视教育。吴锦堂也于光绪三十二年(1906)在自己的家乡东山购地100余亩办起了锦堂初等实业学堂,即现在的锦堂师范学校,被蔡元培称为"办学三贤之一"。通州之行,张謇的"父教育而母实业"思想对吴锦堂的影响最深,可从次年他对慈溪的锦堂初等实业学堂进一步扩大投资,并改为锦堂中等农业学校得到见证。江知源在通海垦牧公司做好了接待的准备,后吴锦堂有否前往参观,未见记载,很可能改变了行程。

三、合作创业遇挫折

宣统三年(1911)初,张謇的事业向长江中游发展。由清末张之洞创办的武汉"纺织四局"(即织布局、纺纱局、制麻局、缫丝局四大制造厂)处于破产的境地,时任湖广总督瑞澂致电张謇,要求前去接办。是年五月初二(1911年5月29日),张謇到达武汉,承租下官办的"纺织四局",为期15年,重新组建,取名为大维股份有限公司,开始招股集资。吴锦堂对此有不小的投资。吴锦堂的投资,显然与上一年参观通州有关,是以对张謇的信任和所创事业的了解为基础,走上了相互合作、共同发展的道路。这期间两人的联系和吴锦堂具体投资的数额不明。张謇于该年八月初九(9月30日)再次赴鄂,八月十二日(10月3日)到达武昌,办理开工的一系列事务:宣布人事组织机构,主持开机典礼,召开股东会议等。八日十九日(10月10日)张謇办完一切事务,于当日晚乘船返程离开武汉时,正当辛亥革命的爆发之际,见到炮火连天,预感与吴锦堂的合作遇到了挫折。次日大维公司遂即停工。义军驻厂,长期占用各物,然后又自行开机生产,竟将大维公司总经理刘树森拘禁在厂内,至汉阳失守始行释放。企业遭受战争的严重破坏,损失惨重。作为主要股东的吴锦堂曾几度提起赔偿请求,民国2年(1913)国务院曾讨论,提出赔偿50万两银,由中央与鄂省对半负担的方案。该方案却受到鄂省民政部的抵制,说"院部所议五十万两结付,原不为过",说明大维损失不至此数,但推托"惟须请中央维持",一推了之。民国3年(1914),吴锦堂写信给时任农商总长的张謇,要求解决赔偿这笔损失。张謇在同年七月十四日(9月3日)回信:

> 锦堂先生大鉴:
>
> 辱函具悉。大维纠葛,至今未能解决。尊函所称刘函云云,盖系四月间事,今则又有变局。谨将前后交涉,略述于下。此案于去冬由鄂省派员来京,在国务会议,由鄂省给还大维银五十万两,取消合同了案。今春由鄂民政长吕调元函致国务院声称,院部所议五十万两之结付,原不为过,惟须中央维持。等语。
>
> 旋由农商部与财政部周总长商议,周总长允许归中央与鄂省各半认付。中央一半,仅给公债之类。旋财政部又呈请大总统批令:"大维公司曾经鄂军政府占用各物,仍应责成该都督民政长核实商结可也。"等因。
>
> 旋由鄂吕巡按使来文,大致言:中央如不肯扶助,前在国务院所议

之五十万两,已从根本打消,鄂省亦不能承认此数。只有照前黎副总统所批原案,支给银九万两。等语。刘代表现已呈请农商部咨鄂将军及吕巡按,速饬楚兴公司停工,俾大维早日继续接办。日内已亲自赴鄂,再向鄂政府交涉。此近来办理之大略也。至其结果,尚未知何若耳。复请大安。

民国三年七月十四日①

从中可知,张謇虽经一再努力,从中斡旋,可是中央与地方对此案一再地相互推诿,反复多变和无故拖延,他也十分无奈。不久,张謇辞去了农商总长职务回通,第三年袁世凯称帝和命归西天,后来是军阀混战,估计50万两银打了水漂。在张謇辞官返通的这一年,吴锦堂也以花甲之年激流勇退,退身一线。为了庆祝自己的生日,纪念隐退之举,在他居住的松海庄别墅之旁又修了楼阁,因为心中一直饱含对故乡和祖国的怀念之情,所以将此命名为"移情阁"。

四、墨宝相赠度晚年

民国5年(1916)是"移情阁"建成后的第二年,孟春时节的张謇,应吴锦堂之求先后写下了如下三个匾额(见图),赠送给远在东瀛的老友。②

匾额之一:"世外桃源"。张謇将陶渊明所著《桃花源记》中的隐居境界融入了移情阁。

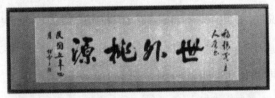

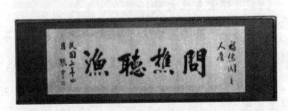

张謇题匾

---

①曹从坡、杨桐:《张謇全集》(第2卷),南京:江苏古籍出版社,1994年,第192页。
②(日)财团法人孙中山纪念会:《孙中山纪念馆(移情阁)概要》,2001年,第62页。

匾额之二:"问樵听渔"。因为移情阁建于明石海峡大桥的舞子浜,自古以来是山清水秀风光明媚的风景胜地。移情阁在那里,有松林与海岸,就有樵夫和渔夫,从渔夫和樵夫那里可悟出人生的智慧与哲理。

匾额之三:"层台叠翠"。张謇咏赞被松林和海洋包围着的重重叠叠的移情阁,反映处于与世相隔的幽静的佳景,主人有个清心养神的环境。这是吴锦堂晚年修身养性、悠闲生活的写照。

在此以后,他们相互之间还有交往。1918年5月,张謇之子张孝若从美国纽约大学商学院学业完成后回国途经日本时,张謇写信给老朋友吴锦堂,希望给予生活上的照顾,并介绍一二个大厂参观,以扩大眼界。

两位老朋友虽非同年生,张謇要大两岁,但却同年相继谢世。吴锦堂于1926年1月14日逝世于日本的家中。张謇在同年8月24日于南通去世。1931年,吴锦堂的遗骨迁葬于慈溪故乡,墓正面两侧为吴锦堂生前所作之对联"为爱湖山堪埋骨,不论风水只凭心",由张謇生前所书的14个大字。可以见到两位近代实业家的友谊长青!

(原载于《张謇的交往世界》,北京:中国文史出版社,2011年)

张謇与韩国诗人金沧江的抗日情结

清末状元、近代著名爱国政治家、实业家、教育家张謇，与大韩末期的古文家、诗人、历史学家和反日民族独立运动者金沧江①之间的深情厚谊，不是一般普通人物的友好往来，他们是中韩两国具有特殊性的士人群体中的代表。他们的友谊不仅富有丰富的文化内涵，还有深刻的精神因素。这种高尚的精神境界就是为了民族独立自由的共同理想而产生的抗日爱国的共同愿望，或者说在抗日救国基础上开出的中韩两国的友谊之花！

一、在平叛抗日中相遇相识

张謇与金沧江的相识，在"壬午兵变"之后。金沧江又名金泽荣。清光绪八年（1882年）即壬午六月，朝鲜发生了重大的政治事件，当政国王李熙的亲生父亲大院君李昰应发起军事政变，史称"壬午兵变"，企图以武力推翻国君，并取而代之。那时候的日本，经过明治维新，国力大增，野心勃发，早已觊觎一海之隔的朝鲜和中国。此次"壬午兵变"为日本实现其侵略梦想找到了时机，即派兵开赴朝鲜。七月，清王朝应朝鲜国王之请，派遣驻扎在山东登州的庆军统领吴长庆率领清军入朝，协助平定兵变。当时通州的张謇也在庆军幕府中供职，是受吴督倚重的主要幕僚。因而他两次前往朝鲜执行公务。第一次于七月随军渡海入朝，负责谋划前敌军事，统筹对日交涉事宜。当时与日本驻朝鲜军事首领花房义质、日本驻朝鲜公使竹

---

① 金沧江(1850—1927)，朝鲜开城人。名金泽荣，号沧江，字于霖。33岁与张謇相识。35岁编著了《崧阳耆旧集》。39岁时又编写了《丽季忠臣逸事传》。42岁到55岁为仕途生涯，先后为进士、中枢院参书官、内阁记录局史籍课长、承训郎、惠民院主事、正三品通政大夫等。著名古文家、诗人、历史学家、文学批评家、爱国启蒙思想家和反日民族独立运动家。著有《金泽荣全集》。

添嘉纳周旋。通过此次援朝平叛,张謇洞察到日本对朝、中两国的狼子野心,后来及时向清廷提出"朝鲜善后六策"的建议。平定叛乱后八月中旬回国。第二次赴朝是次年四月,奉吴督长庆之召,再次前往汉城军幕协助料理军务。这次在朝时间较长,至冬季返国回家乡度岁,除了处理军务,有较为充裕的时间去结识朝鲜的许多爱国士大夫。张謇是这样记载的:"事平,访求其国之贤士大夫,咨政教而问风俗。金参判允植颇称道金沧江之工诗。他日见金沧江于参判所,与之谈,委蛇而文,似迂而弥真。"①张謇与金沧江的相识也就是通过张謇所结识的第一位朝鲜友人、吏部参判金允植(洵卿)的介绍,并由他安排在他的公馆中相见的。张謇与金沧江的相

金沧江

识,曾称:东来无所得,得公诗为宝。从此开始了具有历史性意义的国际友谊。

二、金沧江流亡中国时相聚相通

张謇于1883年冬天回国后再也没有机会去朝鲜故地重游,但始终保持着与许多朝鲜爱国士人所结下的颇为深厚的友谊,并且终生关心朝鲜国家与人民的处境和命运,特别对日本军国主义侵略势力的野心,始终保持高度的警惕。

1884年,朝鲜又发生内乱,中日两国军队为此而在王宫门前发生冲突,双方互有伤亡。张謇闻讯,立即写信给中国驻军提督吴孝亭,提出:"不可再赔兵费于日,更蹈从前覆辙。此事不必待日本向我论,我即先须向日本理论曲直。"②与此同时,张謇又致函朝鲜友人吏部参判金允植,揭露日本对朝鲜"即有图为我有之心";希望不要"揖虎狼以自卫,而不知非我族类之防"。③张謇这种对朝鲜时局的

---

① 曹从坡,杨桐:《张謇全集》(第5卷上),南京:江苏古籍出版社,1994年,第231页。
②③ 曹从坡,杨桐:《张謇全集》(第1卷),南京:江苏古籍出版社,1994年,第14、15页。

关心是建立在对我民族安危认识的基础上的,日本"既攘中国之流虬(球)为己有,得陇望蜀,益思图我朝鲜",而张謇知道"朝鲜与中国唇齿相依,利害相因,大权一失,实祸随之"。①又说:"今日本野心日张,无理日甚,彼方以中国为其演试军事之地……"②由此可见,对于日本侵略扩张的狼子野心,在中国人当中,张謇可谓是最早警觉者之一。正因为他具有这种对于事物敏锐的洞察力,于19世纪末分别撰写《壬午东征事略》《乘时规复流虬策》《朝鲜善后六策》等一系列对日防御的策论,以满腔的爱国热情和敏锐的政治洞察力,提出了许多针锋相对的抗日主张,虽不为当时统治者所采纳,没有成为国策,可历史证明了张謇的远见卓识。

1905年,日本驻朝大将军长官公然在汉城设立宪兵司令部,日本驻朝大使伊藤博文强迫朝鲜在所谓《乙巳保护条约》上签字,篡夺朝鲜内政外交大权。1910年,日本又强迫朝鲜签约与其"合并",从此沦为日本的附属国。生活在内忧外患乱世中的金沧江,始终抱着以文章报国的一片丹心。这时他目睹祖国主权丧失殆尽,悲愤至极。不愿做亡国奴的金沧江,毅然哭别家园,除去官职,携妻带女,于1905年10月10日由仁川港乘船而渡,经过五个昼夜的海上颠簸,历尽艰辛,于14日到达中国大城市——上海。然后又换乘小火轮前往苏州拜访老友俞樾。金沧江本想投奔他能在苏州安居下来,可是年迈的俞樾,虽是道光进士,官至翰林院编修、河南学政,可已赋闲多年,自顾不暇,无法安置他一家定居,建议他投靠南通州的张謇。金沧江只好怀着忐忑不安的心态返回上海去寻找张謇。

金沧江带着妻女,在上海徘徊了十余日之后,终于10月下旬,按俞樾所提供的张謇在上海的地址,到小东门外通州大生纱厂沪账房,见到了阔别二十余年的老朋友,并得到了热情的接待。关于这次见面,张謇于1907年为《金沧江刊申紫霞诗集》所作的序中有记载:"甲申既归,遂与沧江暌隔,不通音问。阅二十年,忽得沧江书于海上,将来就我。已而果来,并妻孥三人,行李萧然,不满一室,

---

①②曹从坡,杨桐:《张謇全集》(第1卷),南京:江苏古籍出版社,1994年,第22、25页。

犹有长物,则所抄紫霞诗稿也。"①寥寥数语,叙述了他既对金沧江的到来感到欣悦,又对金沧江为官清廉简朴表示赞赏,以及对其爱国抗日流亡生活的同情。因此表现在行动上是全力支持,当即答应安排他的生活与工作。开始张謇希望沧江能任沪报社的主笔,但金推辞了,沧江自认为"像我这样的流亡人士不能与中国士大夫一起谈论天下事"。由此,张謇于10月30日安排金沧江一家乘船来到自己的故乡、事业的基地南通州,先在濠滨西园住下,后又安排他的工作,使他有一个生活的来源。根据金沧江的才华特长,张謇将其安插在翰墨林编译印书局担任编校。有了这份职业,就有了固定的收入,也就为金沧江提供了从事文章抗日救国事业的条件。从此,这位韩国诗人在美丽的江海之城南通州生活和战斗了长达22年之久。

三、在爱国抗日基础上相知相投

张謇是一名爱国志士,抱定实业救国、教育救国的宗旨而不顾艰险,全力拼搏,成效卓著。金沧江不愿做日本的亡国奴而漂泊来华,在张謇看来这不是逃避,而是选择了另一种以文章抗日救国的方式。虚弱文人,不能在战场上为国赴汤蹈火,而以自身的特长,一方面传承民族的史诗、文化的精华;另一方面,以笔为武器,斥责强权侵略,宣扬奋战精神,唤起广大民众,以此达到光复祖国的目的。他们共同的爱国情愫,加上共同的爱好诗文,促使彼此相知相投,心心相印。友谊如高山流水,源远流长。沧江对张謇是感恩戴德,患难遇知己;张謇对沧江老兄更是敬仰有加,真情相待。张謇在生活上对异国他乡到来的沧江无微不至地关怀,逢年过节总要想到他。沧江在中国的第一个大年除夕,从上海赶回南通的张謇,特地带了一大壶酒前去看望。平日有了时鲜食品,有时也相约小酌。在事业上,更体现在对金沧江所从事抗日救国行动的支持。除了让金沧江有一个比较安宁的环境,深居简出,潜心著作外,还关心其成果的出版。金沧江创作的爱国诗文、历史专著,编纂朝鲜学者、诗人的著作等,成果十分丰厚。出版需要不薄的经费,而沧

---

① 曹从坡,杨桐:《张謇全集》(第5卷上),南京:江苏古籍出版社,1994年,第231页。

江挂职编校,收入有限,不可能担负众多的出版费用。张謇得知,专门关照书局,出版时能减则减,能免则免。金沧江先后在南通翰墨林印书局出版30多种书籍,没有张謇的支持是不可想象的。张謇还亲自为其多种著作写序,如《韩国历史小史》《韶濩堂集》《金沧江刊申紫霞诗集》,从序言中可以见到,张謇对金沧江如此热情的支持,是建立在对金沧江爱国行动深刻理解的基础上。由金沧江从事韩国历史的编撰中张謇悟出了对史学重要性的一个独特的见解:"庄生有言,哀莫大于心死,而身死次之。嗟乎! 此以人而言也。言乎国则,謇独以为哀莫大于史亡,而国亡次之。国亡则死此一姓之系耳,史亡不惟死不幸而绝之国,将并死此一国后来庶乎有耻之人。"①以上张謇所说的"国亡",是指"死此一姓之系",即朝代变更,而"史亡"则是整个民族历史的终结。由此进一步肯定了金沧江这位韩国诗人、史学家流亡在中国所做的编史工作是做了抗日救国的一件根本性的大事。金沧江以满含悲愤、饱蘸血泪之笔写下"三千二百余年事",张謇的评价是"可观可怨可法可戎者略备矣";又称:"读金君书,其亦有栗然而思,瞿然而忧,踧踖然困而弥厉者乎!"①金沧江编史救国所起的作用真如刘志琴先生曾经在文章中所说的那样:"历史是不可替代的使万众凝聚的同心圆,众志成城的火种,在民族危难之秋,同舟共济的历史情感会燃起救亡图存的火炬!"所以金沧江的编史救亡工作,功不可没。

金沧江在南通还主动配合国内的反侵略斗争。1909年,爱国青年安重根谋刺伊藤博文,金沧江花了6年时间撰写《安重根传》,艺术地再现了安重根烈士击毙韩国人民不共戴天的仇敌伊藤博文的爱国之心,颂扬其为国为民的牺牲精神,激励人民奋起参加反侵略斗争。当爱国志士在上海法租界组织临时政府时,他热情支持,亲自代拟《陈情表》,向当时的中国政府介绍英勇的韩国人民反抗日本侵略者"人心成城","忠义之士日夜习武事"。他慷慨陈词,并比喻中韩两国"为瓜为葛,为唇为齿",要求中国政府给予支持。

张謇对金沧江的爱国精神给予高度的评价和热情支持,金沧江对张謇也心

---

① 曹从坡,杨桐:《张謇全集》(第5卷上),南京:江苏古籍出版社,1994年,第291页。

心相通。从他们的诗歌唱和中可见是一拍即合,融洽无间。1921年,明代抗倭英雄曹顶牺牲的地方南通西北三十华里的平潮镇,当地人民为纪念英雄,弘扬抗倭爱国精神,由名士费范九先生发起建"曹公亭"。此亭落成时,张謇写下了一首颂扬曹顶抗倭斗争精神的诗:

《题曹公亭》

人亦孰无死,男子要自见。

曹生磊落人,无畏赴公战。

鲸牙白草纤,马革黄金贱。

荒原三百年,突兀一亭建。

田父何所知,亦说单家店。①

金沧江同样被曹顶的抗日爱国精神所感动,也作诗一首:

《曹公亭歌》

往者万历倭寇东,韩臣有李忠武公。

奇韬妙略似神鬼,杀倭满海波涛红。

当时倭儿患疟疾,背书其名胜药功。

三百年后汉江竭,修罗蚀月凶肠充。

使我奔伏淮之侧,白头欲举羞苍穹。

奈何今日中州彦,蘧篨之病颇相同。

慨然共思曹壮士,沐血击贼卫南通。

奇功垂成身径殒,愤气化为青色虹。

叱工筑亭安厥像,横刀立马生长风。

请君且揽新亭涕,与我赊酒向新丰。

一杯酹我李兵仙,一杯酹君曹鬼雄。

雷鼓鼓动两国气,人间何代无勇忠。②

---

① 曹从坡,杨桐:《张謇全集》(第5卷下),南京:江苏古籍出版社,1994年,第267页。
② 金沧江:《曹公亭歌》,载金泽荣《韶濩堂全集》卷六,南通:翰墨林印书局,1925年,第3页。

金沧江的这首诗以回顾明代倭寇侵韩,韩将李舜臣奋起反抗为开篇,怒斥三百年后日本再次并吞韩国的罪恶行径。与此同时,中国也同样面临日本的经济侵略和武力侵占的危机,中国人民反日的怒潮一浪又一浪。所以金沧江认为他与中国的知识分子的"蓬篠之病"颇有相似之处,呼吁爱国民众"共思曹壮士",继承和弘扬先辈的反抗精神,中韩两国人民同仇敌忾,沐血抗日。最后以"雷鼓鼓起两国气,人间何代无勇忠"的浩荡正气,展望两国人民必将战胜日本侵略者,获得民族独立和复兴的美好未来。同一题材的两首诗,反映了共同的内心世界和抗日的爱国情怀。

1926年夏天,张謇病故,金沧江失去了中国的知音,失去了异国的知己,对他来说是致命的一击,其悲痛之深更不必说了,加上国事家事每况愈下,民族光复的希望仍然渺茫。1927年4月,这位韩国的史学家、诗人在忧时愤世、贫病交加的凄凉情境中服毒身亡,追随张謇,到天朝地府里相会。张謇之子孝若考虑到这两位老朋友的关系非同寻常,特地将其安葬在与啬园仅三华里之遥的狼山南麓,南北相依!

张謇与金沧江是在抗击日本侵略者的共同理想的基础上结成情谊,写下了中韩两国人民友谊的美好篇章;他们墓地的南北相依,让中韩人民在凭吊中巩固两国人民的传统友谊和爱国精神,共同迈向新的辉煌!

(2004年4月"韩国独立运动与中国抗日战争学术研讨会"交流论文)

张謇与王康寿

张謇是在感激恩师王汝骐（崧畦）于"冒籍"风波的困难处境中出手相助时，认识王康寿这位师兄弟的。由此，从交往、信任、重用到视为知己，当作家人，一直保持师兄弟的手足之情。

一、"冒籍"风波中的恩师之子

张謇与王康寿之间的相识相交，应从"冒籍"风波说起。张謇之父张彭年世代务农，他寄希望于四子张謇走科举仕途之路来改变家庭的社会地位。然而，张謇欲走上试场，属"冷籍"，会受到种种限制和刁难，以至敲诈。他听从别人之计，冒充如皋张驹之孙，改名张育才，以如皋籍应试，于同治七年（1867）获中秀才。可是从此，不断受到张驹之子侄的勒索，直至以忤逆之罪向如皋学官告发，羁押近两月之久。张彭年求助于海门训导赵菊泉（彭渊），赵又与师山书院山长王汝骐（崧畦）商讨解救之法。王与如皋训导是太仓的同乡，又有表亲关系，他为张謇解困，写信说情，介绍其年少聪颖、品学兼优、家境清寒、不堪承受敲诈等情况，连发两信。虽未能生效，但张謇对此仍十分感激，事后行弟子礼。王离开海门后，与张謇保持书信往来，张謇还专程亲往太仓拜访。就是在这次拜访相聚时结识了恩师之子王康寿，开始了他们之间的交往。

王康寿（1855—1939），字晋藩、晋蕃，幼年承家学，曾就学于其从兄、太仓理学家王祖畲门下。20岁，随侍其父于太仓桴亭书院。21岁考取秀才，其文章受清末学者、江苏学政夏同善、黄体芳好评。光绪十四年九月（1888年10月）中副榜，为副贡，故有人称他为举人。光绪二十年（1894），张謇在京会试高中状元后，于七月五日收到晋藩的来信。张謇当时忙于国事,未及时回复。是年九月南归治丧,待料理完其父亲后事,于第二年正月十三日给晋藩回信。说明他们之间早有交往。光绪二十八年(1902)张謇筹建通州民立师范学校时,想起这位师兄弟,邀请他前来通州襄理学校事务。

二、通师初创时期的得力助手

光绪二十八年(1902),张謇在筹建通州民立师范学校时,需要人手,他想到王康寿这位师兄弟,在交往中也很赏识这位师兄弟的才华,便邀请其前来通州协助创建工作。王康寿来到通州师范学校后,受张謇的重用,聘为监理,负责全面事务之职,还明确"老监理有代总理之责"①。学校许多重大的事情,张謇都与他商讨、交办。王康寿虽然在通州师范学校工作仅三四年,时间并不太长,但他是通州师范学校初创时期的有功之人。当时的张謇,还忙于大生厂和盐垦的事务,王康寿就成为他在通州师范学校的最得力助手。

王康寿在通州师范学校的主要工作和贡献,可以从张謇给他的手牒中获悉。张謇给王康寿的手牒和信函应该是相当多的,有关学校的大小事务都要布置他去处理。从现有保存在《教育手牒》中的部分手牒来分析,主要是如下几个方面。其一是制定学校的规章制度。学校的规章制度是学校教学有序进行的基础和保障。然而学校初创,既无师范教育的办学经验,又无现成范本可供参考和借鉴,难度可想而知。其二是教师的选聘。师资来源更为艰难,教师资源十分稀缺,只能从留学生和国外学者中选聘,张謇不得不从日本引进外籍教师,这在日常教育管理上增加了难度。其三是教学管理。新建学校关

南通师范学校远眺

---

① 李明勋,尤世玮:《张謇全集》③,上海:上海辞书出版社,2012年,第1421页。

系到教学设施的配置,课程的设置,教材的编印等等,均须逐一落实。其四是招生和学生管理。当年的生源也是问题,当地尚无中小学,只能吸收如秀才等相当于中学文化程度的书生,所以学生文化程度不一,年龄相差甚大,这给学生管理也带来一定难度。总之,学校初创,一切工作无疑都是具有开创性的。张謇创办通州民立师范学校在近代教育史上的贡献,也有王康寿的一臂之力。

王康寿是光绪三十一年六月(1905年7月)离开通州师范学校的。为什么要离开通州师范学校?据《南通师范学校史》记载:"7月(六月)通州师范学校监理王康寿因执掌海门直隶厅高等小学堂辞职。"①

是年,海门直隶厅创办高等小学堂,聘他为堂长(校长)。校舍即其父汝骐任职的原师山书院,子承父业,加上执掌海门直隶厅高等小学堂,具有相当高的社会地位。张謇对这位师兄弟忍痛同意辞职,不误其前程,也乐意让其谋新的发展,前往海门高就。想不到的是王康寿到任小学堂不到一年就想辞职不干。

三、垦牧乡自治的忠实执行者

王康寿何时来到垦牧乡,还得从海门辞职说起。张謇在1906年4月10的日记中有这样的记载:"王晋蕃来,欲辞海门高等小学,留。"王康寿在海门高等小学只有八九个月,何故急于与师兄商讨辞职之事呢?在张謇日记中未有记录,现在也未见有关资料记载,仅见沈振元先生在《记忆海门》一文中提及,似乎与张謇等创办五属公立中学(南通中学)涉及海门是否自办中学有关。海门学界得悉海门参与创办五属公立中学,引起轩然大波。海门原有中学,却将其改办为小学,现在又要与其他州县联合办中学,在经济上不划算,在学额上受到限制,不如自办中学。沈先生认为"王晋藩可以(能)因舆论压力要辞职"。这一分析有一定道理,然而海门中学改办为小学并非王康寿所为,他仅受聘前去任职而已,以前之事,与他无干。辞职的原因似乎还不够充分,所以张謇劝其不必辞职,主张"留"。王康寿最终还是辞职了。王康寿何时辞职?其确切的时间未发现

---

①朱嘉耀:《南通师范学校史》(第一卷 纪事),南京:南京师范大学出版社,2012年,第12页。

有资料记载。事后被唐文治聘去上海实业学堂主持教学工作。唐文治在《菇经堂文集》(三编七卷)中为王康寿所作的传记提到:"先生自菘畦公殁后,益无意进取",即在其父辞世后不再应试。"应张季直殿撰之聘襄办南通师范学校。宣统元年己酉,文治敦骋至沪上襄办高等实业学校,时先生主学务垂十年。"说明王康寿于1909年,一度接受唐文治校长所聘,在上海高等实业学校工作。但该传记将他执掌海门直隶厅高等小学堂的一节经历遗漏了。王康寿在赴沪就职于上海实业学堂之前,将其子王凤晖(吉人)送往通州就职于张謇的事业。其时送别有题为"己酉六月三日大儿至通州诗以勉之"诗一首:

去年儿送爷,今年爷送儿。父子不常聚,皆缘驱以饥。

儿今勉行役,万事慎操持。忠信世所贵,笃谨通蛮夷。

道又在持恒,勿为染习移。遭际皆分定,勿妄有所希。

遇事当虚受,贤愚皆我师。勿谓己独是,勿谓人独非。

检身若不及,古圣怀几微。尔今方壮盛,努力报所知。

他时享与否,此日为之基。我今尚健饭,毋劳忆念为。

王康寿是位传统之人,且较为古板,对上海这个花花世界、十里洋场的环境并不适应,在上海高等实业学校仅二三年后又辞职。在告别唐文治校长时有题为"壬子春去南洋公学(上海高等实业学校前身)留别唐蔚之(文治之名)"诗一首:

我昔与子要,谓言继绝学。今子卜新居,乃在锡山麓。

锡山有名贤,高顾留芳躅。高顾遭乱时,身殁名不辱。

我子际盛明,行许入钧轴。何意运会迁,翩然翻世局。

盈朝卧积薪,徒向铜驼哭。一朝变市朝,千古铸大错。

讵无黍离悲,何间疏水乐。有酒奉亲欢,有书教儿读。

人生皆偶然,得此亦已足。我行将别子,乞食海之澳。

他时从子游,狂歌倒醽醁。①

---

① 王康寿:《己酉六月三日大儿至通州诗以勉之》《壬子春去南洋公学留别唐蔚之》,载《南通师范校友会杂志》(第四期·诗歌),南通:翰墨林编译印书局,1914年,第4—5页。

所以传记说:"国变后,慨然曰:'吾其从巢许游矣!'复往依张,办理吕四场垦牧,主农务者又十年。自是优游林泉,不复出。语曰:贤者避世。"①可见王康寿在上海高等实业学校的工作

时间较短,辛亥革命爆发,于1911年回到张謇身边,就职于通海垦牧公司,又工作了十多年,但根据其特长并非主农务。宣统三年(1911)八月,垦牧乡成立自治会②,即自治议事会。据孙模先生在《王汝骐、王康寿父子与张謇的两世情缘》一文中所说,"宣统三年九月垦牧乡选出12名议员组织成乡自治议事会,王康寿任议长"③,而且连选连任。也就是说张謇将王康寿聘到垦牧乡,主要负责地方自治和垦牧教育工作,说明张謇的知人善任。王康寿成为垦牧乡的行政长官,贯彻张謇的地方自治主张,负责社会管理,他的办公之地应该在海复镇的自治公所。

四、垦牧教育的开创之人

张謇主张普及教育,他说:"欲雪其耻而不讲求学问则无资,欲求学问而不求普及国民之教育则无与,欲教育普及国民而不求师则无导。故立学校须从小学始,尤须先从师范始。"④目的是"开民智,明公理"⑤,提高国民素质。张謇在垦牧乡欲"借各股东资本之力",以成他"建设一新世界雏形之志",普及国民教育是其中的重要内容。⑥早在通海垦牧公司成立之初,张謇在集股章程中就明确:整个公司"约计可垦而应缴价之地一千一百五十顷,以一千顷归公司,一百顷归

---

①唐文治:《茹经堂文集》(三编卷七),台北:文海出版社,1974年,第1414页。
②佚名:《南通地方自治十九年之成绩》,南通:翰墨林印书局(张謇研究中心重印),1914年,第165页。
③南通市政协学习、文史委员会:《张謇的交往世界》,北京:中国文史出版社,2011年,第136页。
④⑤⑥李明勋,尤世玮:《张謇全集》④,上海:上海辞书出版社,2012年,第70、77、183页。

通海小学堂"①。由此,在通海垦牧公司设有教育自治会。王康寿来到垦区后聘为学务专员,还兼任垦牧乡的学董,担负起垦牧教育的重任。张謇在垦牧乡垦务方面依靠江知源(导岷);在社会自治、教育管理方面重用王康寿。他们两人成为张謇建设垦牧乡、实现新世界之梦的左右手。

早在1910年,张謇对垦牧乡教育已作了详细调查并有具体的规划:

二曰规建各堤小学。分置学区,以十六方里建一小学者,取其中度也。然亦宜视户口之多寡支配,……计第一堤西圩及牧场圩共十六方里有奇,户口凡四百一十四,中圩十八方里有奇,户口凡四百八十八。第二堤正圩十方里强,户口凡二百四十六。第五堤西圩六方里弱,户口凡一百六十五。本年调查各堤佃人子弟已及学龄者,一堤西圩最多(七岁至十五岁者共一百一十一名),拟明年先立小学一所。第一堤之中圩,第二堤之正圩,第五堤之西圩,满学年者较少,应俟宣统三年后次第举办。②

第二年王康寿来到垦区,遵照张謇的规划,在垦牧乡的各堤首先创建初级小学校(又称国民学校、垦牧堤小)。张謇早在《通海垦牧公司招佃章程》中便立有五项"劝之事",其中之一:"上学。读书识字人少,容易闹事,读书识字人多,容易兴家。今一堤内立一小学校,备子弟年七八岁至十一二岁,概宜上学四年,习浅近普通学。"③关于垦牧教育,早在王康寿来到垦区之前,张謇从1906年开始,就在垦牧乡开始筹建初等小学了。可以从公司的第十届账略中有一笔开支说明:"支海复镇初等学校用款(丙午年起丁亥年止),规银八百零八两七钱一分。"海复镇初等小学校的校舍是1908年9月建成的。在公司的第六届账略的"营造之事"中有"海复镇建造小学校舍,计六间,八月下旬开工,九月中旬落成"。④自订年谱记载,1911年"七月,……垦牧公司第一堤初等小学校"⑤如期创立。张謇

---

① 李明勋,尤世玮:《张謇全集》⑤,上海:上海辞书出版社,2012年,第28页。
② 李明勋,尤世玮:《张謇全集》⑤,上海:上海辞书出版社,2012年,第502页。
③④ 肖正德:《大生集团档案资料选编盐垦编(Ⅱ)》,南通市档案馆,张謇研究中心,2009年,第16、125页。
⑤ 李明勋,尤世玮:《张謇全集》⑧,上海:上海辞书出版社,2012年,第102页。

是本月十九日到达通海垦牧公司的,二十二日商定学校的开学日期。日记有如此记载:"定第一堤第一初等小学开学期"①,说明垦区学校开办。而这时急需教育管理人才,王康寿是最适合的人选,由此张謇特聘王康寿前来负责垦牧教育。经过十来年的努力,垦牧乡普及教育已有相当规模。根据孙模先生掌握的资料:

  民国九年(1920)垦牧乡所有国民学校都是单级学校,有建于宣统三年(1911)的第二国民学校、建于民国元年(1912)的第三国民学校、建于民国六年(1917)的第四国民学校、建于民国元年的兴培国民学校,前四所国民学校的校长都是不领薪金的王康寿。②

说明王康寿根据张謇的规划创建了垦牧乡的国民教育,后来在通海垦牧公司的七个堤,堤堤有初级小学校。通海垦牧公司的老职员邱云章就有这样的回忆:

  在每一堤建一所学校,称"垦牧小学"。在一堤西圩,一堤中圩、二堤、三堤、四堤、五堤西圩、五堤东圩、六堤、七堤都有一所小学。这些学校,除二堤的通师第二附属小学以外,均只有一个教室、一位教师,约收学生100名(也有50、60、70名的)学制四年,是初级小学。③

垦牧乡的教育成就与王康寿的尽心尽职是分不开的。他不仅开创了垦牧教育,而且义务担任了4个学校的主要领导;他不仅亲手创建和亲自管理学校,而且还编写乡土教材;他不仅自己在垦区艰苦的环境中为垦牧教育开拓作奉献,而且将其次子王凤晅(羽谷)也招到第三国民学校任教。因此,有充分的理

通海垦牧高等小学

①李明勋,尤世玮:《张謇全集》⑧,上海:上海辞书出版社,2012年,第726页。
②南通市政协学习、文史委员会:《张謇的交往世界》,北京:中国文史出版社,2011年,第136页。
③姚谦:《张謇农垦事业调查》,南京:江苏人民出版社,2000年,第101页。

由可以称他为垦牧教育的开创者，在启东市的近代史上是现代教育的拓荒者之一，他又是张謇教育救国在垦牧乡的忠实执行者。

王康寿在垦牧教育方面的突出贡献，还在于他编写了十二课垦牧乡土教材，值得一读，启发甚多，很有价值。

第一课　垦牧来历

此地本归吕四场，三百年前坍入洋。后来又复渐渐涨，补还灶户旧钱粮。头补二补分过地，三补未分案在场，地势西北东南去。

第二课　垦牧原起

光绪廿一年（1895），通州张状元，防倭来到东海边，见到芦荡数万亩，要将草地变良田。告总督，奏朝端，开公司，集资本，遂向灶户买地盘，起首即在西仓地，实为光绪廿七年（1901）。

第三课　垦牧通境工程

开手筑，公司堤，当时一片篙枝地。随后筑，三四堤，白涂滩低篙枝稀。第一堤当东北角，大洋之口风潮恶。十年两受海潮冲，石堤、板堤架工筑。

第四课　垦牧海境工程

五堤原有旧兵田，旋筑旋坍工不坚。自从并入公司股，股息同分乐万年。六七堤邻杨香圃，乙巳（光绪卅一年）之年最吃苦。新堤初成未隔年，一朝尽被潮冲破。重修加筑厚高堤，从此堤身万万古。

第五课　垦牧界越

牧圩以北界河长，东西卯酉到盐场。西邻二补陈谦六，南到中心河转湾。三堤四堤东南出，通海界河有石立。五六七堤归海境，庙田一角海复镇。若问东边未开垦，高低涂滩涨不尽。

第六课　垦牧三堤水利

公司立，新港开，吕四以东少水灾。篙枝港，出天然，初名民灶河，开阔在从前。西起石陀港，东到东海边，中贯公司地，通海利均沾。

第七课　垦牧三四堤水利

二堤前,中心河,三堤四堤竖头河,四堤西,塘蒿河,海境诸水并入多。东北仍归蒿枝港,三四堤北水晃荡。

第八课　垦牧五六七堤水利

塘芦港,小沙港,六七堤间水流东,七堤出水川流港,上流海境土地广。最好各港设闸门,咸潮不入土地壮。旱年蓄,水年放,浑潮不入开河省。

第九课　土宜

垦牧地性杂泥沙,七土三沙宜种花。粪壅只要种大草,新地须将柴草遮。春熟蚕豆胜三麦,高粱苞米亦堪夸。黄豆最能肥土地,花生番薯最宜沙。更有数种宅边种,扁豆山药及菜瓜。

第十课　自治公所

海复镇,在通海境。旧名筲箕襻,草屋八九间。廿年以来人民集,行场当铺次第设。公司出来造店房,街心宽阔多清洁。自治所,公众立,人人都要守纪律。倘有妨害公德事,巡警出来要干涉。

第十一课　学堂

佃人来,学堂开,一二三四次第排。少年子弟当先教,第一教以孝,孝顺之人百样好;第二教以勤,勤力之人百事能;第三教以俭,不要喝酒赌铜钱。能自力,乃自强,书算两事大用场。所以人家有子弟,八岁总要上学堂。

第十二课　警察

设警察,保治安。一防盗贼二防奸,人民倘有犯纪律,便能拘提到当官。尔辈须知宜守法,自尊自重得安然。

在这12篇课文中,王康寿根据张謇的《垦牧乡志》和《垦牧乡小学校歌》,将垦牧乡从历史沿革到自然环境,从水利事业到丰富的物产资源,从垦区教育到社会的自治等乡情民风,一一展现在读者的面前。课文简明扼要,短小精悍,朗朗上口,易懂易记,适宜初级小学的学生学习,不愧为乡土教材的范本,为我们编写乡土教材树立了榜样。可以说他是近代南通乡土教材编写的先驱,是以乡土教材对少年儿童进行爱乡爱国教育的先行者。

五、孝若大婚的冠礼大宾

张謇对独子孝若(怡祖)的婚礼十分重视,采用古冠婚礼,这就涉及要制订仪节,邀请冠礼大宾。这不是一般人所能胜任的。对于这个角色,张謇最终选择了师兄弟王康寿,请他拟订仪制,主持婚礼。据张謇的日记记载:"六时半起,陈设冠礼席位,九时半为怡儿行冠礼,十一时半毕。"①也就是说,民国四年(1915)十一月十三日上午九时半,王康寿负责这一庄严的仪式,站在冠礼大宾的位置,为孝若主持了长达两个小时的冠礼。在婚礼上王康寿处于一个特殊荣耀的地位,反映了两人的亲密关系。

他们之间的师兄弟友情始终如一。张謇对王康寿甚为关心,直至晚年还说到:"晋蕃亦皤然老矣。敬恭简素,有老辈之风,年时过从,樽酒谈笑。弥相亲爱,犹仿佛睹先生于侍坐时。"②

王康寿对张謇也十分崇敬,相知相识,情谊很深。民国十五年(1926)张謇逝世,他怀着悲伤的心情,为师兄写下如下挽联:

所学能达时变,给念常在民艰,环顾域中,野外忧勤竟难释;

进莫奏禹稷功,退仅为管国治,喜终牖下,平生志愿未全偿。③

王康寿的晚年并非回到故里太仓,而是结缘江海平原,在师兄的故土度过最后的岁月。

2014年3月修改稿

(感谢都樾和赵鹏先生为本文提供史料;原载于《江海春秋》,2014年,第6期)

---

① 李明勋,尤世玮:《张謇全集》⑧,上海:上海辞书出版社,2012年,第799页。
② 李明勋,尤世玮:《张謇全集》⑥,上海:上海辞书出版社,2012年,第501页。
③ 许彭年,孔容照:《张南通先生荣哀录》,上海:中华书局,1930年,张謇研究中心重印,2006年,第289–290页。

张謇与大生集团的用人之道和育才之路

1895年,中国甲午战争失败以后,张謇痛感"国非富不强,富非实业完不张"①,从而决心走上实业救国的道路。工乃实业之首,于是张謇开始了他创办大生企业的生涯。然而,创办实业除了缺少资金就是缺乏人才。清末的洋务运动三十余载,并没有为兴办大生企业造就多少可供选择的新式人才。南通又地处偏僻东南一隅,风气未开,本地更无一名工程技术人员,即使创办大生企业的"六董",科技知识也十分有限。可张謇较早地认识到:"夫世界今日之竞争,农工商业之竞争也。农工商业之竞争,学问之竞争,实践责任合群阅历能力之竞争也。"②他所说的"学问",就是科学技术,科学技术的载体就是人才,因而世界各国间的竞争归根究底是人才的竞争。人才关系到事业的发展、国家的强盛。所以他说"经营事业,首在用人",但又感叹"用人之道,又至难也"③,难在无人才可聘。在这样特殊的环境中,以张謇为首的大生资本集团的管理层,高屋建瓴,以人为本;尊重知识,尊重人才;重视科技,热衷教育;寻觅知音,善于合作;惟才是举,广纳群贤,形成了较为科学合理的人才观。

一、积极延聘国外人才

创办之初的大生企业,面临"我国人才异常缺乏"与"临时而叹才难"的困难局面,迫使企业采用"为其先者,在借异域之才"的主张,借用西方先进的科学技术,实行开放主义和拿来主义,以解决工厂生产迫切的工程技术问题。在

①曹从坡,杨桐:《张謇全集》(第3卷),南京:江苏古籍出版社,1994年,第761页。
②③曹从坡,杨桐:《张謇全集》(第4卷),南京:江苏古籍出版社,1994年,第157、151页。

1899年大生纱厂开车之前,创业人张謇聘请了英国工程师汤姆斯、机匠忒纳和玛特。一切有关机器设备和生产技术方面的大小事务,完全依赖外国的技术人才。延聘欧美的科技人员,"非优予薪金,不能罗致"①。例如汤姆斯的年薪高达5292两白银,是普通工人的二百倍以上,他人却常住上海,一个月只到工厂三四天,往来通沪间的盘川,还要由厂里支付。机匠忒纳也是如此,他年薪也在1000两以上白银,与厂里虽签订有合同,但只要机器能转动,可以数月不到厂。对他们在生活上百般伺奉,唯恐不周,特地建造小洋楼为外国专家提供食宿,伙食按英国的习惯,延请西餐厨师,专厨供应西餐和洋酒。在当时,这是没有办法的举措。

我国缺乏科技人才,大生集团兴办实业又急需人才。"为其先者,在借异域之才"②,"供吾之用","以集吾事"③,以其之长,补己之短,以推动大生资本集团各项事业的发展。

张謇感悟到:"用人一端,无论是教育实业,不但打破地方观念,并且打破国家界限,人我之别,完全没有的。只要哪个人能担任,无论中国人外国人都行。不过人情总是对于本地较亲近些,做事较切实些,这是因为爱乡土的关系,所以能在本地采取人才,是最好的事情。"④1903年4月,通州师范学校招生开学,聘请日籍教师木造高俊、吉泽嘉寿之丞来通任教。后来在该校和女子师范学校还有西谷虎二、木村忠治郎等共8名日籍教师,以应师资紧缺之急。

表1 通州师范学校早期聘请日籍教师名录

姓 名	到校日期	离校日期	教学时间
木造高俊	光绪二十九年二月 (1903年3月)	光绪二十九年五月 (1903年6月)	3个月

---

①②曹从坡,杨桐:《张謇全集》(第2卷),南京:江苏古籍出版社,1994年,第254、155-156页。
③沈家五:《张謇农商总长任期经济资料选编》,南京:南京大学出版社,1987年,第147页。
④曹从坡,杨桐:《张謇全集》(第4卷),南京:江苏古籍出版社,1994年,第207页。

续表

姓　　名	到校日期	离校日期	教学时间
吉泽嘉寿之丞携妻森田政子	光绪二十九年三月（1903年4月）	光绪三十一年十二月（1906年1月）	3年
远藤民次郎	光绪二十九年十一月（1903年12月）	光绪三十年七月（1904年8月）	8个月
木村忠治郎	光绪三十年七月（1904年8月）	宣统二年十一月（1911年1月）	6年半
宫本几次	光绪三十三年正月（1907年2月）	光绪三十四年十二月（1909年1月）	2年
照井喜三	光绪三十四年正月（1908年2月）	光绪三十四年十二月（1909年2月）	1年
西谷虎二	光绪二十九年十一月（1904年1月）	民国三年十二月（1915年1月）	11年

　　除了通州师范学校聘用日籍教师外，南通的保坍工程、通海垦牧公司的水利工程，先后聘任瑞典工程师海德生、霍尔南、施美德，英国工程师葛雷夫，荷兰的水利专家平爵内。1911年荷兰水利专家约翰斯·特来克（奈格）工程师来通，制订筑堤计划，不久去世。1914年荷兰的水利专家贝龙猛工程师来通。1916年4月，约翰斯·特来克工程师之子亨利克·特来克来通担任水利工程师。亨利克·特来克在通任职3年，工作勤奋，成绩卓著，设计施工的水槌有10条，有效控制了江岸的坍塌；修筑水闸3座，有效地控制了水患。有名的垦区遥望港九孔大闸、蒿枝港七门闸合众闸，均是他的业绩。不幸的是他传染上时疫霍乱，1919年8月17日，在赶回南通就医途中病死，时年29岁。德国作为第一次世界大战的战败国，退出在中国的租界地，张謇在购进青岛德军医院医疗器材的同时，也引进著名外科医生夏德门医学博士。1919年6月，夏德门来到了南通，医院尽可能地为他的医疗、教学和生活创造条件。此外，农校聘日本照井三郎等相继任教，唐家闸油脂厂引进德国化学博士开发以油脂为原料的新产品，同仁泰盐业公司引进日本崛田信男等三位技师生产精盐，引进法国梭尔格和瑞典安特森两博士先后来通勘探，翰墨林印书局聘请了朝鲜爱国诗人金沧江为编辑。总之，大生资本集团创办早

期,在引进西方先进技术的同时,引进了一批外国的科技人才,开展工程建设和科技开发工作,使大生企事业得以创办成功和正常运转。

大生资本集团对国外科技人才的引进并非盲目行事。大生企业创始人张謇,面对西方国家专业技术人才良莠不齐的现实,提出"有自由审择之余地"[①],权操于己,"慎选其人"[②]的原则。他利用自己出国考察之机挑选人才,通过国际友人、驻华使馆或我国驻外使馆了解和推荐人才,选择"声望素孚者"[③],即不仅技术水平优良,还要道德高尚的人才。

一旦聘任,不仅欸予优厚之待遇,舒适的生活和环境,还在平等的基础上友好交往,进行情感交流。特别是特来克去世后,不仅隆重公葬,安葬于风景区剑山南麓,又亲撰墓表,镌石纪念,还利用有人出境之机,探望其母亲。

二、大力兴学育才

聘任外籍人才,不仅费用昂贵,企业负担沉重,还在技术上受制于外人,甚至刁难发威之事也时有发生。正如张謇感叹:"下走从事纺厂者十有八年,以是为恫恫者亦十有八年矣。"[④]大生纱厂成功后,企业负责人首先考虑到要办学校,自己来培养人才,自立为上。

一是普及教育,为育才打基础。人才培养以文化为基础。办学要师资,故于1902年首先办通州师范学校。张謇将在大生6年的俸禄2万多两银子,加上亲友之助,用来建校。这是我国第一所民立中等师范学校。以后通州师范学校常年费用,由大生纱厂的红利支付,占全年红利的十三分之一。待通州师范学校有了毕业生,开始创办小学。普及教育不仅可"启民智,明公理"[⑤],提高市民素质,更是为大生集团培养自己的人才、建设自己的科技队伍提供前提。在南通一县,大生资本集团的企业和私人集资创办的小学就有300余所。小学有毕业生以后,中学有了生源,就于1906年开始,在通州创办中学。这些良好的基础教育为

---

①②③曹从坡,杨桐:《张謇全集》(第2卷),南京:江苏古籍出版社,1994年,第292、303、254页。
④⑤曹从坡,杨桐:《张謇全集》(第4卷),南京:江苏古籍出版社,1994年,第130、29页。

各种人才的培养和成长打下深厚的根基。

二是办职业教育,以满足大生集团发展中对技术工种的需求。大生资本集团有十几个工厂,另有几十个企事业单位,需要各个层次和类别的人才,除了从国内外引进外,大生集团尤其注重自主培养。从创办艺徒预教学校到女工传习所,从创办各类传习所到纺织专门学校高职班等高等职业教育,形成了与大生资本集团所需求相适应的地方职业教育体系。大生资本集团先后创办的职业教育如下:

属工业职业教育方面的有:艺徒预教学校(1906年)、南通纺织染传习所(1912年)、镀镍传习所(1913年)、通师附设测绘特班(1906年)、土木工科(1908年)、南通纺织专门学校高级纺织职业班(1932年)。

属农业职业教育方面的有:议设的农学堂、附设在通州师范学校的农科(1907年)、乙种农校(1912年)、甲种农校和农科大学(1919年);

属于商业职业教育方面的有:银行专修科(1909年)、初等商业学校(1909年)、乙种商业学校(1912年由初等商业学校改称)、南通私立甲种商业学校(1915年)。

属交通管理职业教育方面的有:巡警教练所(1909年)、交通警察养成所。

属戏剧职业教育方面的有:伶工学社(1919年)。

属医学职业教育方面的有:医学专门学校(1912年)。

属社会公益职业教育方面的有:清丈传习所(1912年)、法政讲习所(1906年)、国文专修科(1908年)、监狱学传习所(1909年)、栖留所(1916年)、济良所(1915年)、甲种师范讲习所(1903年)、单级教授练习所(1909年)、乙种小学教员讲习所(1914年)、盲哑师范传习所(1916年)。

属女子职业教育方面的有:女工传习所(1914年)、发网传习所(1920年)、保姆传习所(1913年)、女子蚕桑讲习所(1920年)。

大生资本集团和张謇创办的职业教育,有其自身的特点:从学科和层次来看,是一个多学科、多层次的建构,并形成与当地的大生企业集团相适应的职业教育体系。从其职业教育的重心来看,是以纺织教育为核心的职业教育体系。从创办的过程来看,经历了一个从初级到高级逐步发展的过程。从创办的形式来看,灵活多样,因地制宜地办学。有长期办学的正规的初、中、高职业学校,也有各种短训班,如保母传习所、发网传习所等只有两三个月;有的每年招生、长期办学,也有的只办一两期满足实业和事业需求后就结束;有的独立办校,也有不少是附设在正规的学校中。这种不拘一格的办学风格突破了旧教育的老框框。这种紧贴实业和社会的需要,与实际紧密结合的办学模式具有突出的特色。从教育内容来看,以德为先,"首重道德,次则学术"。从教学的重点来看,务求适用,重视实践和技能教育,尤重训练。

三是办高等教育,培养专业人才。为了培养自己的科技人才,大生资本集团待中学有了毕业生以后,从1912年开始,在南通创办高等教育。首先,紧靠在大生纱厂之侧建造校舍,创办纺织专门学校,自主培养纺织技术人才。该校在1916年开始有毕业生,从1921年创办大生三厂开始,全部纺织机器均由毕业生自行安装,不再依赖外籍人才。张謇为此而高兴地称:"纺织学生居然替我省了钱,又争了气,岂非天助。"①纺织专门学校历经了南通纺织大学、南通大学纺织科、南通学院纺织科,至1952年全国院系调整(迁至上海为华东纺织工学院,现东华大学。1978年南通复建纺织专科学校,1984年升为南通纺织工学院,2005年组建为南通大学),共培养了1793名纺织人才,除服务于大生资本集团外,还分别在全国主要纺织厂、纺织院校、纺织科研所及纺织管理单位供职,成为我国纺织战线的骨干力量,因而该校有"中国纺织工程师摇篮"之誉。大生集团为了给垦牧公司培养人才而创办了南通农科大学,分析土壤,改良土壤,引进美棉,改良棉种,提高产量,增加工厂原料。大量的农业科技人才服务于淮南盐垦的几十个公司。1952年全国院系调整,南通学院农科大学迁至扬州,改为苏北农学院(现扬州大学)。为满足大生资本集团内部和社会防病治病的需求,于1912年创办了医学专门学校。1952年全国院系调整时改为苏北医学院,1957年迁至苏州,

---

① 《大生系统企业史》编写组:《大生系统企业史》,南京:江苏古籍出版社,1990年,第146页。

改为苏州医学院,南通设分部,1958年改为南通医学院,现为南通大学。

总之,这些大生资本集团所创办的高等教育,不仅培养了自身发展迫切需要的多种科技人才,也为全国各地输送了不少轻纺工业、农业盐垦和医疗卫生事业急需人才,而且在我国近代教育史上开了厂办高校的先河,最早探索了产学研相结合的新理念,成为近现代教育重要的思想资源。大生资本集团所创办的教育事业,其投资之巨、数量之多、种类之全、热情之高、影响之大,是其他资本集团所不可比的。

三、外派培养与广泛引进相结合的育人之道

1.外派高校毕业生出国留学

大生资本集团对所办高校的优秀毕业者,注重进一步的培养。学校从毕业生中选派优秀者出国留学深造,鼓励回国后为大生服务。以南通纺织专门学校为例,1917年第二届毕业生开始至抗日战争全面爆发前出国留学情况列表如下:

表2 历届毕业生出国留学名单(1917—1934)

毕业时间	毕业顺序	留学生名单	留学国家	备 注
1917	第二届	张文潜(1918)、任尚武(1919)	美 国	名后为出国时间(下同)
1918	第三届	严文熙、蒋德寿(1920)	美国、英国	
1920	第五届	章以铨、钱昌时、骆景山、王文奎	英 国	
1922	第七届	孙家鼎	美 国	
1924	第九届	徐铭、曹孝萱	美国、法国	
1926	第十一届	于肇铭	美 国	
1928	第十三届	苗世循、都兴镐	英 国	
1933	第十八届	金叔平、刘冠洪、王纯伯、王培义、陈慰祖、龚述楷	日 本	
1934	第二十届	钱锺伟、高士愚、高德强(1936)	英 国	肄业
		李绍昉、朱学仁	美国、日本	肄业

这些留学人员回国后,不少人服务于大生资本集团。最突出的代表是张文潜。他1921年从美国马萨诸塞州罗威尔纺织学院毕业回国后,受聘大生一厂机械总监、大生副厂纺织部长(相当于厂长)、兼任南通学院纺织科科长,1935年回大生一厂任厂长。他不仅多次解决生产技术上的重大难关,还改进技术,开发产品,引进新型设备,推动纺织技术的进步,为大生资本集团的发展作出了重大贡献。又如办厂之初的"通董"沈敬夫,其长孙沈燕谋,年轻聪明,受资助去美国威斯康新大学学习理化,1916年学成回国,受聘到纺织专门学校任教授,接着先在大生副厂任考工长,主管生产技术方面的业务,后去大生三厂任经理等职。其他学校也如此。如农校也于1912年初,先后派王陶、于国梁、孙观澜、王志鹄等赴日、美、意、法等国留学深造,学成后回国至母校从事教学与科研工作;再如通师首届毕业生于忱(字敬之),被学校派往日本早稻田大学深造,回国后就职于通师,民国后以斋务主任的身份实际主持学校具体事务,1935年被董事会正式任命为校长。

总之,大生资本集团送出去培养的一批留学生,回国后成为中国专业技术人才,逐渐走上各种重要岗位,成为集团的中坚。

2. 广泛引进人才

大生资本集团创办早期,因紧缺人才,依仗张謇的关系,惟才是用,广纳群贤,以至在全国各地邀集了不少著名学者和社会名流来通。

从大生纱厂创办之始,张謇联络本地人才沈敬夫(燮均)、刘一山(桂馨)、陈楚涛(维镛)为六董事中的通董;又联络外省人士广东的潘鹤琴(华茂)、福建的郭茂之(勋)、浙江的樊时薰(芬)三人为沪董。后樊、陈知难而退,补上本地高清(立卿)、蒋锡绅(书葳)为董事。其中除了潘、郭俩人口是心非,不予合作外,都是大生创办的得力骨干,尤其沈敬夫作出了可贵贡献。张謇说他是"最肝胆"的人,"通纺业之兴,归功于燮均之助"。大生纱厂创办成功后,同各地有识之士,广泛联系,密切合作,发展产业和其他事业,即便是对潘、郭等人,也不计前嫌,吸纳为股东。如创办通海垦牧公司时,联合浙江进士汤寿潜、主持鹤城书院而成绩卓著的吕四场人李审之(字磐石)、任湖北农务局总理兼农务学堂监督的罗振玉(叔韫)、福建光绪举人陈孝胥等人;创办大生分厂时,联合张謇三兄张詧、崇明进士王丹揆、大生纱厂驻沪事务所所长林兰荪等人;创办农校时,从浙江聘来李敏学硕士任农科主任,从广东聘来美国威斯康亲大学研究院毕业生郭守纯硕士任牧畜科主任;又聘如皋名士沙元炳为广生油厂总理,聘扬州名医江石溪为大达内河轮船公司协理,聘刺绣艺术大师沈寿为女工传习所所长,聘著名京剧大师梅兰芳为伶工学社为名誉社长、南派京剧大师欧阳予倩为主任(实主其事),聘国学大师王国维,中国现代著名教育家、文学史家朱东润,近代著名国画大师陈师曾为通州师范学校教师,聘近现代古文字专家徐昂长期担任通师、女师国文和日文教员,聘韩国爱国诗人金沧江为翰墨林印书局编校,聘近代著名教育家方还(字唯一)为南通县女子师范学校校长;还与江西富豪周扶九联合筹办大同钱庄;等等。

大生企业不拘一格使用人才,不讲资历和学历,量才录用,人尽其才。例如大生资本集团的著名外文翻译、采购部主任、大生机器公司负责人郁芑生(原名世丰),原为浦东同昌纱厂的普通工人。他早年丧父,由其母抚养成人,读了几年私塾,因信奉天主教,有机会去海门锡类教会小学读书,也跟随神甫学英文和拉丁语。17岁前去浦东同昌纱厂谋生。业余时间攻读英文,自学成才,练得一口流利的英语。恰巧被在崇明外沙办大生分厂的张謇发现而看中,并委以重任。1906年,指派他去英国购买好华特纱锭14000枚,出色地完成对外采购任务,得到张謇的赞赏。后来成为大生机器公司的负责人。又如曾多次参加科举考试而失意的江谦,张謇不因其科场失意而加以轻视,识其才华,重其长处,延聘为通师监理,成为创办通师的重要助手。1914年,张謇不再兼任通师校长,由江谦接任这一重要职务。后来江谦升任江苏教育厅长、南京高等师范学校校长,成为著名教育家。

张謇善于识才,一贯重视培植新生力量。如近代著名建筑师孙支夏,原是为其在通州师范读书的长兄去送饭,到校后喜欢观看会计算账。一次,他竟然发现了会计轧不平的账目,纠正了会计的一笔错账,惊动了校长张謇,破例被吸收入学,成为测绘特班的学生。孙支夏不负所望,三年后以测绘特班第一名的成绩回报,又被保送土木工程科学习。毕业后派往日本考察。回国后大受重用,负责设计和建造了南京的江苏咨议局大楼,现已作为文物加以保护。南通的近代建筑,基本上均由他负责设计和施工,如濠南别业、东奥山庄、浩阳小筑、俱乐部宾馆、通如海泰总商会大厦等等。又如水利专家宋达庵(字希尚),毕业于河海工程专门学校,就职于南通保坍会。因他在遥望港九孔大闸的水利设计与施工中,配合特来克成绩突出,张謇不仅在大闸竣工庆祝会上表扬他,而且当场介绍给两县父老,并奖励三千元。此后,大生三厂聘他为工程师,完成了修筑青龙港船闸及厂用小铁路的工程。后被派往欧美学习和考察水利工程。临行时,大生资本集团创始人亲自送行,并嘱咐他,考察各国水利,务须悉心研究,彻底探讨,取人之长,补我之短。宋学成回国,又在更俗剧场召开盛大欢迎会。再如年轻的江知源(导岷),从学校毕业来通海垦牧公司后,公司大胆培养、重用。经过长期锻炼,江知源实际主持了该公司的日常业务,成为垦牧事业的中坚人物。

总之,大生企业从创办开始,就联络一批有识之士共同创业,创业成功以后,又注重吸收国内外的人才发展各项事业,进行二次创业,使大生不断发展。短短的二三十年,南通从一个封闭落后的自给自足的农业小县小城,一跃而成为近代工业的重要基地,创造出中国早期现代化的"南通模式",是因为有一支高素质的人才队伍的支撑。

(原载于《中国近代两大民营企业集团比较研究》,北京:红旗出版社,2008年)

社会篇

蕭会址

张謇推动南通社会的转型

社会的转型是指社会生活的各个领域各个层面发生整体性的变革,包括社会政治结构、经济结构的变化和文化的变迁。从封建的古代农耕社会向工业化的近代社会转变,涉及政权性质、政治制度、生产方式、经济制度、文化制度等发生一系列的根本性的变革。

古代南通是典型的封建专制制度统治下的农耕社会。南通在清代称通州,民国后撤州建县,成为南通县。南通原为长江口海域,由于泥沙沉积,自西北向东南逐步延伸而形成陆地,成为土地肥沃的冲积平原。显德五年(958),后周军队夺得了南唐的静海,设置静海军,不久又升为州,取名通州。通州为直隶州,州治在通州城。通州城就是该地的政治、经济中心。通州地处长江三角洲的平原水网地带,濒江临海,气候温润,环境优越,物产丰富,从清代以来,人口由333659人不断增加至1909年的1479747人[①],在封建专制制度统治下,以农业生产为主,辅之以家庭手工业和沿海盐渔业生产,属于典型的自给自足的自然经济。当时的人们还不知道工厂为何物,根本谈不上有现代工业。通州向来是传统的农耕社会。

一、张謇创办大生纱厂,开始了南通社会的转型

南通社会的转型是在19世纪末20世纪初从张謇办工厂开始的。中国在甲午战争中的失败,丧权辱国的《马关条约》的签订,严重的民族危机深深地刺伤了中国知识分子群体的民族感情,在救亡图存的思潮中新科状元张謇就是其中

①②南通地方志编纂委员会:《南通市志》,上海:上海社会科学院出版社,2000年,第193页。

一个代表性的人物。在两江总督张之洞令他总理通海商务的授意下,张謇"为通州民生计,亦即为国家利源计"①,毅然在家乡办厂,走上实业救国、教育救国的道路,为通州社会注入了新的生产力。通州社会的转型开始于经济结构的改变。

1. 通州经济结构的变化

1895 年,张謇冒着"舍身饲虎"的风险开始筹办大生纱厂,战胜重重困难,终于 1899 年开机生产。大生纱厂机器的隆隆轰鸣声打破了江海平原的宁静,工厂的汽笛声改变了日出而作、日落而息的农耕生活。成千的农民离开土地,走进工厂,改变了身份,在现代化机器大生产的训练中,成为第一代产业工人。大生纱厂连年赢利,刺激了股东们的欲望,又办起了大生分厂,以及与纺织厂相配套的一系列企业,产生了一个产品循环生产和生产废弃物再利用的产业链,工业经济得到持续增长。从 1901 年开始,张謇又投资盐垦事业,实现跨行业发展。这个时期共创办了 22 个企业,逐步形成大生资本集团,投资金额总数高达 340 万两。其中纱厂 200 万两,重工业 22 万多两,其他工业企业 45 万多两,交通运输业 26 万多两,农垦企业近 31 万两,盐业 15 万两。②新兴的现代工业成为地方支柱产业,改变了农耕社会的面貌,引起了社会经济结构的一系列变化。

现代化大生产促进了通州家庭手工业的发展。大型纱厂的创办,不但没有挤垮农村家庭土布手工业,而且与家庭土布手工业巧妙地相结合。手工业织户生产的土布,原来以自己种植的棉花为原料,加工皮绵后自己手工纺成纱,然后以土纱织成土布再销售。大生纱厂开机出产棉纱后,织户改为以机纱为原料,织成的土布成本低,质量好,效益高,销路更好;对工厂而言,不但生产有了原料,而且生产的产品又以土布业为市场,当地销售,成本低,周转快,效益好,利润当然高。这种现代企业与农村手工业的结合,可谓互助互利,获得双赢。传统的通州土布手工业,不但没有被现代工业所取代,相反地获得了更好的发展。这是张謇创办大生纱厂成功的重要经验之一,也是南通早期现代化模式的特色之一。

---

① 李明勋,尤世玮:《张謇全集》⑤,上海:上海辞书出版社,2012 年,第 7 页。
② 《大生系统企业史》编写组:《大生系统企业史》,南京:江苏古籍出版社,1990 年,第 36 页。

这些农村手工业虽然分散,但与现代化的机器大生产和大市场紧密地联系在一起,与传统的土纱土布手工业又有了不同的性质。这是通州农村经济结构产生的重要变化之一。农村经济结构变化之二,就是农产品的商品化程度有了提高,促进了农村经济的发展。过去生产的棉花,用来纺土纱,织土布,除自给自足外,还自产自销。自从大生纱厂开机后,棉田扩大。据统计,南通农田共368.41万亩①,作为经济作物的棉田有150万亩左右②,为全县农田的40.7%。农村生产的棉花不再只是满足家庭自产自销,而是作为商品出售给纱厂作为原料,纱厂生产的机纱又出售给农村织户,织户生产土布,土布作为商品由商人收购后营销外地。由此促进了商品的流通,增加了农村商品经济的成分,活跃了农村的市场。可见现代工业企业将农村的家庭手工业联系起来,形成了一个产业链,发展商品生产,扩大农村现代经济的成分,尤其是沿海盐垦事业的成功,增加了工厂的原料基地和现代农业经济的成分,增强了近代社会的经济基础。

现代工业的出现是经济结构发生变化的决定性因素。

2.通州社会政治结构的变化

南通的社会转型,由经济结构的改变动摇了传统的政治基础。南通社会的传统势力,在创办大生纱厂初期还是十分顽固的,以通州知州汪树堂为首,曾制造种种障碍,加上张謇等人创办的盐垦事业直接影响到盐官的利益,他们便制造矛盾,挑起事端,企图扼杀新兴生产力。是因为张謇的意志和毅力,大生纱厂的创办才得以克服重重困难而获得成功。随着现代经济的发生与发展,经济实力不断加强,以张謇为代表的新兴的民主资产阶级对南通社会的政治影响也越来越大。

清末,在全国要求变法维新思潮的冲击下,在宪运动的推动下,清廷为了维护摇摇欲坠的统治,被迫表示改革,支持地方自治,同意宪政,召开国会,实行所谓的"新政"。近代民族工业的发生与发展,产生了新的生产关系,为近代社会奠定了一定的经济基础。根据马克思主义的基本原理,经济基础决定上层建筑。有什么样的经济基础,就要有相应的上层建筑与其相适应。张謇代表了民族资产

①②南通地方志编纂委员会:《南通市志》,上海:上海社会科学院出版社,2000年,第162、1183页。

阶级的上层,要求改变阻碍生产力发展的,不适应新的生产关系的上层建筑——清王朝的专制统治。在张謇的积极推动下江苏成立了咨议局,在倡导地方自治的同时,领导全国立宪运动,以他的影响和经济实力在家乡通州践行地方自治活动。"光绪三十四年(1908年)十月,通州地方自治公所成立。"[①]早在是年四月,设立调查选举局。七月八日,由州区选出议事会议员30人,二十日,由知州及议事会选出董事会会员9人。十月一日,通州地方自治会成立,下设有户籍、财务、工务、警务等课。成立后的自治会陆续筹办测绘局、法政讲习所、自治研究所、宣讲练习所、调查户口事务所、清查公款公产事务所,办理咨议局调查选举、筹办市乡议事会的选举等。虽然通州这个地方在政治上仍然处于封建专制制度的统治之下,但是已经注入了许多近代民主政治的因素,浓厚的民主政治氛围冲击着专制独裁的政权,社会政治结构正在发生重大的变化,为社会转型准备了必要的条件。

3.通州社会文化的变迁

现代教育的创办促进了思想文化的变迁,进而引发文化结构的改变。

光绪二十八年(1902),从张謇创办我国第一所民立师范学校开始,通州有了现代教育。随着学生毕业,有了师资来源,小学教育陆续创办。光绪三十一年(1905),张謇又创办了通州女子师范学校,为开展普及小学教育创造了条件。宣统元年(1909),五属中学开学,职业教育兴起,西方先进的文化科技知识冲击着传统的文化。光绪三十三年(1907),《星报》的创办标志着通州有了近代的新闻媒体,它是张謇兄弟的舆论工具。张謇以立宪运动领袖的姿态出现在政治舞台上,也想在家乡抢先建立一个宪政的雏型来扩大政治影响力,所以《星报》的主要任务是预备立宪,宣传自治。这些政治宣传冲击着封建的政治理念。

总之,辛亥革命之前,从张謇创办大生纱厂开始,经过15年的努力奋斗,通州的早期现代化取得了令人瞩目的成就,这些政治的、经济的、思想文化等方面

[①] 佚名:《南通地方自治十九年之成绩》,南通:翰墨林印书局(张謇研究中心重印),2003年,第163页。

的成就,孕育着近代社会的新芽,改变着通州的社会面貌,为近代社会的成功转型准备了良好的条件,奠定了厚重的基础。

二、张謇策划通州的光复,推动南通社会的成功转型

1. 通州的光复

通州的光复与张謇有着密切的关系。张謇于宣统三年(1911)10月10日晚离开武汉,登船东下时,目睹了武昌起义的火光,当时心情十分焦虑,一路停靠安庆、南京、苏州、上海,面见军政要员,力劝他们敦促清廷立宪,挽回局势,但均未有行动。当10月18日听说清廷要请西方国家派兵镇压义军时,张謇十分震惊,以江苏咨议局之名致电各省咨议局,其中说到当局到了"是政府已代朝廷置国家于度外"的地步。说明他寄朝廷立宪的希望已经破灭,开始转向共和,接着致函某些要员请他们站到共和立场上来。半个月后,东南各省纷纷宣告独立,促使他明确地转到支持共和国体上来。在这种形势下,张謇必然关心家乡通州的光复,也开始采取行动。他来往于通州和上海之间,与上海的陈其美早有往来。陈其美在吴淞光复后,派水师参将许宏恩来通州活动。许宏恩曾在数年前担任狼山镇右营游击,通过人事关系,在狼山镇清军内进行游说,劝导他们认清形势,不再抵抗。许又与通州进士孙宝书有旧谊,来通就住在孙宝书之弟宝珩的家中。许宏恩又通过孙宝书联系上了张謇弟兄,更多地由张詧出面,连续数天,几经接触,三方对光复问题进行谈判。谈判结束于11月7日。孙宝书亲自前往大生纱厂公事厅向张謇汇报,对方作了决定性的交代,遂有11月8日晚,许宏恩带兵乘"掣电"兵舰来通,民众前往港口欢迎。张謇在这一天的日记中记有"国民军有令许游击带'策电'(即掣电)来通之说"[①]。在张謇自订年谱中说到这一天"国民军令兵舰运兵至通,通与之约,毋扰地方"[②]。早在许宏恩带兵来通前,驻守在通州的狼山总兵张士翰,经孙宝书、宝珩弟兄约请至家中相劝,请其看清形势,归顺为佳,免使地方遭受战争之祸,也不必为清廷陪葬,还可获廉饷和回籍

---

①② 李明勋,尤世玮:《张謇全集》⑧,上海:上海辞书出版社,2012年,第729、1029页。

川资。所以年近古稀的张士翰未予抵抗。队伍到达东大街的总兵衙门时,张士翰已从衙门迁出,寄居大保家巷陆宅。通州就如此未动一枪一炮和平光复。

2. 通州政权的更迭

许宏恩带兵进入总兵衙门后,随即宣布光复仪式,当场推翻总兵公案,表示结束了清王朝在通州的统治。第二天,即11月9日以军政分府的名义发布布告,宣布通州光复的同时,成立军政分府,当天在柳家巷总商会举行各界推举形式,成立新的政权,军政分府下设总司令处、民政处、军政处、财政处、司法处。分别选出张謇为总司令长,孙宝书为民政长,许宏恩为军政长,张有采为司法长,刘一山为财政长。军政处在原总兵衙门办公,司法处在原州府衙门办公,其他三个处均在柳家巷的商会办公。总司令长张謇、财政长刘一山均是通州商会的正副会长,孙宝书这个民政长是知识界人士,"有职无权,一切听总司令长发号施令,日常不过例行而已。他也许觉得做不了主,又无事可做,就职3个多月,便藉口出席在苏州召开的江苏临时议会,索性把民政处长交出,由张謇兼代了事"①。商会原为民间的协调机构,而张謇赋予其广泛的经济和社会职能,使其在地方自治中发挥了重要作用,在辛亥革命中又一度实际取代了地方政权。从新政权的组织机构和成员来看,人员大换血,除了个别如知州因不反对和平光复而选为司法长以外,其他成员主要是城乡绅商领袖和特多的知识分子,包括退伍新军、军校在籍人物以及部分学校教师②。商会占了主导的地位。而那些"城区老辈绅董全被排斥,科举门第也顿降身价,像晚清盛极一时的世家大族顾姓,连一个都不见于那些新组织的名单上"。②说明新政权替代了旧政权,政治中心由原来的州衙转到了柳家巷的总商会办事处。

3. 南通社会的成功转型

南京临时政府建立以后,南通社会的政治生活、经济发展、文化思想等方面的结构发生了根本的变化,南通一度成为一个典型的近代社会。

(1)南通地方代议制的形成。

---

①②管劲丞:《辛亥通州光复始末记》,载文史资料研究委员会编《文史资料选辑》(第1辑),政协南通市委员会,1981年,第76、72-73页。

民国元年(1912)二三月间,通州筹备选举,将原 21 个自治区并为 7 个选区。张謇被选为国会议员,张詧、孙儆、刘桂馨、习艮枢、施述之等 5 人被选为省议员。同年 9 月,于贡院成立议事会,于振声为议长,邢启才为副议长。① 12 月,废州建县,通州改为南通县,宣布撤销南通军政分府,民政分府改称县公署,设县知事。至此,南通光复后建立了县行政、议会等机构。1908 年成立的自治公所和地方自治会也宣告结束。会所的房屋、器具及各项办事成案,造具清册并备文交县议会接收办理。②新成立的县议事会举行第一届常年会,先由推定的议员拟订县议会议事规则及旁听规则,造具草案,交由会期中开会公决。议会第一次会议提交的议案如下:

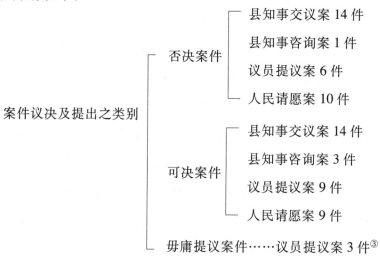

议会公决结果为:可决案 35 件,否决案 31 件,毋庸提议案 3 件。从中可见:一是人民可以直接提出请愿案件,而且可以旁听议会议决过程;二是县知事的权力受到约束和限制,提出的 24 件提案中只有 14 件通过,其他十多件被否决。这些在封建专制制度下是不可能发生的。

县以下的 21 个市乡的行政机构也分别建立议事会和参事会,完成了基层

---

① 管长江:《南通市政府志》,北京:中国社会科学出版社,1993 年,第 56 页。
②③ 佚名:《南通地方自治十九年之成绩》,南通:翰墨林印书局(张謇研究中心重印),2003 年,第 164、169 页。

政权的建设。辛亥革命促成南通政权的更迭,建立起代议制的地方政权,成为南通社会成功转型的决定性因素。

(2)南通现代经济成为社会的强大支柱。

南京临时政府成立后颁布了一系列法令、法规,旨在全面推进国家现代化步伐。在发展工、农、商业方面,临时政府为了振兴民族工业,推动发起了"中华民国工业建设会"。该会章程规定了征集专家、研讨技术、筹集资金、建立机构、通报信息、创办刊物、推荐人才、保护国货等八项办法。临时政府对于有利国计民生的工矿企业的开办申请,立即予以批准。实业部还制定了商业注册章程,革除苛捐杂税,保护商家利益。在这样的环境下,加上西方国家忙于第一次世界大战,放松了对中国的侵略,南通的经济社会发展出现了新的热潮。张謇雄心勃勃,计划以南通为中心,在苏北平原创办8个大型纺织企业,除了大生一厂、二厂之外,还在海门常乐办大生三厂、四甲坝办大生四厂、天生港办大生五厂、东台办大生六厂、南通城南江家桥办八厂等。当时的南通,已有以现代化工业为主的大生集团。大生集团又是全国最大的民营集团,因而南通的经济实力已相当雄厚。同时,南通已有一个配套的产业链。在张謇棉铁主义的指导下,轻工业有纺织企业,重工业有资生铁冶厂,食品加工业有面粉厂、罐洁公司,交通运输业有公路、航运、港口、码头等,形成地方性的工业体系。另外,还有现代农业企业通海垦牧公司,以及与现代工业相联系的手工业。这是南通新的发展时期,也是大生集团的黄金时期,其生产规模进一步扩大,企业利润大幅度提高。以民国二年(1913)为例,见下表。

民国二年(1913)大生集团工业企业盈利统计表　　　　　单位:两

企业	利润	企业	利润
大生纱厂	302 291.972	大达轮步公司	缺
广生油厂	20 300	泽生水利公司	3 036
翰墨林印书局	1 554.31	颐生酿造公司	1 507.07
大达内河轮船公司	-4 528.598	资生铁厂	1 719.182

续表

企业	利润	企业	利润
同仁泰盐业公司	10 419.589	资生冶厂	796
大生分厂	297 939.735	大中通运公司	2 322
阜生蚕桑染织公司	3 923.905	复兴面粉公司	71 023.416
小计	631 900.913	小计	80 403.668
合计	712 304.581		

根据《南通地方自治十九年之成绩》一书有关数据统计。

(3)南通现代文化教育事业的繁荣。

一个社会的文化事业是以教育事业为基础的。辛亥革命后南通社会的变迁尤其突出地反映在全县教育事业的发展上。民国元年(1912),张謇创办了医学专门学校、纺织专门学校等。据民国二年(1913)的统计,全县初等小学有215所、高等小学有10所,中等学校有南通师范、女子师范、农校、公立中学、商校、银行专修学校等近10所,高等学校除医校、纺校外,还有国文专修科。另外,张謇还根据实业和事业发展的需要创办各类各级职业教育,形成了完整的南通地方性教育体系。辛亥革命后,全县还组织了教育会,教育分会普及21个市乡中的16个市乡[1],近80%的市乡有了教育的组织,反映了南通当时教育发达的程度。

辛亥革命后,南通的新闻媒体空前活跃,原来的《星报》停刊,在它的基础上于民国元年(1912)3月创办了《通报》,每周两次,每次一大张。民国二年(1913)3月,又出版了《通海新报》。民国三年(1914),《新通报》创刊。以后还有《南通新报》《紫琅声报》《公园日报》等陆续创办[2],通过全县各市、乡的阅报社在社会上广泛传播信息,改变了传统社会的闭塞状态。

社会文化设施方面,除了原有的博物苑、测候所、阅报社等以外,辛亥革命以后的社会文化事业又有了较大的发展。民国元年(1912)张謇创建南通图书

[1]佚名:《南通地方自治十九年之成绩》,南通:翰墨林印书局(张謇研究中心重印),2003年,第130页。
[2]管劲丞:《南通报刊史料》,载文史资料研究委员会编《文史资料选辑》(第3辑),政协南通市委员会,1983年,第12—18页。

馆,民国二年(1913)着手筹建军山气象台,民国三年(1914)成立通俗教育馆、妇女宣讲会。后来还建有伶工学社、更俗剧场等文化机构。从宋代以来,茶馆、说书场是传统社会最重要的大众文化娱乐场所,而南通社会的文化结构已发生了根本性变化,现代的文化设施得到不断丰富和发展,成为南通的主流文化。

(4)南通社会风尚发生重大变化。

辛亥革命以后,南通社会上原有的一些旧规陋俗也得到了变革,新政权明令禁止。过去,通州文武衙门对于辖属的下级和一般工商业户、劳动人民,甚至对僧、道、医生,都要通过各种形式,进行朘削和需索,随着总兵衙门设置的革除,这一陋规也被废止。文官衙门各式陋规,由总司令处函知司法长,严饬衙门上下人,凡与民间买卖,不得再有提差勒价情事。然而就是这个司法处发生了差价购买草薪,只付了市价的十分之一之事。经报纸揭发而禁止。另外,新政权出示禁革办差陋习。过去官府、社会有重大活动,各行各业一律办差,有的还对同行进行勒索。同年,同样颁发布告禁止借名勒索和强迫各户办差,而且开列各项:"供祭祀的牺牲牛、猪、羊,香案和照明用的香烛、燔柴,以及铺设搭盖需要的竹、木、芦席之类,均需出价购备,凡彩排、板厂的搭架,均出租金塔工,凡脚夫、轿工、吹炮手等,均按工价。"[1]虽然也有人阳奉阴违,但基本上不当差了。

废除"大人""老爷"的称呼,一律改称"先生";废除叩首跪拜礼仪,改为鞠躬敬礼;废止迎神赛会,仅保留城隍会;废除学校体罚,朔望不竭圣;废除女子缠足,再次重申禁令;"废除僧官、道官、医官、阴阳官等四土官。废除迎春、迎喜神、迎霜降。废除求雨、求晴,救护日月蚀讲约。废除每天放醒更炮,头炮、二炮。废除刑仗,改斩绞为枪毙,俗名炮打心。废止入节孝祠,上乡谥和孝子匾"[2]。民国十年(1921),城内三衙墩曾发生黄姓的儿子病故,他的16岁未婚妻做了望门寡,竟到黄家抱牌位做亲,引起社会不满,报纸写了许多评论加以抨击。说明封

---

[1] 管劲丞:《通州辛亥光复后革除陋规》,载文史资料研究委员会编《文史资料选辑》(第1辑),政协南通市委员会,1981,第97页。

[2] 徐海萍:《辛亥革命后封建制度的改革》,载文史资料研究委员会编《文史资料选辑》(第1辑),政协南通市委员会,1981年,第98页。

建传统的陋习已经没有市场。

辛亥革命是南通社会成功转型的关键。摧毁了象征封建专制制度的政权机构——通州知州衙门和狼山总兵衙门,代之以军政分府和后来的县知事公署及议事会。议事会带有地方性议会的性质。早已改变着社会经济结构的大生集团迎来了更加有利的发展机遇。

三、南通社会转型的特点

1. 南通社会的转型是和平转变

在辛亥革命的大潮下,张謇凭借强有力的政治影响力和经济实力,通过和平谈判的工作,未发一枪一炮,实现了南通政权的更迭。

2. 南通社会的转型以强大的民营经济为基础

清末,在张謇实业救国思想指导下,以棉铁主义的主张,发展民营经济,已建立起一个以纺织工业为核心的地方性工业体系,在经济中占有指导性地位。新兴的生产力冲破了旧的生产关系的束缚,建立起崭新的生产关系。这个新的经济基础在客观上要求有新的上层建筑来加以保护。这是水到渠成的事。

3. 南通社会的转型带动了农村经济的发展

近代社会的转型通常以农村破产为前提,但南通社会的转型却不但没有促使农村经济破产,相反推动了农村经济的繁荣和发展。工业与农业互动发展,现代化的大生产与手工业相结合,这些都促进了经济的发展。

近代南通社会早期现代化被史学界誉为"南通模式"。

四、结束语

经济是一个社会的基础,张謇创办的大生集团是南通社会转型的基本条件。政权性质是社会性质的重要标志,地方政权掌握在谁手里,代表什么人的利益,是地方社会性质的决定性因素。尤其是中国这样一个东方大国,在封建性的军阀割据局面下,处于政治经济发展的不平衡状态,一个地方出现新的社会形态,存在客观的可能性。近代南通社会模式就是这样的一个典型。南通社会性质转变尽管是短暂的,但也是一道新的可喜的曙光,给予人们信心和希望。

随着辛亥革命的失败,袁世凯的篡权和复辟,军阀的混战和割据,南通议会很快消亡,地方政权发生质变,南通社会随之发生了倒退。以张謇为首的南通民族资产阶级社会力量,被迫再次筹建自治会。民国九年(1920)10月,南通自治会50名会员召开首次会议,公推邢演初为临时主席,选举产生以张謇之子张孝若为首的,包括邢启才、于敬之、薛郢生、高安九、曹勋阁、张孝卿等在内的理事7人,张孝若为主任理事,办理地方自治事宜。[①]民国十一年(1922)以后,大生集团进入困境,迅速衰败,由银团接管。民国十五年(1926),随着张謇的逝世,一时兴旺发达的南通如昙花一现。直到新中国成立后,进入新民主主义的社会,才真正实现了社会的成功转型。

话说回来,张謇为南通社会转型所作的努力,为南通社会的进步和发展奠定了良好的基础,直接或间接地提供了条件,尤其是他的精神财富会产生深远的影响。从历史的视角来看,张謇功不可没!

(原载《张謇复兴中华的认识与实践》,苏州:苏州大学出版社,2014年)

---

① 管长江:《南通市政府志》,北京:中国社会科学出版社,1993年,第57页。

张謇所创全国之最考

清末状元张謇,在中国传统文化的基础上,汲取外来文化的精华,以敢为人先的开拓创新精神,在家乡展开教育救国、实业救国的实践。在强烈的爱国爱民情愫的驱动下,"他独立开辟了无数新路,做了三十年的开路先锋,养活了几百万人,造福一方,而影响及于全国"①。张謇勇于开拓,敢于创新,开创了许多前人所未有的事业,有许多位于全国第一,实属全国之最。吴良镛等国内外许多专家对此进行了论证。这对于传承和弘扬张謇的开拓创新精神,有着深刻的理论意义、深远的历史意义和重大的现实意义。然而多年来,学术界的浮躁现象十分严重,张謇研究领域也难免不受其影响。其表现之一,就是对张謇所创全国之最的评判,不加论证,随意下断论,轻率地罗列出张謇所创办的许多个全国之最。在第二届张謇国际学术研讨会期间,《中华工商时报》就有题为《张謇创造的"全国之最"》的专题报道,其中说:

> 通州师范学校(1902年),中国最早的师范学校;通州女子师范学校(1905年),中国第一所女子师范学校;南通博物苑(1905年),中国人自己创办的第一座博物馆;南通纺织专科学校(1912年),中国第一所纺织专科大学、第一所厂办大学;通州第一幼稚园(1913年),我国最早幼稚园;女红传习所(1914年),我国第一所刺绣技术学校;河海工程专门学校(1914年),我国第一所水利工程高等学校;军山气象台(1914年),中国人创办的第一座气象台;盲哑师范传习所(1917年),开中国盲哑教育先河;盲哑学校(1917年),中国人自己创办的第一所盲哑学

① 张孝若:《南通张季直先生传记》,上海:中华书局,1930年,第3页。

校;伶工学社(1919年),第一所以正规教育培养京剧人才的学校;《雪宧绣谱》(1920年),第一部系统总结刺绣艺术的专著;大生机器纺织厂股票(1897年),中国最早的股票;通海垦牧公司(1901年),采用股份形式集资创办的首家近代农业企业;同仁泰盐业总公司(1903年),中国盐政改革的试点;大达轮步公司、十六铺码头(1905年),长江航行史上第一家民营企业;南通港闸公路(1906年),中国最早的民族资本公路之一;美国南通绣织分局(1920年),中国早期民本的海外机构;大生三厂至青龙港轻便铁路(1921年),中国最早的民营企业自办铁路。①

中央电视台、南通电视台制作的历史人物传记片《张謇》中,也在其最后公布了这些全国之最。由此传播开来,常常应用于领导讲话、学术著作、学术论文之中。事实上,这些全国之最,有不少是由于一些人缺乏严谨的治学态度,主观臆断,产生的错误;以后人们又以讹传讹,令有些论文和专著酿成败笔和硬伤,造成了不良影响。其后果正如《红楼梦》一书中所说的"假作真时真亦假",弄得真假难分,造成了极大的混乱,同时也损害了学术研究的形象,败坏了学风和文风。笔者认为,确有必要进行认真清理,以正视听;并通过清理,扫除草率、浮躁的现象,端正我们的学术研究态度。因此,不揣冒昧,对以上罗列的许多全国第一的材料和经眼的有关书籍报刊所提及的全国之最,进行了一番梳理,结果发现大概可以分成以下三种情况:

一、已经通过学者论证,业内已认可为全国第一

1.南通是"中国近代第一城"

这是中国城市规划与设计大师吴良镛院士于2003年加以精心论证的。在他的著名论文《张謇与南通"中国近代第一城"》中得出的结论是"张謇先生经营南通堪称'中国近代第一城'"。是年6月,该论断在南通举办的由全国建筑规划和设计专家参加的"'中国近代第一城'学术研讨会"上得到认可。后吴良镛院士

①张謇:《中华工商时报》,1995年8月29日,第六版(专题报道)。

于2006年出版了《张謇与南通"中国近代第一城"》①的专著。从此,它成为南通城市亮丽的品牌。

2. 南通博物苑是中国人自己创办的第一个博物馆

国家文物局原局长吕济民研究馆员对南通博物苑有这样一段文字说明:"南通博物苑是中国第一个博物馆,这是我国文化界和社会各界经多次论证决定的,并取得国际博物馆界的认同。1956年中华人民共和文化部召开第一次全国博物馆工作会议,正式提出'中国第一个公共博物馆要算张謇办的南通博物苑',得到会议代表和文化部的认可。"②从此,《中国大百科全书》《中国博物馆志》都确认南通博物苑为中华第一馆,中国博物馆事业从南通开始。

张謇创办的全国第一个博物馆

3. 通州师范学校是中国第一所民立师范学校

这是张謇当年就已明确了的。张謇打算通州自立师范学校时,"适湖南、湖北、直隶先后有师范学校之议"③,所以张謇明确指出:"夫中国之师范学校,自光绪二十八年(1902)年始,民间自立师范学校自通州始。"④也就是说民立师范是从南通开始的。我们有时称南通师范学校是"中国第一所师范学校",可以说是打的"擦边球",严格意义上不能这样说。有人将其放大,说"只有到了张謇,首创师范"⑤,这是违背历史真实性的。事实上,在张謇创办南通师范教育的六年前,即1896年,盛宣怀创办的南洋公学(交通大学前身)就设立了师范院。南洋公学当时设置有师范院、外院、中院和上院等四院,"此为我国师范教育的开端"⑥。师

---

① 吴良镛:《张謇与南通"中国近代第一城"》,北京:中国建筑工业出版社,2006年,第1页。
② 吕济民:《张謇创办中国第一个博物馆》,载《文史知识》,2003(8)。
③④ 曹从坡、杨桐:《张謇全集》(第4卷),南京:江苏古籍出版社,1994年,第12、16页。
⑤ 卜贵林:《张謇与中国教育近代化思想》,载《教育研究》,1992(9)。
⑥ 宋荐戈:《中华近代通鉴(教育卷)》,北京:中国广播电视出版社,2000年,第104页。

范教育并非张謇的首创。还有人进一步夸大,将张謇拔高为中国教育体制两次重大改革者之一:第一次是孔子开创"私学",打破了"学在官府"的"官学";第二次就是张謇"首创师范学校","实现中国教育现代化变革的突破点"①。张謇因而成为与孔子齐名的教育改革家。这种无限制的拔高不是学术研究应有的严肃态度,而是在吹肥皂泡,是不可取的。

4. 伶工学社是中国第一所戏曲学校

伶工学社表门

根据《江苏话剧百年大事记》的记载,在1919年创办伶工学社之前,我国未有戏剧、艺术类的学校。后来田汉任校长的上海艺术大学,那是1927年创办的艺术学校;田汉创办的南国艺术学院,那就更迟了,是1928年的事。当年张謇就说伶工学社"为全国之导线也"。戏剧大师梅兰芳在回忆文章中说,在那时的南方,伶工学社"是开风气之先,唯一的一个训练戏曲人才的学校"②。这一观点,后来被学术界认可而广泛应用。如《中国近代音乐史简述》中说,张謇"创办'伶工学社',成为我国近代建立的第一个专业戏曲、音乐教育机构";又说,"伶工学社创办于1919年。张謇自任董事长,……成为我国近代第一个专业戏曲学校"。③这说明伶工学社被戏剧界公认为我国第一所戏曲院校。

5. 南通纺织专门学校是全国第一所纺织高等学校

笔者为此专门作过论证。中国最早的纺织教育院校是创办于1897年的浙江蚕学馆。它开创了我国近代纺织教育的先河,在纺织教育史上有其特殊的地

---

① 黄志良:《中国近代垦牧第一滩——张謇的实践研究》,南京:河海大学出版社,2010年,第170页。
② 肖正德:《张謇所创事业概览》,南通:张謇研究中心,2000年,第283–284页。
③ 刘再生:《中国近代音乐史简述》,北京:人民音乐出版社,2009年,第48页。

纺织专门学校教室

位。但它并非是一所高等纺织院校,蚕学馆直到 1955 年并入杭州工业学校时,还只是中等专业学校,所以蚕学馆不能称为全国最早的高等纺织院校。北京工业专门学校,它的前身是京师高等实业学堂,于 1912 年改组而成,当时该校设有机织科。北京工业专门学校虽然是一所高等院校,开设有机织科,但该校不以纺织为主,机织仅是它的一个系科,它还设有机械、电气、应用化工等系科,因此它也并非是一所独立设置的纺织高等院校。而 1912 年张謇创办的南通纺织专门学校,张謇于 1924 年在《致美国政府请求以退还庚子赔款酌拨补助南通文化教育事业基金意见书》中就提到:"纺纱须纺织专门人才,又设立纺织学校,此校为全国所仅有。"①1918 年 8 月 25 日美国《新贝德福周日标准报》上发表的《中国棉纺织厂寻求美国机器》一文中,对南通纺织专门学校就有评论:"在整个广阔的中华帝国,它是唯一的纺织院校。"②由此可以认定,张謇创办的南通纺织专门学校是具有国际影响的全国最早的纺织高等院校。

6. 通海垦牧公司是全国第一个农业股份制企业

上海市档案馆出版的《旧中国的股份制(1868—1949)》一书,列举"清末国内部分有代表性的股份制企业"③中有工业、银行、图书业等企业,但没有农业企业。这说明在现有档案中未发现有农业股份制公司。以往仅有以私资或合伙小型围垦沙滩的情况,而如张謇那样以公司制的形式投入大量的资金,进行大

---

① 曹从坡,杨桐:《张謇全集》(第 4 卷),南京:江苏古籍出版社,1994 年,第 405-406 页。
② 赵明远,李宜群:《1918 美国报纸对南通纺织专门学校的长篇报导》,载《南通工学院学报(社会科学版)》,2002(3)。
③ 上海市档案馆:《旧中国的股份制》,北京:中国档案出版社,1996 年,第 12 页。

通海垦牧公司开垦

规模的垦牧是从未有过的。张謇开始将西方的企业制度应用到垦牧方面,建立了农业股份制企业,并取得成功后,人们才纷纷仿效,形成了垦牧高潮。通海垦牧公司是全国第一个农业股份制企业为专家所公认。清华大学陈争平教授在论文中说,通海垦牧公司这个"中国有史以来第一家新型农业公司终于办成,其股东中有富商、地主、官僚,也有企业法人"[①]。重庆出版社出版的《中国走向近代化的里程碑》一书中,也明确它是"第一家近代农业企业"。

7.大生企业集团为中国最早的民营资本集团

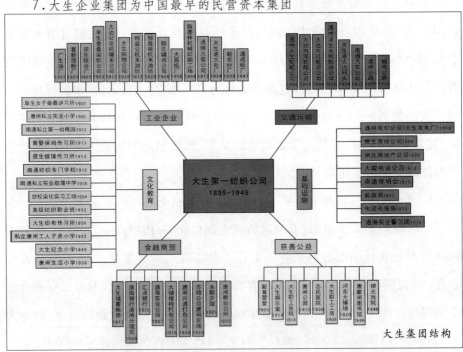

大生集团结构

---

①陈争平:《张謇的苏北盐垦事业:"公司+农户"的创举》,载张謇研究中心编《张謇研究年刊(2007)》,第281页。

根据陈争平教授的观点,1901年张謇创办通海垦牧公司,标志着大生纺织企业的跨行业发展,并逐步形成一个资本集团。当时的企业界有"南张北周"之说,北方的周学熙没有形成资本集团,而且他以官办企业为多。由此,陈争平教授在第三届张謇国际学术研讨会上说:"它(大生企业集团)是中国最早的民营股份制企业集团",张謇"建立了在清末民初时中国最大的民营企业集团"。①重庆出版社出版的《中国走向近代化的里程碑》一书中,也明确大生企业系统为第一个民族资本企业系统。

8.河海工程专门学校是中国第一所水利高等院校

　　1914年,张謇在担任农商总长期间,兼任全国水利局总裁。为了培养水利人才而创办了这所高等学校。在此之前,1896年两江总督张之洞在南京创办储才学堂,分设交涉、农政、工艺、商务四门。在农政门又分设种植、水利、畜牧、农器等目。该校水利方面的专业可能是开了近代水利教育的先河,但它仅为一所学校的一个"目",并非独立的水利学校。后来张謇在通州师范学校附设测绘班,与培养水利人才有关,但也只是临时办的一个班。所以,在河海工程专门学校之前,无水利专门学校可言。重庆出版社出版的《中国走向近代化的里程碑》一书中,明确"南京河海工程专门学校是中国第一所水利专门学校"②。

9.南通盲哑师范传习所是中国第一所培养盲哑师资的学校

　　张謇看到"盲哑累累,教

盲哑师资班举办地址　博物苑中馆

---

①陈争平:《从大生模式看张謇在企业制度方面的历史贡献》,载《中国早期现代化的前驱》(下册),北京:中华工商联合出版社,2001年,第450-451页。
②江林茂:《中国走向近代化的里程碑》,重庆:重庆出版社,1998年,第468页。

育无人",因而创办盲哑学校。而办盲哑学校,则需要盲哑师资。当时国内无盲哑师资,"欲延聘西师乎?资重而不可以时得,权且不操于我"①。于是张謇于1915年借用博物苑中馆创办了盲哑师范传习所。查《中华近世通鉴(教育专卷)》,当时未有盲哑师范的学校。虽然张謇创办的盲哑师范传习所办学时间很短,但其开创了盲哑师范教育,而且可以说它是清末民初唯一的一所盲哑师范学校。

10. 狼山盲哑学校是中国人自己创办的第一所盲哑学校

张謇培养了盲哑师资以后,于1916年11月在狼山创办盲哑学校。在此之前,1898年,"美国传教士梅耐德夫人在山东烟台创办启瘖学馆,招收聋哑儿童入校学习。这是我国最早的聋哑学校"②。但是,它可不是中国人办的。张謇在盲哑学校开学典礼的讲话中说,"我国北京、上海、烟台等处,虽亦有盲哑学校,然皆基督教会所设立。"所以,狼山盲哑学校是中国人自己办的第一所盲哑学校,"开华人自办盲哑学校之先河"。

二、尚缺乏证据,有待进一步论证的

1. 军山气象台是不是全国第一所民办气象台

有人说,"军山气象台1917年(民国六年)建,中国第一家气象台③",这显然不对。早在公元473年南朝刘宋时期,祖冲之就在江宁(南京)北极阁山上设置观察气象的"灵台候楼";1341年元朝至正年间,元顺帝在此再度设置观象台;明朝时期在此设置的壮观的"钦天台",比英国格林威治天文台还要早295年;

---

① 曹从坡、杨桐:《张謇全集》(第4卷),南京:江苏古籍出版社,1994年,第105页。
② 宋荐戈:《中华近代通鉴(教育卷)》,北京:中国广播电视出版社,2000年,第110页。
③ 庄安正:《张謇研究》,长春:吉林人民出版社,2000年,第129页。

1928年，竺可桢在北极阁山上创立中国历史上第一个研究近代气象科学的最高机构——国立中央气象研究所，六面五层的观象塔和飞檐雕梁的图书馆是其标志性建筑。南京北极阁是中国近代气象科学的发祥地，北极阁气象台才是我国第一个气象台。

还有人称"军山气象台是南通的第一所气象台，也是全国第一个民办的农用气象台"①，这一说法，未见文章加以论证，亦未有行业权威人士认可，因而有待论证。

2. 通州女子师范学校是不是全国第一所设有本科的女子师范学校

有一种提法是，"清光绪三十二年，张詧、张謇等人购通州柳家巷陈氏旧宅创建通州公立女子师范学校。次年易名为通州女子师范学校，招收四制本科生。是全国最早的设有本科的中等女子师范学校"②。根据《中华近世通鉴》，1902年5月，"湖广总督张之洞创办湖北武昌师范学堂。……这所学堂按《奏定学堂章程》，应属优级师范学堂。此后，张之洞在湖北还办了武昌道师范、襄阳府师范、荆门州简师、黄陂县初师等。他还在湖北办了两湖总师范学堂、师艺传习所、女子师范学堂和商业、工业、农业教员讲习所以及艺师讲习所"③。由此看来，张之洞创办的众多师范学校中也有女子师范学校。所以，"通州女子师范学校1906年（光绪三十二年）建，中国第一所女子师范学校"④的提法不可能成立。但通州女子师范学校是不是全国最早设有本科的中等女子师范学校，尚需加以论证。

3. 港闸公路是不是我国第一条民办公路

有人说，"位于南通市西北郊的港闸路是全国最早的民营公路"⑤。也有人说，"港闸公路，1905年（光绪三十一年）建，中国最早的公路"。刘道荣、张贤江在第一次张謇国际学术研讨会上的交流论文中说，"经考证，港闸公路是南通第一条

---

① 陈娟：《中国第一个民办气象台》，载陈亮主编《第一南通》，北京：新华出版社，2005年，第20页。
② 王建民：《南通市教育志》，北京：新华出版社，2001年，第103页。
③ 宋荐戈：《中华近代通鉴（教育卷）》，北京：中国广播电视出版社，2000年，第114页。
④ 庄安正：《张謇研究》，长春：吉林人民出版社，2000年，第121页。
⑤ 凌步桂、陆文德：《中国第一条民营公路》，载陈亮主编《第一南通》，北京：新华出版社，2005年，第23页。

公路,也是江苏省的第一条公路"①,而没有说是全国最早的民营公路。但是作者又说,"据《1986年中国交通年鉴》所列载的国内其他各省和自治区最早的公路,修建时间均在南通港闸公路之后"。可是作者未就港闸公路"是不是第一条民办公路""是不是最早的公路"作出结论。所以,需要通过公路交通史来加以论证。

4.中国影片制造股份有限公司是不是中国第一家股份制电影制作公司

有人认为,"1919年,张謇联合朱庆澜、程龄荪、卢寿联等人集资10万元,在南通筹建中国影片制造股份有限公司,这是中国第一家以股份制形式创建的电影制作公司"②。张自强先生的《南通电影历史概述》一文中说,于"1920年春,居住在南通的祖籍扬州人卢春(寿)联,在西公园创建了'南通影片公司'","1922年,张謇发起筹建'中国影戏制造有限公司'"③。这一史料说明,在张謇创办中国影戏制造股份有限公司之前就有"南通影片公司",那么它显然并非第一家影片公司了。该文又提到"向上海胜洋公司租片,在'更俗剧场'放映了一个月就停映了"④。那么上海这些电影制作公司成立于何时?据重庆出版社出版的《中国走向近代化的里程碑》一书提供的资料,我国第一家民族资本电影企业是"商务印书馆活动影戏部",1920年改为"影片部",1926年改为"国光公司"⑤。但尚不知该公司是否是股份制公司。所以,需待这些问题搞清楚以后,才能作出定论。

5.唐家闸的大生职工医院是不是我国第一所职工医院

有人将大生职工医院说成是全国第一家职工医院。说张謇"在唐闸大洋桥下河东首办了一个规模较大的西医为主的职工医院,这在当时全国各大纱厂和工矿企业中是绝无仅有的"①。当年中国的洋务运动推动了民族民用工业的发

---

①刘道荣,张贤江:《略论张謇在公路交通建设方面的贡献》,载严学熙主编《论张謇》,南京:江苏人民出版社,1993年,第617页。
②曹琳:《中国第一家股份制电影制作公司》,载陈亮主编《第一南通》,北京:新华出版社,2005年,第14页。
③张自强:《南通电影历史概述》,载《南通今古》,1989(1)。
④曹琳:《中国第一家股份制电影制作公司》,载陈亮主编《第一南通》,北京:新华出版社,2005年,第35页。
⑤江林茂:《中国走向近代化的里程碑》,重庆:重庆出版社,1998年,第658–660页。

展,工厂比大生纱厂规模还要大的,有的是,它们有没有职工医院? 所以有待掌握足够的资料,并加以论证,才能下结论。

三、明显不是全国第一

1. 南通女工传习所并非是全国第一所刺绣学校

"南通女工传习所为全国第一所刺绣学校"的提法,广为流传,领导讲话、学术著作中常能见到。[②]南通女工传习所的前身是附设在南通女子师范学校的手工传习所。手工传习所创设于光绪三十四年正月(1908年2月)。据南通师范学校记载:"通州女子师范学校附设手工传习所,分编物、造花两科。"[③]"造花"即刺绣。1914年编辑、1915年出版的《南通自治十九年成绩》一书中,称为"女工传习所"。1914年,张謇聘请沈寿来南通县立女工传习所任教。沈寿原名沈云芝,其夫余觉又名沈熊、冰臣,清代举人。光绪三十年,余觉得悉慈禧70寿辰,以其夫人沈云芝刺绣的"八仙上寿图"为寿礼,深得喜好刺绣的慈禧欢心,亲笔手书"福""寿"两字相赠,沈云芝由此更名沈寿。余觉又乘机上书建议创办女子刺绣学校,获准在农工商部设立绣工科(1904年),招生办学。绣工科即为官办的刺绣学校。慈禧并下谕余觉、沈寿夫妇前往日本考察工艺教育。1905年,余觉、沈寿夫妇回国后即在绣工科教学,直至辛亥革命,清王朝灭亡,绣工科解散。余觉、沈寿夫妇流落天津,为生活所迫借住植物园,自己办起女工传习所,生徒不多,收入有限,历时二三年之久,直至应张謇之邀。南通女工传习所在历史上无论是官办还是民办,均不是第一所刺绣学校。(详见陈佐先生发表在《南通今古》2004年第5期上的《就〈飞针锦绣誉全球〉存疑与邱健商榷》一文)

2. 张謇在唐家闸创办的南通育婴堂并非是全国第一所育婴堂

有书叙述张謇"本着以人为本的儒商思想,于1906年着手在唐闸创办了全

[①] 凌步桂,陆文德:《中国第一条民营公路》,载陈亮主编《第一南通》,北京:新华出版社,2005年,第17页。

[②] 肖正德:《张謇所创企事业概览》,南通:南通市档案馆、张謇研究中心,2000年,第276页。

[③] 朱嘉耀:《南通师范学校史》,南京:南京师范大学出版社,2012年,第17页。

国第一所育婴堂"①。不说全国育婴堂之多,仅南通而言,育婴堂在张謇之前早已有之,光绪《通州直隶州志》就有记载。钱达所撰的《南通的育婴堂》一文说,南通的育婴堂"至今已有300多年的历史"。早在康熙三年(1664),殷茂乾、刘昌祚等率先在州治西天妃宫兴建育婴堂②。张謇鉴于该所育婴堂设备简陋,环境欠佳,而另择唐家闸鱼池巷(又称裕稚巷)新建。而且城内旧育婴堂所在的巷子至今仍有"育婴堂巷"之名。可见,张謇在唐家闸办的育婴堂肯定不是全国第一个育婴堂。也有人为了硬凑多少个全国第一,将张謇办的育婴堂冠以"新式""私立",称全国第一个新式育婴堂。首先新式与旧育婴堂区别在何处,未有标准;况且,全国的新旧或公私育婴堂究竟有多少,亦尚未见到资料,凭什么说它是全国第一个新式的育婴堂或者私立育婴堂呢?

3.大生纱厂并非中国首家发行股票的股份制企业

有人说大生纱厂是中国首家发行股票的股份制企业。③大生纱厂是我国早期的具有代表性的股份制企业之一,但并非第一个股份制企业。我国第一个股份制企业是招商局。《旧中国的股份制》一书的开卷说明:"1872年,由李鸿章奏请清廷募股建立的轮船招商局,就是国内第一家股份制企业。"④而且在大生纱厂之前的股份制企业,除了招商局,还有汉冶萍公司、中国通商银行等。所以大生纱厂并非中国首家发行股票的股份制企业,大生纱厂发行的股票并不是全国第一张股票。

4.《雪宧绣谱》并非我国最早的刺绣专著

有人说,"《雪宧绣谱》1919年(民国八年)由翰墨林印书局出版,中国第一部系统总结刺绣艺术的专著,由张謇、沈寿合著"⑤。中国历史上第一本刺绣专著不是《雪宧绣谱》,而是成书于清道光元年(1821)的《绣谱》,为清代女刺绣工艺

---

①凌步桂,陆文德:《中国第一条民营公路》,载陈亮主编《第一南通》,北京:新华出版社,2005年,第19页。
②钱达:《南通育婴堂》,载《南通今古》,1990(1)。
③张季直先生事业史编纂处:《大生纺织公司年鉴》,南京:江苏人民出版社,1998年,红色封套。
④上海市档案馆:《旧中国的股份制》,北京:中国档案出版社,1996年,本辑说明。
⑤庄安正:《张謇研究》,长春:吉林人民出版社,2000年,第25页。

家丁佩所撰。丁佩,字步珊,云间(今上海松江)人,是著名苏绣艺人,绣艺高超。《绣谱》以绘画、书法、诗词、建筑等艺术同刺绣比较,深入浅出地解说刺绣工艺的规律。该书分择地、选样、取材、辨色、工程、论品六章。书中提出了"能、巧、妙、神"的美学原则和"齐、光、直、匀、薄、顺、密"等苏绣的特点。它才是中国古代有关刺绣工艺的第一部专著。

5.1895年张謇创办的大生纱厂不是全国首家棉纺织股份制企业

有的著作中说,"大生纱厂,1899年(光绪二十五年)建,中国首家棉纺织股份制企业,张謇任总理"①。在大生纱厂之前,中国的棉纺织业已有相当的规模,据《中国棉纺织史稿》的记载,从1890年至1895年期间就有上海织布局、上海华新纺织新局、湖北织布局、华盛纺织总厂、裕源纱厂、裕晋纱厂、大纯纱厂等②。这些纺织厂无论是官营还是民办一般均采用股份制。"中国第一家纺织工厂是1890年开车生产的'上海机器织布局'","1881年12月的消息说,上海机器织布局的股本已经招足了"③。它才是中国第一家棉纺织股份制企业。

6.南通公共体育场并不是全国最早的体育场

有人论证说,"张謇于1913年出资在南通修建的南通第一公共体育场应为中国近代第一个公共体育场,推翻了传统认为的1917年3月建成的上海公共体育场是中国最早的近代公共体育场的观点"④。

这是作者用了《张謇所创企事业概览》一书中的史料,而这一史料来源于《二十年来之南通》,书中说,"第一公共体育场……开办于民国二年,系张詧、张謇两先生捐资创办"⑤。该书作者的论据来源于南通学院农科的学生陈翰珍,他把南通第一公共体育场创办的时间由民国六年错写成民国二年,提前了四年。这个小小的错误,引起了后人一系列的差错。作者以错误的史料得出错误的结论,以讹传讹,流传后世。事实上南通第一公共体育场与上海体育场同在1917

---

① 庄安正:《张謇研究》,长春:吉林人民出版社,2000年,第114页。
②③ 严中平:《中国棉纺织史稿》,北京:科学出版社,1953年,第114、103页。
④ 韩燕,常生:《末代状元张謇的社会体育思想与实践研究》,载《北京体育大学学报》,2008(6)。
⑤ 陈翰珍:《二十年来之南通》,南通:翰墨林印书局,1938年,第102页。

年创办①,但比上海体育场要晚建两个月。

　　学术研究是一种艰辛的劳动,须有长期的资料积累。张謇研究历经许多专家长时间呕心沥血的艰苦积累,资料不断丰富,领域不断扩大。这就为辨认张謇所创的"全国之最"提供了一定的条件。让我们以此为开端,共同建设张謇研究学界良好的学术风气,树立严谨的学术态度,为创立"张謇学"作出更大的贡献。

　　(赵鹏、都樾、赵明远等先生参与了本文的讨论,并提出了很好的建议。谨此致谢!)

　　(原载于《南通大学学报(社会科学版)》2011年,第6期;《南通今古》,2011年,第4、5、6期)

---

① 张绪武:《张謇》,北京:中华工商联合出版社,2004年,第190页。

张謇所创全国之最考补

拙文《张謇所创"中国第一"或全国之最考略》[①]发表以后,引起了南通学术界的积极反响。读雪斋主连发《〈张謇所创全国之最考〉的补充》[②]之一和之二,曹琳先生今年4月针对拙文发表了《关于几个问题的隔空交流》[③]等文章。这些文章为该命题补充了许多史料,对我提出待考的部分内容进一步作了论证,也纠正了我的个别差错。拜读这些大作,令我受益匪浅,我十分感激。我真正感受到,学术探讨、批评和争论是学术进步的基本动力之一。有关文献指出,当前国内学术界值得关注的问题是形成良性的、建设性的学术争论常规。现实中却有一个现象,就是公开的学术批评较少,私下的个人攻讦较多,缺乏对于学术观点公开的、客观的批评,而过多地在背后私下议论,甚至是进行人身攻击。[④]读雪斋主和曹琳先生带头对我的考证内容进行真诚的善意的批评和争论,这种为南通学术界营造正常的批评环境和文化氛围所作的努力,就显得更加可贵可敬,值得提倡和弘扬。

我写这个考证的缘由,出于一部重要著作中[⑤]引用张謇所创全国第一的资料有误。此事令我深感可惜,深受刺激。我认为这是我们张謇研究者的大过。有人十分随意地,不加考证地罗列许多全国第一,长期以来也未有人认真地加以考证和纠正,以至以讹传讹,让不少人上当受害。我出席了这本著作的座谈会

---

① 张廷栖:《张謇所创"中国第一"或"全国之最"考略》,载《南通大学学报(社会科学版)》,2011(6)。
② 读雪斋主:《〈张謇所创全国之最考〉的补充》,载《江海文化研究》,2011(5)、2012(2)。
③ 曹琳:《关于几个问题的隔空交流》,载《江海文化研究》,2012(2)。
④ 姚毅,刘国松:《我们亟需正常的学术批评》,载《人民日报》,2012年7月2日。
⑤ 丰坤武:《南通文化研究》,南京:南京大学出版社,2010年,第70页。

后,希望有人对这一课题做考证工作。社科联蒋建民秘书长却鼓励我去完成。以我的史学水平、所掌握的资料,以及具有的知识面,远不能胜任这一任务,但历史的责任感驱我一试。

经过一年的资料收集和整理,列出十项可以认可的全国之最(或称第一)和六项尚待进一步考证的全国第一,否定了五项全国第一。形成初稿后,2010年于张謇研究中心年会上征求意见,先后得到赵鹏、赵明远、都樾等先生的帮助和指正。2011年在内刊发表此文,同时寄呈市委丁大卫书记,得到他的重视,并批转给所有市委常委和政府市长、人大常委会主任、政协主席传阅。这对我是一个很大的鼓舞,使我领会到这一考证不仅是学术研讨问题,而且是关系到弘扬我们党的实事求是的优良传统和作风的问题。因此我投稿于《南通大学学报》公开发表。我认为,我的文章仅仅是这一考证工作的发端而已。文章分别在内刊和公开刊物上发表,起到了抛砖引玉的作用。现据读雪斋主、曹琳等先生的大作,作考补如下,其中考证了四项待考项目和修正了一项全国第一。

一、通州女子师范学校是全国第一所设本科的中等女子师范学校

女子师范学校段家坝校址表门

根据读雪斋主的考证,光绪三十二年(1906)创设于天津的北洋女子师范学堂是我国最早的女子师范学堂,但是初设时仅有简科,直至光绪三十四年(1908)才设本科。创立于光绪三十四年(1908)的京师女子师范学堂,也于宣统二年(1910)才设本科。而通州女子师范学校于光绪三十三年(1907)就招收了四年制的本科生。所以,通州女子师范学校是全国第一所设本科的中等女子师范学校,证据确凿,无可非议。

二、狼山盲哑学校应为中国人独立设置的第一所盲哑学校

读雪斋主根据民国二十三年(1934)出版的《第一次中国教育年鉴》的记载指出,民国五年一月(1916年1月)湖南省救济院附设盲哑学校,这是中国人自办的第一所盲哑学校。而在其后10个月创办的南通狼山盲哑学校就不是中国人自办的第一所盲哑学校。然而,湖南省盲哑学校附设于救济院,并非独立设置;而南通狼山盲哑学校却是中国人独立设置的第一所盲哑学校。读雪斋主的观点,修正了本人在拙文中将狼山盲哑学校定位为"中国人自办的第一所盲哑学校"的观点。

三、南通博物苑测候室为中国近代国人自办的第一个测候所

清光绪三十二年(1906),南通博物苑中馆落成,初名为"测候室"。在三间平房的中间一间的屋顶上建有平台,称之为"观象台",安装有测风、测雨仪器。"测候室"东侧,建有寒暑亭,安装有测量温度、湿度的仪器和仪表。是年9月1日起,正式观测记录。经理(后改为主任)由博物苑主任孙钺兼任①。

根据《中国通史》第十一卷(下)第三十五章所言:"1905年,张謇在他个人所设的博物苑开始气象观测,开国人气象观测之先河。"另有一个统计:"1911年存在的本国所设的54个测候所中53个为海关所设,另一个便是张謇所设。"②当年海关为外国人掌控,所以这53个并非中国人所办,那么《南通气象志》"南通博物苑测候室为中国近代国人自办的第一个测候机构"的论断是有依据的①。

军山气象台

四、南通军山气象台是中国近代第一家民营气象台

读雪斋主指出,白寿彝主编的《中国通

---

①《南通气象志》编撰委员会:《南通气象志》,北京:气象出版社,2012年,第36页。
②白寿彝:《中国通史》,上海:上海人民出版社,1999年,第1806-1807页。

史》第十二卷(下)第五十六章第十一节《天文研究机构概观》中说,"在本世纪一十年代末,国立天文研究机构仅有1912年接管清钦天监后成立的中央观象台一个"①;该书对民办南通军山气象台所作的介绍是,"位于江苏南通的军山天文台(当时天文与气象不分家,即通用)建于1916年,是近代天文事业处于萌芽阶段出现的一座民办天文台"②。读雪斋主以此来论证,"上世纪一十年代中国的气象台只有两家,一是官办的中国观象台气象科,一是民营的军山气象台。前者创办的时间早于后者,可以断定军山气象台不是中国人自办的第一个气象台;而就民营而言,无疑是中国民营的第一个气象台"③。

《南通气象志》载:"著名气象学家、中国气象学会第一届理事会会长、中央观象台气象科首任科长蒋丙然曾称'军山气象台为中国私家气象台之鼻祖'。其实,军山气象台不仅是私家气象台之鼻祖,还是国人自办的第一家气象台。其先,虽有1915年在中央观象台内建立的气象科,并绘制了等压线图,可谓中国人绘制的第一张天气图,但没有形成气象台的架构,不能称之为中国人自办的第一家气象台。"④

从以上资料可以得出一个结论:军山气象台是中国民营的第一家气象台。因为"私立"即民营。但同时还存在着几个问题:第一,军山气象台是不是"中国人自办的第一家气象台"? 从时间上来看,军山气象台在中央观象台气象科之后,是不能称"中国人自办的第一家气象台";然而有人认为,它一成立就机构完整,运作正常,对外联系,发布天气预报,而中央观象台气象科宣布成立后却还在完善之中。第二,认为中央观象台内建立的气象科"没有形成气象台的架构",依据何在? 第三,《中国通史》第十二卷(下)所说的"应该说,中央观象台就其设备和工作的总体而言,还算不上是一个近代天文研究机构"⑤,这里的中央观象台同其中的气象科有没有关系? 所有这些,都有待进一步研究。

---

①②白寿彝:《中国通史》,上海:上海人民出版社,1999年,第1650-1651、1652页。
③读雪斋主:《〈张謇所创全国之最〉的补充》,载《江海文化研究》,2012(2)。
④《南通气象志》编纂委员会:《南通气象志》,北京:气象出版社,2012年,第37页。
⑤白寿彝:《中国通史》,上海:上海人民出版社,1999年,第1652页。

五、南通影片股份有限公司是我国第一家股份制电影制作公司

曹琳先生是戏剧方面的专家,他在挖掘南通戏剧史料方面曾作出过重要的贡献。他以丰富的史料论证了南通影片股份有限公司成立于1919年,匡正了南通过去的多种说法,现在这已是学术界和电影界的共识。他又以《中国无声电影史》论证商务印书馆的活动影戏部是我国第一家电影企业,1920年改为影片部,但并非独立经营,也就谈不上股份制公司。即使1926年改为独立经营的国光公司,也比南通影戏股份有限公司迟了7年。因此,南通影戏股份有限公司是我国第一家股份制电影制作公司是确凿无疑的。

曹琳先生还帮助我纠正了地方的"戏曲"与"戏剧"之误。可惜的是我还未来得及向他表示谢意,他便匆匆地离开了人间,给我留下了深深的遗憾。

已被提及的张謇所创全国之最的考证,一定还将继续。而张謇所涉及的领域十分广泛,他以开拓创新精神创下的全国之最,我们目前所能认识的可能还只是其中的一部分,今后还会有所发现,需要考证。我深有感触的是,一个新论点的提出,能够得到别人的批评和争论,是一件幸事。这种批评和争论越激烈,得到的反馈信息也就越多,锤炼出来的观点也就越能够站得住脚。

张謇慈善事业概况

在中华民族"老吾老以及人之老,幼吾幼以及人之幼""不独亲其亲,不独子其子""原一己之仁,而施及人人,是之谓人之仁"等传统思想熏陶下的张謇,认为仁爱之心是人之本性,重视关爱弱势群体,因而早就参与地方慈善事业。他以传统方式实践其父遗愿,在家乡海门参与创办慈善事业,主要活动有如下几件。

建立社仓

张謇出生于农家子弟,深知农民疾苦,每逢春天青黄不接之际,不法商人趁机囤积居奇,哄抬粮价,从中盘剥,贫苦农民生活愈加贫困。清光绪二十四年(1898),张謇弟兄募集1130元资金,筹建社仓,选址于海门关帝庙殿西侧空地,并亲自拟定社仓章程30条,又作社仓公禀,阐明举办社仓的宗旨,为社仓题字,写社仓记。社仓每逢春天借出粮食,夏收以后如数收回。贫民称社仓为"救命仓",借得之粮称之谓"救命粮"。

恢复溥善堂

光绪十一年(1885)倡议,十三年(1887)始请于总督,十六年九月至十七年(1890—1891)为海门恢复溥善堂而出谋划策,奔走商讨,并一再向上亲撰呈文,梗于吏胥,一直拖至光绪三十三年(1907)而大定。

建常乐公厝

张謇看到常乐镇来自各地的住户,人一旦死去之后不能及时回原籍安葬,当地百姓有了丧事也有一时找不到墓地的情况,均需要临时搁置。他选择常乐社仓河北,购买一块土地,盖起3排房子,公厝可入棺材百具以上。

创办儒寡会

清光绪二十二年(1896),张謇出资540千文,嘱托友人创办儒寡会,优恤士族寡妇。选择已故举贡生员者之妻,格外优恤。性质与恤嫠局名异而实同,是年附属恤嫠局分办。分成四等:头等4人,每月各发1200文;二等10人,月发钱900文;三等16人,月发钱600文;四等30人,月发钱400文。合计共60人。常年经费不足,由恤嫠局补足。光绪二十七年(1901),因恤嫠局经费支绌,乃改为天、地、人三等。天字号12人,月发钱900文;地字号24人,月发钱600文;人字号24人,月发钱400文。人数仍然是60名。

自1899年大生纱厂开工获利以后,张謇随着事业的成功,经济实力的增强,思想观念的提升,以近代形式大力创办慈善事业,并与政治理想的追求结合在一起,把慈善事业作为他地方自治的一个重要部分。他后半生近30年的岁月中创办的慈善事业涉及广泛的领域,主要慈善机构和义举如下:

通州新育婴堂

通州新育婴堂创办于1906年秋天。张謇弟兄于光绪二十九年(1903)受邀查看城内寺街育婴堂巷的旧育婴堂,见其年久失修,管理紊乱,屋小如斗,地极低洼,其向东西,每逢阴雨,积潦沮洳,湿气蒸郁,乳妇蠢懒,秽浊坌溢,其气刺鼻而伤脑,环境极差,对婴儿生长极为不利,遂决定择地另建。

新建育婴堂地址在通州唐家闸鱼池港口(又称裕稚港),占地24亩,建筑楼房112间、平房51间,为当时全国规模最大的一所育婴堂。

新育婴堂以王鹿鸣为坐办,设有内堂长、内稽查、内庶务、幼稚院长,并配有媬姆、乳母、教员、内外科医生等。收住一为弃婴,二为赤贫无力扶养者。创办费用23400余元。开办第一年有婴儿305名,支用费6768.55元,平均每个婴儿用费为22.19元。

欢迎领养婴儿者,在堂儿童4至7岁时,送幼稚院。无姓名者给予取名定姓,男童一律姓唐,因为育婴堂在唐家闸;女童一律姓汤,因为新育婴堂地处于姓汤之地也。其中智力正常者送女师附小读书,毕业后升入女师或通师;智力鲁钝者,女童送入女工传习所或女子蚕桑讲习所,男童送入贫民工场,教习一技之能,以使他日有谋生之技也。

1906—1913年婴儿收住情况统计表

年份	性别	旧管	新收	开除		实在
				抱领	死亡	
第一年	男	3	124	47	6	74
	女	19	353	125	16	231
第二年	男	74	435	227	23	259
	女	231	1099	436	64	830
第三年	男	259	354	257	30	326
	女	830	1023	624	58	1171
第四年	男	326	207	255	30	248
	女	1171	538	538	46	1080
第五年	男	248	90	155	45	138
	女	1080	285	353	78	934
第六年	男	183	106	116	22	106
	女	934	388	276	50	996
第七年	男	106	118	71	15	138
	女	996	458	221	54	1179
第八年	男	138	200	131	27	180
	女	1179	607	308	49	1429

开办后婴儿逐年增加,至1922、1923、1924、1925、1926年,每年在1300名左右,需经费在3万元以上。经费来源,除了张謇弟兄私人出资外,还依靠地方公款和大生企业支持。有如下统计表:

1910—1922年大生一厂资助育婴堂表　　　　单位:规元两

年份	金额	年份	金额
1910	950.00	1917※	1872.00

续表

年 份	金 额	年 份	金 额
1911	900.00	1918	1010.80
1912	951.60	1919	1172.80
1913	1003.75	1920	1032.48
1914	1008.00	1921	1017.80
1915	982.80	1922	1099.50
1916	900.00		

※该年金额名下为"育婴堂、公园"。

1929年秋,新育婴堂呈请内政部备案,更名"南通私立育婴堂"。1938年3月,南通沦陷后,育婴堂全部被日寇所焚毁,仅剩一片瓦砾之场。1940年,大生集团负责人张敬礼将其迁至城南养老院南院继续抚养弃婴,直至新中国成立。

赈灾活动

清宣统三年(1911)8月中旬,通州遭受特大洪灾,江水一直淹到西门外;沿江十多华里,破圩30多处,受灾4600多户,致使2万多人流离失所,衣食荡然无存。张謇一面捐款赈灾,一面筹划借款修堤保圩,根除灾害,并主张以工代赈。然而面临这一严重灾害,"地方屡请于官,充耳不闻"。一向为民生而奔波的爱国实业家、慈善家张謇挺身而出,先捐出私人资金3000元,用于聘请外国水利专家来通勘察长江水流,制定保圩方案;同时四处筹集资金,实施作楗保圩,解决灾民生活,实现长治久安。

南通保坍会

南通的保坍会,建于宣统三年(1911年)。清末处于"江淮之委的"通州,江岸出现了越来越严重的坍塌。"南通自刘海沙东涨,江流正泓变横为纵。四十年来,江岸崩坍纵宽自十余地至二十里,横长二十六七里,损失民田二十余万亩。"光绪三十三年(1907)以后,更为严重,每年塌削十平方里,五千亩农田被江潮吞没,并日益逼近州城,"城治岌岌"。1911年3月,张謇联合社会法团,成立保坍会,"保全江坍,以保州城为宗旨"。会长一人,安排其三兄张詧担任,主持全部事务;"保圩会简章"规定编辑2人,逐月编制报告书,宣述江岸情形,并司往来文牍;请愿员2人,专任对于各法团长官提议各项事宜;调查员2人,随时调查江岸情况报告编辑员;抚恤员4人,专任抚恤江岸灾民各项事务;劝捐员8人,专任募集捐款各事务;会计1人。数年后"重订保圩会章程",设正副会长各一人,地方公推。设置文牍股、工程股、材料股、收支股、庶务股。办事机构设在城西芦泾港,借通海新报馆为驻城接洽处。

南通医院

南通医院创建于1911年,地处现在的医校巷和医校小巷之间。张謇早就想建立医院为南通百姓防病治病,关怀民生,然而苦于缺乏医护人才,因而派熊省之(辅龙)赴日本千叶医校学医。1911年8月熊省之学成回国,张謇着手建起南通医院。张謇为培养自己的医学人才,1912年又将医院改办南通医学专门学校,医院另行在原址东南侧购地11.5亩建新院房,1913年新建,1914年开业,名为南通医学专门学校附属医院,地处南院。医院内设有诊病室、解剖室、消毒室、化验实习室、细菌实习室、组织实习室、手术室等;设有一、二、三等病室及传染病室;设有各科门诊,如内科、外科、皮肤科、眼耳鼻喉科及X光科。1918年设中医科,1919年添购X光机,1920年聘德国医学博士夏德门(Dr. Schlidmanir)为总医长。

抗日战争胜利后,购买政府接收日本在通的江北中央医院为院址。

改良南通监狱

民国元年(1912)张謇着手改良监狱,改良的主要内容是增加设备,改善环境和犯人生活。如围墙两边原系木棚门,改为铁栅,狱室窗棂改大;新制灰色狱衣:棉袄、夹衣、棉被各300套,单衣单裤各600套;房屋粉刷一新,内侧空气流通。监狱内有200多名犯人,每天放风在围墙内环行半小时,已在工场服役者不在此限。服役者每天工作10小时,工种有制造肥皂、线袜、毛巾、印刷、漆制等。南通监狱于民国十二年(1923)七月改为江苏第四监狱。

第一养老院

养老院创办于民国元年(1912),当年恰逢张謇60大寿。他先期通告朋好,以觞客之资,营养老院于南通。生日以后,张謇将亲朋好友所有贺礼馈赠全数用于建养老院。养老院地址选择在南通城南白衣庵附近,占地17.5亩,分设男院、女院两部分。男院建在白衣庵东侧,共24间平房;女院建在白衣庵西侧,共有16间平房。食堂、溷逼、庋物、洗衣室各附其院,庖所、病室、储藏、接待、管理、看守等室,则两院共有。建设和管理仿效上海教会所办的安老院,用款18221元。于1913年11月开院,收住男老人80名,女老人40名,取名"养老院",第三个养老院建立后,更名为第一养老院。

义茔

民国三年(1914),张謇家族中之张杨夫人见原有义冢太小,管理不善,于是有改良义茔计划。捐助6000元,用于购东门外荒地17.15亩,形成长方形的墓地,四周开界沟;前门有石坊并有屋数楹,以便管理人员居住;四周栽有松柏常青树林,中间夹道两旁植有树木。葬位分男左女右,占地7尺×3尺,相互间隔2尺,坐北朝南并编有序号,井然有序。

贫民工场

建于民国三年(1914)八月。地址在南通城西门外大玛头,占地40亩,场屋六七十间,耗资18551元。常年费用在20000元左右。招收南通贫民子弟,初招收40名,后续招,总数在100名左右,以后一直维持在这一规模。以教授"贫民子弟各项工艺,俾能自谋生活"为目的。工场工艺种类主要分木工、漆工、滕竹工、革工及缝纫工五种,即从事竹、木、藤、漆、皮革、织布、雕刻、缝纫等手工生产。每种工艺均聘请老师傅传授,根据工徒特点而专授一种工艺,6个月后,达到能单独操作、制成产品又不需老师傅加以修饰加工的水平,经场长察验核实后,准予毕业,发给证书。但需毕业生在工场义务工作一年,方可外出就业。工徒学习期间,衣食由工场供给,生病由场内予以治疗。每日工作时间8至9个小时。放工后,可随意在空地锻炼身体或休息游戏,每逢国庆、端午、中秋等节假日则放假休息,星期日则休息半天。工场设主任,由苏州余觉(冰臣)担任。1938年南通沦陷,贫民工场全被日寇所毁。

张謇于民国元年(1912),总理江苏两淮盐政期间,在南通创办贫民工厂的同时,在东台、仪征也先后创办贫民工场,每年经费也均在2万元上下。

南通济良所

南通随着工商业的日益发达,地方之妓女数亦因之增加。南通警察事务所所长杨懋荣向张謇等建议,得到支持,经过县署批准,于民国三年(1914)将城内南大街税务署旧址和收购的部分民房改造,第二年五月,建成平房25间,成立南通济良所,收容不良妇女和娼妓,并实行教育。学习科目不仅有国文、算学等基础知识,还有伦理学等道德教育的内容,并施以缝纫、洗濯、手工、烹饪等工艺技术课,使收容者掌控自行谋生的本领。学习期为6个月,每期收容24人。常年经费需1200余元。除靠募捐等收入外,由张謇弟兄补助。济良所内部设有司事一人,专司二门以外之事务,又设门役、杂役各一人;聘女董事一人,女检察一人,专司二门以内之事务;另聘教习数人。守卫、巡警,则由警察事务所调拨警力充任。自开办至1924年,收养女子不下五六百人。社会上有一定职业而无力娶妻单身者,交付一定的钱,可以娶济良所内一名女子为妻。

盲哑学校师范科

张謇为了解决办盲哑学校师资的问题,欲设立盲哑师范传习所,但由于诸多原因未能付诸实施。后来以变通的办法,1915年10月,借座于南通博物苑中馆,先开办狼山盲哑学校师范科,临时培养了盲哑学校师资。

狼山盲哑学校

张謇鉴于当时的残疾儿童缺乏受教育的机会,不具备学技术和独立谋生的能力,决心在南通办一所盲哑学校。他亲自去烟台参观外国传教士在山东烟台所办的盲哑学校,借鉴其经验。他于1913年筹借4190元资金,在狼山北麓的观音岩下购地6亩许,营建校舍。

有了师资,狼山盲哑学校于1916年11月25日开学,张謇亲自担任首任校长,主持开学仪式。学校设盲、哑两科,以"培养盲哑师资,造就盲哑使其有独立自存之能力"为宗旨。首招男女学生30名。学生学杂费免交,膳食也由学校提供。

南通残废院

张謇认为残废者乞食败坏民风,于民国五年(1916)二月,在狼山北麓创办残废院。占地6亩,创办经费14390元,常年经费在6000元左右,经费来源除了募集外,不足之数则由创办人张謇负担。故狼山各庙均置有残废院"募捐箱"。残废者不论年龄大小,不分居住地域,皆可入院。入院后衣食全部供给。院中辟有男女工场,残废者尽其所能,每日工作4小时,上下午各2小时。工种有加工草鞋、烛心、火柴箱,根据各人具体情况分别从事。凡生病、死亡,均由院方负责医治、埋葬。当年收养49名残废者。

南通栖留所

张謇弟兄自从在狼山建造残废院、盲哑学校以后,于民国五年(1916)五月,又在南通城西门外,将原有养济院改建成南通栖留所,把原有房屋屋檐升高,以通气透光,改变居住环境;辟浴室,以改善卫生条件;置有工作室使其能有习艺的场所。建有栖室24间,工作之室4间,庖厨之室2间,巡视之室3间,浴厕之室3间。同时也收留精神病患者,故建有疯人之室4间。总共占地2亩许,创办经费1300余元,常年经费在1000元左右,除捐助所得外,不足之数由张謇弟兄捐助。据反映,最多时"谋食者已有八九百人之多"。

老老院

1920年,张謇三兄詧70寿辰时,效法张謇,亦将亲朋好友馈赠礼品所得用于家乡海门长乐镇建造一所养老院,地址在南湾,即大生三厂后面,建有朝南瓦房4排,张謇取名"老老院",即"老吾老以及人之老"之意。院内设有小型手工场,供老人做些力所能及的手工劳动。建院规模、招收人数、管理办法均与第一养老院大致相同。聘请办事热心的孙思铭负责全面工作,医生为金树声。第三个养老院建立后,老老院更名为第二养老院。

千龄观

张謇于1920年,为其三兄贺70大寿而将南公园内原来北临荷塘的平房巢翠溪堂改建成二层楼房,寿宴请60岁以上的老人数十人,张謇将其命名为"千龄观",亲撰"千龄观记",阐明建观目的"一以敬兄,一以增公园景物,公益也","私暂而公久焉","要容敬老万人来"。后有百岁老人在此贺寿,从此成了耄耋老人祝寿的公共空间。

野犬栏

民国九年(1920),南通恶犬妨碍交通,警察建议"如西人之法毙之"。张謇以为"是犹诛不教之民也,不如别牝牡栏之,故减其孳乳",于是在城南郊和西南郊设栏,"遮藩加树,募糠秕碎米,时冬夏日一再饲"。

旅殡所

张謇于1920年在城南东寺后建族殡所。

第三养老院

1922年,张謇70寿辰时,再次将所有祝寿礼品用于建一个养老院——第三养老院。地址选择在第一养老院的对面,即白衣庵的南侧。其规模、结构、管理等均与第一养老院相同,耗资3万余元,常年经费是6000~7000元,不足部分则由张謇募集之,有时张謇以卖字收入来补充。

垦牧乡族葬处

1922年张謇又在垦牧乡划地540亩建立了具有公墓性质的"乡族葬处"。

张謇举办慈善事业大事年表

序号	慈善名称	成立年份	机构地址	主要功能	备注
1	建立社仓	光绪21年(1895)	海门	帮助青黄不接的饥民度过春荒	
2	恢复溥善堂	光绪33年(1907)	海门常乐	安葬无主尸骨	
3	建常乐公厝	光绪33年(1907)	海门常乐	暂停棺木	
4	创办儒寡会	光绪22年(1896)	南通州	优恤士族寡妇	
5	通州新育婴堂	光绪32年(1906)	南通州唐家闸鱼池港	收容弃婴	

续表

6	赈灾活动	宣统3年(1911)	南通州	救济水灾灾民
7	南通保坍会	宣统3年(1911)	通州芦泾港	赈灾抗灾
8	南通医院	宣统3年(1911)	通州城南	救死扶伤
9	改良南通监狱	民国元年(1912)	南通城中	改善犯人条件
10	第一养老院	民国2年(1913)	城南白衣庵	收容无靠老人
11	义阡	民国2年(1913)	城东门外	安葬无主尸体
12	贫民工场	民国3年(1914)	城西大码头	收容生活无靠之贫民子弟
13	南通济良所	民国3年(1914)	城南税务署	收容不良妇女和妓女
14	盲哑学校师范科	民国4年(1915)	博物苑中馆	培养盲哑学校师资
15	狼山盲哑学校	民国5年(1916)	狼山北麓	收容与教育盲哑儿童
16	南通残废院	民国5年(1916)	狼山北麓	收容残疾者
17	南通栖留所	民国5年(1916)	城西门外	收容乞丐
18	第二养老院(老老院)	民国9年(1920)	海门长乐镇	收容无靠老人
19	千龄观	民国9年(1920)	南公园	敬老祝寿之地
20	野犬栏	民国9年(1920)	城南郊和西南郊	收容流浪犬
21	旅殡所	民国9年(1920)	东寺后殿南西	殡仪
23	第三养老院	民国11年(1922)	城南白衣庵对面	收容无靠老人
22	垦牧乡旅葬处	民国11年(1922)	垦牧乡	公墓

(2012年为筹建"中华慈善博物馆"整理的资料)

从张謇创办南通博物苑到近代世博会

近代博览会事业是近代文明发展的产物。它起源于工业革命前夕的欧洲。由于它有力地促进了各国经济文化的交流,因此,全世界很快掀起举办博览会的热潮。这股热潮也不可避免地影响到中国。在近代中国,人们一般将博览会借用古代"赛会"为名称,但涵义与古代迎神赛会和庙会不同,通常是展陈近代商品,以达到销售商品、扩展市场的目的。博览会通常包括多国参加的国际博览会和一国或一地区举办的地方博览会两种。国际博览会(或称世界博览会,旧译"万国赛会")起源于1851年在英国伦敦召开的"万国工业品大博览会"。中国最早在世界博览会上参展商品的商人是徐荣村,他以其"荣记湖丝"参加1851年伦敦世博会,一举获得金奖章,可是他并非代表国家,而是民间自发参展的个人行为。到了1873年维也纳世博会上,我国才以国家的名义参加,令人可笑的是清廷竟然派外国人包腊出席。直至1876年美国费城世博会,中国人才自己出席,开始了近代世博会事业,近代博物馆事业也在此前后相继开始。

博览事业除了博览会还有博览馆或称博物馆。中国的博物馆最早由西方人创立。中国近代的历史是被帝国主义侵占掠夺的历史。从1868年法国传教士韩伯禄在中国上海徐家汇建博物馆开始,外国殖民主义者在中国大地上陆续创办了好几个博物馆,究其实质是以掠夺资源、搜罗文物、奴化人们思想为主要目的。中国人自己办博物馆是从南通州的张謇开始的。张謇在近代博览事业上曾作出了杰出的贡献。

一、张謇积极倡导我国近代博览事业

张謇(1853—1926),清末状元,近代著名实业家、教育家,钦定翰林院修撰,与恩师翁同龢积极参加维新变法。自从翁同龢被慈禧开缺回常熟原籍后,张謇看到改革无望,毅然告假回乡,另辟救国之路,从事实业救国和教育救国的实践。他历尽艰辛,创办大生纱厂,开垦淮南盐场滩涂,建立大生资本集团。经过后半生三十多年的奋力拼搏,将南通由一个落后封闭的县城建成我国近代工业的基地之一,被史学家称为中国早期现代化的"南通模式",开创了众多的风气之先。南通博物苑就是其中之一。它是中国民间自办的第一座博物馆。所以,中国的博物馆事业是从南通州起始的,南通成为中国博物事业的发祥地,张謇是我国博物馆事业的开拓者。

张謇创办博物苑绝不是偶然兴趣所至,而是有深厚的思想基础。张謇对博物馆的认识最早可能来源于强学会组织的章程。在中国,首次提出建立博物馆主张的是维新派组织的强学会的章程,作为上海强学会发起人之一的张謇也拥护该主张。到了19世纪末,张謇已把博览事业看成是振兴我国实业的重要途径。他在向清廷上呈的《农工商标本急策》奏折中就提出,"工务亟宜开导,开导之计有二,一如各省开劝工会。……试办不甚难,但须上有提倡,并立奖格以鼓舞之;一派大员集合资本,博采各省著名精巧之器,入巴黎大会,并选招名商慧工同往,察视各国好尚风俗,以便推广制造。"[1]就是说通过博览会的形式学习外国先进的科学技术,达到强国富民的目的。后来,他于1901年又在《变法平议》中更是把举办博览会列为改良政治、振兴实业的一项变法内容,认为"博览会尤有益于工",通过商品的展示、比较,"良楛并陈生竞心,新奇多见生巧思",若对"最精良者给以赏,或助其销路",必能为"劝工之助"。[2]

张謇直接接触到博览会是在1903年阴历5月参观日本举办的大阪博览会,并且从中获得对博览会的实际感受和知识。这是日本在大阪举办的第五次内国劝业博览会。张謇在是年正月,接到由徐乃昌转来的日本驻江宁领事天野恭太郎的邀请书,邀请张謇和东南其他名流赴日本参观。早在1900年时,张謇

---

[1] 曹从坡,杨桐:《张謇全集》(第2卷),南京:江苏古籍出版社,1994年,第12页。
[2] 曹从坡,杨桐:《张謇全集》(第1卷),南京:江苏古籍出版社,1994年,第72页。

曾"拟东游考察",因"会世多故,谗言高张,惧不胜其描画而止",未能成行。他之所以想赴日考察,是因为早在淮系庆军统领吴长庆门下担任幕府期间,随其入朝,处理中朝、中日和朝日纷繁复杂的诸种关系中,对日本积累了较多的了解和认识,对日本军国主义的侵略势力保持着高度的警惕,对其明治维新变法以后迅速崛起的成功经验特别关注。在"相信眼睛甚于相信耳朵"信条的驱使下,便欣然接受这次邀请,也正是他实现多年来力图"东游考察"愿望的极佳时机。

张謇东游日记

4月27日(旧历)晨,张謇乘日本邮船会社博爱丸号东渡,29日晚7时到达日本长崎。他带着日本何以能够一跃而成为雄踞东亚头等强国的问题,第一次踏上日本国土去寻找答案。

5月2日,张謇持请帖,与实甫同往博览会会场大阪市天王寺。面对60余万方尺的博览会场地,9万余方尺面积的馆舍,张謇甚为震撼。他看到所产物品分成农业、园艺、林业、水产、矿冶、化学、工艺、染织、工业制作、工艺机械、教育艺术、卫生、经济、美术及美术工艺等十多个门类,每一门类分为8个馆。此外另设参考馆,展出外国产品,以供学习国外先进的技术和经验。张謇就在这个参考馆内看到中国有江、鄂、湘、齐、蜀、闽六省陈列物品。尤其湖北的展品汉瓦当、唐经幢,不禁发出感慨:"劝业以开来,而此以彰往,若移置中国博物院,差不倍(悖)耳。"①张謇认为这些老古董放在博物馆差不多,不应当放到博览会上来,批评了送展当局展品挑选不当。从中我们也可以看到,一是张謇将博物馆和世博会视为有不同的功能。在他看来它们既有共同的地方,同时又是相互区别的。博物馆除了收藏功能外,更多的是作为社会教育机构来建设,以辅助课堂教育

---

① 曹从坡,杨桐:《张謇全集》(第6卷),南京:江苏古籍出版社,1994年,第483页。

之不足；而世博会或者博览会着重展览产品，各方通过参观，以此相互交流，取长补短，促进实业的发展和文化的繁荣。二是对比之下，日本各地产品，层层精选，准备十分精当，而"中国六省，彼此不相侔，若六国然，杂然而来，贸然而陈列，地又不足以敷施焉"①。他批评当局缺少组织领导，未能精心挑选。我国并非无精品可展，他想到家乡的一些产品，"通州、海门墨核鸡脚之棉，吕四真梁之盐，皆足与五洲名产争衡"，却"皆不与焉"。①张謇受到这次大阪博览会的启发，后来将吕四同仁泰的精盐参展世界博览会，获得高奖。后来他一面不断地参观博览会，前后共8次，一面又深入工厂、农村、学校等企事业进行实地参观考察。

当他参观博览会侧园之动物馆时，受到了启示，反映于1905年，他在建立和经营南通博物苑时，也设立动物园，展出各种珍奇动物，以达到"设为庠序学校为教，多识鸟兽草木之名"的建馆宗旨。当张謇参观博览会工业馆，见纺织品最良，制箝最精时，他认为箝类产品用途广，可办实业学校，"十年后进步不可限量也"。接着又参观通运馆，见到"舟车法渡咸备最精者，环球航路之标本，内国山海之模型。台湾模型极精审"，可令他惊诧的是"乃并我福建诸海口绘入，其志以黄色，亦与台湾同"。②这涉及我国领土和主权，曾引起在东京的中国留学生的愤怒抗议，而一些清廷的王孙贵族以至官员在参观时却视若不见，竟然如此麻木不仁，引起了张謇的愤怒。又去参观博览会水产馆和观电气光学不可思议馆，取得了在水产和科技方面的许多新知，为他后来创办江浙渔业公司和吴淞水产专门学校提供了知识积累；也为后来全力支持我国最早的学术团体——中国科学社打下了一定的基础。后来，张謇又去博览会再次参观水产馆，专门考察盐户，又去参观农工器具，农具中购买大犁、中犁、小犁及耙土器、播种器、割麦器、脱粒器、翻草器等各一具；工具中拟购织布、巢丝、织绸、织席、吸水、精米、造烛等器具各一具。第二天，即离开大阪的前夕，又去博览会反复考察工农应用器具，为发展我国的实业，不厌其烦，反复揣摩。并在百忙之中，不忘关爱下一代，挤时间购买馈赠幼儿园的礼品。

---

①② 曹从坡，杨桐：《张謇全集》（第6卷），南京：江苏古籍出版社，1994年，第483、491页。

6月4日，张謇从日本起程回国，途经马关春帆楼时，见到李鸿章当年赴日签约时所写下的"海岳烟霞"题词，胸中涌动难于抑止的悲愤，立即写下了"是谁亟续贵和篇，遗恨长留乙未年；第一游人须记取，春帆楼上马关前"①这首七言绝句，不仅反映了张謇对李鸿章签订丧权辱国马关条约的遗恨之情，也告诫人们不应忘记乙未年的历史悲剧，以避免历史重演。

张謇从4月27日启程赴日至6月6日回国到达上海，前后共70天，花在路途中7天，实际在日本考察了63天。期间他精心参观博览会，认真记录。据日记所记载，先后8次前往参观，其中3次反复察看农工器具，学习日本的先进技术，以求发展自己的实业。张謇除了参观博览会，还风尘仆仆地南至九州的长崎，北至北海道，参观考察了工厂、银行、学校、农垦、牧场、盐田等单位，看到了许多急于想了解的新事物，获得了许多急于想得到的新知识，凡是有利于社会进步、国家富强的事业，均谋划在家乡南通州付诸实践，有力地推动南通各项建设事业的发展，此次日本之行成为张謇事业生涯的一个新起点。通过这次考察，张謇对日本明治维新以来的农工实业和科技发展有了直接的和全面的感受，也在认识视野、思想观念等方面进入了一个更高的层次，提升了国际意识和世界眼光。尤其他对博览会产生了浓厚的兴趣，留下了深刻的印象，对博览会的性质、宗旨、作用及其经营管理，有了初步了解，开始与博览会结缘，进一步激发了他倡导和实施博览事业的热忱。

回国后，张謇于1905年连续撰写了两份奏章，分别上书相国张之洞和新成立的内阁学部，建议"北京先行奏请建设帝室博览馆一区，以为行省之模范"②，并申述其理由。一是借助各国的经验："今东西各邦，其所以为政治学术参考之大部以补助于学校者，为图书馆，为博物苑，大而都畿，小而州邑，莫不高阁广场，罗列物品，古今咸备，纵人观览。"③这也是其成为"文明之先导"的重要基础，"我国今

---

① 曹从坡，杨桐：《张謇全集》(第5卷下)，南京：江苏古籍出版社，1994年，第129页。
② 曹从坡，杨桐：《张謇全集》(第4卷)，南京：江苏古籍出版社，1994年，第272页。
③ 曹从坡，杨桐：《张謇全集》(第4卷)，南京：江苏古籍出版社，1994年，第273页。

宜参用其法"。二是中国建博物馆、图书馆有丰厚的物质条件。他分析说:"我国有历史以来,今四千余年矣,其附丽于历史而可以考证者,曰经籍,曰图绘,曰金石之属。皇古迄今,不可胜计",然而过去"不能责以公诸天下也",那些"承学之士,久相慨惜"①,说明有建立的必要性。三是进一步指出"今为我国计,不如采用博物图书两馆之制,合为博览馆"②,并主张北京先建设帝室博览馆,正如司马迁之言,"建首善必自京师始"①。同时他对建馆又提出了建筑之制、陈列之序、管理之法、模型之部、采辑之例、表章之宜等较为完整又具体的方案,反映了他对此已经深思熟虑,胸有成竹,这些方案成为我国早期博览事业的理论基础。

二、张謇开创中国博物馆事业

张謇对博览馆精辟的论述、恳切的言辞、周密的方案,十分难能可贵。可腐败的清廷没有作出任何反应。善于身体力行、自强务实的张謇,并未因清廷的冷漠而气馁,就亲自动手原将规建中的植物园改建为博物苑。在通师河西,东南濠河之侧,原是一块荒芜的乱坟场,张謇选定这里后立即征购土地,迁居移坟,围地建馆。最早建的是南馆,南馆并不是最初的名称,初始阶段称"动矿物陈列楼"。1907年建成后,被命名为"博物馆",从历史照片上可以看出张謇题写的"博物馆"篆书门额清晰地悬挂着。等到中馆、北馆建成与它形成一轴线后,才被称为南馆。南馆是早期博物苑中最为重要的一座建筑。在造型上它是一座英国式的二层小楼,四面多窗户,便于采光,顶部边缘还砌有城垛装饰,增加了城堡式的庄重感。中国博物馆的事业由此为开端,南通博物苑就成为中华第一馆,开了中国人创办博物馆事业的先河。张謇创建南通博物苑,有力地激发了国内有识之士对博物馆事业的兴趣。一生笃嗜金石书画的时任两江总督端方,就是其中之一。我们可以从1912年5月张謇给端方之弟端绪的信中看到,约于1907年"值在江宁宝华庵从容论世界大势,公以张文襄不能成帝室博览馆,

---

① 曹从坡,杨桐:《张謇全集》(第4卷),南京:江苏古籍出版社,1994年,第273页。
② 曹从坡,杨桐:《张謇全集》(第4卷),南京:江苏古籍出版社,1994年,第272页。

谓当以生年蒐致者独成一博物馆于都中,而分其名品存于南中,能宝吾物而公诸世者"①。说明端方表示要将自己的部分藏品赠给张謇所建的博物苑以充其所藏的同时,自己也将其收藏的金石书画建一博物馆。后来他确实筹建过私人博物馆——"海王村馆"。至于20年后所建的故宫博物院,也不能说同南通博物苑没有一点关系了。

  张謇在创建南通博物苑的实践中,开创了南通博物苑自身的重要特色,即馆藏与园林相结合。他在向张之洞建议请建京师帝室博览馆的意见中就提出:"隙地则栽植花木,点缀竹石",他又进一步指出,这样做的目的"非恣游观,意取闲野",而是供参观者憩息养神、消除疲劳。后来在建博物苑时,苑内修建亭台楼榭、假山池沼等园林设施;同时室外广植树木花卉,饲养飞禽走兽,所有动植物均标上分科和名称,使博物苑成为科普教育的阵地,从而形成了既有博物馆,又兼有动植物园及传统园林性质的巧妙组合。有人总结南通博物苑与外国人所办的博物馆不同的地方就是:现代博物馆与中国古典园林相结合,室内陈列与室外活体展示并举。这是张謇在博物馆事业上的又一重要创举。

  张謇是我国博物馆事业的开创者,这是人们所公认的结论。然而这并非仅仅因为他缔造了中华第一馆,更为重要的是他对中国博物馆学的理论构建。他汲取西方博物馆的思想,根据国情进行深思熟虑,形成自己的见解,又以自己新的理念,脚踏实地在实践中再创新。1908年他亲自撰写《通州博物馆敬征通属先辈诗文集书画及所藏金石古器启》,1912年制订《博物苑观览简章》,1913年草拟《南通博物苑目序》,1914年提出了《国家博物院图书馆规划条议》。他认为博物馆"大要分天然(自然)地理美术三部"。总之,他前后对博物苑的许多阐述,明确了其性质、任务、职能以及机构设置和规章制度,为博物馆学奠定了坚实的理论基础。由此进一步夯实了南通作为中国博物馆事业发祥地的地位,证实中国的博物馆事业是从南通起始的。今年既是南通博物苑的百年苑庆,也是中国博物馆事业开创一百周年。正因为张謇在博物馆事业上的影响和贡献,他多次

---

①张謇研究中心:《张謇全集补遗(一)》,2013年,第4页。

受命负责我国参展世博会的筹备工作。南通博物苑对博览事业的影响,还通过其创始人张謇对博览会事业的贡献体现出来。

三、张謇负责中国参展的国内外博览会

1. 张謇负责中国参展意大利米兰博览会

1905年清廷应意大利驻华公使之请,谕令各省"备品赴赛"。这实际上是一纸空文而已,并无任何措施。此次博览会是渔业博览会,与包罗万象的万国博览会不同,是一种专门性的国际博览会,其功用主要是交流、传播各国养殖、捕捞和鱼产品制造方面的技术与知识。1905年4月,张謇经过筹建,已经成立了江浙渔业公司。商部由此即令其头等顾问张謇准备渔业产品参赛,并咨商沿海七省督抚筹集赴赛费用。为此,张謇将江浙渔业公司扩展为"七省渔业公司",实际上参展博览会的一切事务由该渔业公司承办。那些地方官员却消极对待,总共仅集银二万五千两应付了事。张謇为资金而"刊章集资,应者阒寂,困难错迕,不可殚说",可他不畏艰难,全力行之。在他准备赛品的同时,鉴于"海之失权也,殆数千年与兹",趁机表明中国领海主权,请人"摹绘吾国渔界所及为海图,复与公司董事樊太守棻备运赛品以滕之"①,将我国的渔业与领海联系起来捍卫我国的主权。这又是张謇的一大贡献。此次赴赛改变了中国过去往往"平时无预备,临时又不研究,且必待该国照会到部,辗转行文,始行出示晓谕,为期本已甚迫",仓惶应付的局面。张謇又招聘到郭凤鸣、陈巨纲等精干人才前往陈列,圆满地完成了赴赛的任务。

1906年4月意大利渔业博览会,又称意大利米兰世界博览会,在米兰举行,会场83万平方米,有英、法、美、德、比、奥、中、日等25个国家参加,建馆规模最大的为法国,占地2.5万平方米。②中国商品陈设,仅渔业占地400平方米,

---

①张謇:《意大利万国博览会纪略调查欧西实业纪要序》,载曹从坡、杨桐主编《张謇全集》(第5卷上),南京:江苏古籍出版社,1994年,第272-273页。
②上海图书馆:《中国与世博:历史记录(1851—1940)》,上海:上海科学技术文献出版社,2002年,第31页。

工艺占120平方米,数量极其有限,但在张謇组织领导下精心准备,获得了巨大成功,计得奖凭奖牌百有余张,赴会参加商等多得微利。张謇创办的吕四盐场的盐,颐生酿造公司的颐生酒以及颐生罐诘公司和温州罐诘公司的罐食,同获金奖。这次博览会的一个重要成果是首先依照同年商部颁布的《出洋赛会通行简章》二十条,并以此由政府和民间合作筹办参加国际博览会,中国终于摆脱了海关洋员的把持,使得筹办博览会朝着制度化的方向发展,其中张謇的重要作用,促使我国近代博览会事业发生重大变化,功不可没。

此次博览会令张謇十分感慨的是温州送展人员郭凤鸣,他乘送展的机会,记述了博览会实况,调查了西方的实业,回国后写成了《意大利万国博览会纪略》和《调查欧西实业纪要》两本书。张謇见到书稿,爱不释手,并撰写了序言。他认为:"今以我视同列于会场之国,未暇论长短,而当论有无,则是我国实业尚在胚胎,未可遽言幼稚也。"[①]对博览会这一活动,他再一次强调,可以"各竞其长,而短者取人之长而自益"[①],以此能促进实业的发展。所以他热心于博览事业,对我国后来自己办的南洋劝业会倾注了大量的精力。

2. 张謇参与发起和组织南洋劝业会

张謇对南洋劝业会的举办做了大量的筹备和组织工作。劝业会冠以"南洋",是为吸收海外华侨的加入。劝业会的最初倡议者为1908年时任两江总督的端方,他上奏朝廷,申请举办,得到以张謇为首的江苏上层绅商的响应,

[①] 张謇:《意大利万国博览会纪略调查欧西实业纪要序》,载曹从坡、杨桐主编《张謇全集》(第5卷上),南京:江苏古籍出版社,1994年,第233页。

积极参与筹备。张謇与虞洽卿、周金箴、李平书等都是重要发起人和经办者。1909年闰二月,张謇在南京发起成立劝业事务所,负责具体的筹备工作,同时学习日本的经验,成立协赞总会,作为联络官、绅、商办好第一次劝业会的社会团体。8月清廷下谕正式同意开办。在各省协赞会、物产会、出品协会等群团组织的积极推动下,在举办产品展览的基础上精选优良物品,送往江宁赴赛。张謇还担任了送展展品的审察长,而沈寿是审察员之一,就是在这次活动中,张謇了解了沈寿这位刺绣人才。后来民国初,将沈寿邀请来通,创办"女工传习所",为南通培养刺绣人才,并创立了仿真绣,又名"沈绣"艺术流派。这次劝业会由于张謇领导下的审察员对展品的认真审察,优选劣汰,奠定了第一次劝业会获得巨大成功的基础。

  1910年4月28日,南洋劝业会在江宁正式揭幕,张謇出席并致祝词,内容"以勖勖官民知耻知奋"为说,发展我国的实业。会场占地700余亩,设有教育、工艺、农业、机械、通运、美术、卫生、武备、京畿等馆;并设南馆,陈列南洋华侨产品;设第一、二、三参考馆,展出欧美、日本等外国产品;外省有十几个自建馆,另有3个专门馆、3个特别馆。全部产品号称百万件以上,会期长达5个月,参观人数多达20余万人次。此次劝业会,规模之宏大、内容之丰富,在中国近代史上是空前的,实属中国所举办的第一次全国性博览会。很多人发表观感,荡心骇目,无比新奇和激动,眼界为之大开,甚至说"一年观会,胜于十年就学",自觉和不自觉地接受近代文明的洗礼。如果说博览会的举办、参观、交流尚属感性层次,那么有组织的比较、研究则可使博览会中的交流传播达到较高的理性层次,大大增强博览会的效果。在南洋劝业会正式开幕后,张謇为深入研究劝业会的成果,促进实业的发展,在宁发起成立劝业研究会,自任总干事。其宗旨是:集合同志,就南洋劝业会出品,研究其工质之优劣与改良之方法,导其进步,冀合劝业会之真旨,收赛会之实效。就是说张謇要用科学的方法研究博览会展品,探讨收集、布置、展出、评比、奖励、推广的各个环节,其中尤其研究展品的工艺、技术创新的程度。如何改良、提高?这是关系到能否实现博览会传播科技、增进贸易、提升整体文明水平等功效的大问题。该研究会在闭幕后的两个月内,对8个展馆的农品分别进行研究,最后将全部成果汇集成一巨册——《南洋劝业会报告书》,由上海中国图书公司于1913年正式出版发行。从中我们可以大概看到当年中国工艺科技的发展状况,同时也可见到许多提高科技水平和改革教育的真知灼见。张謇抓住博览会形式这一关节,将劝业会的成果发扬光大。张謇尤其对展出的农产品发生兴趣,力图有组织地进行研究,又发起组织全国农务联合会,并出版农务联合杂志,为改良和发展农业再作努力。同时,还发起成立工业演说大会、报界俱进会等全国性的社团。

张謇在劝业会期间,还十分重视"国民外交",同外国的企业进行交流与合作。早在1908年他就参与筹建中法劝业银行的活动,中法各集资500万法郎作为股金,后因故未成。南洋劝业会也引起了国外商人的注意,主要是日本、美国,分别有日本实业团和美国商团来华考察,以扩大对华贸易和加大对华投资。张謇在中美国民外交上作了较大的努力,尤其对美国大赉集团于展览期间在南京进行了盛况空前的接待,举行了频繁的商谈。根据当时负责建筑咨议局大楼的建筑师孙支夏亲眼所见,张謇将未竣工的咨议局作为会场,四周采用天鹅绒幕布布置,地面全用地毯,内置军乐队欢迎。饮食由上海理查饭店和卡尔登包办,并特制含有大清国龙旗和美国国旗图案的矩形白色瓷砖,作为纪念品,署上中美两国文字的"江苏咨议局赠"。在共建银行、开办航运业、设产品陈列所等问题上取得一致意见。次年四月张謇赴京呈请出国,打算作进一步的商谈,却因故未能成行。

这段时间的张謇,为了劝业会频频奔波于宁沪之间。五月初一张謇离宁去沪,至五月二十四日又赴宁,在宁度过了58岁的生日,第二天原由他组织的通海实业团又亲自陪同参观了劝业会,第三日,即二十七日又前往参观劝业会直隶别馆,在当天日记上记下了"颇觉袁为直督之能任事,此人毕竟与人不同。工艺殊有擅胜处,江苏不及也"。六月一日,离宁去沪。

总之,不管在南洋劝业会上,还是在晚清的中外商人的交往中,张謇都充分利用博览会的特殊形式,千方百计地谋求实业的发展、民生的改善、商业的繁荣、产品质量的提高,将博览会作为国家和民族发展、前进的重要途径而辛劳奔波。

3. 张謇主持筹备中国参展巴拿马太平洋博览会

张謇于1913年9月赴京到任农林部、工商部部长,他对巴拿马太平洋博览会也十分关心。除了支持由陈琪为局长的筹备巴拿马赛会事务局负责一切赛会事务外,又于1914年由张謇主持的农商部派出了黄慕德、束日璐率领工人赴美建政府馆,耗资9万余元,保证了1915年3月9日中国政府馆的正式开幕。这一天午后2时,同时举行开幕式和欢迎式。参加者除了当地华侨,还有美国政府代表、加州州长代表、旧金山市市长、会场副总理等约几千人。飞机在空中盘旋,陆军在阶下列队:一边是中华会馆合唱队,另一边是美国乐队,特来演奏中国国歌。会场总理特将这一天命名为"中华日",一时盛况空前。

热衷于实业救国和教育救国的农商总长张謇,在筹备此次博览会期间,主要为赛事和成立劝业银行等之事,频频与美外交人员往来,并开展国民外交,组织游美实业团。由张謇委派华侨巨商张弼士为团长、上海大资本家聂云台为副团长,工商界代表人物组成的一行17人,赴美参观旧金山博览会。5月3日到达旧金山,9月回国,历时4个多月。他们除考察博览会外,还访问了26个城市,参观了243个工厂,数十个学校、商店、农场等,促进了中美交流,推动了我国实业的发展。在本届巴拿马万国博览会上,由于张謇的精心组织,中国展品共获1211项奖,在31个参展国中获奖数量独占鳌头,其中张謇所创的女工传习所所长沈寿所绣的耶稣冠荆像,神采如生,形象逼真,获得当地艺术家的好评,赢得博览会金奖。张謇本人也因为在实业、教育、科技、农垦、交通等方面的突出成就,从而获得巴拿马博览会(1904—1915)大奖,奖状至今仍保存在南通博物苑。20世纪初的张謇,就是通过参观日本大阪博览会,有力地促进了南通的发展,开创了近代南通的辉煌。2010年,上海将举办世界博览会,世界各国、各民族的经济文化将在上海进行一次大检阅、大展示、大交流。我们可以通过上海世博会这一世界性的盛事,广泛吸纳世界先进文化,推动南通社会经济的进一步发展。

四、结束语

总之,张謇认识到博览会是一种促进对外贸易,进行中外交流,学习先进技术,发展实业,繁荣经济和文化的重要形式,为此而热心博览会事业,无论是作为实业家的张謇,还是政府官员的张謇,都积极参与,不仅不畏艰难,脚踏实地去做各项筹备和组织工作,积累了丰富的实践经验,而且还发起建立组织,对其成果进行研究,进一步引向深入。他自己对博览事业也进行了理论的思考和总结,在诸多方面做出了重要贡献!我们可以理直气壮地说,张謇也是我国近代世博事业的重要开拓者!

张謇在博览事业上的业绩和贡献,给我们今天的文化建设和文化创新提供了众多的启示。

其一,启示我们如何对待外来文化。张謇对于西方文化,既非拒之门外,全盘否定,也非全盘照抄,生搬硬套,而是在理解的前提下消化吸纳,创新发展,创造出自己民族的特色。当今世界随着经济全球化进程的加快,各民族和国家之间的文化交流也显著加强,在这样的时代背景下这个问题尤其显得重要。我们应像张謇那样积极学习和吸收外来文化的长处,取其之长,补己之短。也只有这样,民族文化才能与时俱进,具有时代特征,保证先进文化发展与前进。

其二,启示我们如何对待传统文化。中华民族的传统文化,绵绵延延有四五千年之历史,是个文化宝藏,保存着许多的精华,靠我们去继承和弘扬,同时也只有像张謇一样注意对本民族文化的反思,在传承和弘扬中华优秀传统文化的同时吸纳外来文化的精华,才能促进中华民族文化不断地丰富和发展。

其三,启示我们如何学习外来文化。不是简单地照搬照套,那样就像将别人的帽子戴在自己头上,张冠李戴,而是注重在传统文化特色的基础上,吸纳西方先进文化加以再创造,打造新特色,创出新产品,产生文化精品,发展和繁荣社会主义先进文化。

其四,启示我们文博事业的建设要有历史眼光。文化对经济、政治的影响是广泛而深刻的。博览事业是文化事业的重要组成部分,从总体上看,它的教育、启迪、陶冶、审美、愉悦等功能,对经济社会更多地体现在间接而又长远的作用,并常常是一种潜移默化的效应。在博览事业上进行投资建设,特别需要长远的历史眼光。

其五,启示我们要有文化的自觉性。文化产品是一种特殊的商品。其社会效益与经济效益往往相悖,这种情况历来都存在。张謇倾注在博览事业上的那种热情,反映了他在文化创新上的自觉性。文化自觉又说明他对社会、对历史的责任感。在当今奔向小康社会的道路上,我们尤其需要这种自觉性。

南通在博览事业上,有着深厚的历史底蕴,在近代开创了风气之先,人们早有博览意识,善于将有关资源加以整合利用。到了当代,随着经济起飞,生活水平提高,文化生活的需求不断增长,尤其在奔向小康社会的进程中,文化建设迅猛发展,博物馆事业更是走在领先的地位,珠算博物馆、蓝印花布艺术馆、"中国近代第一城"博物馆、沈寿艺术馆、风筝博物馆、纺织博物馆、建筑博物馆、体育博物馆、长寿博物馆等等,犹如雨后春笋般地涌现,形成了环濠河的博物馆群。如果说濠河是少女脖子上的项链,南通博物苑是这根项链上的翡翠的话,那么濠河边的这许多博物馆,就成了这根项链上的一颗颗闪烁发亮的珍珠!南通人民从这些宝藏中获取智慧和启迪,不断汲取建设新南通的精神动力。

2009年6月

张謇与通海垦牧公司及其海复镇

在茫茫的黄海之滨,一座崭新的农业乡镇的诞生,象征着黄海滩涂一个盐垦热潮的来临。1901年,清末状元张謇首创大生纱厂成功以后,为扩大原料基地,为促进城乡协调发展,又创立了全国第一个农业股份制公司——通海垦牧公司。开垦之地处于吕四的丁荡与二补的交界处,向南至川流港,这片海滩当年归属通州和海门两地,故而谓之"通海";所谓"垦",是向大海要地,围垦荒滩;而"牧"是指在围荡后,利用荡草,先行放牧(主要是牧羊),取得牧业的收益,并用牧场的肥料加速土地的改良。这就是张謇之所以题名"通海垦牧公司"的含义。

一、创建通海垦牧公司的办事机构

公司开张以后,必须有一个办公的场所,为此于光绪二十七年(1901)八月二十四日,据张謇的日记记载:"公司屋基开工,以四十二亩之土,筑高四十三亩之基五尺。"①这就是公司的领导机构所在地,人称总办事处,又称总公司。根据邱云章的回忆,建成后的总公司占地近200亩,四周开挖了有20米宽、二三米深的围沟,启海人称"四厅宅沟"。南向朝马路有表门,表门上书"通海垦牧公司"六个大字,表门上装有两扇堆花大铁门,气势恢宏。表门之墙,直砌到河面,以起保安作用。大门外有岗亭,实业警察站岗,气氛威严。表门内有一空场,往里有一四合院式建筑群,院内十字式天井,朝东、西、北向各有5间房子,唯朝南屋有7间,其中间5间为正厅,名为"慕畴堂",张謇因仰慕隐居自耕的后汉人田畴而取此名。田畴,字子泰,东汉末年人。初平元年(190),董卓变乱,汉献

---

① 曹从坡、杨桐:《张謇全集》(第6卷),南京:江苏古籍出版社,1994年,第458页。

帝封其为骑都尉,然而田畴坚辞而后返回。遂田畴率领宗族避难于无终山,成世外桃源。张謇之子张孝若在他所撰的《南通张季直先生传记》中说:"我父在古人中最崇拜而奉为师法的,还有田子泰","我父立志不做官,办厂种田与教育,处处以田子泰自况"①。张謇还将亲自手书的"慕畴堂"大匾高悬梁上,并亲书堂内楹联:

  庄周以至人自居,乃谓游逍遥之墟,食苟简之田,上不贷之圃;

  韩愈为天下所笑,犹将求国家之事,耕宽闲之野,钓寂寞之滨。

据张謇日记光绪二十八年(1902)二月十一日所记载:那天大风大雾,未刻雷雨交加,乘此机会他集《庄子》、韩文为联。上联讲的庄子号称至人,尚且提倡自食其力;下联说的韩愈遭世俗讥谤,犹思甘于寂寞为国躬耕。张謇借古人之举,表达他对盐垦的信心与决心,并将垦牧乡办成田畴的无终山,即古代的大同社会。厅外走廊很宽畅,约有丈余,相当气派。东为公司总理办公室,西为公司账房。"慕畴堂"后一排大厅为议事厅,就如我们当今的会议室。厅内楹联为:

  汉铎为农家而作,宜田原,宜牛羊;

  周书廑小人之依,胥保惠,胥教诲。

上联借汉物来表示古代对农业的重视,下联则希望关注农民的劳苦。总之,张謇以朴质、劲厚的联语鼓励垦牧职工,希望他们甘愿经受艰难寂寞之苦,为国为民开发资源。大厅之东,在总理办公室的后面那间,就是总理的卧室,张謇每次来公司,均住在该宿舍,就是郑孝胥来公司,也住在此。西为职员宿舍。四合院的东西两侧厢房共10间,用作客房,是初创时期参观者的住宿之处,平时总是关着的。四合院的前屋共5间,中间是穿堂,东侧两间是庶务房和宿舍,西侧两间为工料和杂物库。四合院以西另有一组建筑,自北至南建有两排栈房,秋后议租收花时,是堆放棉花的仓库,平时闲置。1911年公司召开第一次股东会议,会场就设在此栈房内,因为议事厅、慕畴堂均坐不下这么多人。院西的栈房之南,是后来迁来的轧花厂。院西最南就是张謇于1909年组织成立的武装实业大队,

---
① 张孝若:《南通张季直先生传记》,上海:中华书局,1930年,第322页。

驻有一个中队的中队部,住有100来名警察。四合院最后边,即最北的建筑是一座三四层楼高的瞭望台,是垦区的制高点,不住人,群众称"望海台"。因为当时的黄海之滨,人烟稀少,历来有海盗出没。据邱云章回忆,公司曾请南通的军队来剿匪,三天三夜,开销5000银元。故望海台供警察观望海边敌情,有无海盗出现,同时也维护垦区的治安。垦区的佃农增多以后,如有海盗出没,往往有群众来报,瞭望的这个功能便弱化了。这个瞭望台张謇取名"望稼楼",于民国二年(1913)春,亲题对联:"多把芳菲汛春酒,已见沧海为桑田。"抒发他见到通海垦牧公司的沧海变为桑田后的那份喜悦心情。张謇之子张孝若曾遵父命参观过垦区,后在他的游记中描绘到这座望稼楼。总公司地处二堤,它的旧址即如今海复轧花剥绒厂的厂址。它当年的建筑,虽于1942年夏季在日本侵略者占领海复镇前被拆去了,但尚有历史照片保存。这个一度辉煌的总公司,就是海复镇创建的前提和时代背景。有一种提法:"通海垦牧公司驻在海复镇。"似乎先有海复镇,后才有总公司。其实不然,完全是因为有了张謇和总公司才有海复镇。总公司也因为有了海复镇而繁华起来。它们是个有机的整体。

二、奠基垦区集市海复镇

在张謇的日记中,光绪三十年(1904)七月十九日那一天,"定海复镇基"。一度繁华的垦牧乡小城镇就是这一天奠基的。张謇前一天晚上到达垦牧公司,第二天亲自定下了在公司西约一华里的"笆箕襻"(又称笆罂)建海复镇。19世纪末,"笆箕襻"的地名来历,是因为这个地方在海边,海岸线有一个弯兜,形似笆箕襻,故得名。当时岸边零星散落有八九间草屋,张謇认为"市不欲其离于垦",所以将此处买下后建镇。这里有东西走向的中心河,与竖河交界处呈T字形,在河的北边,张謇规划建造200多间市房(也有人说大小120间),供公司与商人租赁开店和职工住宿。自南至北筑有二丈多宽块石铺路的街道。有人说,起初镇名仍叫"笆箕襻",可在建镇时,张謇就定名为"海复镇",以日记为证。前一种说法也可能是因为一个地名的更改有一个过程,新地名尚少为人知,或习惯所致。张謇为何将该地定名海复镇，尚未见当时有文字记载，但传说也可能是与该地变迁有关。张謇他们考虑到这里是三百年前坍入洋，后来渐渐新长出吕复新沙和新复沙，是黄海里重新长出来的地方，故名"海复"。笔者认为这是有一定道理的。

公司在这个垦区农业镇上开了木行，因为张謇考虑到围垦和水利等建设均要用木材，加上佃农建造住宅，木材也是决非可少的。木行利润较好，约在百分之二十左右，开办了十几年，因为熟悉业务的负责人去世，无人顶替而息业。后有一位海门的木行老板迁来，在原址上营业，生意仍然可以；公司于1905年另建有典当，名为"公济"，意在调剂。它除了不小的店面，还有库房、职工宿舍等数十间平房，职工43人。公司除了开店，还办工厂。开始在西街，即公济典当的后面有公孚电灯厂，是24匹的引擎拖一只发电机，供电范围除了全镇、总公司外，还有靠近的小城镇用电。轧花厂也与该处连着，后来才迁至总公司。两厂仅有五六位工人，说明开始时规模尚小。然而，每到秋收季节，大生收花处也在河北街上，就十分热闹。

除了公司开店外，外地商人也来此租房设店。如一溥记粮行，从东台、海安进米出售，也收购蚕豆、赤豆和黄豆转销上海；另有徐豫昌京货店、董通裕京货店、同福生南货店等比较大，同福生南货店门口还有曹文麟撰的一副对联："同仁占大利，福地并长生。"巧妙地将店名"同福生"三字镶嵌在其中。还有沈长泰酒店，自产自销；衣庄更多一点，如大庆衣庄、天生祥衣庄、公济衣庄等。另有如竹行、染布店、烧饼店、小杂货店等，小本生意。还有粮油加工企业，如油坊，自己打油，也代客加工豆油。开始时生意平平，因开垦之初收入不高。随着土地淡化成熟，收益日丰，生意兴隆起来。尤其是秋后棉花上市，除了大生收花处，还有十来杆秤收花。一时间看花先生（检验员）、秤手、会计、行师、打包工、轧户、运输工等，加上售花的农民来来往往，十分兴旺。

河北街上也有公司职员和家属的住房。如总会计林咏清，后其子林华石、工程师钱秉均等家都住在河北街。林华石家安在轧花厂旧址，生活用房3间，另有两间半堆放书籍为书房,存有《万有文库》,他一旦有空就看书。河北的风气相当好。张謇对职工的要求十分严,不准赌博、嫖娼,尤其对练习生,规定作息时间,还要求记日记提高文字表达能力。而河南街就不同了。

河北街的兴旺,带动了归属海门的河南街的新建。地方绅士王巳劲等人也在河南沿街砌房,虽然比不上河北中心街的气派,也有人赁房开店,以小杂货店为多,规模小,资金也少,往往是夫妻老婆连家店。张謇的垦牧手牒中向江知源垦牧公司副总经理指示:"海复镇西头未起屋之地形画一图,另画一海复镇全图,后市河水宜放成潴淡,明年可种荷。河南宜与王格诸户商改道路居房之事,民政部已有文到常镇道,令地方即筹自治也。"①这不仅反映了张謇对海复镇建设的"万分挂心",就是对隶属于海门地域的河南街建设,也干预其事。至1908年时,河南街与河北中心街连成一体,《垦牧乡志》中说:"镇店若公所,综四百八十有九间",形成垦区新型的小城镇。有人是这样描绘当年海复镇的:街衢宽广,市廛整齐,当地通道,行人麇集,百货杂陈,贸易交通,已成一新集镇。

光绪三十四年(1908)十月,张謇在通州成立地方自治公所,各市乡先后成立自治会。垦区行政建制为垦牧乡,宣统三年(1911)八月,垦牧乡成立自治会,在河北的中心街上建造了自治公所。从张謇给江知源的信中可知,他将工科毕业生陈辅庭派往垦牧公司监造海复镇自治分所及质典工程,并对工程提出了具体要求:"新填之基地工须按西法计,墙高厚宽之分数为地工坚筑之分数(自治分所之钟楼址尤宜慎),新砖必湿水。旧砖一横一纵至多不得过二横一纵,泥中须和石灰(所谓扬灰即风化灰),十分之三。略和淡水青沙更好。化灰粉墙须用淡水,灰须先泡使宿。柱须平直,檐须平齐,墙须平正。阶石外边须与栏檐边上下为直线,勿伸出,勿缩进,槛勿过三四寸,三寸为宜,大略如此。"②可见他考虑得十分周全。建成后是一组三层高城堡式西式建筑,中间是钟楼。就在这自治公所里,选举产生了乡议事会议员12名,乡议事会又选举产生董事会和乡董乡佐。于民国元年(1912年)三月,选出的议员代表,代表垦牧乡1033人出席南通

①②曹从坡、杨桐:《张謇全集》(第3卷),南京:江苏古籍出版社,1994年,第447、460页。

县议事会的成立大会和七月县参事会的成立大会。十月,在此进行第一次乡议事会改选;民国二年(1913年)十月乡议事会第二次改选和十一月乡董和乡佐的改选,均在自治公所内进行。所以它是当年张謇在南通实行自治的重要见证之一。地方自治终止后,垦区为通海独立区,在总公司设有区公所,原来的自治公所是公安局的机关,区长、局长人选由公司物色,报送南通和海门,由两县审批,工作人员工资均由公司负担。所以张謇说:市政隶公安局,局附自治公所,有计时钟楼,有工场,有消防室,有拘留所,足为乡镇前导矣。可惜这个自治公所在解放战争中被拆除,然而可欣慰的是还留有当年的照片。这是海复镇的政治中心。

三、创办垦牧高等小学校

张謇还十分关心垦牧乡的教育,规划和要求各堤分别建立初级小学。经过努力,有五六所初级小学产生,校名一般以各堤序数命名,如"一堤初级小学""三堤初级小学""四堤初级小学"等等,唯二堤初级小学在海复镇,称"海复初级小学"。另外在海复镇自治公所附近有一所"慕畴女子初级小学",实际上男女兼收,而女生占多数。各校教师一人,人们称"校长兼校工,上课兼打钟"。教师来源于通州师范毕业生,由公司分派。初级小学的学制四年,除了学习规定的课程外,垦区的小学另加《垦牧乡土志》的乡土教材学习。公司委任太仓文人王康寿为督学,视察垦区的教育,教育的开支主要是公司资助。根据张謇循序渐进的办学思想,初级小学有了毕业生后,要办高等小学校。于1920年在海复镇东南近二里路处的小圩里(今东南中学内),创建垦牧乡高等小学,人称垦牧校。校舍平房五排,二层楼房一幢,另有辅助用房,总共上百间。四周池塘环绕,庭中绿树成荫,前有操场锻炼,教学设备齐全,占地十四五亩,在当时,就学校规模之大、教学条件之好、校舍建筑之考究而言,在启海地区是首屈一指的。远近百姓都称之为"大学堂""洋学堂"。张謇对此校也十分重视,1922年正式开学,规定"体农用学,合群自治"的校训,亲自撰写开学演说词,更为难得的是亲作校歌,其歌词为:"噫艰哉垦牧乡,苇蒿螺蛤今黍粱,沮洳斥卤今井疆。欣欣弦诵兮,今有此乡之高堂,诉争兮礼让,椎鲁兮文章,崛兴兮千辛而万苦,相劝兮日就而月新,耕田读书兮百世良,海有旭兮校有光。"1924年,张謇为使通州师范的师生在农村有一个劳动教学实习的场所,将垦牧高小更名第二附属小学。学校有良好的校风、教风和学风,赢得了社会的好评。1938年日本侵略军侵占南通,通州师范学校乔迁至此。乔校结束后于1947年年底,东南中学又迁入二附小,至此写完了它那光辉的历史。现今旧址尚较完整地保存在东南中学的校园内,已列为省级文物保护单位,是爱国主义教育的重要基地,成为东南中学一个亮丽的校园文化。这个垦牧高小旧址适当修缮后即可利用起来,如办一个盐垦陈列室,以图片和实物反映通海垦牧公司的历程,并利用这一教育资源对人们进行创业教育,不失为一个良策。目前仅用于垦牧高小的校史展览,还远远未能充分利用。

所以要浓墨重彩撰写垦牧校,因为它在海复镇的东南郊,是海复镇文化教育的一个重要组成部分,与海复镇是一个整体。张謇之所以将学校与市镇保持一定的距离,包括总公司在内,目的是使办事机构和学校教学有一个宁静、幽雅的环境,减少种种人为的干扰,有利于提高教学效果和工作的效率。

以上总公司、海复镇和垦牧高小这三个不同的机构和场所,形成了一个三角形,中间有绿色植物相间隔。从今天看来是很环保的,也就是有利于自然生态环境的保护。当年的张謇是否有这一用意,虽然没有确切的文字为依据,但也不能完全否定。因为这一规划产生于张謇东游日本以后,在那里他见到了工业化和人口聚居带来的严重环境污染。加上他原来就有浓厚的生态意识,有这样的用意在情理之中。当然,这只是一种分析。然而有一点是可以肯定的,他重视垦区创建小城镇,是圆他在垦区建一新世界之雏形之梦。他在垦牧公司的股东大会上明确地讲:"借各股东资本之力,以成鄙人建设一新世界雏型之志。"[1]后来张謇在其他垦区,也十分重视小城镇的建设,如三余镇等。综上,以海复镇为中

---

[1] 曹从坡,杨桐:《张謇全集》(第3卷),南京:江苏古籍出版社,1994年,第387页。

心的通海垦牧公司是张謇建立一个理想世界最早的实验基地,实现了"栖人有屋,待客有堂,储物有仓,种蔬有圃,佃有庐舍,商有廛市,行有涂梁,若成一小世界矣"①。

2005 年 7 月 3 日

(原载于《南通特色文化》,苏州:苏州大学出版社,2006 年)

---

①曹从坡,杨桐:《张謇全集》(第 3 卷),南京:江苏古籍出版社,1994 年,第 395 页。

创建张謇盐垦博物馆
弘扬张謇沿海开拓精神

党的十七大进一步把文化建设作为中国特色社会主义事业"五位一体"总体布局的重要组成部分,鲜明地提出推动文化大发展、大繁荣的要求[①]。沿海开发是全面开发的战略,在发展经济的同时发展文化事业,让经济与社会发展同步前进。因而对沿海人文历史资源的挖掘、保护和利用,也是实施江苏沿海开发战略的重要内容之一。江苏沿海的人文历史资源是因为成陆时间短而底蕴显得并不深厚,可是近代在张謇引领下的废灶兴垦、围海造田、兴修水利、改良棉种、规划新建农村等沿海开发的热潮,为我们留下了一笔十分丰富的文化遗产,成为江苏沿海地区人文历史资源的最大亮点,是不可多得的宝贵财富。尤其是张謇在1901年所创办的通海垦牧总公司,在开创盐垦事业110周年的今天,更能体现其重大的历史价值和深远的现实意义。在原址恢复和重建通海垦牧总公司,挖掘和再现历史文化资源,再用于创办盐垦博物馆,将这份宝贵的历史文化资源转化为文化产品,使其成为推动沿海开发战略实施的精神动力之一,变为现实的文化生产力,不仅是对张謇最佳的纪念活动,也是我们实施沿海开发的迫切需要。

一、通海垦牧公司与其历史地位

黄海滩涂因海势东迁,土卤日淡,盐产锐减,成本特高,灶民日贫。张謇在通

[①] 蔡武:《开拓创新 奋发有为 推动文化遗产事业实现新的跨越——在全国文物工作先进县表彰大会上的讲话》,载《中国文物报》,2010年1月22日。

海创办团练时曾前往海防前线,见到灶民的生存情况和大片滩涂的土地资源,触发了对民生的悲悯之情,于是主张废灶兴垦。在创办大生纱厂获得成功以后,又向广植棉花、增加纱厂的原料基地这一目标出发。光绪二十七年(1901),他即与汤寿潜、李审之、郑孝胥、罗振玉等人发起筹建通海垦牧公司的动议,得到时任两江总督刘坤一的赞助,呈报清廷批准,于是年5月,正式成立公司。张謇亲任总理,10月开始招股集资,掀土动工,在茫茫海滩和荒无人烟的盐碱地上,筑堤挡潮,围海造田,兴修水利,改良土壤,引进棉种,改革盐业,以工促农,以农助工,改变产业结构,实行区域经济协调发展。经过艰难曲折的斗争,克服了狂潮海浪和风暴袭击等自然灾害,解决了复杂的地权纠葛和来自人为的种种刁难,历经长达10年的艰辛努力,终于获得成功,已围土地10多万亩,开始赢利,分发股息和花红。通海垦牧公司开垦之前的公司之地,正如张謇在公司第一次股东大会上所说的那样:"立乎于邻堤而东南望,时值东北风大汛,潮拍邻堤之下,弥望皆水,浪花飞洒,薄入邻堤,故缺啮不齐,农人间连柴牛抵捍。近邻堤内之地,黄芽白苇。半未垦熟。时值无风小汛,潮不内侵,驾小车周视海滨,则凫雁成群,飞鸣于侧,獐兔纵横,决起于前,终日不见一人;夏夜则见照蟛蜞之火,繁若星点而已。"①而10年后的这块土地,面貌大为改观:"各堤之内,栖人有屋,待客有堂,储物有仓,种蔬有圃,佃有庐舍,商有廛市,行有涂梁,若成一小世界矣。"②在通海垦牧公司这个张謇垦殖计划的试验地、示范区成功的引领下,在苏北范公堤以东,南至川流港,北抵陈家港,纵约700里,宽约100里的原淮南盐场地区,濒海约1.2万平方公里的黄海滩涂出现了一个开发的热潮。吸引了大量的民间资本,投资开垦,仿效通海垦牧公司,沿海滩涂创办了大小70多家盐垦公司,占地700余万亩,投资总额近2000万元,先后吸引20余万海门、启东农民,战天斗地,兴垦植棉,使昔日的草荡荒滩成为"阡陌交通,田庐相望"的新兴棉产区。

通海垦牧公司是近代沿海开发的一个成功典范。在它的示范下出现了史无前例的围海造田的盐垦高潮,使几十万农民有了生计,这是以张謇为首的大生

---

①②曹从坡,杨桐:《张謇全集》(第3卷),南京:江苏古籍出版社,1994年,第385、386页。

资本集团关爱民生的创举。通海垦牧公司在历史上享有崇高的地位,就其公司的性质而言,是近代中国第一个农业股份制企业,张謇将西方的股份制应用到农业的开发方面来,这无疑是一个创举;就其在大生系统企业中的作用来说,通海垦牧公司的创立,标志着近代中国最早也是一度最大的民营资本集团的诞生,也标志着大生企业从工业到农业的跨行业发展;就其对近代沿海开发影响来看,通海垦牧公司成功的典范起了示范的作用,在它的引领下不仅民间资本以股份制的形式纷纷向沿海滩涂集中,而且几乎所有公司从资金运作到经营管理都以通海垦牧公司为榜样。通海垦牧公司是近代沿海开发高潮的起点,它在近代历史上地位之高、作用之大、影响所及无与伦比。通海垦牧公司的办公之地——垦牧总公司,实际上就是它的标志,就是这一段历史的丰碑!它能复建将使人们永远记住这一历史的伟业!

总公司毁于抗日民族解放战争期间。1940年冬天,新四军东进南通、如皋、海门、启东后,经过两年多的艰苦斗争,苏中四分区已经建设成为稳固的敌后抗日民主根据地。日伪集结兵力,加紧对抗日民主根据地进行"扫荡"和"清乡"。1943年4月,日伪军继苏南地区的"清乡"后,对苏中四分区实行"清乡",我军民开展了规模空前的反"清乡"斗争。为了使敌伪在根据地无立足之地,实行坚壁清野,突击拆除可能被日伪军用于构筑据点的建筑物,通海垦牧总公司及当地的施仓、刘仓、樊仓等先后拆毁。它当年的建筑,虽于1943年夏季日本鬼子占领海复镇前拆去了,可它的旧址仍在(即如今海复轧花剥绒厂的厂址)。

二、复建通海垦牧公司,再现近代沿海开发的辉煌

随着近几年国际旅游业的蓬勃发展,文化遗产作为一种吸引大量消费者的文化产品在经济学上的价值日益凸显,许多地方在经济利益驱使下不分青红皂白把已经失去了的东西全都仿造出来,希望重现昔日的辉煌,意想做一处新的旅游景点,打造新的经济增长点。例如以恢复历史为名大搞仿古一条街的假古董。这种歪曲历史的行为是一种劣迹行为。我们主张重新在原址复建通海垦牧

公司是另一码事。少数在原址复建重要历史文物建筑是允许的。通海垦牧公司当年是因为民族解放战争需要,不让侵略军建据点有驻足之地而拆毁的。现在抗日战争胜利已60多年了,有必要也有条件和可能在原址以原样复建,这是遵循历史文化原真性原则和符合遗产保护准则的。我们不妨将童明康提出的《关于文物建筑原址重建的几点思考》中的五条原则进行逐条对照。①

第一条是必要性和可行性原则。文章例举了北京永定门的重建,说明它的必要性,不仅恢复了北京古城中轴线的完整性,也从整体上再现古城格局。拿通海垦牧公司来说,由它引发的江苏近代史无前例的沿海开发留有的历史文物和古迹不多,也分散各处并不集中,缺少一个近代沿海开发的主体建筑为象征。对于这一类承载重要历史信息的标志性建筑,在条件允许的情况下应该可以重建。原地重建4项可行性的条件为:"一是要与当地的经济社会发展状况相符合;二是有利于实现文物的完整性;三是有利于传承和展示当地的传统文化特色和历史风貌;四是具备技术上的可操作性。"对照这四条也都一一具备。

第二条是考古与历史研究相结合的原则,目的是论证是否真实存在的问题。而通海垦牧公司的存在是无可非议的。

第三条是真实性的原则。文物建筑的重建既要遵循原形制、原材料,也要确保其历史环境的真实性。通海垦牧公司周边环境和地形地貌的机理依旧,遗留下来的垦牧历史遗址未曾变动,仍在原址,布局依旧。

第四条是保护原则。既要保护原址的本体、环境风貌,又要对原有的历史遗迹遗存进行保护。通海垦牧公司的复建并不影响其他遗址遗存的保护。

第五条是精品的原则。坚持高质量、高标准,按原形原制原材料原工艺予以原址复建,永葆建筑精品。

按以上五条原则,复建通海垦牧公司完全都可以做到。复建清末几千平方米砖木结构的平房古建筑,经济负担并不大;又有通海垦牧公司的历史图片为依据,原形复建工艺并不困难。关键是决策者有否文化的自觉,文物的意识,对

---

① 童明康:《关于文物建筑原址重建的几点思考》,载《中国文物报》,2009年12月25日。

文化软实力有否足够的认识。

三、利用复建的通海垦牧公司创建盐垦博物馆,弘扬张謇开拓精神

文化遗产"对于弘扬先进文化、凝聚民族精神、培育国民素质、促进社会进步、推动建立社会主义核心价值体系具有重要作用"[①]。

只有通过我们的努力,把丰富的历史文化资源转化为文化产品,才能发挥文化的影响力。通海垦牧公司在原址复建,本身对人们能起到相当大的启示作用,但并不能充分展示近代沿海那场空前的开发高潮,如将其建成盐垦博物馆,将在这一高潮中通海垦牧公司的引领作用和榜样作用揭示出来,将数十万通海移民背井离乡奔赴沿海荒滩艰苦创业那种惊心动魄的场面展示出来,对人们将会有多大的震撼作用呀!这类文化产品正如国家文物局局长单霁翔在政协开会期间所讲的那样:在城市形象宣传、历史文化教育、乡土情结维系、文化身份认同、生态环境建设、人居环境构建等多方面具有综合的价值。

近代盐垦这一独特的历史文化资源,完全可以转化为特色的文化产品,充分发挥它的社会效益和经济效益。从社会效益来看,能有效地弘扬张謇等人的拓荒精神。当年是什么力量支撑他们锲而不舍地长期奋战在几乎没有生存条件的环境里,最终能获得变斥卤荒滩为良田的巨大成功?因为在他们内心涌动着一股巨大的精神力量,这股精神力量就是拓荒的精神。这种拓荒精神传承了中华民族的多种精神元素。这种精神首先是开拓精神,面对艰苦环境和重重困难,敢于闯荡,具有迎着困难披荆斩棘开拓前进的锐气;这种精神又是一种奉献精神,垦荒造田是有风险的事业,有风险就可能有牺牲,他们一事当先不顾个人安危得失,不求回报,具有着眼于百姓生计、事业发展、国家与民族兴旺的志气;这种精神又是一种拼搏精神,面对困难敢打敢拼,具有不怕失败和牺牲的胆气;这种精神又是一种创新精神,敢于招股创办农垦公司,引进外国优良棉种,进行驯化和改良,实行公司加农户体制,试行垦区乡村自治等一系列前人未做之事,具

---

①孙波:《保护文化遗产 加强文化建设 提升国家软实力》,载《中国文物报》,2010年3月1日。

有敢为人先的豪气。弘扬这种锐气、志气、胆气和豪气,就目前实施沿海开发战略来说,具有现实的借鉴意义;就我国社会主义现代化建设而言,具有深远的战略意义,是我们民族的精神动力,有益于提升中华民族的核心价值观。从经济效益来说,复建的通海垦牧公司可以成为旅游景点。通海垦牧总公司及其盐垦博物馆与生态农业、海洋渔业等景观相结合,将会成为沿海旅游具有特色的景点,让至今还保存的近代盐垦方面的文物,如挡浪墙、篙子港七门闸、通海垦牧高小四合院和百年垦牧区小市镇——海复镇等,组成独特的垦牧人文旅游线。这种组合不仅更有原真性,更有说服力,而且更有旅游价值,也就有更大的经济效益。

2011 年 6 月

(原载于《张謇与盐垦及江苏沿海开发》,苏州:苏州大学出版社,2012 年)

张謇与南通濠河

南通的濠河,不同于一般人工开挖的护城河。濠河水面如汪洋一般,如此之阔广的水域,那是非人工开挖所能成的。原来是当年建城时,利用原有水面资源,在天然水泊的基础上,或进行裁弯取直,或实施开通连结而成。水泊原是宽狭不一,从而成为如今这种不规则的护城河,并由此形成水包城、城包水的独特自然景观。当年的张謇对南通的濠河情有独钟,精心打造,提升价值,才有今天富有魅力的濠河风景旅游景区,尤其是夜游濠河已成为南通重要的旅游品牌之一。

一、赞 美

张謇(1853—1926),我国近代著名实业家、教育家、政治家、慈善家,又是治水专家和中国近代城市建设第一人。他以优美的文字对南通的濠河极力加以赞美,称南通"方七千三百余里之县,二里之城,而濠广与城等加赢,川回渎注,噏嘘江淮,冲瀜潭沱,泓演而浩博,盱衡数十旁县,惟南通最"[1]。也就是说,在方圆7300余平方里的南通县,县城虽仅2平方里,但它的护城河濠河的面积几乎与城市相等,可能还要更大一些。它逶迤曲折,最深处如龙潭,狭窄处为水湾(仅10米),宽阔地带(250米),泓演浩荡,犹如汪洋一般,形同湖泊,但又弯弯曲曲,迂回激荡。环顾数十县的护城河,唯有南通的濠河为最独特而幽美。

张謇还进一步对濠河的不同时节进行了景色的描述。在春秋季节,"时乎和春霁秋,烟朝月夕,微风动波,映树明瑟,凫鸥翔泳,若在镜中"[1]。张謇笔下的濠河,春秋时节,那是光风霁月,朝阳薄雾,贴着水面,袅袅徘徊;月夜河水,清波荡漾,微

---

[1] 曹从坡、杨桐:《张謇全集》(第4卷),南京:江苏古籍出版社,1994年,第411页。

风拂拂,吹皱了千顷碧水,波光粼粼,引人入胜;艳阳朗日,河水映照着的不仅有天光云影,并有河畔的绿树青茵,在宽广的河面上空,不时有成群江鸥盘旋于此;朝夕之时,迷人景色尽收眼底,如若明镜。在隆冬时令,"时乎霸风夜号,朔雪晨缟,澜波撞搪,声澈岸屋,山林塔宇,夸堞参差,迤逦平原,寒光莹汉;综四时而不同,亦东南之胜会也"。[①]张謇笔下濠河的冬天,在我们的眼前展现着一幅美景:北风呼啸,大地上初冬瑞雪,洁白绵绵,犹如丝绸一般;汹涌的波澜,冲击着河岸,伴随着风声响彻四周,山川树林、古代塔宇、参差城墙迤逦在江海平原上。总之,濠河景色,四季而各异,是我国东南地方的胜景。对濠河的一番赞美和描绘,反映了张謇对故乡南通怀有的深情厚谊,因为这种情意进而珍爱濠河,妆点濠河。

二、呵 护

张謇由赞美濠河而珍爱濠河,呵护濠河。1894年状元及第后的张謇,从翰林院辞官回籍,走上实业救国、教育救国的道路。在创办实业的实践中,将工厂办在远离濠河6公里以外的唐家闸农村,在客观上也保护濠河不受工业的污染。他所创办的我国第一个民营企业集团——大生集团,没有一家工业生产企业设在濠河之畔。他在南通实践工业化的同时,保持了濠河宁静、整洁、清流的良好生态环境。当年的濠河曲水回环,绕城而流,仍担负着防御、排涝、运输和饮用的重任,仍有供市民生活用水的功能。

1911年春天,南通遇到百年未有的江水泛滥,一直淹没到西门,是年由张謇筹建了保坍会,在进行护岸抗灾、筑堤保坍的同时也保护了濠河,还疏浚了城山河,重修了通济闸,确保了濠河与长江的畅通,以利于保持濠河水质的清澈,水生资源的繁衍,环境生态的平衡。可惜的是当年的城山河现已断流。

1915年,张謇主持的南通县清丈局进行全县测绘时,对濠河进行了全面测量,从此以后的濠河有了科学和确切的数据,首次以精确的面貌反映在图录之中,载入史册,让人们在地图上欣赏这一神秘东方少女头颈上的翡翠项链。

① 曹从坡,杨桐:《张謇全集》(第4卷),南京:江苏古籍出版社,1994年,第411页。

三、妆　扮

张謇对濠河的情怀,反映在他利用西南濠河天然优越的地理条件,将此处作为对濠河进行着重妆点打扮的地方,创建东南西北中五个公园。他认为:"公园者,人情之囿,实业之华,而教育之圭表也。"①其意是说公园是人们联络和交流情感的地方,是衡量实业是否繁华、教育是否发达的重要标志。他又说:"实业教育,劳苦事也,公园则逸而乐。"所以利用"濠惟富水耳"建公园,以实现"偿劳以逸,偿苦以乐者,人之情。得逸以劳,得乐以苦者,人之理。以少少人之劳苦,以多多人之逸乐,不私而公,人之天。因多多人之逸乐,奋多多人之劳苦,以成无量数人之逸且乐,进小公而大公者,天之人"②。张謇建公园是从民生观念出发,创造一个宜居的良好环境。在工人集中的唐家闸建了公园以后,在城内首先建造北公园。

北公园位于西南濠河的北岸。1917年,张謇在原有绿地的基础上新建北公园。公园大门北向,入大门后,进左为大弹子房、气枪室及量力镫,进右为七八亩草坪,旁植松桧、杨柳,坪西建有公园一桥,通行一亭,名为观万流亭,八角形,分上下两层。此亭建在一个水沚上,四面临水,围种垂柳数枝。《二十年来之南通》一书的作者陈翰珍将此亭比作杭州的湖心亭。亭内有张謇的一联云:

　　　　　百年于人亦何有

　　　　　　一水之会新筑亭

观万流亭

①②曹从坡,杨桐:《张謇全集》(第4卷),南京:江苏古籍出版社,1994年,第411、143页。

该亭与公园有桥相通,此桥谓公园一桥。亭外常泊有一游舫,因购自苏州,张謇即命它为"苏来舫"。他有休闲时,常邀集或者文人雅士,或者知己好友,一面畅游濠河,欣赏濠河的自然风光,一面吟诗作词,互相和唱。舫中有张謇的题联:

    合遣桓伊三弄笛

    谁赍笠泽一床书

又云:

    诗合江湖集

    人疑书画船[①]

1919年,张謇得知金沧江为国难忧虑,心情不好,于中秋节之夜,由三兄张詧和其子孝若等人陪同,邀约金沧江乘坐"苏来舫"泛舟濠河,用东坡看潮五绝句韵赋诗五首,其中有云:

    画船觞客快清游,白发当风映黑头。

    酒畔不须惊世事,沧江东去汉西流。[②]

诗意谓掌握了自然规律,就不会因世事的变化而有所惊恐和悲伤。张謇就是利用公园的自然风光作为与友人交流、联谊和休闲的地方。1923年七夕节,张謇邀客乘舟夜游濠河,并写诗二首留在游舫上:

    漩渊淮水日趋东,浮著孤州玉镜中。

    应笑画船新月底,贪看星汉白头翁。

    箫鼓中流伫桂桡,长空灵鹊自成桥。

    而今始信神仙拙,不借天船趁晚潮。[③]

那艘"苏来舫"就是张謇开创濠河旅游的最早游船了。"苏来舫"成为如今在濠河上各种游船的祖始爷,南通现在的各种游船已是第二代的游舫了。可惜的是1938年日本侵占南通后,"苏来舫"就没有了。新中国成立后,50年代初建南通市劳动文化宫时,观万流亭也就没有了。它们仅仅保留在历史的照片之中。

[①②③] 曹从坡,杨桐:《张謇全集》(第5卷)下,南京:江苏古籍出版社,1994年,第505、237、327-328页。

当年的北公园美景,有歌描述:

公园好,第一北公园。浅草平铺沙粒粒,青松夹道影圆圆,笑语水边喧。凝眼望,林屋一时添。弹子房深蕉叶暝,网球场广柏篱宽,更上水西轩。①

当年的北公园即位于现在工人文化宫和文化宫世纪影视城的地方,歌中描述的景色仅保存在老人的记忆中、书斋的文字里。

东公园位于西南濠河的东侧,北公园往南步行数十步,通过公园二桥,即现在的文化宫桥,见有婵娟窈窕犹如嫦娥降世的一对仙女石雕像,即至东公园的大门,门西向,仙女雕像高高婷立在公园大门两侧,恭候人们入园。园内设有滑步台、秋千、走梯、球场等儿童玩耍设施,是儿童与妇女的游览之处,故也称儿童公园。东公园的西与北紧临濠河畔,植有垂柳桃李,绿树成荫。20多亩的公园成为市民纳凉、聚会的重要空间。张謇创办的中国影戏制造有限公司的摄影棚也在公园之内。东公园当年的盛况,从东公园中歌得到反映:

公园好,第二数东园。才过画桥数十步,一双仙子立云端,两两斗婵娟。风暖日丽草芊芊,一水烟香飞蛱蝶,半园树西隐秋千,争惜艳阳天。②

东公园大门

20世纪30年代初,此处设有教育馆,并建大楼一座,由于那时国民政府强调建筑的民族特色,所以此楼采用中国传统的"大屋顶",成为南通当时的典型建筑。可惜此楼在20多年前的濠南路改造工程中被拆除。当年东公园的地方,因历史的变迁,现已面目全非,目前是南通总工会、中国人民银行南通分行办公

①②陈翰珍:《二十年来之南通》,南通:翰墨林印书局,1938年,第123、124页。

地和一部分绿地。唯有上了年纪的人知道这里是东公园的旧址。

南公园位于西南濠河的南端。从东公园西南往西数十步,穿过公园三桥,即现在的南公园桥,一个绿洲出现在眼前。它四面环水,有东西两条长堤为通道,后来西通道开挖闭路,只剩东路可进出。小洲之北,两路之间有一荷花塘,每年6月,满塘荷叶,高低参差不一,绿叶间盛开荷花,娇嫩鲜艳,花蕾亭亭玉立,含苞待放,迎面清香扑鼻,行人无不驻足观赏。园内建有与众堂,对面紧临荷塘南端原为一座名为"巢翠溪堂"的平房,张謇于1920年为祝贺其三兄张詧七十大寿改建成二层楼房,取名为"千龄观"。楼有张謇一联:

南园此会,七十不稀,合坐相看诸叟健

东坡故事,重九可作,明朝况有小春来

旁另有跋说明缘由:"东坡在岭南,因其气候不常,谓有菊即重阳,十月初吉菊开,乃与客作重九。南通重阳亦未必有菊也,退翁今年七十,以九月三十日诞,然今九月乃只二十九日,为集六十以至八九十乡里知好二十八人会饮以为公乐。主客都千六百余岁。适南公园楼成,遂以'千龄'名观,盖居高视远,观之之义至尔。"①

对于建造千龄观的目的,张謇说得很清楚:"仆一以敬兄,一以增公园景物。敬兄,弟道也;增公园景物,公益也。尽我私而公寓焉,私暂而公久焉,此仆意也。"②千龄观后来成为南通敬老的重要场所,在此有为百岁老人贺寿的事例。平时供游人品茗,夏季乘凉,是市民的好去处。

千龄观,后有荷花塘,前有与众堂。堂内有张謇集句联:

有底忙不来,白日青春,花开水满

且应醒复醉,倾壶倚杖,燕外鸥边③

堂中悬有不少褒奖匾额,两旁悬有中外人士捐助南通教育慈善事业的名单,堂前植有各种花木,堂后为钓鱼台,下临南濠,濠水澄清,游鱼可数,台上架有实木栏杆,其间植有垂柳,远可望五山胜景,近可观平静似镜的湖光之色。钱

---

①③ 曹从坡,杨桐:《张謇全集》(第5卷下),南京:江苏古籍出版社,1994年,第510、501页。
② 曹从坡,杨桐:《张謇全集》(第4卷),南京:江苏古籍出版社,1994年,第581页。

啸秋老人将它比作西湖之平湖秋月。南公园歌所描绘的景色为:

  公园好,渺飘望南园。一片风漪何浩浩,南山飞翠落樽前,天水荡无边。留茗坐,应记晚凉天。水满花开吟好句,酒醒月出亦茫然,欲去总留连。①

南公园外景

  2007年,南通市政府将南公园列为优秀历史建筑。2009年,南通市被国务院列为国家历史文化名城,受到《历史文化名城名镇名村保护条例》的保护,可是南公园中的主要优秀历史建筑,于2011年3月3日被非法拆除,并以大幅广告配有一名记者撰文,歪曲南公园历史,称"解放初期是一个仅存三间平房的无人荒岛",严重违背史实。借此机会,有必要在此将张謇研究中心整理的史实公之于众,使大众了解南公园的变迁,以正视听。

  1919年,张謇为创办伶工学社,暂借南公园为社址,同时在城南营建新校舍,到1920年7月校舍落成,伶工学社由南公园迁出。

  1920年,张謇为了给三兄张詧贺寿,特将南公园内北临荷塘的"巢翠溪堂"的平房改建成二层楼房,秋季落成,名为"千龄观"。从此,千龄观和与众堂成为南公园的主体建筑。

  1924年,张謇在千龄观为百岁老农陆兆华贺寿,希望以此培养人们的敬老意识,此事曾轰动一时。

  1926年,张謇去世,但公园仍正常对外开放。

  1928年,南通民众教育馆成立,以东公园为民教一馆,南公园为民教二馆,

---

①陈翰珍:《二十年来之南通》,南通:翰墨林印书局,1938年,第126页。

后者亦称"美术馆",业务偏重美术教育事业,经常利用主体建筑举办书画展览。

1938年,南通沦陷,南公园被侵华日军侵占,民教馆业务被迫中断。

1946年1月15日,驻通日军投降,南公园由国民党受降部队占用。2月16日,民教馆馆长具呈南通县政府,请求发还南公园整体。当月26日,驻军将南公园退还。民教馆设立复馆筹备处。

据当时《东南日报》报道,此前该馆馆长已开始各项工作:"(一)交涉收回馆舍,(二)收集散失馆具,(三)查报战时馆内财产损失,(四)调查殉职员工身世及家属状况,俾便报请政府褒恤,(五)调查本县社会状况。"至此,则更"招工测绘图样,估计修缮装修及添置施教设备价值,编造复馆预算及施教计划等"。说明其时馆舍基本完整,并无房产的毁亡。

南通解放初,为组建南通市总工会,市委将南公园和东公园划拨给总工会使用。南公园在南通解放初到1958年改为南通地委招待所之前,一直是总工会宿舍和一些部门办公的地方。

1958年3月,为改作"南公园上宾招待所"的需要,由南通市建公司104工段承担"修建南公园原有大楼和全部卫生设备安装"的工程,并且"原计划打算仅在原有建筑物上修建和增加卫生设备,但在施工过程中发现原有建筑物地搁栅有腐烂现象,可能会影响质量;另一方面,增加了卫生设备后,减少了原有房屋使用面积,因此由修建改为拆建,并增加了平房、传达室、大门堂、石驳、水塔、厨房和暖气设备。"工程原计划"4月30日全部完工,但实际完工时间延至1958年12月底"。南通地委有关部门为此形成《南公园修建检查报告》。

嗣后,南公园作为南通地委招待所先后接待了刘少奇、叶剑英、胡耀邦等中央领导同志,在南通老百姓中留下了难以忘却的政治记忆。这更加重了南公园作为历史文化遗产的社会价值。

西公园位于西南濠河的西畔。从公园三桥沿着南公园路往西走,在桃坞路东首的一片绿地,原是西公园旧址,当年围以空花矮墙,立石牌坊,上有张謇所书"西公园"三个字,下有铁栅栏门,铁门上有隶书"公园"两字。园门两侧各建有平房二间,为管理人员所住,入园直通中公园木桥。张謇在西公园广植花木,布置曲折通幽,尤其濠河之畔多植垂柳,排列有序,幽雅有趣。当春夏之交,柳树成荫,百花齐放,别有洞天。内有一茅亭,谓自西亭,亭后有古老紫荆藤,弯曲有趣,绿叶红花,格外迷人。亭北为宽广之游泳场,夏天戏水如鱼跃,为市民创造活动空间。西公园北侧原有俱乐部宾馆,坐落在濠河之滨,中西合璧,造型端庄,雄伟气魄,与五公园交相辉映,是濠河上又一道亮丽的风景。1922年,中国科学社的年会在南通召开,与会的许多著名科学家就下榻于此,想不到80年后的2002年,已经成为政府招待所的俱乐部宾馆,被主管部门借口危房而野蛮拆除。昔日公园歌所描述的西公园为:

公园好,最好是西园。游泳何妨非广汉,浴身何必定温泉,池水碧微鲜。池子外,有个两宜船,倘要烟波思鼓楫,不妨便当竞漕看,夕照满河千。①

西公园外景

因历史的变迁这种美景已经不复存在,目前仅是一片公共绿地而已。

中公园建在西南濠河中的一个小岛上,四面环水,周边以石驳岸,筑有楼台亭阁,假山回廊,外侧绿柳成荫;内侧梧桐庭院,曲栏花坛,四季有花。在西公园东侧有一桥相通,该桥为公园四桥。进入中公园沿南河边林荫道向东,河沿一路花草不绝,山石为路牙。公园大门南向,门外有一小广场,河边为水码头,供游客划船之用。一进公园大门,就有"中公园"三个大字。进门后先见有一个假山,面山而立者原为奎光阁之故基,俗称"奎星楼"。张謇慨其廊庑圮败,屋舍卑仄,乃别建重堂高阁。楼下曰"戒旦堂",三个字为张謇所书,侧有跋云:"日见地上为旦,明也。堂东向,承旦之

---

①陈翰珍:《二十年来之南通》,南通:翰墨林印书局,1938年,第126—127页。

明独先,故西域称葱河以东曰震旦。鸡鸣之诗,士女昧旦,即相戒以事,不负此旦矣,嗟我士女,徒游乎哉,名是堂以晓之。"堂内陈设各种棋具和乒乓球桌等娱乐设施。楼上三开间,中间祀有魁星泥塑像,持笔踏鳌,栩栩如生。左室曰奎南,右室曰奎北,均陈列古碑字帖及佛经,奎北之右为南楼,集褚遂良书,内悬张謇楹联:

  远山长江,朝晖夕阴,气象万千,大观备矣

  良辰美景,赏心乐飞,友朋二三,共尽此娱①

南楼之下为宛在堂,张謇的题联有:

  陂塘莲叶田田,鱼戏莲叶南莲叶北

  晴雨画桥处处,人在画桥东画桥西②

堂内有安乐旋车及活动马,供儿童游戏。南楼之前为水西亭,之后为适然亭,亭匾上有跋语,大意是说张謇考取进士,州人欣贺,将亭取名为"果然"。他思此事,适偶然耳,故改名为"适然亭"。亭匾旁有张謇一联:"世间科举与风汉,楹外云山是故人。"亭为二层,楼上四壁悬挂名人像,内置有各种乐器,供人演奏;楼下凿坏室,张謇也有联语:

  造化既以我为坏

  智者所恶为其凿③

室内陈列慈善公益事业的照片。室前砌有假山,山侧为养云轩,轩前也有假山,由太湖石和宣石砌成,山上刻有张謇《建园记》,记载山石的来历为盐垦公司所捐,此外均为张謇、张詧弟兄所捐。现在这个假山还有部分遗存,虽已非当年盛况,但《建园记》和一部分山石尚保留至今,以此见证当年的公园创建,而且这些山石已成为五公园唯一的遗存了。轩楼之上曰"回碧楼",张謇也有联:

  拟撷好山分坐住

  更添画客倚栏看④

顺楼左折而向前为"石林阁",阁之左侧为"嘉会堂",是南通自治会会议室,

---

①②③④曹从坡、杨桐:《张謇全集》(第5卷下),南京:江苏古籍出版社,1994年,第502、502、503、501页。

门楣上有张謇语：

子桓南皮尽宾宴欢，丝竹并奏，觞酌流行当此之时，忽然不自知乐

逸少东郡序修禊事，仰观宇宙，俯察品类，后之览者亦将有感斯文①

"嘉会堂"楼上即清远楼，集王羲之书法，内悬挂各个盐垦公司和各个工厂的照片。张謇也有一联：

奇伟秀绝，乃在下州小邑之僻

天高气迥，尤与中秋观月为宜②

中公园的花木之佳，假山之好，位置之良，尤为突出，正如中公园之歌所述：

公园好，最好是中央。漠漠四周云水裹，参差几处露红墙，隔岸遥相望。齐拍手，今日喜非常。嘉会堂中宾客满，古魁楼上国旗扬，军乐听洋洋。③

中公园外景

今日的中公园已非当年场景，虽然仍是四周环河，可公园四桥已不复存在，改为南端筑堤通行，以上老建筑均已成为历史，但仍保持着公共空间的功能，为南通市少年宫，更可贵的是还保存着张謇《建园记》遗存。

张謇在西南濠河上所建的五公园，营造了一个充满高雅文化气息的环境，努力提升人们的精神境界；五个公园是濠河畔的花朵，是最重要的人文和自然景观，它们赋予濠河新的生命，新的内涵，提升了濠河的价值。这是濠河成为精品景点的最重要因素。

①②曹从坡，杨桐：《张謇全集》(第5卷下)，南京：江苏古籍出版社，1994年，第503、501页。
③陈翰珍：《二十年来之南通》，南通：翰墨林印书局，1938年，第130页。

五公园的建造,张謇甚为得意,写了南通公园歌:

　　南通胜哉江淮皋,公园秩秩城之濠,自北自东自南自西中央包,北何有,球场枪垛可以豪。东何有,小儿可以嬉且遨。南可棋饮,西可池泳舟可漕。楼台亭树中央高,林阴水色上下交。鱼游兮纵纵,鸟鸣兮调调。我父我兄与我子弟于此之逸,于此其犹思而劳,南通胜哉超乎超。[①]

张謇的描绘,在我们眼前展现出一幅幅当年濠河周边的美景和生机勃勃的生活场景。

四、利　用

张謇除了在濠河上建公园以外,还利用濠河优美的自然生态和幽静的环境,在城南濠河之畔建立文化教育区域。张謇为了适应建设的需要,进行了填土、筑堤、造桥的工程。在西南濠河上建公园时,从北公园至东公园原无路可通,于是张謇筑堤建桥,该堤南北方向,为纵堤,该桥为公园二桥。张謇在《南通公园记》一文中说:由是跨濠为纵堤,而梁其上,通之为东公园。东公园与南公园之间,原来也无路可通,也是张謇建公园时,在濠河中筑堤架桥,那个堤东西方向,称横堤,那座桥称公园三桥,在堤岸边广种柳树进行绿化。无怪乎陈翰珍将一纵一横两堤比作为杭州西湖的苏堤和白堤,可见环境之美好。

东南濠河一向广阔。在古代更是汪洋一片,无路无桥,靠渡船通行。早在1902年,张謇要在千佛寺旧址上废庙兴学,而千佛寺原址是建在东南濠河中的一个岛上,四面环水,唯有南面有一道狭长的堤岸通向三元桥西塝。张謇要建通州师范学校,必须加大通道,由此进行筑堤,在三元桥西与如今的南通大学启秀校区之间筑成一道堤,此堤称为南堤,堤上架桥,此桥称启秀桥,从此打通了与西侧的通道。千佛寺旧址地方有限,建师范学校,缺少学生的活动场地,张謇又在千佛寺旧址南端担土填河,以 13000 立方的填土工程变水域为陆地,建成学生活动的一个操场。

[①]曹从坡,杨桐:《张謇全集》(第 5 卷下),南京:江苏古籍出版社,1994 年,第 212 页。

南通师范学校远眺

南通在民国初年,城区交通大为改观,然而城河带水,迴护湾环,苟使行人临流阻足,望洋兴叹,犹未便也。虽城之西偏,旧有起凤桥,衔接城南,可取道弯远,至城南者往往绕城而行,举足越趄,市民无不盼望能建一桥以免绕行之苦。1920年,张謇趁其三兄70岁生日,号召南通商会筹集资金,张詧亦以寿仪资助一万元,共耗资一万八千元,历时4个多月,建成之桥长约26丈,宽亦4丈有余,共13个环洞,跨于濠河之上,从此濠河天险变通道。据包谦六的记载,桥北正对原江西会馆的大门。故有传说,张謇兄弟的母亲金太夫人当年因投亲不着,在此投河自尽,幸而被江西会馆看门的老人发现救起,帮她找到亲人。以后张氏兄弟对这位老人的儿子特别照顾。建造这座大桥既是便利行人,也寓有纪念母氏劬劳的意思。[①]因它与西侧起凤桥遥遥相对,故张謇取名"跃龙桥"。该桥是淮南最长的桥之一,不仅便民,使交通便捷,将城南紧紧联在一起,而且是濠河上一道亮丽的风景线。

跃龙桥

[①] 南通市文史资料研究委员会:《南通文史资料选辑》(第三辑),1983年,第188页。

1905年,张謇还在南濠河畔的植物园基础上,新建"中华第一馆"——南通博物苑。他是把博物苑视作教育机构来办的。在南馆二楼门厅就有一联:

设为庠序学校以教

多识鸟兽草木之名

该联十分清楚地表明博物馆的性质,所以长期以来南通博物苑隶属于学校,用今天的话来说,是作为学生的第二课堂。因此,有必要使博物苑与通师相通,但两者之间原来没有路,于是张謇在其间筑堤架桥。这道堤被称为北堤,这座桥即位于现在的怡桥位置。后来,向北通向东南城脚筑路造桥,该桥就是如今人民公园桥的前身。张謇在城南一带陆续建了图书馆、通师附小、医学专门学校、农校、伶工学社等文化教育机构,使这一带成为南通的文化教育区域,为濠河周边注入了丰富的文化元素,增加了浓厚的文化氛围,进而形成今天具有深厚文化底蕴的近代历史街区。

南通向来有"穷东门,富西门,讨饭子南门"的描述,张謇利用濠河的自然环境,在南门外的南濠河一带进行重点加工和建设,改变了有史以来"讨饭子南门"那种贫穷、荒凉、落后的面貌,建成了幽静雅致的文化教育区,琅琅读书声代替了荒野恐怖的鬼哭狼嚎。张謇在近代开始对濠河进行建设和装扮,使其变得美丽,从而赋予濠河风景旅游区的新功能,吸引人们在濠河上畅游,在濠河畔休闲。

对于南通濠河的美景,赵丹在《地狱之门》一书中说南通濠河的河堤是仿了西湖的;曹从坡在《前世纪的张謇》一文中也认同赵丹的说法,并以当年所种的垂杨柳作证,说也是从西湖引进的,所以枝条很细,轻风中也会摇曳。陈翰珍在《二十年来之南通》一书中也认为南通"河渠曲折湖泊尤多,真海内难观之地,亦不亚于西湖,故凡身履其地者,莫不目为天下桃源,乐而忘返也"。张謇与南通的濠河,为在城市中创造宜居环境发挥了重要作用,两院院士吴良镛曾评论:"张謇先生经营南通堪称中国近代第一城。"濠河是因为有了清末状元、爱国实业家、教育家张謇而更加美丽动人。

2012年5月12日

(原载于《濠河》,苏州:苏州大学出版社,2012年)

研究篇

研究篇

改革开放 30 年的南通张謇研究

在新中国成立后,张謇研究曾经掀起了一阵短暂的波涛,可以说是张謇研究的序曲。事由纪念辛亥革命 50 周年的学术研讨会上徐崙宣读了一篇有关张謇的论文,激起了众人对张謇研究的兴趣。章开沅教授亲自来南通查阅资料,得到南通市政府的大力支持,他着手撰写《张謇评传》一书。另有谢本书、李时岳等分别写了论文和小册子。南京大学的严学熙先生做了社会调查,撰写了《大豫盐垦公司经营方式调查报告》。一时间不少专家学者纷纷来通访问,先后有蔡暹、祁龙威、黄逸峰、徐崙、徐新吾、吴承明、方行、蔡北华、章开沅等。他们的到来,对张謇的研究工作或者给予鼓励、指导,或者提供线索,起了积极的推动作用。时任中共南通市委宣传部长的曹从坡撰写了《张謇的悲剧》一文,刊在《江海学刊》上。在上海学者许涤新、徐新吾等专家的推动和帮助下,南通着手编写《大生集团史》。

1962 年中共中央扩大工作会议(七千人大会)以后,思想学术界出现了比较宽松的环境,在曹从坡的推动下,经过穆恒等人的努力,《张謇日记》影印出版。南通市委委托时任市长的邹强审阅并主持修改《大生集团史》,邹强市长还为本书写了长篇序言。学者管劲丞先生撰写了《张謇在辛亥革命中的政治活动考实》。同时,在搜集有关张謇的资料方面,市政府将保存在上海大生事务所和各厂的档案集中到南通市档案馆;张謇的未刊函稿和文稿由南通市图书馆抄录作为副本收藏。从 1961 年至 1962 年,对历史人物张謇的学术研究开始有了良好的势头。

然而,好景不长,1962 年 9 月,中共中央八届十中全会提出了"阶级斗争必须年年讲、月月讲、天天讲"的口号,在这一"左"倾思想的指导下,研究张謇成为一种严重"错误",谁也不敢再去碰这一"高压线",刚刚启动的张謇研究,骤然销声匿迹。"文革"开始以后,研究张謇更成为一种不可绕怨的"罪行"。以曹从坡为首的研究者,受到严重的政治迫害,身体和精神都受到摧残。从此张謇研究中断了18年之久。

党的十一届三中全会,犹如一声春雷,在思想路线上拨乱反正,打开了学术禁区,张謇研究解冻升温,开始了30年来张謇研究的三个阶段。

一、复苏阶段(1978年12月—1984年)

十一届三中全会以后南通学者穆烜等访问了张謇亲侄、全国政协常委张敬礼,请他回忆毛泽东在接见他们时对近代4名企业家所作出的评价。张謇是毛泽东所讲的四个"不能忘记的人"之一,由此,在当时打消了不少心有余悸的张謇研究者的顾虑,他们开始整理资料、撰写论文。例如,南京大学的严学熙推荐出版了林举伯的遗著《南通土布史》,南通市组织对《大生集团史》初稿进行了修改,穆烜发表了《张謇创办博物馆理论和实践》的论文,杨谷中写了《京剧改革的先驱》一书等。尤其值得一提的是南通市图书馆成立了"张謇研究资料室",编印了《张謇研究资料》,召开了张謇研究座谈会,参与编辑出版了《张謇存稿》。这期间还有不少学者来通访问,进行学术交流,查阅有关资料。

南京大学的茅家琦、严学熙、倪友春等老师根据"十二大"提出的"建设有中国特色的社会主义"的目标,预测到中国近代经济史的研究必然会受到重视,其中张謇是有突出贡献的开拓者。欲研究张謇,需要有研究的组织机构。章开沅、丁日初、曹从坡、穆烜等也认为成立研究组织是当务之急。那么建立在何处为宜?南通是张謇的故乡,又集中了大量的档案资料,研究组织建在南通是首选。这些想法立即得到南京大学、江苏省社会科学院、南通市领导的支持和赞同。1983年严学熙将"江苏省近现代经济史学术研讨会"放在南通举行,以利于推动这个学术组织的筹建工作。

总之,在这个阶段,研究张謇的学者又重新聚集,来通进行学术访问的中外学者又多了起来,过去封存的文稿开始修改、出版和发表,对档案资料也开始进行整理,学术研究组织也在酝酿之中。这一阶段的特点是张謇研究正在逐步恢复。

二、启动始发阶段(1984年年底—2000年)

张謇研究中心的成立,标志着张謇研究进入一个新的阶段。由南通市社科联、南京大学和江苏省社会科学院联合组建的张謇研究中心,于1984年12月在南通成立,曹从坡担任研究中心干事会的首任会长,南京大学教授茅家琦、江苏省社会科学院经济研究所所长顾纪瑞为副会长,章开沅教授为顾问。成立后的张謇研究中心,首先从事张謇研究的基础性工作,开始了《张謇全集》的编纂工作。经过近10年的努力,于1994年在江苏古籍出版社出版了6卷7册共约400多万字的《张謇全集》。早在20世纪30年代出版的《张季子九录》,坊间已难觅到,《张謇全集》的出版发行为张謇研究学者提供了第一手资料。许多学者因有它而进入张謇研究领域,尽管校勘不严,存在问题较多,但它有力地推动了张謇研究,其作用功不可没。同时对《大生系统企业史》进行再次修改,作为研究中心的一个重要项目,该书于1990年在江苏古籍出版社出版。

这个时期的张謇研究中心与南京大学等有关单位联合主办了三届张謇国际学术研讨会,分别于1987年、1995年和2000年的7月至8月间举行,会后均出版了论文集,分别为《论张謇》《近代改革家张謇》《中国早期现代化的前驱》。期间为筹备张謇国际学术研讨会,还召开了多种形式的中小型学术研讨会,如1993年,在南通举办"纪念张謇140周年诞辰学术研讨会",会后出版了《再论张謇》一书;1994年将江苏省中国经济史学会的年会放在南通工学院举行,实际上是第二届张謇国际学术研讨会的预备会议。

这期间开始有研究性的著作问世,除了论文集外,有章开沅教授的《开拓者的足迹》《张謇传》,张绪武等的《张謇与梅兰芳》,赵鹏的《状元张謇》,姚谦的《张謇盐垦事业调查》,肖正德的《张謇所创企事业概览》以及《大生纺织公司年鉴》等。在南通高校以张謇为内容,开设公共选修课,设立张謇奖学金,利用张謇这份历史文化资源,传承张謇的精神;又开始以课题的形式,进行专题研究。在世纪之末,张謇研究中心又特邀国内外著名专家学者,聘了一批"特约研究员",他们以多种学式进行多方面的指导和帮助,尤其是章开沅和茅家琦两位教授,多次莅临南通,亲切指导、细心指点、热情鼓励,他们的演讲、论文和著作,为我们南通学者树立了榜样,为我们直接或间接地培养了一支团结在张謇研究中心周围的研究队伍。

三、全面发展阶段(2000—2008年)

第三届张謇国际学术研讨会以后,面临着张謇研究如何深入发展的问题。为此,于2001年8月,南京大学和张謇研究中心联合举办了"张謇研究的回顾与展望"座谈会,根据时代的发展,需要建立网站,拓宽空间,加速信息流通。当时并没有更多的建设性意见,而南通市季金虎副市长在第三届张謇国际学术研讨会上代表市委、市政府的发言,提到"积极创造条件,争取在适当的时候在南通举办张謇国际学术研讨会"。在研讨会的闭幕词中也说,下次研讨会在南通相聚。这对南通学者来说,无疑是很大的鼓舞,有力地推动了南通的张謇研究。这个阶段,南通的张謇研究随着改革开放和思想解放的深入发展,不断地兴旺起来。

1.张謇研究组织相继建立,促进张謇研究

学术研究需要有组织去联络、发动和管理。在张謇研究中心的指导下,2000年8月原南通工学院成立了张謇研究所;第二年,原南通师范学院也成立了张謇研究所;第三年,南通高等师范学校成立了张謇教育思想研究室。2004年南通组建南通大学,两院的张謇研究所合并,成立南通大学张謇研究所,资源得到整合,研究力量得到加强。同时海门市、通州市、南通纺织职业技术学院、南通农业职业技术学院等先后成立研究会。有了研究机构和学术团体,也相应地有了一些研究经费,尤其是高等院校有科研经费,可以组织申报课题,给予一定的经费资助,便于进行专题性的研究。设立这些课题,为申报省市的课题作了前期的准备,易于获准。如省"九五""十五"教育科学、哲学社会科学研究基金项目,有3个获得立项,后来还获批全国社会科学研究基金项目。这些在南通张謇研究领域里是一个新的特色。

2. 学术研讨会议不断举行,推动张謇研究的深入发展

2002年,适逢张謇创办的南通高等师范学校百年校庆和南通医学院、南通工学院90周年校庆,三校联合举办了"张謇教育思想研讨会",开创了张謇研究举办专题性学术研讨会的先河,以后专题研讨会不断地在南通等地举行。2002年年底,在南通举办有不少韩国学者参加的"金沧江学术研讨会";2003年5月张謇研究中心与扬州大学和中国史学会在扬州联合举办"张謇150周年诞辰高级论坛";2003年6月,在南通市,"中国近代第一城研讨会"和"中国民营经济发展论坛"同时举行,以此纪念这位杰出的爱国实业家、教育家诞生150周年。其中要特别提出来的是两院院士、清华大学吴良镛教授的"张謇先生经营南通堪称中国近代第一城"的命题,不仅得到论证,而且得到全国规划建筑界学者在"中国近代第一城研讨会"上的认同。南通打出了"中国近代第一城"的品牌,扩大了在国内外的知名度。对张謇研究来说,拓展到新的领域,有了新的和重大的突破,张謇研究迈上一个新的台阶。2005年5月,经过一年的筹备,日本国涩泽荣一纪念财团与张謇研究中心联合举办"中日近代企业家的人文关怀与社会贡献——涩泽荣一和张謇的比较研究"学术研讨会,中、日、美三国的研究者进行了学术交流,开创了国际合作、联合举办张謇学术研讨会的先例。是年冬天,中华爱国工程联合会在北京举办"中华爱国工程2005高级论坛——张謇的爱国实践和当代民营企业家发展取向"学术研讨会,南通有20多位学者和民营企业家出席会议,有利于推动民营经济的发展。2006年夏天,为纪念张謇逝世80周年,张謇研究中心联合翁同龢纪念馆、南通大学张謇研究所等单位举办"张謇与近代社会变迁学术研讨会",为是年11月南通市政府和南通大学等联合主办、

张謇研究中心参与承办的"第四届张謇国际学术研讨会"作了一定准备。6年学术成果的积累,为此次国际学术研讨会奠定了基础。第四届张謇国际学术研讨会在南通的成功举办,用章开沅教授的话来说,标志着"张謇研究"的回归。之后两年以小型研讨会为主,进一步开展研究工作。2007年10月,张謇研究中心与农院联合举办"纪念张謇创办农业职业教育一百周年学术研讨会",以农业教育为主题。2008年9月,张謇研究中心与通州张謇研究会联合举办"张謇盐垦事业学术座谈会",以此推动在张謇盐垦事业方面的研究。

3. 资料整理的基础性工作有了新的进展,为张謇研究创造条件

历史人物的研究,以史料为基础,以资料为支撑。这段时间,张謇研究中心与有关单位联合整理、编纂张謇及其所创企事业的资料。2004年,在市委市政府的领导和关心下,张謇研究中心成立了领导小组和编委会,启动了新编《张謇全集》这一文化工程。目前正在紧张地进行之中,并已获准进入国家文化重点工程——清史编纂委员会文献丛刊。可望有一部正确的比较完整的第一手资料提供给国内外的张謇研究者。(作者注:新版《张謇全集》已于2012年由上海辞书出版社出版,8册,605万字。)同时,张謇研究中心和南通市档案局联合出版了《大生集团档案资料选编》系列丛书的"纺织编",一套共5辑(第一辑由南通市档案馆与南京大学联合编),现在正开始编"盐垦编"。这一基础性的工作,虽然无名无利,是专为他人做嫁衣裳的艰苦工作,但对南通的学者来说是责无旁贷的历史使命,张謇研究中心打算长期做下去,当好张謇研究的铺路石子。

4. 张謇研究队伍初步形成并逐步成长起来

张謇研究队伍在这个时期以学术组织为依托,逐步形成老中青相结合的学术梯队,高学历、高职称的研究者也多起来了。研究队伍由高校的研究者和社会上的研究者两部分组成,各有所长,相互配合,通过各种学术会议,进行学术交流,申报各级课题,发表学术论文,学术水平正在提高之中。南通的学术刊物,如《南通大学的学报》(社会科学版)(教育科学版)、《南通纺织职业技术学院学报》以及《江海纵横》《南通今古》等内部期刊,均有张謇研究专栏;《张謇研究

年刊》《张謇研究》《謇园》等张謇研究的刊物为南通研究队伍提供了学术成果发表的阵地,有利于队伍的培养和学术水平的提高。可以说这支正在成长中的张謇研究队伍,已经有了一个良好的生存发展环境。有了这支队伍,张謇研究的深入发展有了保证。

这个阶段学者的研究成果也多起来了。就全国而言,有章开沅的《论张謇》,吴良镛的《张謇与中国近代第一城》,虞和平的《张謇——中国早期现代化的前驱》,祁龙威的《张謇日记笺注选存》,严翅君的《伟大的失败的英雄》,于海漪的《南通近代的城市规划与建设》,卫春回的《张謇评传》,周兴国主编的《状元实业家张謇》等近十本著作。南通研究者的学术著作,如王敦琴的《传统与前瞻》及其主编的《张謇研究百年回眸》,钱健的《东方乌托邦——近代南通》,金城主编的《张謇研究论稿》,马斌主编的《张謇职业教育思想研究文集》《张謇实业与教育思想概论》,吕安兴的《张謇的道德人格》,黄振平主编的《张謇的文化自觉》,庄安正的《张謇先生年谱(晚清篇)》,南通市文化局编的《南通中国近代第一城论文集》,朱嘉耀主编的《南通师范学校史(第一卷)》,张廷栖、赵鹏的《张謇画传》,姜卫国主编的《张謇与故乡》以及《张謇与中国近代社会——第四届张謇国际学术研讨会论文集》等,有十几本之多,论文更是数以百计。可以说累累硕果史无前例,可见张謇研究的兴旺景象。

5. 历史人物的研究与现实需要相结合,收到较好的社会效益

历史人物的研究最终应当为现实的社会发展服务。这是一个重点,又是一个难点。新世纪开始,原南通工学院张謇研究所确立了两个课题:"以张謇为中心的南通人文旅游资源的利用与开发研究"、"张謇与当代民营企业家的研究"。通过这两个课题把南通的张謇研究与南通的旅游业和民营经济联系起来,促进旅游经济和民营经济的健康发展,收到了良好的效果,研究成果分别为吴良镛院士论证"南通是中国近代第一城"提供资料,为"中国民营经济发展论坛"提供理论依据。这两个课题后来分别获准为南通市的软课题和江苏省"十五"规划哲学社会科学研究基金资助项目。近两年张謇研究中心又领取张謇所创工

业园区的"唐家闸近代工业遗产普查"和"芦泾港生态园区的保护与利用研究"课题,为南通市申报国家历史文化名城提供资料,保护了即将被工业用地改造的芦泾港陈氏花园。这也是南通张謇研究的地方特色。

　　总之,改革开放决定着社会的兴衰,同样也决定着张謇研究的兴衰。张謇研究经过这30年的发展历程,特别是近十年来张謇研究已成为南通的一个文化现象,出现了研究的热潮,有了前所未有的喜人景象,这是改革开放、解放思想带来的奇迹。南通已经逐步成为全国研究张謇的主要阵地,无论从研究的成果(著作或者论文的数量)还是从研究者队伍的集中程度和人数来看都占有优势,问题在于要不断地提高学术水平,坚持不懈地努力,继续创造条件促成"张謇学"的早日诞生。

2008年11月2日

(原载于《江海纵横》,2008年,第6期)

浅论张謇研究与"张謇学"

张謇研究的进一步发展,其远期的学术目标是成为一个学术分支,建立"张謇学"。"张謇学"是张謇研究发展到一定阶段和相当深度的重要标志。"张謇学"也标志着江海文化的重大发展。江海文化犹如一条流动的长河,每一个时期,人们都在不断地向其中注入新的水脉。张謇所创的近代工业文化就是其中之一。江海文化应予以优化地传衍,也就是说,将最典型的、底蕴最深的、最优质的文化加以保护和利用,使之传承和发扬!将来的"张謇学"就是优质的江海文化工程,就是江海文化的一个重要特色。它使江海文化更富感染力和影响力;它使江海文化这棵奇葩在中华优秀文化苑中光彩夺目,备受青睐!

一、"张謇学"的提出

张謇研究从严格的意义上说是从20世纪60年代初开始的。在全国纪念辛亥革命50周年的学术讨论中涉及对张謇这个历史人物的评价,从此报刊上有了评价张謇的文章,这些文章引起了时任中共南通市委宣传部长曹从坡的重视,便开始组织力量研究和搜集有关资料。1962年,曹从坡发表了《张謇的悲剧》的论文。这一年有不少外地学者来通访问,蔡暹、章开沅、祁龙威、徐新吾、徐崙、吴承明等也就是在这一时期来通查阅资料,并对南通的张謇研究进行指导。从此,张謇研究开始启动。但好景不长,是年10月,八届十中全会上提出"千万不要忘记阶级斗争"的口号,刚刚启动的张謇研究很快就被扼杀而销声匿迹了。"文革"的浩劫不仅对张謇全盘否定,还对以曹从坡为首的研究者进行政治迫害,批斗、关押和摧残。十一届三中全会后的拨乱反正和改革开放,使学术研究迎来了春天。遭受劫难而幸存的曹从坡,又联络学者发动和组织张謇的研究,在外地力量的推动和南通市委的支持下,于1984年成立了张謇研究中心,他首任干事会会长。这二十几年来的张謇研究,虽然阻力重重,可有了蓬勃的发展,国际学术研讨会就举行了四次,大小学术会议不下十几次。在这种情况下不断有人提出"张謇学"的问题。

最早提出"张謇学"的是南京大学严学熙、倪友春老师和江苏人民出版社的缪亚奇编辑,相关见解见于他们1993年出版的论文集《论张謇》的后记。[①]当时学术界有些反响,但不少学者不倾向太早谈论这个命题。2000年,章开沅教授在他的《张謇传》后记中说,有人询问"有无可能产生张謇学这一史学分支",他表示"难以作明确的回答";但又在下文说到如果条件成熟,"我个人,当然期望乐观其成"。[②]

那么"张謇学"诞生的条件是什么呢?我们如何创造条件促成其诞生呢?

二、"张謇学"诞生的客观条件

前些时候,光明日报发表了来新夏的《林则徐研究与林学研究》一文,文中提到,就一名历史人物而言,要将其作为专学来研究,至少需要具备五个条件。[③]笔者十分赞同。以下就近代实业家、教育家张謇是否具备这些客观条件逐一进行讨论。

一是这个历史人物必须有一套完整一贯的主导思想,指导其一生的事功和学行。出生于鸦片战争以后的张謇,在中国民族危机、社会危机和文化危机日益严重的时代背景下,深受传统文化"天下兴亡,匹夫有责"的熏陶,忧患意识特别炽烈。他忧国忧民的危机意识激发起救国救民的责任意识,使他并没有坐而独发愤世嫉俗之感慨,而是把忧国忧民之情化为爱国爱民之心、报国报民之志和

---

① 严学熙:《论张謇——张謇国际学术研讨会论文集》,南京:江苏人民出版社:1993年,第655-657页。
② 章开沅:《张謇传》,北京:中华工商联合出版社,2000年,第394-395页。
③ 来新夏:《林则徐研究与林学研究》,载《光明日报》,2005年11月22日。

救国救民之行,以满腔的爱国热忱披荆斩棘,不畏艰险,开创了中国早期现代化的地方模式,在政治、经济、文化、教育、城建、金融、慈善、交通、渔业等领域,创下众多的业绩,泽被后代。他那勤奋节俭、关怀弱势群体的道德人格,一向得到人们的崇敬。爱国爱民的情怀是他一生的动力之源。

二是这个历史人物的历史贡献和学行的成就必须有崇高的历史地位,具有划时代的标志性意义。张謇在清末严重的民族危机面前,以"舍身喂虎"之气概,走上状元办厂、实业救国的道路,开一代风气之先。从此,"文人下海"创业之风遍及全国,如江苏的沈云沛、湖南进士王先谦、上海绅士李平书、浙江举人余兆曾等形成一股不可逆转的时代潮流,产生了与近代中国社会特殊经济形态相适应的过渡性阶层——绅商,成为近代企业家的重要组成部分。张謇就是这个群体的领军人物。他在近代城市规划和建设、师范教育、戏剧教育、博物馆事业、气象事业、垦牧事业、渔业等领域的实践,都是开创性的,具有划时代的意义。他政治上主张改革,不仅参与了维新变法,还是发动清末一场政治变革——立宪运动的领袖人物。

三是这个人物本身遗留有大量有关自身的各种形式的原始资料,保存比较完整,足供他人作研究根据。在历史人物资料的完整性上,张謇更为突出,不仅他自己留下的著作——1994年版的《张謇全集》就有400多万字,加上正在进行新编《张謇全集》过程中已搜集到的轶文近200万字,新版《张謇全集》估计要接近600万字。这些著作体裁多样,如公牍、日记、信札、诗词、楹联、序跋等;内容丰富,涉及清末民初社会转型时期的政治、经济、文化、教育、垦牧、水利、慈善、金融、贸易和城市建设等,而且他所创办的大生企业档案就有9000多宗卷,叠起来有近百米的高度,这在国内是罕见的,已被国家档案局收入"中国珍贵档案文献遗产名录",足以供人们长期研究下去。

四是这个人物拥有足够数量的研究者和广阔的研究空间。对于张謇的研究,早已不是少数人研究的课题,研究者涉及英、美、法、德、日、韩等许多国家,尤其在日本有一支研究队伍。在国内有章开沅、吴良镛、茅家琦、祁龙威等老一代的张謇研究者,又有马敏、谢俊美、朱英、虞和平、周见、陈争平、林刚、马俊亚等一批中年学者,青年学者更多。在张謇的故乡南通,一支老中青相结合的研究队伍已经形成,南通大学组建以后南通高校张謇研究的资源得到整合,在张謇研究所的组织下依托江海文化研究中心的平台,将有很大的潜力,前景乐观。就张謇研究组织机构而言,除了已有20多年历史的张謇研究中心外,还有南通大学张謇研究所、南通纺织职业技术学院张謇职业教育思想研究会、海门张謇研究会、南通高等师范学校张謇教育思想研究室。外地有南京大学张謇研究中心,而且有张謇研究方向博士点。以上这些说明张謇研究拥有一个数量较多、范围甚广的研究群体,特别是这几年发展迅速。2006年11月,在张謇的故乡南通成功举办第四届张謇国际学术研讨会,开拓了一些研究的新领域,锻炼了研究者的队伍。张謇涉及领域很多,而许多领域的研究还仅仅是开始,还有未涉及的领域,研究的空间还大得很。

五是这个人物对现实社会生活各方面有借鉴与启迪作用。张謇当年由忧患意识而激发的爱国情操,脚踏实地的实践作风,不畏艰苦的创业创新精神,在南通早期现代化实践中实行股份制的现代企业制度,城市规划建设的崭新理念,普及教育启民智、明公理的执着追求,不拘一格培养人才、吸引人才的人才观,注重人居环境绿化、城市营造、公园和森林的生态观,注重工农互补、城乡联合、区域经济协调和谐的发展观,村落主义的农村建设观念,等等,对我们均有深刻的借鉴和广泛的启迪作用,是一个不可多得的民族的精神宝库。

按照来新夏提到的五个方面来看,我们可以大胆地肯定,对张謇这位历史人物的研究,完全具备历史学一个分支的条件,完全可以作为专学来研究。但笔者认为这还仅是客观存在的一个丰富的宝库,还要靠专家、学者去研究和挖掘,也就是说要有足够的主观条件才有可能使"张謇学"成为现实。

三、"张謇学"诞生的主观条件

章开沅教授在《张謇传》的后记中为我们指明了方向。他说:"张謇研究毕竟起步较晚,还有大量的基础工作要做,而且一定要做好,然后才有可能出现一批真正可以传世的学术佳构,乃至一批处于国内外先进行列的张謇研究者。只有到那时,'张謇学'才是水到渠成、名至实归了。"又说,"一切都取决于众多有志于张謇研究的学者(特别是青年学者)的共同努力"。依笔者对此的理解,这主要是对南通人说的。事实证明,他在第四届张謇国际学术研讨会的主报告中说:"最关心(也可说是担心)的还是南通这个研究中心,中心就是根据地,也就是张謇研究最紧要的安身立命之处。南通张謇研究中心的健全与否,关系着张謇研究的全局,甚至关系着它的成败兴废。"所以笔者认为南通必须要做好如下三项工作:

一是文献资料整理的基础性工作。这项工作是南通人责无旁贷的历史使命。因为大批档案资料在南通,别处的人无法代劳。多年来,南通人为收集、保存、整理这些宝贵资料作出了极大的努力。早在20世纪的30年代,张謇之子为怀念其父,编写了《南通张季直先生传记》,又将其文稿编辑成《张季子九录》出版,加上张謇在世时编的《南通自治十九年之成绩》《通州兴办实业之章程》等。这些是最早的基础工程。之后由于种种原因而停顿下来。直至十一届三中全会拨乱反正,改革开放以后,重新开始对资料进行整理和研究。花了十年时间编辑出版了1994年版的《张謇全集》,共计6卷7册,400多万字。同时将60年代《大生系统企业史》的初稿重新修订后正式出版发行。另外出版了《南通土布史》《南通纺织史图录》《大生纱厂工人生活的调查》《张謇农垦事业调查》《张謇所创企事业概览》《江苏盐垦实况》等。在"十五"期间,南通市档案局和张謇研究中心又开始编辑出版《大生档案资料选编》,已出版了"纺织编"Ⅰ、Ⅱ、Ⅲ、Ⅳ、Ⅴ系列资料丛书。张謇研究中心还重印了《南通自治十九年之成绩》《张南通先生荣哀录》《张謇轶闻》等。这些资料和1994年版的《张謇全集》在张謇研究中发挥了重要作用,可以说,没有它们不会有当今张謇研究的热潮。然而这项基础性的工程尚处于属起始阶段,大量的工作还在后面。仅《大生档案资料选编》就还有盐垦编、教育编、文化编、慈善编等系列资料丛书有待编辑出版。何况1994年版的《张謇全集》,限于当时条件,尚有不足,需要重编。在南通市委市政府的关心下,2004年启动了新编《张謇全集》的工程,要求将其打造成文化精品。两年多来已有良好的开端,可他是一项长期的工程,并非一蹴而就。这些工作为"张謇学"夯实基础跨出了有力的第一步,可是仍然离要求相距甚远。客观形势要求对这一工作加大力度,加快进行,长期坚持下去。

二是要有一批佳作能成为传世的学术成果。20世纪60年代有曹从坡的论文《张謇的悲剧》和管劲丞的《张謇在辛亥革命中的政治活动考实》。三中全会拨乱反正以后,1984年成立了张謇研究中心,参与主办和承办一、二、三、四届张謇国际学术研讨会,有了一批论文。在"十五"规划以来,通过2002年的"张謇教育思想研讨会""金沧江研讨会",2003年的"纪念张謇150诞辰高级论坛""中国近代第一城研讨会""民营经济发展论坛",2005年"中日近代企业家的人文关怀和社会贡献国际会议""中华爱国工程2005高级论坛",2006年的"张謇与晚清社会变迁学术研讨会""第四届张謇国际学术研讨会"等学术会议,南通学者出了一批学术成果,学术水平在迅速提高。但影响还不够大,学术水平有待进一步提高。著作方面,虽然有黄振平主编的《张謇的文化自觉》、庄安正编著的《张謇先生年谱》、赵鹏编著的《状元张謇》、金城主编的《张謇研究论稿》、金沧江研究所编的《中韩文化交流的友好使者》、文化局编的《南通中国近代第一城论文集》、吕兴安著的《张謇的道德人格》、王敦琴著的《传统与前瞻:张謇经济思想研究》等一些研究书籍出版,积累了一批成果,但要成为有影响的传世佳作,还要花大气力。

三是要有一支国内外有影响的研究队伍。"十五"期间刚刚形成的张謇研究队伍,虽然年龄有老中青,职称有初级中级高级,学位有学士硕士博士,结构尚属合理,但学者队伍尚比较稚嫩,有待长期的训练,还需要有关领导部门和著名专家的扶持与进一步培育指导。长期以来,南通的学者每每有所进步,都离不开南京大学、华中师范大学、江苏省社会科学院等许多高校、研究机构和章开沅、茅家琦等一批著名专家的精心培养、悉心指导。在去年的第四届张謇国际学术研讨会上,章开沅教授的主报告《展望二十一世纪的张謇研究》[1],又一次历史性

---

[1] 章开沅:《展望二十一世纪的张謇研究》,载《南通大学学报(哲学社会科学版)》,2007(1)。

地系统回顾了张謇研究,客观地分析了研究的现状,也实实在在为这支队伍又一次指明了方向。

"张謇学"应该首先在张謇的故乡南通诞生,南通的社会也好、政府也好,都应该在以上这三方面投入足够的精力、人力、财力,努力创造条件,促使其发育成长,成为南通人文科学研究的一大特色,一块名牌。作为南通的张謇研究者,更要认识到任重而道远。章开沅教授在多种场合对南通学者指出,"关键是学术队伍要自信,要敢于超过前人,超过京、沪、宁,争取南通第一"。他不断地鼓舞南通学者的士气,帮助他们树立自信心,尽快地成熟起来。

总之,在客观上要求南通从上到下形成一个共识,用章开沅教授在扬州高级论坛期间说的话,"张謇学"离我们越来越近了。促成"张謇学"的诞生,是我们的共同目标。但是促使它的面世要靠扎扎实实,一步一个脚印地支持和做好文献资料的整理出版工作;克服浮躁、功利的学风,以奉献的精神,脚踏实地支持和做好理论研究,积极推进传世佳作的出版;精心培育和呵护学术队伍,千方百计促成队伍的成长和成熟。张謇这个文化资源,只有成为"张謇学"这个学术成果,才可能有效地、长久地转化为社会效益和经济效益。吴良镛院士"中国近代第一城"的学术成果对南通社会经济发展的促进作用,充分证明了这个道理。人为地渲染、作秀、鼓吹,看起来轰轰烈烈,结果是欲速则不达,不仅浪费了人力财力,而且往往事与愿违。笔者认为应该将有限的人力和财力花在文献资料的出版、学术会议的举办、学术成果的积累和学术队伍的培养上。在"十一五"规划期间,我们应继续做好基础性的工作,力争在几个五年规划时间内,奠定"张謇学"的扎实基础,促使其水到渠成。正如章开沅教授在第四届张謇国际学术研讨会上所言:"成熟的张謇学必将现身于21世纪!"我们举起双手迎接它的到来!

2007年1月20日

(原载于《江海文化研究》,2007年,第2期)

我对"张謇学"基础工程的一点认识

《大生集团档案资料选编·纺织编》是大生档案资料的一套系列丛书,共5本。《大生档案资料选编·纺织编Ⅴ》是本套系列丛书的最后一本。其收录的内容,有大生企业的函件电文、重要文书和统计报表三个部分;从其时段来看,是从张謇去世以后到公私合营之前(1927—1951),前后25年的时间。这个时期我国社会动荡,战事连绵,民族多难,人事多变。处在如此生存环境下的大生企业,经营极为艰难曲折,尤其是日寇统治时期,对大生企业实行军管制,企业资产遭到疯狂的劫夺和严重的破坏。我们可以从许多重要函电、文书和统计报表中得到确凿的印证。

《大生档案资料选编·纺织编Ⅴ》收录的文稿,均为当年的原始函电、文书和报表,具有原真性。对于进一步研究中国纺织史、大生集团企业史,以至中国民族工业史,都是难得珍贵的第一手资料。纺织编是大生档案资料中的一部分,资料整理可谓任重而道远。但它是"张謇学"的基础性工程。

章开沅教授在第四届张謇国际学术研讨会上的主报告《展望21世纪的张謇研究》中指出:"成熟的张謇学必将现身于21世纪!"新世纪的"张謇学"是一个长期的系统工程。笔者对这个系统工程"学术佳构"的理解,大致是如下的一个框架:

张謇学的基础工程就是指史料的整理工作。笔者试图对史料整理的基础工程在张謇学系统工程中的地位和作用谈一点粗浅的认识。

一、基础工程是张謇学的首要工程

张謇研究离不开张謇与大生集团的档案资料。史料从来都是史学研究的基础，离开了它，史学研究就成为无米之炊、无本之木。南京大学长期以来与南通联合研究张謇，严学熙教授等人十分看重南通存有的丰富档案资料。南通，对于张謇研究而言，最大的优势就是相关档案资料的集中。其数量之大，范围之广，种类之多，内容之丰富，都令中外学者羡慕不已。这说明南通有张謇研究的富矿。张謇研究和张謇学都依赖于此"富矿"的开发和利用，这就需要对张謇与大生集团档案资料进行广泛的征集和系统的整理，所以章开沅教授认为"资料是最重要的基础工作"。该项工作就成了张謇研究的基础工程，也是张謇学形成过程中的首要工程。

南通人民在为拥有这笔丰厚的有形和无形资产而感到幸运的同时，也深感肩负责任的重大。其责任就在于对张謇与大生集团档案资料负有进一步征集、发掘、整理、编辑和出版的重要使命，使这些档案资料能被广大学者所运用，由一堆堆故纸变成能够利用的活材料，通过众多学者的利用将其直接或间接地转化为精神的和物质的产品。也只有使这些档案资料为专家学者所利用，才会产出研究的成果，才会体现其重要价值，才能为张謇学的形成添砖加瓦。档案资料的收集、整理和保管工作，经过南通几代人的努力，已经取得多方面的成就，例如20世纪五六十年代对张謇与大生档案的广泛收集与整理，"文革"期间对张謇与大生档案的转移与保护，20世纪80年代对张謇与大生档案的二次整理与修裱，1994年版《张謇全集》和《大生集团档案资料选编·纺织编》1~5卷的编辑出版，都是有说服力的例证。但从总体上来讲，对于这个浩繁的基础工程来说，这些工作还仅仅是开了个头，今后还有一系列重要的基础工作需要我们去做。

二、基础工程是长期的系统工程

张謇与大生集团档案资料的整理与开发是一项必须经过长期努力才能完成的系统工程。笔者认为,这项基础工程至少有两个方面,每个方面至少又分两个层次的工作需要我们脚踏实地地完成。

1. 张謇文稿方面

从张謇文稿方面的第一个层次来说,张謇的原始文稿经过其子张孝若的组织整理,把大部分文稿集中起来,于1931年在中华书局出版了《张季子九录》,为研究者提供了最初的第一手资料。1984年张謇研究中心成立以后,与南通市图书馆一起,先后花去10年时间,以《张季子九录》为基础,编辑出版了《张謇全集》(1994年版)。因为有了这些第一手资料,才有了今天盛况空前的张謇研究,它们长期以来成为学者们研究张謇的主要依据。然而,随着张謇研究的不断发展与深入,这些资料已经不能适应张謇研究者的需求了,主要表现为编辑体例不尽科学合理,前四卷内容多有交叉重复。需要充实内容,有关档案、报刊上的张謇文稿、电报、演讲稿和私人收藏的书信、碑铭等,据初步估算有数十万字需要补充,其中不少资料极具史料价值。校勘不到位,存在不少讹错。所刊诗文,成文时间大多只有年份,不明具体月日,并且许多篇目承袭了《张季子九录》的原有错误。1994年版的《张謇全集》早已销售一空。随着研究队伍的扩大,编辑、出版一部新的《张謇全集》以满足研究者的需求,已成当务之急,所以2004年南通市启动了新编《张謇全集》这一文化工程。正如章开沅教授所说的那样:首先要保证全集的出版质量,因为这是功德无量且泽惠后世的大型基础工程。

从张謇文稿方面的第二个层次来说,新编《张謇全集》工程如果能如愿完成,就可以进入第二层面的基础工作,即围绕张謇的文稿,编辑、出版更多的与张謇研究有关的时代背景、人际交往、人名索引、典籍掌故等历史知识汇编成的书籍。可以在新编《张謇全集》出版的基础上,组织力量编纂(或编辑)《张謇年谱长编》《张謇研究词典》《〈张謇日记〉笺注》《〈张謇全集〉导读》等史料详实、内容丰富、检索方便的资料书和工具书,这将有利于帮助学者结合当时的社会客观环境,运用历史唯物主义的立场、观点去考察张謇,研究张謇。

2. 大生档案方面

南通市档案馆藏有近万卷大生档案资料,这些资料无疑也是研究张謇与大生集团最重要的第一手材料。作为第一个层次的工作,虽然已经分类立卷,对外开放,但仍然有许多工作要做,诸如编制卷内目录、制作专题目录、修裱破损档案等。目前,南通市档案馆正在对近万卷大生档案进行扫描复制,拟向利用者提供电子文本,以保护档案原件。至 2006 年年底,已经扫描完成大生集团档案 21 个全宗全部文书档案 4570 卷的 52 万个页面(约占全部馆藏大生集团档案的二分之一)。下一步的工作便是对这些已呈数字状态保存的档案资料进行科学整理,以便让利用者通过计算机更方便快捷地利用这些档案资料,并达到保护档案原件的目的。第二个层次的工作是对大生档案进行整理、编辑、出版。这项工作也在有计划地进行之中。《大生集团档案资料选编·纺织编》丛书的出版工作随着本书《纺织编Ⅴ》的出版而基本完成任务,但还有卷帙浩繁的档案,如盐垦编、教育编、文化编、社会公益编等系列需要编辑出版。在大生档案中还有大量的大生各企业每天与大生沪账房的往来号讯,也有着十分重要经济学、社会学的史料价值,同样有编辑出版的必要。估计约有近两千万的文字量。如果说还要进行第三层次工作的话,那就是抢救性地征集、调查、整理与张謇和大生集团相关的口述史料,其工作量和难度就更大了。

张謇文稿的内容涉及许多领域和广泛的知识,张謇的活动范围十分广阔,文稿散落在全国各地,甚至几个国家,所以搜集和编纂的难度很大。大生档案资料面广量大,扫描上网,整理出版,工程相当浩大,即使花上足够的人力、物力、财力,也要有一个相当长的过程。张謇研究的基础工程,要确立长期"作战"的方针,丢弃急功近利的思想,搞不得什么"跃进"和"群众运动",而是要靠甘于寂寞、锲而不舍的精神坚持"韧性的战斗"。

另一方面,既要有长期的思想准备,又要有只争朝夕的精神去从事这项基础工程,不能因为这项系统工程费时长就慢慢来,而应该从现在做起,要有人先酝酿和做起来,有多少力量,做多少事情,尽力而为之。有些工作适宜尽早落实,如以项目为单位成立项目小组;以南通学者为主,联合国内专家,争取他们的指导;多方筹集资金,安排适当的项目经费。只要我们认准目标,坚持不懈,逐步探索,长期积累,到了一定的阶段,将会水到渠成,胜利完成基础工程。只有在这些基础工程完成后,才有可能编撰出真正具有权威性的《张謇大传》和有足够分量的《大生集团史》等重要的理论成果。

三、基础工程需要"官绅商学"的整体联动

如何整合档案资料、如何构建共享平台、如何编辑文献精品,肖正德研究馆员在第四届张謇国际学术研讨会上提交的《整合与开发——关于夯实"张謇学"文献资料基础工程的思考》论文中已经阐述得十分清楚。他在积累了20多年文献资料工作经验的基础上,提炼出一系列金点子,很有现实的指导意义。可如何实现这些目标?由谁去完成这些任务?笔者认为,完成张謇与大生档案资料的整理、编辑、出版这一长期浩大的工程,需要足够的财力和人力,目前仅仅以南通市档案馆和张謇研究中心的力量是远不能胜任这项艰巨的任务的。章开沅教授提得好,"南通本地官绅商学各界的共同关心","则是重中之重"。即需要全市各界的共同努力,既要政府重视,有政府行为,也要有社会的力量、民间的精神鼓励和财力资助,又要有文化学术界人士的积极投入。总之,只有动员官绅商学社会各界方方面面的力量整体联动,才能完成这项文化的系统工程。

在"官绅商学"中,"绅"将起到十分关键的作用。当代的"绅"与近代的绅士一样,都是在社会各界中有影响力和号召力的德高望重的老前辈。笔者认为当今的"绅"主要是一些从地方领导岗位退下来的老同志。他们既能"通官商之邮",又可联系文人雅士。他们可以启示现任官员对这项基础工程的重视和支

持,可以发动企业对该项工程的资助,可以团结一批学者从事整理和研究,乐于去作奉献。在组织实施该项工程时,要看到"绅"在档案资料整理和张謇学创建中的地位和作用。毋庸讳言,我国的现实社会目前正由人治向法治过渡,党内民主和人民民主还十分有限。领导,尤其是第一把手不能说一言九鼎,可大权在握,起着决定性的作用。他们对张謇学、对张謇学基础工程的认识,无疑是至关重要的。由谁去影响他们?普通人士不易接触到他们,就是碰上他们也是人微言轻。而那些老领导、老首长曾经是一个地区、一个系统的叱咤风云人物,曾经是现任领导的老上级、老同事,自然能起到一般人起不到的作用。这些老领导、老首长退下来以后,也有继续为社会做些公益事业的愿望。他们德高望重、余威尚存,既可以上通官府,引起政府官员对张謇学基础工程的重视,也可下联企业界人士,发动企业家资助,解决财力和人力问题。我们希望更多的当代"绅士"为夯实张謇学的基础工程,为张謇学的诞生创造条件。让我们最广泛地动员社会各界,群策群力,整体联动,为促使张謇学在本世纪尽早成为现实而共同努力!

2007 年 4 月 18 日　因树斋

(原载于《大生集团档案资料选编·纺织编Ⅴ》,序言,北京:方志出版社,2007 年)

申报国家清史文献项目的回顾

新编《张謇全集》工作启动以后,编辑部设在张謇研究中心。我作为干事会驻会副会长兼秘书长参与其中的工作。张謇作为清末的一位重要的历史人物,在编纂清史时是不可缺少的一员。由此研究中心早有申报国家清史项目的动议,当干事会决定由我出面做申报项目的工作时,十分犯难。我虽然曾先后主持并完成江苏省"九五""十五"社会科学和教育科学的3个课题,但从未申报过国家课题,更无申报文献整理项目的经历,只能依靠集体,向人请教,硬着头皮逐步摸索。

一、调查联络,申报前期的准备

从网上查阅得知,清史纂修工程启动于2002年8月,国家成立清史纂修领导小组,文化部部长孙家正任组长;下设清史编纂委员会,负责纂修《清史》,主任由中国历史学会会长、著名历史学家戴逸教授担任,计划在10多年的时间内完成这一文化工程。根据清史编委会设计的清史纂修规划,整个项目分为两大部分,其一为主体工程,其二为基础工程。主体工程就是要修一部3000余万字的《清史》,这是文化工程的主要内容。编修大型清史是新世纪的一项宏大学术文化工程,也是标志性的文化工程。自正式启动后,一直为学术界所关注。基础工程,主要是为主体工程提供史料和基础研究,因而整理出版各种清史系列图书,以为根据。首先出版《档案丛刊》《文献丛刊》。新编《张謇全集》属文献整理,申报文献整理项目,由清史编纂委员会文献组负责。文献组组长由中国人民大学历史学院院长陈桦教授兼任。2006年接受任务后我立即发函与他取得联系。很快得到他的回应和热情指导,得悉我们还可以乘上末班车,于是抓紧这项申报工作的推进。在网上下载了申报表后,对申报内容进行了一番思考和研究。

二、初次申报,未得通过而搁浅

我懂得申报表的填写内容十分重要,是评审专家评审项目时的唯一依据,申报表做得如何是决定能否成功的关键,尤其论证立项的依据至关重要。一般地说要提出立项的必要性以后才考虑完成项目的可能性,即具备的条件。因而在"意义与价值(学术贡献和对清史纂修工程的实际应用价值)"栏目内对张謇这个历史人物在清末的重要地位,综合了四届张謇国际学术研讨会的学术成果,从政治、实业、教育、文化、城市建设等诸多方面作了全面而又精当的阐述,并介绍张謇在其故乡通州,开创了我国早期现代化的"南通模式",影响遍及中外。总之,他在晚清社会的变迁中,多方面具有全国性的影响。他的著作在清史编撰过程中将是涉及许多领域的第一手资料。这一论证应该说具有相当的说服力。

2006年12月,申报表经文献组初审后,作了一些修改,于第二年春节后,文献组交项目中心组织专家组评审。然而,不久得到反馈信息,未得通过。专家组的评审意见是1994年版《张謇全集》出版才十多年时间,为何又要新编?如新发现他的佚文,可以出补遗,个别有校勘的差错,可以订正。所以专家们认为重编的必要性并不充分。因此而搁浅。文献组的王汝丰教授,是文献组的专家,也是张謇研究中心于1998年所聘的特约研究员,又是该项目的联系人。他对项目相当了解,所以也特别关心,通报我们时加以说明,该项目未被彻底否定,鼓励我们补充论证重编的必要性后,在下一次专家评审时再行申报。

三、补充论证,有幸而获得批准

我们抱着只要有一线希望,就必须努力争取的态度,根据未得通过的主要原因,针对专家组的疑问,第二次做申报表时的重点,放在为什么要重新编辑

《张謇全集》。

我们从四个方面详尽加以论证,证明努力编纂一部文稿收集得更全、校勘更精当、体例更加科学与合理的新的《张謇全集》是时代的要求:1994年版《张謇全集》编辑体例失当,不尽科学合理;所收张氏文献缺漏较多,列举了大量事例说明必须辑佚增补,加以充实;在校勘上存在着不少讹错,学术界人士曾不断提出重新编辑出版《张謇全集》的建议;1994年版的《张謇全集》是分卷出版,而非一次出齐,因而许多读者未能全套配齐,加之印数有限,早已销售一空。随着研究队伍的扩大,编辑、出版一部新的《张謇全集》以满足研究者的需求,已成为必须。张謇研究不断深入和拓展,国际学术研讨会就举办了四届,如果说张謇研究向"张謇学"发展的话,则必须提供完整、正确的第一手资料,为其夯实基础,这是张謇学术研究的要求。张謇在晚清社会中多方面的重要作用和地位,决定了新编《张謇全集》不仅是张謇研究所必须,也是清史工程中涉及张謇方面内容的需要。唯有在真实可靠史料的基础上才会有文化精品出现。所以它不仅有深厚的学术价值,还有编史的现实意义。

尤其为了说明当年校勘方面的问题,将赵鹏对《垦牧手谍》校勘的原稿为例,复印附上。《垦牧手谍》的原稿石印本为张謇的行草书,旧版《张謇全集》校勘中的差错特多,校正稿上的红字一大片。这份附件也很有说服力。接着论证现在编纂一部体例科学合理、校勘正确精当的《张謇全集》的可能性。

经过一段时间的酝酿、研究和修改,再次申报的材料于2007年8月28日发往清史工程文献组,很快得到他们的认可,等待下一次专家组会议的评审。当时我们在思想上作了两手准备。可喜的是,是年12月28日,接到文献组王汝丰教授的电话通知,新编《张謇全集》项目已获专家组通过,并已得清史编纂委员会批准立项,不过资助经费只能象征性地拨款。这是一个好消息。经费问题对我们来说并不重要,有市委、市政府的大力支持,而能在国家清史工程中立项是最主要的,可以得到他们的指导。这个喜讯鼓舞着我们将新编《张謇全集》向文化精品方向去努力!事后办理了合同等一系列立项手续。

四、团结协作,发挥集体的力量

项目组的成立,其成员除了张謇研究中心坐班工作的戴致君、赵鹏、陈炅同志外,还团结了南通市从事张謇研究的学者。在市委、市政府的领导下,在研究中心干事会的组织领导下,项目组发挥集体作用,群策群力,努力奋斗!

首先,项目组成员对新编《张謇全集》的体例进行了多次讨论,形成较为集中的两种意见,由庄安正和赵鹏两位同志编制了两套方案,分别发给全国10多位著名专家征求意见。意见反馈后进行了综合,多数专家主张除了日记、诗词、楹联单独成集外,以时间为序。项目组随即开始以此进行编纂工作。其次,开展征集工作,项目组成员王敦琴教授组织南通大学的学生利用假期帮助在当年《申报》《大公报》等报刊上查找张謇佚文;庄安正教授、肖正德研究员等分别或者在网上,或者在档案内,或者与外地学者广泛联系进行征集,收获源源不断,赵鹏甚至通过朋友从美国大学图书馆获得张謇《治兵私议》这一重要著作;孙模老师对张謇的自订年谱进行校勘;蒋国宏教授、周月思副教授与王敦琴和庄安正教授分别对最终校稿进行审读。此外还得到项目组成员以外的许多专家的帮助。所以该项目后来的圆满完成,完全是一项团结协作的集体成果。

五、以清史工程为桥梁,争得全国专家及时指导

项目立项后,文献组十分重视,由人民大学历史系著名的王汝丰教授和宝音老师担任我们项目的联系人。除了不时地通过电话联系,进行具体指导外,王汝丰教授还不顾80多岁的高龄,先后三次亲临南通对我们进行现场指导。我们的编纂工作分三个阶段进行,每一个阶段性的成果发往清史文献组后,他们都组织专家进行评审。专家的意见,文献组都及时地反馈给我们,使我们每走一步,都与这些专家保持着联系,避免走弯路,确保编纂工作顺利进行。

例如新编《张謇全集》的体例初步决定后,通过这几年的编纂实践,仍存在

不少问题难于解决,经过多次研究和讨论,最终认为"以时间为经,以文种为纬"比较合理。编纂体例的变化,是编纂中的一件大事,我们向文献组提出修改意见后,他们十分重视我们实践中得出的结论,立即将我们体例变化的意见向有关专家介绍,征求意见,及时沟通,得到认可,并将意见反馈,我们如释重负。总之,他们成为我们项目组与学术界沟通的桥梁,使新编工作及时得到全国专家们的指导和支持。

2010年夏天,正当项目进入最后完成阶段,准备申报结项时,又发现一批张謇的佚文资料。南通市档案局从台湾也正征集到一批关于张謇的文档,共40多件,加上庄安正教授通过关系从北京又获得一大批张謇关于水利方面的资料,总共20多万字,如不能编入新的全集,将会留下极大的遗憾。由此,我们项目组向清史工程提出了推迟结项时间的申请。王汝丰教授等十分理解我们的心情,支持我们的主张,及时与项目中心沟通,将申请上报,很快获得清史工程领导小组的批准,使这部分内容顺利进入新编的《张謇全集》,未留下这份遗憾。所以,清史编纂委员会及其文献组的指导,以及通过他们获得专家们的指导,这是项目能圆满完成的重要因素。

六、赴京结项,喜得全优通过

2011年夏天,编撰任务完成,在文献组的指导下,填写了结项申报表,按要求自行邀请了上海华东师大历史系谢俊美教授、江苏省社会科学院历史所陆仰渊研究员两位专家进行初评,将初评意见、全部文稿和结项申报表一起上报。文献组收到我们的

向专家组汇报

申请结项报告和材料后,转交给项目中心,项目中心将文稿分别交给有关评审专家进行评议,了解到有把握项目能通过后,项目中心开始筹备结项工作会议。项目组接到结项工作会议通知后,决定由戴致君、陈旻和我出席会议。我们一行三人提前一天于12月8日到达京城,9日上午出席清史编纂委员会"文献整理项目《新编〈张謇全集〉》结项工作会议"。会议一开始由清史编纂委员会马大正副主任主持,介绍了专家组等全体出席人员,并宣布由专家组组长王晓秋教授主持专家评议。王晓秋教授按议程要我代表项目组发言。我对项目的启动、立项、主要工作、与原有文集比较等作了介绍。接着,文献组王汝丰教授作为联系人作了生动的发言,对我们的项目作总体的介绍和评价。他主要讲了两个方面:一是立项执行情况,编校工作认真;二是项目整理工作和特色,归纳了体例以时为序和文种分类编录的原则、规模由400多万字扩充至500多万字(实际605万字)、点校始终贯彻质量第一的原则这三个特色。字里行间充满着对我们工作的赞赏,获得全体人员的热烈鼓掌。然后是专家们的提问和评议,提出校勘稿中尚存在的问题和建议,进行面对面的交流。我们一一作了记录,后来专家审阅的原稿也转给了我们,在出版前再一次进行修改。休会后,专家们单独开会,对项目进行投票表决。我们在焦急地等候结果。约半小时之后,文献组的孙燕京教授首先得到全票全优通过的消息并向我们通报,令我们十分兴奋。我们又回到会议室听取专家组组长王晓秋教授宣布评审结果:7位专家全

结项工作会议

票通过同意结项、校勘质量7票全投优级、全票通过同意出版。与会人员热烈鼓掌向我们祝贺!我代表项目组作了简短发言,向清史编纂委会及其文献组和

专家们的具体指导、支持与鼓励表示了感谢!发言稿全文如下:

尊敬的马副主任、尊敬的各位专家、各位领导:

今天的新编《张謇全集》项目能顺利结项,对南通、对张謇研究中心来说是一个喜讯,是一个特大喜讯。历经前后七个春秋,今天有一个好的结果,得到专家组的肯定格外令人高兴!

这个喜悦来源于各方面的支持和指导,其中最大的得益于清史编纂委员会,尤其是清史工程文献组每一个阶段都作具体的指导。项目立项之初,我们能否完成、能否达到文献刊书的要求,心中无底,顾虑重重,万一不能通过,收了著作权我们对南通市委、市政府,对南通人民不好交代,所以另外有一个补充协议,要求保留著作权,愿返回全部项目经费。这反映了我们当时的精神状态。我们有自知之明,限于水平,限于资料,又无经验,编纂工作对我们来说难度很大。能有今天的结果,很大程度上是依靠清史工程文献组和专家们的指导。在此,我代表项目组的同仁们表示衷心的感谢! 在这里特别要感谢王汝丰教授和宝音老师多次亲临南通现场指导,尤其王汝丰教授以80多岁的高龄,风尘仆仆,长途跋涉,三次南下南通,悉心指导!他的这种敬业、尽职和廉洁的精神深深地打动了我们,令我们敬仰,为我们树立了榜样,也给了我们力量!我们将永远记住这位学者的楷模!

今天,专家们给予我们太多的肯定,感谢各位专家给我们的许多鼓励和建

清史工程文献项目结项工作会议合影

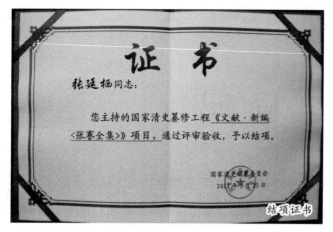

议！我们把这些鼓励转化为力量，吸收专家们提出的许多意见，并将尽力配合上海辞书出版社做好出版前的修订工作，争取打造一个文化精品！

再次感谢各位领导、各位专家！希望继续关心和指导我们张謇研究，欢迎去南通讲学，指导学术研究！谢谢！

专家组完成任务后，马大正副主任作会议小结。他表示该项目如此圆满完成、专家意见如此一致是少有的，新编《张謇全集》理应成为文化精品。这是对我们进一步的鼓励和鞭策。会后文献组的老师告诉我们，目前30多个文献类项目结项中，全优通过的这是第二个。马副主任还对本项目总结了两条经验。他认为：项目组有学术功力，有负责的态度以及和谐的关系，联系人的认真负责也是关键。他联想到一些长期不能完成的项目，不是学术功力不足，就是心不在项目上，有的内部不团结，打内战。另外认为，出版社的早期加入也缩短了出版的周期。

会议结束后，集体合影。该项目终于实现了预期的目标，画上了一个圆满的句号，我们一行三人，一身轻松，回到南通报告喜讯。

项目的圆满结项给予我们莫大的鼓舞，为做好出版工作、争取打造一项文化精品增添了动力。

结项会议后，2012年春天，国家清史编纂委员会寄来了项目结项证书。是年底，新版《张謇全集》在上海辞书出版社顺利出版。

（原载于《新编<张謇全集>》实录，张謇研究中心，2013年）

后 记

　　本书的文稿主要是我于 2002 年退休以后，先后主持原南通工学院（南通大学前身之一）张謇研究所和张謇研究中心日常工作期间撰写的。现将文稿大致进行了归类，分为思想、企业、教育、城建、人才、社会和研究七个篇章汇集成书。

　　本书编辑出版过程中，得到多方面的关心和支持，尤其张謇研究中心的领导：李明勋会长、尤世玮常务副会长、黄鹤群副会长、戴致君秘书长，他们决定将本文集列入"张謇研究中心·张謇研究文集系列"，成为张謇研究中心出版的著作，使我感到十分荣幸。张謇研究中心的戴致君、赵鹏、陈炅等同仁们，还为本书的编辑出版出谋划策，特别是尤世玮先生为文稿审阅了一遍，提出了宝贵的意见和建议；苏州大学出版社薛华强老师、王亮老师为我的书稿字斟句酌，花了大量的精力，付出了辛勤的劳动；金凯广告公司为本书设计了封面。在本书付梓之际，一并表示衷心的感谢！

张廷栖
2015 年 7 月于业勤斋